Roth/Dürscheid (Hrsg.)
Wahl der Wörter – Wahl der Waffen?

Hempen Verlag

Sprache – Politik – Gesellschaft

herausgegeben von

Heidrun Kämper, Jörg Kilian und Kersten Sven Roth

Band 4

HEMPEN VERLAG
BREMEN 2010

Kersten Sven Roth und Christa Dürscheid
(Hrsg.)

Wahl der Wörter –
Wahl der Waffen?

Sprache und Politik in der Schweiz

HEMPEN VERLAG
BREMEN 2010

Bibliografische Information Der Deutschen Nationalbibliothek
Die Deutsche Nationalbibliothek verzeichnet diese Publikation in der Deutschen Nationalbibliografie; detaillierte bibliografische Daten sind im Internet über http://dnb.d-nb.de abrufbar.

ISBN: 978-3-934106-81-9

Den Verlag erreichen Sie im Internet unter: www.hempen-verlag.de

© 2010 Hempen Verlag, Bremen
Das Werk einschließlich aller seiner Teile ist urheberrechtlich geschützt.
Jede Verwertung außerhalb der engen Grenzen des Urheberrechtsgesetzes
ist unzulässig und strafbar. Das gilt insbesondere für Vervielfältigungen,
Übersetzungen, Mikroverfilmungen und die Einspeicherung
und Verarbeitung in elektronischen Systemen.
Umschlaggestaltung: Igel-Studios, Igel b. Trier
Gedruckt auf alterungsbeständigem Papier
Printed in Germany

Inhalt

Vorwort IX

KERSTEN SVEN ROTH & CHRISTA DÜRSCHEID
Sprache und Politik in der Schweiz. Umrisse eines Forschungsfelds 1

I. Politische Sprache in der Schweiz und Deutschland

JOSEF KLEIN
Politische Sprachstrategien – dargestellt an schweizerischen, deutschen
und US-amerikanischen Beispielen 15

OTFRIED JARREN, FRANZISKA OEHMER & CHRISTIAN WASSMER
Konfliktbearbeitung in der Politik.
Eine Sprachanalyse von Parlamentsdebatten in der Schweiz und Deutschland 33

DOMINIK BAUMANN
»Aufbau Ost« vs. »Röstigraben«.
Vergleich der Regierungssprache in Deutschland und der Schweiz 63

SARAH EBLING
Korpusgeleitete Zugänge zur Rhetorik deutscher und schweizerischer Politiker.
Am Beispiel von Peer Steinbrück und Hans-Rudolf Merz 79

II. Der Sprachgebrauch in politischen Institutionen

JÖRG KILIAN
Perspektiven der Parlamentssprachforschung 101

NATALIE CARTIER
Qualitätsmessung parlamentarischer Diskurse. Am Beispiel der Schweiz   113

ANDREA LÜÖND
Mit der Niederlage umgehen. Reden abgewählter Bundesräte im Vergleich   131

BENJAMIN A. HALTMEIER
Die Topik der Distanz.
Regierungskommunikation im Kontext der Volksinitiative   147

III. Politische Sprache in den Medien

WERNER HOLLY
Politische Kommunikation – Perspektiven der Medienlinguistik.
Am Beispiel eines Selbstdarstellungsvideos von Guido Westerwelle   167

MARTIN LUGINBÜHL
Die Schweizerische Volkspartei (SVP) – ein linguistischer Streifzug   187

TAMARA SCHEFER
Neue Tendenzen der politischen Kommunikation in der Schweiz.
Am Beispiel der Sendung »Arena« vom 16. Mai 2008   205

CHRISTOPH LIENHARD
Politolinguistische Sprachkritik.
Wissenschaftliche Disziplin oder gefährliches Spiel?   229

IV. Diskurslinguistische Zugänge

MARTIN WENGELER
Perspektiven der Diskurslinguistik   243

Inhalt VII

THOMAS FURTER
Von Scheinasylanten, Scheininvaliden und Scheinpatrioten.
Diskurslinguistische Untersuchungen zum Prozess des Begriffe-
Besetzens anhand von Texten der SP und der SVP 257

V. Politischer Sprachgebrauch in historischer Perspektive

DAVID EUGSTER
»Shop-Ville«. Ein Franglizismus zwischen Urbanität und Landesverrat 279

MONIKA SCHNOZ
Die Wandzeitung als Medium politischer Diskussion.
Am Beispiel des Zürcher ›Sechstagerennens‹ 1968 295

MARKUS NUSSBAUMER
Belastete Wörter oder »Es geht nur um das Feeling, um
das Fingerspitzengefühl« 315

Register 323

Vorwort

Der vorliegende Band schließt an ein Symposium an, das im Mai 2009 unter dem Titel »Politische Sprache und Kommunikation in der Schweiz« am Deutschen Seminar der Universität Zürich durchgeführt wurde. Im Ankündigungstext zu der Veranstaltung hieß es: »Das Symposium versteht sich als Anregung für die germanistische Politolinguistik, sich zukünftig stärker als bisher systematisch mit den Besonderheiten des Verhältnisses von Sprache und Politik in der Schweizer Demokratie zu befassen.« Als Vortragende waren Studierende und Dozierende der Universitäten Zürich und Bern eingeladen, die sich im Rahmen ihrer Forschungsarbeit mit theoretischen und empirischen Aspekten des Themas befasst hatten und anlässlich des Symposiums ihre Ergebnisse zur Diskussion stellten. Eingeladen waren aber auch Gäste aus Deutschland (Werner Holly, Jörg Kilian, Josef Klein und Martin Wengeler), die mit ihren grundsätzlichen Überlegungen einen wichtigen Beitrag zur Situierung des Themas in der Politolinguistik zu leisten vermochten. Und auch die Öffentlichkeit wurde in die Diskussion einbezogen: Am Rande des Symposiums fand unter der Leitung von Urs Bühler (NZZ) eine viel beachtete Podiumsdiskussion zum Thema »Wahl der Wörter – Wahl der Waffen?« (siehe den Titel des vorliegenden Sammelbandes) statt, an der u. a. der Prorektor der Universität Zürich, Otfried Jarren, teilnahm.

Alle am Symposium Vortragenden, aber auch Podiumsgast Otfried Jarren und zwei seiner Mitarbeiter haben sich bereit erklärt, einen Beitrag zur vorliegenden Publikation zu leisten. Ihnen sei dafür an dieser Stelle herzlich gedankt. Danken möchten wir aber auch den Personen, ohne deren umsichtige Arbeit im Hintergrund die Veranstaltung gar nicht hätte stattfinden können. Es sind dies Ursula Landert, Gerard Adarve und Andi Gredig. Andi Gredig hat zudem das Layout für das vorliegende Buch erstellt – eine Arbeit, die wir nicht hätten in Anspruch nehmen können, wenn nicht auch die Finanzierung der Druckkosten gesichert gewesen wäre. Dass dies der Fall war, haben wir sowohl der *Hochschulstiftung der Universität Zürich* als auch dem *Zürcher Universitätsverein* (ZUNIV) zu verdanken. Danken möchten wir beiden Stellen aber nicht nur für den Zuschuss zu den Druckkosten, sondern auch für die finanzielle Förderung des Symposiums, die sie uns gewährten. In diesem Zusammenhang sei auch der *Schweizerische Nationalfonds* (SNF) genannt, der die Durchführung des Symposiums großzügig unterstützt hat.

An dieser Stelle sind noch zwei Bemerkungen nötig, die die formale Gestaltung des Bandes betreffen. Zum einen haben wir darauf verzichtet, bei Personenbezeichnungen eine Geschlechterdifferenzierung vorzunehmen bzw. dies von den Beiträgern einzufordern. Zum anderen – und das mag den Leser zunächst überraschen – sei noch ein Hinweis zur Rechtschreibung im vorliegenden Band erlaubt: Wer die folgenden Seiten aufmerksam liest, wird feststellen, dass einige Beiträge der Schweizer Orthographie folgen (mit durchgängiger ‹ss›-Schreibung), während andere eine Differenzierung von ‹ss› und ‹ß› vornehmen, wie sie in den anderen deutschsprachigen Regionen regelkonform ist. Wir haben uns als Herausgeber dazu entschieden, die Schreibweise den Beiträgern zu überlassen. So gibt die Schreibung dem Leser im Folgenden meist auch einen Hinweis darauf, ob der Autor an einer Universität in Deutschland oder der Schweiz tätig ist. Allerdings ist dies nicht immer der Fall, wie man an dem von uns präferierten ‹ß› sieht.

Zürich, im September 2010

Kersten Sven Roth & Christa Dürscheid

Kersten Sven Roth & Christa Dürscheid

Sprache und Politik in der Schweiz.
Umrisse eines Forschungsfelds

1 Politolinguistik der Schweiz – ein Desiderat

Wie bereits im Vorwort erwähnt, nimmt der vorliegende Band auf ein Symposium Bezug, das im Jahr 2009 an der Universität Zürich stattfand. Im Rahmen dieser Veranstaltung wurde auch eine öffentliche Podiumsdiskussion zum Thema »Traditionen und Tendenzen der politischen Sprache und Kommunikation in der Schweiz« durchgeführt. Der Diskussionsleiter – Urs Bühler von der *Neuen Zürcher Zeitung* – hatte das Thema der Podiumsdiskussion auf die Frage zugespitzt: *Wahl der Wörter – Wahl der Waffen?* Eine der Fragen, die er den Podiumsteilnehmern in diesem Zusammenhang zur Vorbereitung auf die Diskussion vorlegte, lautete: »Welches sind die Hauptunterschiede zwischen dem Sprachgebrauch im hiesigen politischen Diskurs und jenem in Deutschland?« Während diese Frage noch recht offen formuliert war und lediglich postulierte, *dass* es Unterschiede in der politischen Kommunikation zwischen der Schweiz und Deutschland gibt, wies eine andere Überlegung bereits in eine Richtung, die auf dem Podium kritisch zur Diskussion gestellt werden sollte. So stellte Urs Bühler in seinen Ausführungen fest: »Das Beispiel der ›Indianer‹ und der ›Kavallerie‹ beziehungsweise die Reaktionen hierzulande haben jüngst vor Augen geführt, wie verschieden die politische Sprachkultur der Schweiz etwa von jener in Deutschland ist. Auch wenn man Parlamentsdebatten aus beiden Ländern vergleicht, wähnt man sich in unterschiedlichen Welten. Weshalb ist der Tonfall in der Schweizer Politik vergleichsweise so moderat?«[1]

Hier knüpfen sich für uns als Herausgeber des vorliegenden Bandes (und – dies sei auch bemerkt – als Deutsche) weitere Fragen an: Ist der Tonfall in der Schweizer Politik tatsächlich so moderat, wie Urs Bühler andeutet? Denkbar ist ja auch, dass es zwar Unterschiede im Sprachgebrauch zwischen den beiden Ländern auf der Ebene der Lexik gibt, nicht aber in der Art und Weise, wie Politiker in Deutschland und der Schweiz miteinander sprechen, wie sie ihre Argumente austauschen und um politischen Einfluss ringen. So ist in der deutschsprachigen Schweiz vom *Rütlischwur*, vom *Sprengkandidaten*, von der *Zauberformel*, der *Minarett-Initiative* oder der *Fichenaffäre* die Rede,

---

1 Der damalige deutsche Finanzminister Peer Steinbrück hatte im Steuerstreit zwischen Deutschland und der Schweiz im März 2009 auf die Frage nach der Aufnahme der Schweiz auf eine »Schwarze Liste« von »Steueroasen« geantwortet: »Dass eine solche Liste erarbeitet werden könnte, [...] ist, umgangssprachlich formuliert, die siebte Kavallerie im Fort Yuma, die man auch ausreiten lassen kann. Aber die muss nicht unbedingt ausreiten. Die Indianer müssen nur wissen, dass es sie gibt.« Diese Äußerung wurde in den Schweizer Medien als unzulässiger Affront gegen die Schweiz gewertet.

während man in Deutschland von der *Mauer in den Köpfen,* von der *Agenda 2010,* der *Jamaika-Koalition* oder der *Großen Koalition* spricht. Das sind Schlüsselwörter, die eng mit der politischen Geschichte des jeweiligen Landes verbunden sind, sie lassen aber noch nicht auf Unterschiede im politischen Sprachgebrauch schließen.

Wie aber ist es nun um die sprachlichen Zustände im helvetischen Politikbetrieb bestellt? Sind »die Wörter« – ist also die Sprache – nicht doch auch im politischen Alltag der Schweiz in erster Linie ein Mittel des politischen Konflikts, eben eine »Waffe«, die gegen den politischen Kontrahenten gerichtet wird? Oder sind Schweizer Politiker tatsächlich so ›moderat‹, wie Urs Bühler schreibt; setzen sie Wörter nicht als Waffen ein, vermeiden sie es, ›Klartext zu reden‹? Auch legt das Fragezeichen am Ende der Formel »Wahl der Wörter – Wahl der Waffen?« eine weitere, eine grundsätzliche Frage nahe: Ist es überhaupt legitim, dass Wörter als Waffen eingesetzt werden? Soll und darf das sein? Für die Politolinguistik scheint die (bejahende) Antwort auf diese Frage auf der Hand zu liegen. Schließlich gehört die Vorstellung, dass Politik vom Konflikt unterschiedlicher Interessen geprägt ist, dass die Aufwertung der eigenen sowie die Abwertung der gegnerischen Position zu den Basisstrategien der politischen Kommunikation gehören, dass Wörter also in diesem Sinne als Waffen gebraucht werden, zu ihren Grundvoraussetzungen (vgl. Klein 1998). Die Tatsache, dass sich die politischen Kontrahenten in demokratischen Gesellschaften in der Regel nur auf die Wahl scharfer Worte beschränken, wird dabei, zumindest implizit, sogar als positive zivilisatorische Leistung angesehen. Ein solches Verhalten entspreche, so die Annahme, der schon in der antiken Rhetorik geprägten Forderung nach physischem Gewaltverzicht zugunsten kommunikativer, insbesondere verbaler Auseinandersetzung.

Auf dem Zürcher Podium[2] dagegen wurde schnell deutlich, dass sich die gestellte Frage vor dem Hintergrund der politischen Kultur der Schweiz durchaus mit kritischem Unterton lesen lässt: Inwiefern – so lautete der zentrale Streitpunkt der Diskussion – lebt die politische Kultur der Schweiz traditionell nicht auch vom konsensstiftenden Gebrauch der Sprache? Wie viel »Lärmen, Poltern, Pauschalisieren«[3] im Stile typischer parlamentarischer Demokratien wie in Deutschland oder Österreich verträgt die Schweiz, ohne dass das Funktionieren der bürgerschaftlich-direkten Demokratie Schaden nimmt? Obgleich sich unter den Diskutanten keine abschließende Einigkeit in dieser Frage herstellen ließ, wurde doch deutlich, welche neuen Perspektiven der Blick auf die Schweiz für die germanistische Politolinguistik erschließen kann, die bislang – aus naheliegenden Gründen – von einer Dominanz deutschlandbezogener Untersuchungen geprägt ist. In diesem Sinne ist auch unsere Entscheidung, die von Urs Bühler gewählte

---

2 Diskutanten waren der Kommunikationswissenschaftler Otfried Jarren, der Linguist Josef Klein, die Politologin und Autorin Regula Stämpfli sowie der stellvertretende Leiter der Abteilung »Information und Kommunikation« bei der Bundeskanzlei in Bern, Thomas Abegglen.

3 Unter dieser Überschrift erschien ein Pressebericht zur Podiumsdiskussion (vgl. Fuchs 2009). Der Artikel beginnt mit den Worten: »Steinbrücks Kavallerie, Schmidt-Schnauze und Blochers Schafe: Worin unterscheiden sich Deutsche und Schweizer in ihrer politischen Sprache und ihren Umgangsformen?«

Sprache und Politik in der Schweiz. Umrisse eines Forschungsfelds

Formel[4] – mitsamt ihrem vielsagenden Fragezeichen – zum Titel des vorliegenden Buches zu machen, zu verstehen: Wir möchten den Zusammenhang von Sprache und Politik in jeweils demokratischen, aber eben doch von ganz unterschiedlichen politischen Traditionen, Mentalitäten und Strukturen geprägten Gesellschaften thematisieren und dabei den Schwerpunkt auf die Schweiz legen. Georg Kohler, der jüngst ein sehr lesenswertes Buch zu *Bürgertugend und Willensnation. Über den Gemeinsinn und die Schweiz* vorgelegt hat, fasst diese Traditionen in Bezug auf die Schweiz wie folgt zusammen:

> Immerwährende, bewaffnete Neutralität; Kleinstaatlichkeit und auf direkte Bürgerbeteiligung ausgerichtete Demokratie; Sonder- und Musterfall politischen und ökonomischen Wohlstands – das sind die drei Basiselemente jenes »Paradigmas Schweiz«, das – als historisches Ergebnis der Zeit zwischen 1800 und 1990 – die selbstverständliche Grundlage unserer politischen Kultur und damit der auf sie ausgerichteten Institutionen und der das Regierungshandeln leitenden Strategien lieferte. Es bildete den national-ethischen Kern des helvetischen Basiskonsens. (Kohler 2010: 75)

Es stellt sich natürlich die Frage, ob die hier genannten drei Schweizer »Basiselemente« – Neutralität, Kleinstaatlichkeit, direkte Bürgerbeteiligung – nicht nur »selbstverständliche Grundlage« für das Regierungshandeln, sondern auch für den politischen Sprachgebrauch in der Schweiz sind – und ob sie diesen Sprachgebrauch tatsächlich noch immer prägen. Immerhin stellt Georg Kohler in seinem Buch weiter die Behauptung auf, dass eben diese Traditionen mit dem Jahr 1989 ihr Ende gefunden haben und, wie er schreibt, »die politischen Umwelten der Schweiz« (Kohler 2010: 77) nach den Ereignissen in diesem Jahr andere geworden seien.

Eine Antwort auf diese Frage steht noch aus, die politolinguistische Erschließung des Schweizer Forschungsfelds ist bislang ein Desiderat. Systematische linguistische Forschungsarbeiten fehlen gänzlich; die letzte größere Publikation, die überhaupt zum Thema »Politische Sprache in der Schweiz« erschien, liegt inzwischen schon knapp zwanzig Jahre zurück (vgl. Eisner/Fux 1992). Dabei handelt es sich um einen Sammelband mit dem Titel *Politische Sprache in der Schweiz. Konflikt und Konsens*, der von Soziologen initiiert worden war, aber auch linguistische Studien einbezieht. Auch haben benachbarte Wissenschaften, insbesondere die Kommunikationswissenschaft (vgl. dazu die Arbeiten von Donges 2005; Hoffmann/Steiner/Jarren 2007; Trebbe/Schönhagen 2008) mit ihrer Forschung die eine oder andere Lücke schließen können, ihr Fokus aber liegt naturgemäß nur am Rande auf spezifisch sprachlichen Phänomenen, im Mittel-

---

[4] Dass die von Urs Bühler gewählte Metapher in der politolinguistischen Forschung eine gewisse Tradition hat, zeigt der von Wolfgang Bergsdorf herausgegebene Sammelband mit dem Titel *Wörter als Waffen – Sprache als Mittel der Politik* aus dem Jahr 1979 (vgl. Bergsdorf 1979).

punkt des Interesses stehen hier vor allen Dingen Aspekte der politischen und medialen Kommunikationsordnungen.

Die wenigen linguistisch ausgerichteten Untersuchungen, die in Bezug auf die Schweiz bisher erschienen sind, machen die Relevanz dieses Themas für die Politolinguistik deutlich. An diese Arbeiten (z. B. Demarmels 2009) möchten wir mit dem vorliegenden Sammelband anknüpfen. Verwiesen wird in diesen Arbeiten meist auf die »blinden Flecken«, die sich ergeben, wenn sich die empirischen Untersuchungen ausschließlich auf rein parlamentarische Demokratien wie in Deutschland konzentrieren. So stellt Sascha Demarmels in ihrer umfassenden Studie zu den Emotionalisierungsstrategien in Schweizer Abstimmungsplakaten mit Recht fest:

> Die Schweiz ist eine direkte Demokratie, in der – anders als in den meisten anderen demokratischen Ländern – regelmässig eidgenössische, also landesweite Volksabstimmungen durchgeführt werden. Dass es diese nirgendwo sonst in solchem Ausmass gibt, ist wohl mit ein Grund dafür, dass das Abstimmungsplakat als Form der politischen Kommunikation bislang von linguistischen Disziplinen kaum untersucht wurde. Die Beobachtungen der Schweizer Abstimmungsplakate lassen sich aber auf politische Plakate aus anderen Ländern übertragen. (Demarmels 2009: 30)

Was hier im Zusammenhang mit dem Abstimmungsplakat gesagt wird, kann auch für die in diesem Band versammelten Beiträge zu den Spezifika der politischen Sprache in der Schweiz in Anspruch genommen werden: Ihre Befunde fördern nicht nur – auf der Basis linguistischer Zugänge – das Verständnis für die Funktionsweisen des politischen Geschehens in der Schweiz, sie helfen auch, grundsätzliche Fragen zum Gebrauch der Sprache in der Politik neu zu stellen und gegebenenfalls differenzierter zu beantworten. Dies gilt insbesondere für jene der hier versammelten Studien, die dezidiert komparatistische Untersuchungen zwischen Deutschland und der Schweiz anstellen. Der Band versteht sich damit als Anregung zu einer intensiveren und vor allen Dingen auch systematischeren Arbeit an einer Politolinguistik der Schweiz, wobei die Mitwirkung von Politolinguisten aus Deutschland an der vorliegenden Publikation deutlich macht, dass das Attribut *der Schweiz* in diesem Syntagma als Genitivus objectivus aufzufassen ist und allein das Forschungsobjekt, gerade nicht aber eine gewissermaßen nationale Zuständigkeit für dessen Bearbeitung bezeichnen soll. Ohne dabei auch nur annähernde Vollständigkeit beanspruchen zu wollen, spiegelt der Band das Spektrum dieses neuen Forschungsfelds zu großen Teilen wider.

2 Perspektiven einer Politolinguistik der Schweiz

Versucht man die Umrisse des gesamten Forschungsfeldes systematisch zu erfassen, dann ergeben sich acht thematische Perspektiven. Diese werden im Folgenden aufgelistet und kurz kommentiert; sie stellen aber, dies sei hier eigens betont, weitgehend noch Forschungsdesiderata bzw. Forschungshypothesen dar.

Erstens: Politische Sprache und Verfassungsordnung
Die Besonderheiten in der direktdemokratischen Verfassungsordnung der Schweiz, die diese von allen anderen europäischen (und außereuropäischen) Staaten unterscheidet, führen, so unsere Hypothese, zu Spezifika auf der Ebene des politischen Sprachgebrauchs. Diese betreffen nahezu alle linguistischen Beschreibungsebenen: Sie reichen von der (stets an politische Institutionen gebundenen) politischen Lexik über das Spektrum schweizspezifischer politischer Textsorten (z. B. rund um den Abstimmungsprozess) bis hin zur Funktion komplexer Sprechakte (etwa in Parlament und Regierung), denen in der direkten Demokratie eine grundsätzlich andere Bedeutung als im reinen Parlamentarismus zukommt.

Zweitens: Politische Kultur, Mentalität und Sprache
Wie in anderen stabilen Gesellschaftsordnungen auch, ist das politische Leben in der Schweiz – dies wurde schon angesprochen – geprägt von Grundüberzeugungen und Prinzipien, an die das sprachlich-kommunikative Handeln der Akteure, mehr aber noch die öffentliche Bewertung dieses Handelns anschließen. Hierzu gehört in der Schweiz etwa das Prinzip der Konkordanz, das sich auf Bundesebene darin zeigt, alle wichtigen Parteien in die Regierung einzubeziehen und nach Möglichkeit einen Konsens zu erzielen. Welche Auswirkungen dieses Prinzip auf die Konzeptualisierung von kommunikativen Konflikten und verbalen Auseinandersetzungen im Rahmen politischen Handelns hat, bleibt noch zu untersuchen. Auch stellt sich die Frage, wie deutlich der Niederschlag solcher Spezifika im politischen Sprachgebrauch der Schweiz ist – oder inwieweit diese eher die Funktion einer Beschwörungsformel erfüllen. In diesem Zusammenhang wird auch zu fragen sein, ob sich in der politischen Kultur der vergangenen zwanzig Jahre Veränderungen ergeben haben, ob es also zutrifft, dass das, was Georg Kohler »den helvetischen Basiskonsens« nennt (s. o.), nach dem Umbruchjahr 1989 tatsächlich ein Ende gefunden hat und sich dies möglicherweise in einem veränderten politischen Sprachgebrauch, in einem »neuen Stil« (Urs Bühler), niederschlägt.

Drittens: Vergleich Schweiz vs. Deutschland/Österreich
Während im Kontext der erstgenannten Perspektiven empirische Untersuchungen denkbar sind, die sich allein auf die Verhältnisse in der Schweiz konzentrieren und auf diese Weise neue Schlaglichter auf den Zusammenhang von Politik und Sprache werfen, erscheint es auch geboten, über die wenigen bereits vorliegenden komparatistischen

Einzeluntersuchungen hinaus die Unterschiede – aber ebenso die Gemeinsamkeiten – des politischen Sprachgebrauchs im gesamten deutschsprachigen Raum zu untersuchen. Im Zentrum steht dabei der direkte Vergleich zwischen Deutschland, Österreich und der Schweiz. Eine solche Studie hat Thomas Niehr (2004) unter dem Titel *Der Streit um Migration in der Bundesrepublik Deutschland, der Schweiz und Österreich. Eine vergleichende diskursgeschichtliche Untersuchung* vorgelegt, weitere komparatistische Arbeiten in dieser Richtung sollten folgen.

Viertens: Einfluss des Mediensystems
Bei allen Unterschieden in den politischen Systemen und, wie die Medienwissenschaft gezeigt hat, in den medialen Ordnungen (siehe u. a. Donges 2005) lässt sich doch sagen, dass die heutige Schweiz in durchaus vergleichbarem Maße eine »Mediendemokratie« ist wie Deutschland und die anderen europäischen Demokratien. In der Politolinguistik hat die Berücksichtigung solch medienlinguistischer Aspekte denn auch immer mehr an Bedeutung gewonnen. Auch für die Schweiz liegen hier erste Untersuchungen vor, so etwa die Analyse der politischen Talksendung »Arena«, die Martin Luginbühl (1999) vorgenommen hat. Wenn an diese Forschungen zur politisch-massenmedialen Praxis angeknüpft wird, dann sollte im unmittelbaren zwischenstaatlichen Vergleich (auch mit Österreich) herausgearbeitet werden, welche Phänomene und Entwicklungen der politischen Sprache und Kommunikation tatsächlich dem Einfluss der Massenmedien geschuldet sind und welche eher anderen Bedingungsfaktoren – etwa der Verfassungsordnung oder langfristigen politischen Mentalitäten – unterliegen.

Fünftens: Diskurse über die Schweiz (und Deutschland)
Während im öffentlichen Diskurs in der Deutschschweiz Deutschland als der »große Nachbar« (bzw. der »große Kanton«) seit jeher eine gewisse Bedeutung hat, stand die Schweiz in Deutschland lange Zeit nur punktuell im Fokus der massenmedialen Aufmerksamkeit. Doch gerade in den letzten Jahren, insbesondere im Zuge des oben bereits erwähnten Steuerstreits zwischen der Schweiz und Deutschland, hat dieses öffentlich-mediale Sprechen über das jeweilige Nachbarland stark zugenommen. Auf beiden Seiten spielen dabei teils überkommene, teils neu entwickelte Arsenale an Stereotypen und Personalisierungen eine Rolle, deren eingehende diskurslinguistische Untersuchung zu wünschen ist. Die Rekonstruktion massenmedialer und interpersonaler Diskursrealisationen (vgl. dazu Roth 2008), mit denen in Deutschland über die Schweiz und in der Schweiz über Deutschland gesprochen wird, ist ein vielversprechender Forschungsaspekt, der wichtige Aufschlüsse über die Wahrnehmung des eigenen und des jeweils anderen Landes geben kann.

Sechstens: Wandel der politischen Sprache in der Schweiz
Zu einer umfassenden Politolinguistik der Schweiz gehören selbstverständlich auch historisch ausgerichtete linguistische Untersuchungen. Hier ist zum einen ein auf die

Schweiz selbst konzentriertes Vorgehen denkbar, bei dem etwa diskursgeschichtlich der Wandel des Sprechens über politische Kernthemen wie die »Europafrage« rekonstruiert oder die Frage beantwortet wird, ob das Erstarken der von Christoph Blocher geprägten Schweizerischen Volkspartei (SVP) zur Herausbildung eines neuen, aggressiveren politischen Sprachstils geführt hat. Zum andern sind in diesem historischen Rahmen aber auch komparatistische Zugänge möglich und nötig. So fehlen Forschungen zu den Auswirkungen europa- oder weltweit relevanter politischer Ereignisse auf die politische Kommunikation in der Schweiz (z. B. die Studentenunruhen von 1968, der Zusammenbruch des Warschauer Pakts oder die verschiedenen Entwicklungsstadien der Europäischen Union). Eine Ausnahme stellt hier der von Angelika Linke und Joachim Scharloth (2008) herausgegebene Sammelband dar, der die Protestbewegungen der späten 1960er Jahre am Beispiel der Zürcher Stadtgeschichte dokumentiert und anschaulich illustriert.

Siebtens: Mundart und Standard in der politischen Sprache der Schweiz
Auch wenn varietätenlinguistische Aspekte im vorliegenden Sammelband nicht explizit zur Sprache kommen, gehören sie zum Spektrum einer Politolinguistik der deutschsprachigen Schweiz und sollten Gegenstand weiterer Forschung sein. Denn gerade die Domäne der politischen Kommunikation ist von zahlreichen Ausdrucksformen zwischen konzeptioneller Mündlichkeit und Schriftlichkeit geprägt; zudem kommen diese Ausdrucksformen sowohl medial mündlich (z. B. in Parlamentsdebatten) als auch medial schriftlich (z. B. in Wahlprogrammen) in allen ihren Facetten vor. Vor diesem Hintergrund stellt sich denn auch die Frage, wie sich die für die deutschsprachige Schweiz typische Diglossie von Mundart und Standarddeutsch im politischen Geschehen auf Bundes-, Kantons- und Gemeindeebene ausgestaltet (vgl. hierzu auch Steiner 2006) und wie der Gebrauch dieser Varietäten jeweils im Kontinuum von konzeptioneller Mündlichkeit und Schriftlichkeit zu verorten ist. Auch hier bietet sich eine diachrone Studie an, die der Frage nachgeht, ob es in den vergangenen Jahren zu einer Verschiebung im Mundart- vs. Standardgebrauch von Politikern gekommen ist. So gerät derzeit die Tatsache, dass hochrangige Politiker in der Deutschschweiz bei öffentlichen Anlässen Mundart sprechen, zunehmend ins Visier der Kritiker.[5]

---

5 In diesem Zusammenhang titelte die *NZZ am Sonntag* am 20.6.2010: »Dialekt-Verbot für Bundesräte?« Im Text werden u. a. die Empfehlungen des Genfer Nationalrats Antonio Hodgers wiedergegeben, der unter der Überschrift »Zu viel Schweizerdeutsch wird zu einem nationalen Problem« einen Gastbeitrag für die *NZZ am Sonntag* verfasst hatte. Hier ein Auszug aus dem Artikel: »So soll das Sprachengesetz etwa dahingehend geändert werden, dass sich Bundesratsmitglieder bei Auftritten vor grossem Publikum in einer der drei Amtssprachen äussern müssen, sprich in Französisch, Italienisch oder eben (Hoch-)Deutsch. Immerhin, so die Begründung, verträten Bundesräte das ganze Land und sollten folglich von allen verstanden werden« (S. 13).

Achtens: Mehrsprachigkeit
Die Tagung, auf die dieser Band zurückgeht, situierte sich – obwohl sie in einem mehrsprachigen Land durchgeführt wurde – ausschließlich im Rahmen der germanistischen Linguistik. Ihr Bezugspunkt war die Deutschschweiz. Dies hatte zur Folge, dass der für die politische Kommunikation in der Schweiz bedeutsame Tatbestand der vier Nationalsprachen, von denen Deutsch, Französisch und Italienisch von der Verfassung auch als vollgültige Amtssprachen ausgezeichnet sind (vgl. Rash 2002), in keinem der hier versammelten Beiträge eine Rolle spielt. Eine umfassende Politolinguistik muss der Mehrsprachigkeit, die die Schweiz zwar keineswegs von allen europäischen Demokratien, wohl aber beispielsweise von Deutschland und Österreich unterscheidet, Rechnung tragen. Denn immerhin stellt diese Situation für die politischen Akteure der Schweiz eine nicht nur sprachliche, sondern auch interkulturelle Herausforderung dar.

3 Die Beiträge dieses Bandes

Wie ein Blick in das Inhaltsverzeichnis bereits zeigt, gliedert sich das Buch in fünf Themenblöcke, die vom Allgemeinen zu spezifischeren Fragestellungen übergehen: I. Politische Sprache in der Schweiz und in Deutschland, II. Der Sprachgebrauch in politischen Institutionen, III. Politische Sprache in den Medien, IV. Diskurslinguistische Zugänge und V. Politischer Sprachgebrauch in historischer Perspektive. Die eine oder andere Perspektive, die im vorangehenden Abschnitt genannt wurde, kommt in jedem dieser Themenblöcke zur Sprache. Der Inhalt der einzelnen Beiträge wird im Folgenden knapp skizziert:

- Der erste Themenblock ist einer explizit vergleichenden Perspektive auf politische Sprache in der Schweiz und in Deutschland gewidmet. *Josef Klein* diskutiert einige der zentralen Aspekte und Strategien politischer Kommunikation an konkreten Fallbeispielen. Er bezieht sich dabei nicht nur auf den deutschen und schweizerischen Kontext, sondern zieht auch ein Beispiel aus den USA heran, wenn er Barack Obamas Präsidentschaftswahlkampf analysiert, der sich u. a. auf den Einsatz neuer Kommunikationsformen (wie z. B. Twitter) stützte. *Otfried Jarren, Franziska Oehmer* und *Christian Wassmer* steuern eine kommunikationswissenschaftliche Sichtweise auf politische Sprache bei, indem sie anhand einer empirischen Analyse der Frage nachgehen, ob sich die Muster und Formen der Konfliktbearbeitung in Parlamentsdebatten zwischen der Schweiz und Deutschland tatsächlich so unterscheiden, wie es die oft unterstellten Unterschiede in der politischen (Sprach-)Kultur erwarten lassen. *Dominik Baumann* seinerseits legt den Schwerpunkt auf die Differenzen in den politischen Systemen der beiden Länder und vergleicht in seiner qualitativen Studie den Sprachgebrauch deutscher und Schweizer Regierungsverlautbarungen zu ausgewählten Themenfeldern. Abschließend präsentiert *Sarah Ebling* eine korpusgestützte Studie zur Rhetorik zweier zentraler Protagonisten im Steuerstreit zwischen der Schweiz und Deutschland, dem damaligen Schweizer Finanzminister Hans-Rudolf Merz und dem damaligen deutschen Finanzminister Peer Steinbrück. Sie stellt auf diese Weise die gängigen Annahmen zu den Unterschieden in der Kommunikationskultur (konsens- vs. konfliktorientiert) der beiden Länder in Frage.

- Der zweite Teil des Bandes ist dem Sprachgebrauch in politischen Institutionen gewidmet: *Jörg Kilian* skizziert zunächst grundsätzliche Fragen der Parlamentssprachforschung, wie sie in der politolinguistischen Forschung zum Funktionieren typisch parlamentarischer Demokratien immer wieder behandelt werden. *Natalie Cartier* unterzieht sodann – mit Blick auf das Schweizer Parlament, die Vereinigte Bundesversammlung – einen politologischen Vorschlag zur Qualitätsmessung parlamentarischer Diskurse einer kritischen, linguistisch ausgerichteten Prüfung. Der Beitrag von *Andrea Lüönd* schlägt die Brücke zum Schweizer Bundesrat mit seinen sieben Mitgliedern, indem er am Beispiel zweier Reden von nicht-wiedergewählten Bundesräten vor dem Parlament den rhetorischen Umgang mit einer Situation analysiert, die die bisherige Verfassungsrealität der Schweiz im Grunde gar nicht vorsieht. Im Mittelpunkt der Untersuchung von *Benjamin Haltmeier* schließlich steht eine Textsorte, die wie kaum eine andere spezifisch für die Schweiz ist: die von der Bundeskanzlei herausgegebenen Abstimmungserläuterungen, das »Bundesbüchlein«, das jedem Stimmbürger über die Gemeinde vor einer Volksabstimmung zugestellt wird. Diskutiert wird hier der strategische Spielraum, der dem Bundesrat in seinen Erläuterungen zu der Abstimmungsvorlage bleibt.

- Die Beiträge des dritten Themenblocks, *Politische Sprache in den Medien,* befassen sich mit der Bedeutung massenmedialer Kommunikation für den politischen Sprachgebrauch. Während *Werner Holly* zunächst anhand eines Beispiels aus Deutschland dem Leser die medienlinguistische Perspektive auf das Thema erschließt, thematisiert *Martin Luginbühl* ein Schweizer Medienphänomen, das die öffentliche politische Kommunikation (sowie den öffentlichen Diskurs über diese) in den letzten Jahren wie kein anderes bestimmt hat: der Aufstieg der SVP mit Hilfe von Kommunikationsstrategien, die eng verbunden mit dem Namen Christoph Blocher sind, dem langjährigen Protagonisten dieser Partei. *Tamara Schefer* präsentiert im Anschluss daran ihre Analyse einer in der Öffentlichkeit vielbeachteten Ausgabe der Fernsehsendung »Arena« und überprüft damit exemplarisch die These, der zufolge es im Umgang mit den Medien einen spezifischen »Parteistil« der SVP gebe. Am Beispiel eines Pressetexts aus der *Neuen Zürcher Zeitung* diskutiert schließlich *Christoph Lienhard* die Frage, ob und unter welchen Bedingungen eine politolinguistisch begründete Sprachkritik möglich ist.

- Die zwei Beiträge des vierten Themenblocks widmen sich diskurslinguistischen Ansätzen zur Beschreibung politischen Sprachgebrauchs: *Martin Wengeler* zeigt neuere Tendenzen dieser derzeit wohl methodisch und forschungspraktisch produktivsten Teildisziplin der Politolinguistik auf, *Thomas Furter* stellt anhand einer konkreten Analyse zum Sprachgebrauch zweier antagonistischer Parteien, der Sozialdemokrati-

schen Partei (SP) und der SVP, seinen Vorschlag eines Phasenmodells zum Prozess des »Begriffe-Besetzens« vor.
- Der fünfte Themenblock mit dem Titel *Politischer Sprachgebrauch in historischer Perspektive* versammelt Beiträge zu den diachronen Aspekten des Themas: *David Eugster* rekonstruiert, wie der öffentliche Diskurs um die Benennung des in den 1970er Jahren unter dem Zürcher Hauptbahnhof errichteten Einkaufszentrums mit Mentalitätskonflikten in der Schweizer Öffentlichkeit verwoben war. Im Zentrum des Beitrags von *Monika Schnoz* steht die Bedeutung der ›Wandzeitung‹ als politischem Kommunikationsmedium des sogenannten Zürcher »Sechstagerennens« und damit ein Stück Sprachgebrauchsgeschichte der Schweiz aus dem Kontext der späten 1960er Jahre. Den Abschluss des Bandes bildet eine essayistische Notiz von *Markus Nussbaumer*, der sich der Frage widmet, in welchem Maße der historisch belastete Gebrauch bestimmter sprachlicher Ausdrücke diese auch heute noch semantisch aufzuladen vermag.

Wie diese knappe Übersicht zum Inhalt der Beiträge bereits deutlich macht, finden sich im Folgenden nicht nur Ausführungen, die einen direkten Bezug zur deutschsprachigen Schweiz haben. Es gibt auch Beiträge, in denen dieser fehlt (z. B. von Werner Holly) oder eher im Hintergrund steht (z. B. im Beitrag von Jörg Kilian). Dennoch wurden sie in den vorliegenden Sammelband aufgenommen, da sie Grundfragen der Politolinguistik thematisieren, die bislang nur am Beispiel der Bundesrepublik Deutschland erörtert wurden, die aber, wie sich zeigen wird, mit Gewinn auch auf die Schweiz übertragbar sind. Allen Beiträgen gemeinsam ist, dass sie als Brückenschläge zu verstehen sind und mit ihren Analysen den Anstoß zum systematischen Aufbau einer Politolinguistik der Schweiz geben sollen.

4 Literatur

Bergsdorf, Wolfgang (Hg.) (1979): *Wörter als Waffen – Sprache als Mittel der Politik.* Stuttgart: Bonn aktuell.
Demarmels, Sascha (2009): *Ja. Nein. Schweiz. Schweizer Abstimmungsplakate im 20. Jahrhundert.* Konstanz: UVK.
Donges, Patrick (Hg.) (2005): *Politische Kommunikation in der Schweiz.* Bern/Stuttgart/Wien: Haupt.
Eisner, Manuel; Fux, Beat (Hgg.) (1992): *Politische Sprache in der Schweiz. Konflikt und Konsens.* Zürich/Köln: Orell Füssli.
Fuchs, Marita (2009): Politische Kommunikation: Lärmen, poltern, pauschalisieren. In: *UZH-News,* 19. Mai 2009. – Internetseite: http://www.uzh.ch/news/articles/2009/laermen-poltern-pauschalisieren.print.html [22.6.2010].
Hoffmann, Jochen; Steiner, Adrian; Jarren, Otfried (2007): *Politische Kommunikation als Dienstleistung. Public Affairs-Berater in der Schweiz.* Konstanz: UVK.
Klein, Josef (1998): Politische Kommunikation als Sprachstrategie. In: Jarren, Otfried; Sarcinelli, Ulrich; Saxer, Ulrich (Hgg.): *Politische Kommunikation in der demokratischen Gesellschaft. Ein Handbuch mit Lexikonteil.* Opladen/Wiesbaden: Westdeutscher Verlag, S. 376–395.

Kohler, Georg (2010): *Bürgertugend und Willensnation. Über den Gemeinsinn und die Schweiz.* Zürich: Verlag Neue Zürcher Zeitung.

Linke, Angelika; Scharloth, Joachim (Hgg.) (2008): *Der Zürcher Sommer 1968. Zwischen Krawall, Utopie und Bürgersinn.* Zürich: Verlag Neue Zürcher Zeitung.

Luginbühl, Martin (1999): *Gewalt im Gespräch: verbale Gewalt in politischen Fernsehdiskussionen am Beispiel der »Arena«.* Bern/Berlin/Frankfurt am Main u. a.: Lang.

Niehr, Thomas (2004): *Der Streit um Migration in der Bundesrepublik Deutschland, der Schweiz und Österreich. Eine vergleichende diskursgeschichtliche Untersuchung.* Heidelberg: Winter.

Rash, Felicity (2002): *Die deutsche Sprache in der Schweiz. Mehrsprachigkeit, Diglossie und Veränderung.* Bern/Berlin/Bruxelles u. a.: Lang.

Roth, Kersten Sven (2008): Interpersonale Diskursrealisationen. Überlegungen zu ihrer Integration in die diskurssemantische Forschung. In: Warnke, Ingo H.; Spitzmüller, Jürgen (Hgg.): *Methoden der Diskurslinguistik. Sprachwissenschaftliche Zugänge zur transtextuellen Ebene.* Berlin/New York: de Gruyter (= Linguistik – Impulse & Tendenzen; 31), S. 323–358.

Steiner, Marisa (2006): »ja wäme so lang redt, dänn chamä scho mal gähne«. Analyse einer Parlamentsdebatte im Zürcher Kantonsrat. In: Dürscheid, Christa; Businger, Martin (Hgg.): *Schweizer Standarddeutsch. Beiträge zur Varietätenlinguistik.* Tübingen: Narr, S. 281–299.

Trebbe, Joachim; Schönhagen, Philomen (Hgg.) (2008): *Fernsehen und Integration. Eine Studie zur sprachregionalen und ethnischen Repräsentation in der Schweiz.* Konstanz: UVK.

I. Politische Sprache in der Schweiz und Deutschland

Josef Klein

Politische Sprachstrategien – dargestellt an schweizerischen, deutschen und US-amerikanischen Beispielen

In Demokratien ist Politik auf Zustimmung angewiesen, und zwar unter Konkurrenzbedingungen. Wer Zustimmung erhalten will, muss seine Politik plausibel machen. Politikerinnen und Politiker wollen ihre Adressaten überzeugen oder wenigstens überreden. Politische Sprachverwendung ist also im Kern persuasiv – und dies nicht nur in der Öffentlichkeit. Denn auch in nichtöffentlichen Gremien – vom Kabinett bis zur Vorstandssitzung auf lokaler Ebene – bedarf es, sofern es einigermaßen demokratisch zugeht, zur Beschlussfassung der Zustimmung von Mehrheiten, die überzeugt werden wollen. Immer herrscht die rhetorische Grundkonstellation: Es gilt, mit der eigenen Konzeptualisierung und Darstellung von Sachverhalten im Urteil relevanter Adressaten besser da zu stehen als der Gegenspieler. Dementsprechend lassen sich politische Sprachstrategien danach unterscheiden, ob sie eher der Konzeptualisierung von Sachverhalten, der Orientierung an Adressaten oder der Konfrontation mit der politischen Konkurrenz dienen. Dem folgt der Aufbau dieses Beitrags, in dem nur wenige, allerdings wichtige politische Sprachstrategien vorgestellt werden können.[1] Im letzten Abschnitt wird am Beispiel der Kampagne für das Verbot des Baus von Minaretten in der Schweiz gezeigt, wie die drei Strategietypen erfolgreich im Sinne eines politischen Akteurs zusammenwirken können.

1 Strategien der Konzeptualisierung

1.1 Konzeptuelle Neuprägung und Generierung von Schlagwortnetzen (»Frames«)

Strategie ist ursprünglich ein militärischer Begriff. Strategie bedeutet, Handeln so auszurichten, dass es trotz tatsächlicher oder potentieller Hindernisse bei möglichst geringen eigenen Kosten oder Verlusten sein Ziel erreicht. Die Hindernisse, die es mit Hilfe von Sprache zu überwinden gilt, befinden sich vor allem in den Köpfen der Adressaten. Zu ihnen gehören unter anderem geringes Interesse an bestimmten Themen oder an Politik überhaupt, abweichende Überzeugungen und Misstrauen. Die Hindernisse können sich allerdings auch in den eigenen Köpfen befinden, etwa solange es nicht gelingt, einen sich abzeichnenden politischen Bedarf oder komplexe Gegebenheiten auf den Begriff zu bringen. Wer in einer solchen Situation das Schlagwort prägt, das den

---

1 Breiter angelegte Darstellungen finden sich in Klein (1996) und Klein (1998).

Sachverhaltskomplex und dessen emotionales Potential adressatengerecht bündelt, hat vor allem dann einen strategischen Vorteil, wenn der Begriff mit ihm identifiziert wird (vgl. Furter in diesem Band) und wenn etwaige konkurrierende Konzepte des politischen Gegners inhaltlich leicht diskreditiert werden können und/oder sprachlich unbeholfen daherkommen. Um einen solchen Vorteil auszubauen und damit politisch erfolgreich und langfristig diskursdominant zu werden, bedarf es allerdings einer dem Konzept angemessenen politischen Praxis und damit verknüpft einer Benennungsstrategie, die das zentrale Konzept lexikalisch ausdifferenziert und in ein weithin als adäquat empfundenes quasi-terminologisches Netz einbindet. Es gehören also fünf strategische Schritte zusammen:

- zeit- und adressatenadäquate Neuprägung
- deren Identifikation mit der eigenen politischen Gruppierung
- Diskreditierung gegnerischer Konzepte
- glaubwürdige politische Umsetzung
- Knüpfen eines Schlagwortnetzes mit der Neuprägung als Schlüsselbegriff im Zentrum und weiteren Schlagwörtern zur Bezeichnung der wichtigsten Komponenten und Fakten, die dem Konzept zugesprochen werden.

Um das am Beispiel zu verdeutlichen: Eine der erfolgreichsten Konzeptualisierungen, die ich kenne, gelang der CDU in der Bundesrepublik Deutschland Ende der 1940er Jahre mit der damaligen Neuprägung *Soziale Marktwirtschaft*. Der Erfolg dauert – mit Schwankungen – bis heute an. Nach der Weltwirtschaftskrise 1929, nach den Fehlschlägen der von Stalins Verbrechen geprägten sowjet-kommunistischen Zentralverwaltungswirtschaft und mit der immer staatsdirigistischer werdenden Wirtschaft in Nazi-Deutschland hatten führende Wirtschaftswissenschaftler in den 1930er Jahren weltweit damit begonnen, Wege jenseits von Laissez-faire-Kapitalismus einerseits und staatsdirigistisch gesteuerter Wirtschaft andererseits zu suchen und wirtschaftstheoretisch zu begründen.[2] Die deutsche Variante, der sog. »Ordo-Liberalismus«, zielte auf die Dynamik einer Privatwirtschaft, die sich einerseits frei von staatlichen Einzeleingriffen entfaltet, die das andererseits aber nur innerhalb eines staatlich vorgegebenen starken Ordnungsrahmens tun kann, der durch Unterbindung von Monopol- und Kartellbildung harten Wettbewerb und damit verbraucherfreundliche (»soziale«) Preise sichert und der für

---

2 Bei dem berühmten Colloque Walter Lippmann im August 1938 in Paris gab sich diese Bewegung die Bezeichnung »Neoliberalismus« – die später weitgehend in Vergessenheit geriet und erst in den 1970er Jahren in einem gänzlich anderen Sinne wieder auftauchte, nämlich zur Geißelung des extremen Laissez-faire-Kapitalismus, den die sog. »Chicago-Boys« im Chile des Militärdiktators Pinochet umzusetzen versuchten. In dieser neuen Bedeutung eines von staatlichen Regulierungen möglichst freien Kapitalismus lebt der Begriff als politisches Schlagwort mit Schimpfwortcharakter bis heute weiter. Die Verbindung zur ursprünglichen Verwendung der Bezeichnung besteht wahrscheinlich darin, dass an dem Pariser Kolloquium der Neoliberalen – noch als junger Wissenschaftler – der spätere akademische Lehrer der »Chicago Boys«, der Nobelpreisträger und »Vater des Monetarismus« Milton Friedman von der Universität Chicago teilgenommen hat, der schon dort zu der Minderheit gehörte, die vom Staat wenig erwartete, und der später immer extremer in seiner staatsskeptischen Haltung wurde.

diejenigen, die nicht in der Lage sind, sich in den Produktionsprozess einzubringen, ein soziales Netz aufspannt, das ein menschenwürdiges Dasein ermöglicht.

Bis 1947 blieb es beim akademischen Diskurs, der es nicht verstand, seine zugleich ökonomischen und sozialpolitischen Intentionen im wörtlichen Sinne »auf den Begriff zu bringen.« Das gelang dann dem Ökonomen und Soziologen Alfred Müller-Armack – engster Berater, dann Staatssekretär des legendären deutschen Wirtschaftsministers und späteren Bundeskanzlers Ludwig Erhard (CDU) – mit dem Ausdruck *Soziale Marktwirtschaft*. Er taucht erstmals in Müller-Armacks Buch »Wirtschaftslenkung und Marktwirtschaft« (1947) auf und zielt als »dritte wirtschaftspolitische[ ] Form« (Müller-Armack 1947: 88) – neben staatlich gelenkter Zentralverwaltungswirtschaft und freier Marktwirtschaft – auf eine Wirtschaftsordnung für die Nachkriegszeit – ein Programmbegriff, dem die Gestaltung der politischen und ökonomischen Realität erst folgen musste. Im politischen Bereich war das zunächst ein irritierender und daher umso auffälligerer Begriff. *Sozial* und *Marktwirtschaft* kamen aus bis dahin als unvermittelbar geltenden ideologischen Traditionen. So hatte die Neuprägung aber auch das Potential in der düsteren Situation Nachkriegsdeutschlands die Hoffnung zu wecken, aus den Irrwegen der Extrempositionen des (alt)liberalen Kapitalismus und des leninistisch-stalinistischen Kommunismus herausfinden zu können. *Soziale Marktwirtschaft* setzte sich innerhalb der CDU schon früh als wirtschaftspolitischer Schlüsselbegriff gegen den Konkurrenten *Christlicher Sozialismus* durch und fungierte wenig später als Leitbegriff des Wahlprogramms im ersten Bundestagswahlkampf 1949, den CDU/CSU knapp gewannen (vgl. Wengeler 1995: 37ff.).

Der politische Hauptkonkurrent, die SPD, machte es der Union leicht, *Soziale Marktwirtschaft* ein halbes Jahrhundert als Fahnenwort und Markenzeichen zu verwenden. Die Sozialdemokraten bekannten sich bis Ende der 1950er Jahre zu staatlicher *Wirtschaftsplanung* und auch später weiterhin zum *demokratischen Sozialismus* – eine Terminologie, die immer prekärer wurde, je mehr sich der *real existierende Sozialismus* im sowjetischen Imperium, insbesondere auch in der DDR, politisch und ökonomisch diskreditierte. Da fiel es CDU/CSU nicht schwer, die Sozialdemokraten bei politisch wenig aufgeklärten Wählern wiederholt in die Nähe des Kommunismus zu rücken. Erst Mitte der 1990er Jahre begann die SPD – auf Initiative ihres damaligen Vorsitzenden Lafontaine – den Begriff *Soziale Marktwirtschaft* auch für sich zu reklamieren.

Um zum nachhaltig erfolgreichen Schlüsselbegriff zu werden, mussten dem wortstrategischen Coup jedoch zwei weitere strategische Züge folgen: die glaubwürdige Umsetzung des programmatischen Begriffs in politisch-ökonomische Realität und – damit verwoben – das Knüpfen eines populären, gegen abwertende Bezeichnungskonkurrenten resistenten Schlagwortnetzes um das Zentrum *Soziale Marktwirtschaft*. Das waren zum einen politische Maßnahmen der späten 1940er und der 1950er Jahre, die weithin als Erfolge der *Sozialen Marktwirtschaft* gesehen wurden und deren deontisch positiv aufgeladenen Bezeichnungen auf das Engste mit ihr assoziiert werden: Einführung der D-Mark (*Währungsreform*), staatliche Mittel für im Krieg erlittene Schäden

(*Lastenausgleich*), forcierter staatlich geförderter Wohnungsbau (*sozialer Wohnungsbau*), Koppelung der Renten an die Entwicklung der Löhne (*dynamische Rente*) und schließlich die politisch-ökonomische Gesamtleistung dieser Zeit (*Wiederaufbau, Wohlstand, Wirtschaftswunder, soziale Sicherheit,* später auch *Wachstum*). Zum anderen waren und sind das Begriffe, die die Prioritäten gesellschaftlicher Hauptakteure betreffen – für die Unternehmerseite: *Freiheit, Wettbewerb, Markt, Partnerschaft* (mit den Arbeitnehmern), für die Arbeitnehmerseite (Gewerkschaften, Betriebsräte): *Sozialpartnerschaft, Mitbestimmung*. Später wurde und wird auch der *Sozialstaat* als Ausprägung von *Sozialer Marktwirtschaft* gesehen. Diese Interpretation findet sich vor allem beim linken Flügel der CDU/CSU und – seit der späten Akzeptanz des Begriffs *Soziale Marktwirtschaft* – im sozialdemokratischen Spektrum.

Ein solches Schlagwortnetz dient, vor allem wenn es etabliert ist, in kognitiver, emotionaler und/oder politisch-moralischer Hinsicht als Deutungsrahmen (Frame) zur Einordnung von Entwicklungen und Ereignissen (vgl. Lakoff 2004; Lakoff/Wehling 2007: 104ff.).

1.2 Topische Argumentationsstrategie

Komplexe politische Konzepte werden gern als argumentativer Zusammenhang formuliert. Ob umfangreiches Programm oder Einzelmaßnahme, ob bisherige ›Leistung‹ oder ›Vision‹ für die Zukunft – stets fungiert zur Legitimierung politischer Handlungskonzepte eine geradezu universale Argumentationsstrategie. Sie besteht in der Anwendung eines »komplexen topischen Musters« (vgl. Klein 1995: 33ff., 2000: 626ff., ähnlich Kuhlmann 1999: 118ff.)[3] mit folgenden Grundbestandteilen:
- Datentopos: Situationsdaten
- Motivationstopos: Situationsbewertung
- Prinzipientopos: Prinzipien, Normen, Werte
- Finaltopos: Zielsetzung

Die argumentative Stützung politischen Handelns erfolgt also nicht beliebig, sondern in einer Argumente-Konstellation, für die die Argumentierenden nicht nur Geltung und Relevanz, sondern auch Kohärenz beanspruchen, insofern die Situationsbewertung (Motivationstopos) sich auf die Situationsdaten (Datentopos) bezieht und Zielsetzung (Finaltopos) und Situationsbewertung (Motivationstopos) in leitenden Prinzipien/Normen/Werten (Prinzipientopos) fundiert werden.[4] Wo das leitende Prinzip die Gefahr in sich birgt, als ethisch problematisch erachtet zu werden, etwa im Falle eines bloßen Gruppeninteresses auf Kosten relevanter Werte, z. B. der Menschenrechte, bleibt der

---

3 Als »Topoi« (Singular: »Topos«) oder »Topen« werden im Anschluss an Aristoteles Argument*typen* – also nicht einzelne Argumente – bezeichnet.

4 Zur handlungstheoretischen Fundierung dieser Konstellation vgl. Austin 1956/57 sowie Harras 1983: 67ff.

Prinzipientopos allerdings bisweilen unbesetzt (vgl. Klein 1995: 40f.), oder es werden wohlklingende Werte und Prinzipien vorgeschoben. Der Argumentationskritik bietet das komplexe topische Muster die Möglichkeit, nicht nur Einzelargumente anzugreifen, sondern auch Inkohärenzen in der Gesamtargumentation aufzudecken.

In logischer Hinsicht bildet dieses Muster eine immer wiederkehrende Konstellation von Prämissen, aus denen sich das *Ja* zum favorisierten politischen Handeln gleichsam als logische Schlussfolgerung (*Konklusion*) ergibt, besser gesagt: ergeben soll.[5]

An dieser Stelle ist eine methodische Zwischenbemerkung angebracht: Die Identifizierung des Musters in konkreten Texten ist nicht immer einfach. Sie wird dadurch erschwert, dass es zum einen für die textinterne Reihenfolge der Topoi keine generelle Regel gibt und zum anderen dadurch, dass sich Topoi überlagern können. Letzteres gilt insbesondere für den Daten- und den Motivationstopos: Dass Sachverhalte in einem Atemzug dargestellt und bewertet werden können, ist der Natur der Sprache geschuldet. So enthalten viele Wörter – vor allem auch im politischen Wortschatz – gleichzeitig sowohl darstellende semantische Bestandteile (»deskriptive Bedeutung«) als auch normativ wertende semantische Aspekte (»deontische Bedeutung«).

Vielfach treten zu dem Grundmuster weitere Argumenttypen hinzu, insbesondere: Hinweise auf Folgen des politischen Handelns oder Nicht-Handelns (*Konsequenztopos*), die Betonung von Relevanz oder Irrelevanz (*Relevanztopos*), das Anführen von Beispielen (*Exemplumtopos*) oder die Berufung auf Autoritäten (*Autoritätstopos*)[6]. Alle weiteren im Laufe der Rhetorik-Geschichte thematisierten Topoi – je nach Umfang und Granulierungsgrad der einschlägigen Toposkataloge zwischen ungefähr zwanzig und mehr als fünfzig (vgl. u. A. Aristoteles 2002; Perelman/Olbrechts-Tyteca 1958; Kienpointner 1992) – spielen in politischen Diskursen nur eine marginale Rolle oder sind überwiegend Ausprägungen der Topoi des skizzierten Musters (vgl. insbesondere Wengeler 2003).

Die Topoi können in komplexen Diskursen mehrfach besetzt sein, sie können gestaffelt auftreten (z. B. als Ober-, Zwischen- und Unterziele) oder auch andere Formen interner Komplexität aufweisen (z. B. Ursache und Wirkung als Teile des Datentopos).

Reiches Anschauungsmaterial für den argumentationsstrategischen Gebrauch dieses politiktypischen komplexen topischen Musters bieten im Rahmen der Schweizerischen Referendumsdemokratie die »Erläuterungen« zur Volksabstimmung, salopp auch »Bundesbüchlein« genannt (vgl. Haltmeier in diesem Band). Darum soll die topische Argumentationsstrategie hier an einem beliebig herausgegriffenen Fall – der Volksabstimmung vom 27. November 2005 zur »Änderung des Bundesgesetzes über die Arbeit

---

[5] Unter argumentationstheoretischen Aspekten handelt es sich bei dem topischen Muster sowohl um einen erweiterten aristotelischen ›rhetorischen Syllogismus‹ als auch um eine Erweiterung des sogenannten ›pragmatischen Arguments‹.

[6] In Texten, deren Argumentation von religiös fundierter politischer Ideologie bestimmt ist, etwa Texte der al-Quaida oder auch des iranischen Präsidenten Ahmadineschad, kann der Autoritätstopos in Form der Berufung auf Gott (Propheten oder andere religiöse Autoritäten) dem Prinzipientopos in der oben skizzierten Hierarchie vorgeordnet sein (vgl. Klein 2007: 134–135).

in Industrie, Gewerbe und Handel« – exemplifiziert werden (vgl. Klein 2006: 245ff.). Es handelt sich bei dieser von Bundesrat und Parlament zur Annahme und von den Gewerkschaften als »Referendumskomitee« zur Ablehnung empfohlenen Vorlage um einen durchaus typischen Fall, in dem ein strittiges Problem mittleren politischen Gewichts, das Verbraucher-, Unternehmer- und Arbeitnehmerinteressen berührt, per Volksabstimmung entschieden wird. Es geht um die Erlaubnis von Sonntagsarbeit in Einkaufs- und Dienstleistungszentren an großen Bahnhöfen und Flughäfen, genauer: darum, ob das Arbeitsgesetz im Art. 27, Abs. 1 wie folgt geändert wird:

> In Verkaufsstellen und Dienstleistungsbetrieben in Bahnhöfen, welche aufgrund des großen Reiseverkehrs Zentren des öffentlichen Verkehrs sind, sowie in Flughäfen dürfen Arbeitnehmer sonntags beschäftigt werden.

Die Pro-Argumentation des Bundesrates als zentraler Teil der »Erläuterungen« erfüllt das topische Muster auf folgende Weise:
1. Datentopos: Die Zulässigkeit von Sonntagsarbeit in Bahnhofsläden ist bisher nach Branchen unterschiedlich geregelt. Es gibt ein gestiegenes Kundeninteresse an sonntags geöffneten Bahnhofsläden (*veränderte Lebensgewohnheiten*).
2. Motivationstopos: Die nach Branchen unterschiedliche Regelung wird als unbefriedigend bewertet. Den *veränderten Lebensgewohnheiten* wird durch die bisherige Regelung nicht angemessen Rechnung getragen.
3. Prinzipientopos (plus Relevanztopos): Priorität für Kundenbedürfnisse – bei Anerkennung der *Bedeutung des Sonntags als Ruhetag*.
4. Finaltopos: Einheitlichkeit durch branchenübergreifende Ermöglichung von Sonntagsarbeit (Unterziel) zur Förderung des *öffentlichen Verkehrs* und zur Schaffung von *Arbeitsplätzen* (Oberziele).
5. Konsequenztopos: Bei Ablehnung der Gesetzesänderung müssen die bis zur Volksabstimmung geltenden Öffnungsbewilligungen für viele Läden aufgehoben werden.

Zur Stimmigkeit von Argumentation gehört, dass die verschiedenen Argumentationsschritte in einem sachlogisch nachvollziehbaren Verhältnis zueinander stehen. Vor allem muss aus den Argumenten das favorisierte politische Vorhaben möglichst zwingend folgen. Genau da wiederum setzt die Kontra-Argumentation gerne an, indem sie zum Beispiel bezweifelt, dass man mit dem Vorhaben das angestrebte Ziel überhaupt erreichen kann, oder indem man bestreitet, dass das verkündete Ziel mit den Prinzipien und Werten in Einklang steht, auf die sich die Gegenseite beruft.

Häufig ergibt sich eine Kontra-Haltung aber auch aus anderen Relevanzen und einer anderen Sicht der Dinge, indem zum Beispiel bei der Ausgangssituation andere Sachverhalte in den Vordergrund gerückt oder bei den handlungsleitenden Prinzipien und Werten andere Prioritäten gesetzt werden – so in unserem Falle das Referendumskomitee als Gegner der Gesetzesänderung: Bei der Skizzierung der Ausgangssituation stellt es das große Einkaufszentrum unter dem Zürcher Hauptbahnhof (vgl. Eugster in diesem Band) als treibende Kraft hinter der Initiative dar und gewichtet bei der Werte-Abwägung den Wert der Sonntagsruhe deutlich höher als der Bundesrat.

1.3 Argumentationsstrategisch ausgerichtete Schlagwortnetze

Wenn ein Legitimationsdiskurs zum Allgemeingut werden soll, sind ausführlich formulierte Argumente weder zur Speicherung im Gedächtnis noch zum zügigen Wieder-Erkennen geeignet. Dies aber ermöglicht die Komprimierung von Argumenten in Schlagwörtern. Das Schlagwortrepertoire erfolgreicher Diskurse oder Kampagnen verteilt sich daher nicht selten auf die vier Glieder des skizzierten Argumentationsmusters – so im marktliberalen[7] *Reform*-Diskurs, der seit Mitte der 1990er Jahre bis zum Beginn der sogenannten »Finanzkrise« nicht nur in den deutschsprachigen Ländern eine mehr oder weniger dominante Rolle spielte. Mit dem Schlagwort *Globalisierung* als Ausgangspunkt wird von wirtschaftsnaher Seite ein Schlagwortnetz kampagnenartig propagiert, das neben wenigen neutral verwendeten Begriffen des Datentopos etliche Positiv-Begriffe (+) für die eigene Position und einige Negativ-Begriffe (–) für Abgelehntes enthält.[8] Letzteres entspricht einem weiteren Muster strategischer Konzeptualisierung: dem der polarisierenden Schwarz-Weiß-Dichotomisierung der politischen und sozialen Welt.

> **Marktliberaler Diskurs: Schlagwortnetz *Reformen***
> Schlagwörter in ARGUMENTFUNKTION:
> - Datentopos: *die Globalisierung, x Millionen Arbeitslose, (teuerer) Sozialstaat*
> - Motivationstopos: *Chancen der Globalisierung* (+), *Massenarbeitslosigkeit* (–), *Überregulierung* (–), *Abgabenstaat* (–), *Versorgungsstaat* (–)
> - Prinzipientopos: *Freiheit* (+), *Eigenverantwortung* (+), *Wettbewerb* (+), *Gleichmacherei* (–)
> - Finaltopos: *Wettbewerbsfähigkeit* (+), *(Sicherung des) Standort(s) Deutschland/ Schweiz/Österreich* (+), *(mehr) Arbeitsplätze* (+)
>
> Schlagwörter in KONKLUSIONSFUNKTION:
> - Handlungsforderungen: *Reformen* (+), *Flexibilisierung* (+), *Deregulierung* (+), *Privatisierung* (+), *schlanker Staat* (+)

Sofern beim Schaffen dieses Begriffsarsenals und Deutungsrahmens diskursstrategische Planung eine Rolle gespielt hat, handelt es sich um eine Kombination dessen, was kommunikationsstrategische Praktiker »framing« und »wording« nennen.

---

7   Zur Vermeidung des Attributs »neoliberal« für dieses Politik-Konzept siehe Anm. 2.
8   Belege finden sich reichlich in fast allen großen deutschen, schweizerischen und österreichischen Tageszeitungen, politischen Wochenmagazinen und der Wirtschaftspresse, in Texten insbesondere der liberalen und konservativen Parteien, vor allem aber in Texten von Wirtschaftsverbänden und wirtschaftsnahen Organisationen wie in Deutschland etwa der »Initiative Neue Soziale Marktwirtschaft«.

1.4 Konzeptualisierung jenseits von Lexik und Argumentation

Konzeptualisierung findet nicht nur auf der Ebene der Lexik und der Argumentation statt. Es lassen sich auch textsorten- und medienspezifische Arten der Konzeptualisierung beobachten (vgl. Klein 2009a: 2119–2120). Das gilt beispielsweise für die Textsortenklasse der politischen Programme. Sie konzeptualisieren Politik meist als Katalog von Gestaltungsoptionen – Grundsatzprogramme im Gestus des Bekenntnisses zu politischen Ideen und Prinzipien, Wahlprogramme eher kämpferisch oder vollmundig als Füllhorn erwünschter Maßnahmen. Die Boulevardpresse und auch viele TV-Formate konzeptualisieren Politik dagegen primär als personenbestimmte Dauerkonfrontation (vgl. Schefer in diesem Band). Darauf kann hier nicht näher eingegangen werden.

2 Adressaten im Fokus

2.1 Umgang mit konfligierenden Kommunikationsmaximen

Politische Kommunikation wird von einer schon der antiken Rhetorik bekannten Dreieckskonstellation bestimmt: hier »wir«, dort die politische Konkurrenz und im Fokus beider die umworbenen Bürgerinnen und Bürger. Das macht es schwieriger als in der dualen Konstellation zweier Gesprächspartner ohne Publikum das bekannte Gricesche Kooperationsprinzip und – als dessen Ausprägungen – die grundlegenden Maximen zu wahren, nämlich sich

- wahrhaftig,
- richtig (im Sinne von ›gut begründet‹),
- zum Wesentlichen,
- in angemessener Informationsmenge,
- kohärent und verständlich

zu äußern (vgl. Grice 1975: 45ff.). Denn Politiker stehen nicht nur unter diesen für jedwede Kommunikation basalen Anforderungen, sondern auch unter dem Druck strategischer Maximen, insbesondere

- die eigene Position positiv darzustellen,
- die gegnerische Position abzuwerten,
- sich bei relevanten Adressaten möglichst viele geneigt und möglichst wenige zu Gegnern zu machen,
- Kompetenz und Durchsetzungsvermögen zu demonstrieren,
- Operationsspielräume offen zu halten.

Der erste Maximenkatalog hat universalethischen Charakter, der zweite ist an den eigenen partikularen Interessen orientiert. Wer sich ausschließlich an letztere hält, verliert rasch Vertrauen und Zustimmung. Denn die Aufmerksamkeit der politischen Konkurrenten und der Öffentlichkeit, auch die Vielfachbehandlung eines Themas in den verschiedensten parlamentarischen Gremien machen es in funktionierenden Demokratien riskant, in wichtigen Angelegenheiten gravierende kommunikationsethische Sünden, zum Beispiel glatte Lügen, zu begehen. Deswegen ist die klassische Strategie politischer Kommunikation ein Mix aus Orientierung an beiden Maximen-Typen. Im Hinblick auf die Wahrhaftigkeitsmaxime könnte man das zuspitzen auf die Formel: *Politiker sind Meister der Dreiviertelwahrheit.*

Abgesehen von solchen Kompromissen zwischen Ethik und Strategie wird Politikern vielfach zu Unrecht vorgeworfen gegen kommunikationsethische Gebote zu verstoßen. Denn gerade in politischen Dingen ist keineswegs immer eindeutig und unumstritten, was wahr und richtig, was wesentlich und informativ, was klar und verständlich ist. Darum müssen Politiker auch dann, wenn sie subjektiv überzeugt sind, sich kommunikationsethisch korrekt verhalten zu haben, damit rechnen, dass ihnen das von anderer Seite nicht immer abgenommen wird.

2.2 Strategische Vagheit

Die Pluralität der Überzeugungen, Interessen und Wissensvoraussetzungen in einer modernen Gesellschaft hat eine weitere strategische Konsequenz. Die Intention angesichts solcher Pluralität dennoch bei möglichst vielen Adressaten Zustimmung zu finden, veranlasst Politiker vielfach dazu, vage oder mehrdeutig zu formulieren – allerdings möglichst so, dass dies zumindest auf den ersten Blick nicht deutlich wird. Denn nur wenn möglichst Viele, auch Menschen mit unterschiedlichen Prioritäten, die politische Botschaft als eindeutig – und nicht als beliebig auslegbares Deutungsangebot – verstehen, besteht die Chance auf Akzeptanz des Ungenauen. Ähnliches gelingt zuweilen allerdings auch dann, wenn bisherige Politik, vor allem Regierungspolitik, so sehr in Misskredit geraten ist, dass das Gros der Bürgerinnen und Bürger sich bereit findet, Botschaften zu folgen, die nur grob die Richtung andeuten.

Vor allem im letzteren Falle besteht die Chance, strategische Konsequenzen zu ziehen, wie sie Barack Obamas Team in der Vorwahl- und Wahlkampagne 2007/08 um die US-amerikanische Präsidentschaft virtuos nutzte. Unter den an Präzisionsarmut kaum zu übertreffenden Schlagwörtern *Change* und *Hope* und den Slogans *Yes we can* und *Change we believe in* gelang es, unterschiedlichste Wählergruppen emotional so zu motivieren, dass die Prätention, im *we* der Slogans sei eine politische Bewegung, das *Movement for Change,* am Werke, weithin problemlos akzeptiert wurde.

2.3 Medienspezifische Adressierungsstrategie: Das Beispiel der Web 2.0-Intimität in der Obama-Kampagne

Eine wichtige sprachliche Teilstrategie in Obamas Kampagne betraf den sprachlichen Kommunikationsgestus, in dem sich der Kandidat – in Wahrheit sein Web 2.0-Spezialistenteam – an die neue Adressatengruppe der politisch motivierbaren, überwiegend jungen Internetnutzer wandte. Dabei wurde der Schein von Individualkommunikation, der dem Internet eigen ist, genutzt, um persönliche Nähe zum Kandidaten, ja direkte Interaktion mit ihm zu suggerieren. Ich habe das selbst erfahren können. Früh hatte ich mich auf den Homepages von Obama und McCain als Interessent gemeldet. Von McCain bzw. seinem Team erhielt ich E-Mails mit der kollektiven Anrede *Dear friends*. Das lässt daran denken, dass man einer von Hunderttausenden Adressaten ist. Unterschrieben waren die E-Mails mit dem vollen Namen des Kandidaten: *John McCain*. Die Internet-Betreuer in Obamas Team spiegelten dagegen individuelle Nähe und persönliche Vertrautheit vor, nicht zwischen ihnen und mir, sondern zwischen Obama und mir. Schon in der ersten E-Mail, die ich erhielt, wurde ich mit Vornamen angeredet: *Dear Josef.* Unterschrieben waren die E-Mails schlicht und intim mit *Barack. Barack* und *Josef,* die neuen Freunde sozusagen! Wenn es um Obamas Politik und seine Kampagne ging, war es selbstverständlich *our campaign,* mit der *we*, also *Barack, Josef* und die anderen Mitglieder des *movement for change,* dabei waren, Geschichte, *history,* zu schreiben. Hier begegnet man einer Intimitätsstrategie, die der Resonanz nach zu urteilen bei ungleich mehr Adressaten die Identifikation mit dem Kandidaten verstärkte, als dass sie Peinlichkeit wegen Anbiederung auslöste.

3 Wettbewerbs- und Konfrontationsstrategien

3.1 Lexikalische Konkurrenzen

Die wichtigsten Ausprägungen des politischen Wettbewerbs um den »richtigen Begriff« sind *Bezeichnungskonkurrenz* und *Bedeutungskonkurrenz*.[9]

Bei der *Bezeichnungskonkurrenz* geht es darum, einem Sachverhalt durch die gewählte Bezeichnung die eigene Deutung aufzuprägen und diese gegen konkurrierende Bezeichnungen zu behaupten oder durchzusetzen. So werden Selbstmordattentäter in weiten Teilen der Welt mit dem Stigmawort *Terroristen* bezeichnet, von militanten Islamisten dagegen mit deren Fahnenwort und Ehrentitel *Märtyrer*.[10] Im einen Falle wird darauf abgehoben, dass es sich um Personen handelt, die unter Missachtung des internationalen Kriegsrechts in spektakulären Gewaltaktionen mit möglichst vielen Toten

---

9 Zu weiteren Typen lexikalischer Konkurrenz vgl. Klein (1991) und Klein (2009a: 2120ff.).
10 Die Termini »Stigmawort« und »Fahnenwort« hat Fritz Hermanns (1982: 91–92) geprägt.

Angst und Schrecken verbreiten, im anderen, dass sie ihr Leben für Gott opfern. In Deutschland erleben wir gerade die Auseinandersetzung um die Reform der gesetzlichen Krankenversicherung. Der amtierende Gesundheitsminister Rösler und seine Partei, die FDP, nennen ihr Konzept *Gesundheitspauschale* und hoffen, dass *Gesundheit-* positive Vorstellungen hervorruft, während die Gegner von *Kopfpauschale* sprechen und dabei auf die assoziative Nähe zu Negativbegriffen wie *Kopfgeld, Kopfsteuer, Kopfjäger* und Ähnlichem setzen.

Bedeutungskonkurrenz liegt vor, wenn unterschiedliche Gruppierungen denselben Ausdruck in unterschiedlichen Bedeutungen verwenden. Während *Freiheit* in der Programmtradition sozialdemokratischer Parteien primär *die Möglichkeit* bedeutet, *selbstbestimmt zu leben* und nicht bedrückt zu sein *von entwürdigenden Abhängigkeiten, von Not und Furcht* – wofür vor allem der Staat zu sorgen hat[11] –, steht im Zentrum des Freiheitsbegriffs liberaler Parteien ein starker Impetus gegen staatliche Begrenzungen des Handelns der Bürger und darum die Forderung nach *weniger Staat*.[12]

Zur lexikalischen Wettbewerbsstrategie gehört nicht zuletzt die kritische, gegebenenfalls denunziatorische *Thematisierung des Sprachgebrauchs* der politischen Konkurrenz.[13] So unterstellen Sozialdemokaten Liberalen gerne, dass diese mit *Freiheit* ›in Wahrheit‹ *Wettbewerbsfreiheit* und *unternehmerische Freiheit* auf Kosten der Arbeitnehmer, der Umwelt etc. meinten, während Liberale Sozialisten und Sozialdemokraten vielfach zu unterstellen pflegen, es mit der *Freiheit* ›in Wahrheit‹ nicht sehr ernst zu meinen, weil sie diese von einer *sozialen Gerechtigkeit* abhängig machten, die durch den Begriff der *Gleichheit* definiert werde, was wiederum mit *Freiheit* unvereinbar sei.

3.2 Fernseh-rhetorische Duell-Strategien: Das Beispiel suggestiven Framings unter Nutzung kognitiver Wissens- und Kontrolldefizite[14]

Vor allem das Fernsehen wird als Medium genutzt, in dem sich Politiker – auch solche mit hoher formaler Bildung – ohne Scheu trauen, sachlogisch und/oder formallogisch groteske Verstöße zu begehen, ohne die Sorge zu haben, dass relevante Teile des Publikums (oder auch das jeweilige journalistische oder politische Gegenüber) dies durchschauen. Denn das gesprochene Wort ist flüchtig. Seine Fundiertheit ist schlechter zu überprüfen als schriftliche Texte – zumal in der ›Überblendung‹ durch das bewegte Bild mit seinen vielfältigen Ablenkungsreizen. Vorteile gegenüber den Kontrahenten ver-

---

11 Vgl. »Hamburger Programm. Grundsatzprogramm der Sozialdemokratischen Partei Deutschlands«, Berlin 2007, S. 15ff.
12 Vgl. »Wiesbadener Grundsätze – Für die liberale Bürgergesellschaft« (Grundsatzprogramm der FDP), Berlin 1997, S. 9ff.
13 Zur Rolle von Sprachthematisierung in politischen Auseinandersetzungen und deren sprachkritischem Potential vgl. Stötzel (1986).
14 Vgl. zu diesem Thema ausführlicher Klein (2009b).

sprechen bessere stimmliche, mimische und gestische Darstellung von Selbstsicherheit, Zügigkeit des Formulierens, Anschaulichkeit und/oder Inszenierung von moralischem Involvement.

Als Beispiel hierfür mag ein Ausschnitt aus dem deutschen TV-Duell zwischen Bundeskanzler Gerhard Schröder (SPD) und der Kanzlerkandidatin der CDU/CSU Angela Merkel am 4. September 2005, zwei Wochen vor der Bundestagswahl, dienen. Es geht darin um die Rentenpolitik und um den Kandidaten der CDU/CSU für das Amt des Finanzministers, den ehemaligen Verfassungsrichter und Heidelberger Staats- und Steuerrechtler Kirchhof.

Ausschnitt aus TV-Duell

SCHRÖDER: [...] ich glaube, dass wir einen Riesenfehler machten, wenn wir das täten, was dieser Professor aus Heidelberg vorgeschlagen hat, nämlich die Rentenversicherung ähnlich aufzubauen wie die Kfz-Versicherung. Damit sagt der Mann doch, man müsse Menschen genau so behandeln wie Sachen. Das zeigt, dass er die wirkliche Beziehung zur Lebenswirklichkeit verloren hat. [...] Das ist jedenfalls sehr stark verunsichernd, das verunsichert Menschen doch.
[...]
MODERATOR: Kann man das noch mal klären. Frau Merkel, gibt es tatsächlich die Vorstellung von Paul Kirchhof einer kompletten Privatisierung?
MERKEL: Es gibt zwei Säulen, es gibt das umlagefinanzierte System mit dem damals von uns eingeführten demographischen Faktor. Den Sie abgelehnt haben, wider besseres Wissen. Aber das macht nichts –
SCHRÖDER: Soll ich Ihnen sagen warum?
MERKEL: Sie haben ihn inzwischen ja auch wieder eingeführt. Und eine kapitalgedeckte Säule. Und dann hat Paul Kirchhof über die nachgelagerte Besteuerung gesprochen. Das heißt, dass Altersaufwendungen erst im Alter besteuert werden sollen.

Während Schröder ganz auf die Chance der Mündlichkeit zu kognitiver Ungenauigkeit und Unredlichkeit setzt, verkennt Merkel die Grenzen, die – vor allem bei fachlich ungebildeten Rezipienten – der Komplexitätsverarbeitung mündlicher Rede gesetzt sind.

Kirchhof hatte Versicherungssysteme unter dem Aspekt der Effizienz und der Finanzierbarkeit gegeneinander abgewogen. Was macht Schröder daraus? Er verschiebt das Thema von der Ebene des rentensystematischen Fachdiskurses in einen moralischen Deutungsrahmen, indem er Kirchhofs Überlegungen zu einer Gleichsetzung von Mensch und Auto verzerrt. So verschafft er sich Gelegenheit, Empörung zu inszenieren. Wie reagiert dagegen Merkel? Nonverbal gibt sie – während Schröders Beitrag kurz im Bild – deutliche mimische Zeichen von Nervosität. Es folgt der Versuch einer Richtigstellung auf der Systemebene mit zahlreichen unerklärten Fachbegriffen auf engstem Raum: *zwei Säulen, umlagefinanziertes System, demographischer Faktor, kapitalgedeckte*

Säule, nachgelagerte Besteuerung. Dazwischen erfolgt ein für die meisten Zuschauer verwirrendes Scharmützel, wer wann was eingeführt und abgeschafft hat. Die Runde ging so an Schröder (vgl. Reinemann/Maurer 2007: 80ff.) – wie die meisten in den 90 Fernseh-Minuten. Schröder ist mit seiner Art des Duellierens von über 70% der Zuschauer zum Sieger erklärt worden – zumindest laut Blitzumfragen der beteiligten TV-Sender im unmittelbaren Anschluss an das ›Duell‹.

Hätte Merkel gegen Schröders Kirchhof-Attacke bei dem Publikumssegment, auf das Schröder zielt – emotionalisierbare rentenpolitisch Ahnungslose – eine Chance gehabt? Wohl nur, wenn sie es Schröder, statt ihn auf der Diskursebene des Fachlichen zu korrigieren, mit gleich unseriöser Münze auf der Emotionsebene heimgezahlt hätte – etwa indem sie sich echauffiert hätte: *Wie können Sie Paul Kirchhof so missverstehen. Ihm geht es um die Menschen, nicht um Autos. Sie wissen doch selber: Die deutsche Kfz-Versicherung ist sicher, sicherer jedenfalls als das Rentenkonzept Ihrer Regierung. Und nichts anderes will Paul Kirchhof: Dass unsere Kinder genauso zuverlässig auf die Rentenversicherung vertrauen können wie wir heute auf die Kfz-Versicherung!*

Ob Merkel, wenn ihr die Idee einer solchen Gegenattacke gekommen wäre, diese realisiert hätte, muss offen bleiben. Aber eines scheint sicher: Bei aller Unverfrorenheit, die man beiden als machtbewussten Persönlichkeiten zutrauen muss – im Rahmen von Schriftlichkeit, etwa im Interview mit einer angesehenen überregionalen Tageszeitung, würden wir weder von Schröder noch von Merkel noch von einem anderen Spitzenpolitiker Derartiges lesen können.

4 Die Volksinitiative *Gegen den Bau von Minaretten* – Eine erfolgreiche Kombination von Strategien der Konzeptualisierung, der Orientierung an Adressaten und der Konfrontation

Es war ein weltweit vernommener politischer Paukenschlag, als am 29. November 2009 die deutliche Mehrheit (57,5%) der abstimmenden Schweizer Bürgerinnen und Bürger für ein Verbot des Baus von Minaretten votierte – ein Verbot nicht nur per Gesetz, sondern sogar als Verfassungsartikel. Dass dies zur Überraschung und gegen den erklärten Widerstand aller oder fast aller führenden gesellschaftlichen, intellektuellen, wirtschaftlichen und – mit Ausnahme der SVP – politischen Kreise der Schweiz geschah, belegt, dass die Initiatoren sehr erfolgreiche politische Kommunikationsstrategien praktiziert haben. Schon die skizzierte gesellschaftliche Ausgangskonstellation verrät, dass zum einen Konfrontation und Provokation eine wichtige Rolle gespielt haben. Dass die Mehrheit gegen das Gros der öffentlichen institutionellen und persönlichen Autoritäten zustande kam, impliziert zum zweiten höchst wirksame Strategien populistischer Orientierung an Prioritäten und Einstellungen breiter Adressatenkreise. Dass ausgerechnet Minarettbau Verfassungsrelevanz erlangt und mit Menschenrechts- und Verfassungsfeindlichkeit identifiziert wird, setzt drittens eine – freundlich formuliert: kühne, unfreundlich formuliert: abenteuerliche –, in jedem Falle aber erfolgreiche Konzeptualisierungsstrategie voraus.

Die Strategien und ihr Ineinandergreifen sollen hier am Beispiel des Textes *Die Argumente des Initiativkomitees: Ja zum Minarettverbot – Nein zur Islamisierung der Schweiz*, abgedruckt in den »Erläuterungen des Bundesrates« zur Volksabstimmung vom 29. Januar 2009,[15] skizziert werden. Beginnen wir mit der Konzeptualisierung: Das Initiativkomitee macht sich das kognitive Schema der *pars pro toto* zunutze, und zwar in der Ausprägung ›Dingsymbol (Minarett) als außenwirksamer Teil eines Gesamtkomplexes (Machteroberungsstrategie des Islam)‹. Das Motiv ›Minarett als politisches Machteroberungssymbol‹ wird in dem Text sowohl argumentativ als auch assoziativ gestützt. Argumentativ wird auf das Schema ›Kronzeugen-Zitat‹, eine Ausprägung des Autoritätstopos, zurückgegriffen, nämlich auf eine Äußerung des *heutigen türkischen Ministerpräsidenten Erdogan …, einen türkischen Dichter zitierend:* »*Die Demokratie ist nur ein Zug, auf den wir aufsteigen, bis wir am Ziel sind. Die Moscheen sind unsere Bajonette, die Kuppeln unsere Helme, und die Gläubigen unsere Soldaten*«. Ausgehend von diesem Zitat wird ein Bedrohungsszenario entfaltet, indem erstens die Waffenmetaphorik[16] des Erdogan-Zitats aufgenommen, variiert und um das Motiv ›Scharia‹ angereichert wird (*Wer mit dem Minarett als politischer Speerspitze anderes Recht, die Scharia, durchsetzen will*) und zweitens das *Minarett* gedeutet wird als *ein Zeichen von politischem Machtanspruch – vergleichbar mit den Forderungen nach Ganzkörper-Verhüllung mit der Burka, nach Tolerierung der Zwangsehe, nach Mädchenbeschneidung*. Mit den Stigmawörtern *Burka, Zwangsehe* und *Mädchenbeschneidung* werden Vorstellungen evoziert und per Analogie (*vergleichbar*) assoziativ auf Minarette übertragen, deren gemeinsamer Nenner die diametrale Gegensätzlichkeit zu europäischen Freiheits-, Menschenrechts- und Verfassungsprinzipien ist. Damit ist ein Islam-Frame entworfen, aus dessen dynamischen Komponenten – dem stetigen Anwachsen der Zahl der Muslime in der Schweiz (*1980 noch 56 600, … sind es bald eine halbe Million*) sowie deren zunehmenden *politisch-rechtlichen Ansprüchen* – per Derivation aus der Grundform *Islam* der Drohprozess *Islamisierung* gefolgert wird.

Die Stimmigkeit dieses Frames setzt Ignoranz gegenüber mindestens zwei Sachverhalten voraus: (1) Die bisherigen Erfahrungen mit den in der Schweiz lebenden Muslimen zeigen, dass – wenn überhaupt – nur eine verschwindende Minderheit der Muslime Burka, Zwangsehe und Mädchenbeschneidung praktiziert und dass vor al-

---

15 Die »Erläuterungen des Bundesrates« zur Volksabstimmung vom 29. Januar 2009 sind im Internet greifbar unter: http://www.bk.admin.ch/themen/pore/va/20091129/ [7.9.2010]. Das verwendete Textbeispiel befindet sich auf Seite 27.

16 Ihren Höhepunkt erreicht die minarettbezogene Waffenmetaphorik allerdings nicht in sprachlicher, sondern in visueller Modalität. Auf dem zentralen Kampagnen-Plakat ist eine dichte Ansammlung schwarzer Minarette zu sehen, die unverkennbar eine Raketen-Batterie assoziieren – aufgerichtet auf einer Schweizer Flagge und neben einer in schwarzes Ganzkörpergewand (Hidschab) und schwarzen Gesichtsschleier (Niqab) gehüllten großen Frauengestalt. Unterschrift: *Stopp*. Slogan: *Ja zum Minarettverbot*.

lem Burka und Mädchenbeschneidung in der islamischen Tradition der Herkunftsländer der allermeisten in der Schweiz lebenden Muslime (Balkanstaaten) verpönt sind. (2) Erdogan hat die ihm zugeschriebene Äußerung 1997 als Bürgermeister von Istanbul getan.[17] Sie fiel in der innenpolitischen Auseinandersetzung mit den repressiven laizistischen und antireligiösen, insbesondere militärischen Kräften in der Türkei – also ohne außenpolitischen Bezug. Würden diese Punkte bei der Konzeptualisierung berücksichtigt, so würde das Konstrukt des Minaretts als *Speerspitze* eines menschenrechts- und verfassungswidrigen islamischen Machtanspruchs zusammenbrechen und es ließe sich nicht mehr behaupten: *Das Minarett hat mit Religion nichts zu tun.* Dann wäre zuzugeben, dass es sich um ein ausschließlich religiöses Bauwerk oder Symbol handelt – mit der weiteren Folge, dass zugestanden werden müsste, dass ein Minarettverbot gegen die Religionsfreiheit und damit gegen die Menschenrechte und gegen die Schweizerische Verfassung verstößt.

Der zentrale strategische Adressatenbezug besteht zum einen darin, beim Gros der Abstimmungsbürger genau diese Ignoranz vorauszusetzen, die gerade skizziert wurde. Es wird dabei auf die stereotypische Verallgemeinerung öffentlich beachteter negativer Einzeltatbestände gesetzt – mit der Konsequenz, dass ein Szenario entsteht, das in der emotionalen Dimension Angst und in der ethisch-deontischen Dimension eine Art staatsbürgerliche Pflicht zur Gegenwehr mobilisiert. Zu dem im Text nicht explizit thematisierten Hintergrund gehört zweifelsohne die Kalkulation der Initiatoren der Verbotsinitiative mit der seit den Terroranschlägen des 11. September 2001 kognitiv-emotionalen Vermischung von Islam und terroristischem Islamismus in weiten Bevölkerungskreisen sowie mit dem verbreiteten Verdacht auf politisch-religiöse Monopolansprüche des Islam insbesondere wegen der Nicht-Gewährung von Religionsfreiheit in den allermeisten islamisch geprägten Staaten.

Konfrontationsstrategien fährt die Verbotsinitiative auf zwei Ebenen: zum einen gegen die in der Schweiz lebenden Muslime, zum anderen gegenüber den Gegnern des Minarettverbots. Im ersten Fall besteht die Strategie in einer pauschalen und maßlosen Verdächtigung, im zweiten im populistischen Gestus, es »denen da oben«, den angeblich ängstlichen, politisch korrekten, naiven, dem ›wahren Leben‹ entfremdeten ›führenden Kreisen‹ einmal ›zu zeigen‹. Zwar steht nichts davon in dem Text, den das Initiativkomitee für die Abstimmungserläuterungen formuliert hat; denn die Regeln für Abstimmungserläuterungen verbieten polemische Angriffe gegen Kontrahenten. Ob es in anderen Texten der Kampagne solche Herabwürdigungen der Verbotsgegner in nennenswertem Ausmaß gegeben hat, muss an dieser Stelle offen bleiben. Doch auch ohne explizite Schmähung der politischen Kontrahenten stellt ein Tabu-Bruch dieser Größenordnung eine maximale Provokation dar, die unter anderem maximale – in diesem Falle sogar weltweite – Aufmerksamkeit sichert.

---

17 Vgl. Ulfkotte, Udo (2003): *Der Krieg in unseren Städten – wie radikale Islamisten Deutschland unterwandern.* Frankfurt a. M.: Eichborn. S. 244.

Diese Kombination aus strategischer Konzeptualisierung, Adressatenorientierung und Konfrontation schuf einen Deutungsrahmen der Bedrohung, auf dessen Bestandteile, insbesondere die stereotypischen Konkreta, die Kontra-Argumentation des Bundesrates in den Abstimmungserläuterungen nur minimal eingeht.[18] Stattdessen spannt der Bundesrat einen streng menschen- und verfassungsrechtlichen Deutungsrahmen mit folgender zentralen Schlusskette:

Ein Minarettverbot verstößt gegen die Religionsfreiheit.
→ Was gegen die Religionsfreiheit verstößt, verstößt gegen die Menschenrechte.
→ Was gegen die Menschenrechte verstößt, verstößt gegen die Schweizerische Verfassung.
→ Ergo ist das Minarett-Verbot abzulehnen.

Er tut das, ohne sich die Mühe zu machen, das Pars-pro-toto-Argument, das Islambild und die darauf aufbauende scheinbar verfassungsrechtliche Argumentation des Initiativkomitees zu destruieren. Wenn diese Strategie sich nicht nur auf die Abstimmungserläuterungen beschränkte, sondern für die ganze Kampagne der Verbotsgegner kennzeichnend war, kann man aus strategiekritischer Sicht nur sagen: Die Strafe folgte auf dem Fuße.

5 Literatur

Aristoteles (2002): *Rhetorik*. Übersetzt und erläutert von Christoph Rapp. 1. Halbbd. Berlin: Akademie Verlag.
Austin, John L. (1956/1957): A Plea for Excuses. In: *Proceedings of the Aristotelian Society* 57, S. 1–30.
Grice, Herbert Paul (1975): Logic and Conversation. In: Cole Peter; Morgan, Jerry L. (Hgg.): *Syntax and Semantics*. Bd. 3: *Speech Acts*. New York/San Francisco/London: Academic Press, S. 41–58.
Harras, Gisela (1983): *Handlungssprache und Sprechhandlung*. Berlin/New York: de Gruyter.
Hermanns, Fritz (1982): Brisante Wörter. Zur lexikographischen Behandlung parteisprachlicher Wörter und Wendungen in Wörterbüchern der deutschen Gegenwartssprache. In: Wiegand, Herbert E. (Hg.): *Studien zur nhd. Lexikographie II*. Hildesheim/Zürich/New York: Olms (= Germanistische Linguistik; 3–6, 1980), S. 87–102.
Kienpointner, Manfred (1992): *Alltagslogik. Struktur und Funktion von Argumentationsmustern*. Stuttgart/Bad Cannstatt: Frommann-Holzboog (= Problemata; 126).
Klein, Josef (1991): Kann man »Begriffe besetzen«? Zur linguistischen Differenzierung einer plakativen politischen Metapher. In: Liedke, Frank; Wengeler, Martin; Böke, Karin (Hgg.): *Begriffe besetzen. Strategien des Sprachgebrauchs in der Politik*. Opladen: Westdeutscher Verlag, S. 44–69.
Klein, Josef (1995): Asyl-Diskurs. Konflikte und Blockaden in Politik, Medien und Alltagswelt. In: Reiher, Ruth (Hg.): *Sprache im Konflikt*. Berlin/New York: de Gruyter, S. 15–71.
Klein, Josef (1996): Dialogblockaden. Dysfunktionale Wirkungen von Sprachstrategien auf dem Markt der politischen Kommunikation. In: Klein, Josef; Diekmannshenke, Hajo (Hgg.): *Sprachstrategien und Dialogblockaden. Linguistische und politikwissenschaftliche Studien zur politischen Kommunikation*. Berlin/New York: de Gruyter, S. 3–29.

---

18 Vgl. »Erläuterungen des Bundesrates« zur Volksabstimmung vom 29. Januar 2009, S. 28f. (vgl. Anm. 15).

Klein, Josef (1998): Politische Kommunikation als Sprachstrategie. In: Jarren, Otfried; Sarcinelli, Ulrich; Saxer, Ulrich (Hgg.): *Politische Kommunikation in der demokratischen Gesellschaft. Ein Handbuch mit Lexikonteil.* Opladen/Wiesbaden: Westdeutscher Verlag, S. 376–395.

Klein, Josef (2000): Komplexe topische Muster: Vom Einzeltopos zur diskurstyp-spezifischen Topos-Konfiguration. In: Schirren, Thomas; Ueding, Gert (Hgg.): *Topik und Rhetorik. Ein interdisziplinäres Symposium.* Tübingen: Niemeyer, S. 623–649.

Klein, Josef (2006): Texte, die Vertrauen schaffen. Wie deutsche Parteien den schweizerischen Texttyp »Abstimmungserläuterung« und die britische Institution »Election Adress« nutzen könnten. In: Plehwe, Kerstin (Hg.): *Endstation Misstrauen?* Berlin: Helios Media, S. 237–263.

Klein, Josef (2007): Texte mit globaler Resonanz. Auch ein Beitrag zu diskursivem ›Kampf der Kulturen‹. In: *Aptum. Zeitschrift für Sprachkritik und Sprachkultur* 2, S. 122–138.

Klein, Josef (2009a): Rhetorisch-stilistische Eigenschaften der Sprache der Politik. In: Fix, Ulla; Gardt, Andreas; Knape, Joachim (Hgg.): *Rhetorik und Stilistik – Rhetoric and Stylistics. Ein internationales Handbuch historischer und systematischer Forschung.* 2. Halbbd. Berlin/New York: de Gruyter, S. 2112–2131.

Klein, Josef (2009b): Über die strategische Ausnutzung kognitiver Kontrollschwächen bei Mündlichkeit. Eine politolinguistische Miszelle. In: Birk, Elisabeth; Schneider, Jan (Hgg.): *Philosophie der Schrift.* Tübingen: Niemeyer, S. 161–166.

Kuhlmann, Christoph (1999): *Die öffentliche Begründung politischen Handelns.* Opladen/Wiesbaden: Westdeutscher Verlag.

Lakoff, George (2004): *»don't think of an elephant«.* White River Junction (Vermont): Chelsea Green Publishing.

Lakoff, George; Wehling, Elisabeth (2008): *Auf leisen Sohlen ins Gehirn. Politische Sprache und ihre heimliche Macht.* Heidelberg: Carl-Auer Verlag.

Müller-Armack, Alfred (1947): *Wirtschaftslenkung und Marktwirtschaft.* Sonderausgabe 1990. München: Kastell.

Perelman, Chaim; Olbrechts-Tyteca, Lucie (1958): *La nouvelle rhetorique. Traité de l'argumentation.* Paris: Presses Universitaires de France (Engl.: *The New Rhetoric: A Treatise on Argumentation.* Notre Dame: University of Notre Dame Press 1969).

Reinemann, Carsten; Maurer, Markus (2007): Populistisch und unkonkret. Die unmittelbare Wahrnehmung des TV-Modells. In: Maurer, Marcus; Reinemann, Carsten; Maier, Jürgen; Maier, Michaela: *Schröder gegen Merkel. Wahrnehmung und Wirkung des TV-Duells 2005 im Ost-West-Vergleich.* Wiesbaden: VS-Verlag für Sozialwissenschaften, S. 53–89.

Stötzel, Georg (1986): Normierungsversuche und Berufungen auf Normen bei öffentlichen Thematisierungen von Sprachverhalten. In: Schöne, Albrecht (Hg.): *Kontroversen, alte und neue.* Akten des VII. Internationalen Germanisten-Kongresses in Göttingen 1985. Bd. 4. Tübingen: Niemeyer, S. 86–100.

Wengeler, Martin (1995): »Der alte Streit ›hier Marktwirtschaft, dort Planwirtschaft‹ ist vorbei.« Ein Rückblick auf die sprachlichen Aspekte wirtschaftspolitischer Diskussionen. In: Stötzel, Georg; Wengeler, Martin et al.: *Kontroverse Begriffe. Geschichte des öffentlichen Sprachgebrauchs in der Bundesrepublik Deutschland.* Berlin/New York: de Gruyter (= Sprache, Politik, Öffentlichkeit; 4), S. 35–91.

Wengeler, Martin (2003): *Topos und Diskurs.* Tübingen: Niemeyer.

Otfried Jarren, Franziska Oehmer & Christian Wassmer

Konfliktbearbeitung in der Politik. Eine Sprachanalyse von Parlamentsdebatten in der Schweiz und Deutschland

1 Einleitung und Problemstellung: Politische Sprache in der Schweiz und in Deutschland

Nicht nur das Beispiel der »Indianer« und der »Kavallerie« bzw. die Reaktionen in der Schweiz auf Äusserungen des damaligen deutschen Bundesfinanzministers Peer Steinbrück haben jüngst wieder einmal vor Augen geführt, wie verschieden die politische Sprachkultur der Schweiz etwa von jener in Deutschland ist. In diesem Fall: Der »grosse« Nachbar verfolgt eine Politik gegen den »kleinen« Nachbarn, zudem zu dessen ökonomischen Lasten, und das erklärt die heftigen Reaktionen in der Schweiz. Sieht man aber einmal von punktuellen politischen Konflikten und vom beständigen Problem »Gross« gegen »Klein« ab, so gibt es zudem generelle Unterschiede in der politischen Kultur: In der Schweizer Konsensdemokratie werden natürlich auch politische Konflikte ausgetragen, dies bisweilen sogar heftig, aber die Akteure sind anders als in Deutschland stets und immer wieder aufeinander angewiesen. Man kennt sich, man braucht sich und man trifft, in den politischen Arenen aber auch darüber hinaus, immer aufeinander. »Zusammenspannen« in allen gesellschaftlichen Sachverhalten – das muss man letztlich, wenn der Kleinstaat sich in einer nicht einfachen geopolitischen Umgebung behaupten soll und will.

Generell, wie die Kleinstaatenforschung (vgl. Bonfadelli/Meier 1994; Puppis 2009; Künzler 2005: 17–20) zeigt, haben die kleineren Staaten besondere Probleme jeweils mit ihren grossen Nachbarn, den »Next-Door-Giants«. Die Probleme sind dann umso grösser, wenn man sich kulturell und somit auch sprachlich nahe ist. Die Nationalstaaten wollen sich abgrenzen, pflegen ihre jeweiligen Besonderheiten, und diese Pflege ist um so schwieriger, wenn man die gleiche Sprache spricht, gleiche (literarische) Autorinnen und Autoren hat und wenn – wie in der Deutschschweiz – deutschsprachige Radio- oder Fernsehprogramme aus dem deutschen Ausland in grosser Zahl und ansehnlicher Qualität zur Verfügung stehen und genutzt werden. Natürlich sind Qualitätsmedien aus Deutschland, wie die *Frankfurter Allgemeine Zeitung* oder *Die Zeit,* nicht nur für viele Intellektuelle, sondern auch für die Politik- und Wirtschaftseliten in der Schweiz in hohem Masse relevant. Der Austausch ist vom Kleinstaat gewollt, aber die politische und kulturelle Distanz wird deshalb umso mehr gepflegt – was sich an der Verwendung des Schweizerdeutschen ebenso zeigt wie an der Betonung von Besonderheiten in manchen kulturellen Produkten und in politischen Diskursen.

Die politische Kommunikation, und damit auch die politische Sprache eines Landes, sind folglich vor allem vom politischen System und den damit korrespondierenden Formen der Willensbildung wie Entscheidungsfindung geprägt. Wie schon Klein (1998) ausführt, können Formen und Beschaffenheit der politischen Sprache als Indikatoren des politischen Systems angesehen und demnach auch mit dem Systembezug erklärt werden. Diskurs- und Diskussionsformate können dann als Interaktionsstrukturen begriffen werden, die den involvierten Akteuren einen Handlungsrahmen bieten.

Die vorliegende Studie folgt dieser Argumentation und begreift politische Strukturen und Systemmerkmale als Determinanten der politischen Sprache. Anhand einer Analyse von Parlamentsreden als den »mächtigsten Instrumenten der politischen Sprache« (Bazil 2010: 5) soll der Einfluss des politischen Systems und des Mediensystems auf die Konfliktorientierung bzw. -vermeidung der politischen Sprache in der Schweiz und Deutschland überprüft und nachvollziehbar gemacht werden. Zunächst werden dafür im Folgenden die systemrelevanten Charakteristika des Politik- und Mediensystems herausgearbeitet und zur Thesenbildung in Bezug auf die Konfliktorientierung der politischen Sprache fruchtbar gemacht. Anschliessend werden unter Rückgriff auf sprach- und politikwissenschaftliche Publikationen zu Gesprächs- und Argumentationsstilen Merkmale einer konfliktorientierten und konfliktvermeidenden Sprache identifiziert und zur Kategorienbildung genutzt. Die Überprüfung der Annahmen erfolgt mithilfe einer quantitativen Inhaltsanalyse von je zehn Plenarprotokollen unterschiedlicher Politikfelder in der Schweiz und Deutschland.

2 Politisches System und Mediensystem in der Schweiz und in Deutschland

Das politische System des Nationalstaats Schweiz weist Besonderheiten im Vergleich zu dem politischen System Deutschlands auf. Das gilt folglich auch für das Mediensystem. Zunächst aber zu den Besonderheiten des politischen Systems der Schweiz mit seinen Implikationen für die politische Kommunikation.

2.1 Politisches System der Schweiz

2.1.1 Direkte Demokratie
Aufgrund der vielfältigen Möglichkeiten der direkten Demokratie wie Abstimmungen und Referenden (vgl. Linder/Lutz 2006; Linder 2009: 575–581) zeichnet sich das politische System der Schweiz durch ein hohes Mass an Responsivität aus, und zwar sowohl bei den Parteien wie auch bei den jeweiligen Exekutiven. Deshalb ist die Leistung der Medien von besonderem Interesse und von besonderer Relevanz. In ihnen wird der Diskurs vor allem im Kontext von Abstimmungen geführt, und es ist üblich, dass Pro- und Kontra-Stimmen Raum erhalten (vgl. Jarren/Donges 2006: 216).

2.1.2 Konkordanz und Kollegialitätsprinzip

Alle wesentlichen politischen Kräfte auf der Gemeinde-, Kantons- und Bundesebene sind zu einem grossen Teil an der Exekutive (Regierung) beteiligt (vgl. Vatter 2002: 44; Keman 1996; Lehmbruch 1993). Diese Beteiligung ist auch der Tatsache geschuldet, dass die politischen Parteien zumeist weder einzeln noch in einer Koalition zwischen zwei Parteien auf der jeweiligen Parlamentsebene in der Lage wären, eine Regierung nur aus einer Partei oder einer Zwei-Parteien-Koalition zu bilden. Wesentlicher aber ist, dass gemäss dem Staatsprinzip auch Minderheiten zu achten und angemessen politisch zu beteiligen sind und daher Mehr- bzw. Vielparteienregierungen üblich sind. Das bezieht sich auch auf einzelne Sprachräume und somit auf die einem Sprachraum zuzuordnenden Kantone, insbesondere aber auf die Bundesebene: Hier gilt das Prinzip einer ausgewogenen Berücksichtigung der Landesteile und somit der Kultur- und Sprachräume. Schliesslich: Die Schweiz als Willensnation, als von grossen Nationalstaaten umgebender Kleinstaat, macht es erforderlich, alle Kräfte in wesentlichen politischen Willenbildungs- und Entscheidungsgremien einzubinden (vgl. Klöti 2006: 155–158).

Das für die Regierungen geltende Konkordanz- und Kollegialitätsprinzip, wonach getroffene Entscheidungen nicht als parteipolitische Entscheidungen öffentlich ausgegeben oder »ausgewertet« werden können, gibt der Exekutive besonderes Gewicht im politischen System (vgl. Klöti 2006: 158–159): Sie agiert stark nach dem Konsensprinzip und ist damit in der Lage, den Streit von gesellschaftlichen Gruppen, Parteien oder Parlamentsfraktionen gleichsam zu »befrieden«. Zwar sind die Entscheidungen der Regierungen keineswegs sakrosankt und sie werden selbstverständlich heftig politisch debattiert, aber zugleich kommt Regierungsentscheidungen eine Art diskursanleitende wie aber auch konfliktbeendende Funktion zu (vgl. Baumgartner 2010).

2.1.3 Parteien und parlamentarisches System

Aufgrund der Volksabstimmungen ist die Bedeutung politischer Parteien geringer als beispielsweise in repräsentativ verfassten politischen Systemen wie in Deutschland (vgl. Linder 2006: 318). Zwar werden für die Parlamente Vertreter von Parteien gewählt, aber das Spektrum an Parteien ist relativ gross, und vielfach sind die Wahlen noch immer Persönlichkeitswahlen. Zudem ist das Parteiensystem der Schweiz relativ stark fragmentiert, je nach Sprachraum und Region verfolgen die Kantonalsektionen der politischen Parteien häufig auch unterschiedliche Grundlagenziele. Differenz – das wird in der politischen Kultur der Schweiz als Vorteil angesehen. Nicht selten nehmen Vertreter anderer Parteien an Parteitagen teil, um dort – vor den Delegierten – die Sicht des anderen »Lagers« zu einem Sachgeschäft zu vertreten und sich der Diskussion zu stellen.

Die Differenzbereinigung ist ein ständiges parlamentarisches Geschäft, und das Ziel ist es, immer wieder Mehrheiten zu finden und nach Möglichkeiten Minderheiten zu vermeiden. Der Konsens als staatspolitisches Ziel – Teil des Selbstverständnisses der Willensnation Schweiz – führt zu lang anhaltenden Austausch- und Diskursprozessen und zur Pflege »guter« persönlicher Beziehungen zwischen allen politischen Akteuren.

Über lange Zeit wurden der Bund und die meisten Kantone zudem durch die Mitte-Parteien regiert und damit beeinflusst: Diese Parteien betonen und pflegen einen konsensorientierten Entscheidungs- und Sprachstil. Zurückhaltung wird somit geschätzt und die sachlich-kritische Äusserung im richtigen (internen) Rahmen gefördert.

2.1.4 Exekutive

Da das politische System der Schweiz allgemein auf Machtbegrenzung und Machtteilung ausgelegt ist, herrscht grundsätzlich ein kooperativer Interaktionsstil vor. In den Gemeinde-, Stadt- und Kantonsregierungen, aber auch im Bundesrat wird vor allem Exekutivpolitik betrieben; das Gremium versteht sich als eine soziale Einheit, und nach Aussen wird geschlossen kommuniziert. Differenzen werden behördenintern ausgetragen, gelangen (zumindest offiziell) nicht an die Medien oder an die allgemeine Öffentlichkeit.

Die Wahl von Exekutivpolitikern (Gemeinde- und Kantonsebene) erfolgt direkt durch das Volk. Die Personen- bzw. Persönlichkeitswahlen in die Exekutive »schwächen« partiell den Einfluss von politischen Parteien, zumal die so gewählten Magistraten selbst ihren Rücktritt bestimmen und zumeist bei einer Wiederkandidatur erneut gewählt werden (vgl. Klöti 2006: 154). Bei der Auswahl der Exekutivpolitiker wird darauf geachtet, dass es sich nicht um »extreme« Parteipolitikerinnen oder -politiker handelt. Es ist empirisch offenkundig, dass polarisierende Persönlichkeiten recht geringe Chancen sowohl beim Wahlvolk wie auch bei den Mitgliedern der Bundesversammlung haben (Wahl zum Bundesrat). Es kommt hinzu, dass besonders extrovertierte Personen, die sich stark und wiederholt entschieden dargestellt haben, in der Schweizer politischen Kultur aufgrund dieses Mangels an Zurückstellung der eigenen Person auf Widerstände stossen. Klartext soll gesprochen werden, auch die Streitkultur wird gepflegt, aber sie bleibt behörden- oder organisationsintern, sie soll nicht an die Aussenwelt gelangen, um einen späteren Konsens nicht zu verunmöglichen. Die Behörden- bzw. Staatskommunikation ist auf der Verfassungsebene und durch Gesetze strukturiert (vgl. Baumgartner 2010; Vogel 2010). Das betrifft vor allem die Abstimmungskommunikation, die stark geregelt ist, um den Einfluss der Exekutive in den Willensbildungs- und Entscheidungsprozessen auf Seiten der Bevölkerung zu begrenzen (vgl. Jarren 2005).

Zudem: Die häufig wechselnden Koalitionen machen den Beteiligten klar, dass sie wieder und wieder auf eine Zusammenarbeit angewiesen sind – und das dürfte sich auch auf den Sprachgebrauch auswirken. Die frühe Einbindung politischer Akteure in die Entscheidungsfindungsprozesse, die zugleich aber auch die Beteiligung von Teilen der Elite ermöglichen (so im Zusammenhang mit den üblichen Vernehmlassungsverfahren in Sachgeschäften), dürfte zu einer zurückhaltend-vorsichtigen Argumentationsweise führen: Erst wenn die Meinungen gemacht sind, wenn die Aufstellung der Lager bekannt ist, kann der politische Streit angegangen werden. Und dieser Streit wird im Wissen um die Notwendigkeit zur Konsensfindung (Willensnation; Vermeidung von Minderheiten; Konkordanz- und Kollegialitätsprinzip) geführt. Selbst Journalisten fordern einen konsensorientierten und gemässigten Stil, obschon Konkurrenz und Disput für den Journalismus (Nachrichtenfaktoren) eigentlich interessanter wären (vgl. Donges 2005: 17–18).

Die Exekutivmitglieder sind einerseits für die anleitende, strategische Politik in ihrem Departement verantwortlich. Andererseits aber führen sie auch die Administration bzw. die Verwaltung, d.h. es gibt im politischen System der Schweiz keine klare Unterscheidung zwischen den politischen Funktionen eines »Ministers« und eher administrativen Funktionen eines »Staatssekretärs«. Departementschefs leiten somit eine Behörde, die sowohl politische wie administrative Funktionen ausübt, und sie sind für beide Leistungsbereiche zuständig und verantwortlich. Eine, wie in repräsentativ-parlamentarischen Systemen gebräuchliche, Unterscheidung zwischen politischer und administrativer Verantwortung wird im Schweizer System weniger gemacht. Und aufgrund der politischen Wahlregeln sind politisch begründete Rücktritte, so aufgrund verlorener Abstimmungen oder Parlamentswahlen (zu Lasten der eigenen Partei bzw. Fraktion), sehr selten, auf keinen Fall sind sie die Regel. Damit kommt den Magistraten eine Art von »Dauerzugehörigkeit« in der Exekutive zu: Sie entscheiden schlussendlich über den Zeitpunkt für ihren Rücktritt (vgl. Linder 2009: 571–573).

2.2 Politisches System der Bundesrepublik Deutschland

Für das politische System Deutschlands sei hingegen, mit Blick auf die folgende empirische Analyse, skizzenhaft auf folgende Strukturmerkmale verwiesen:

2.2.1 Parlamentarische Demokratie
Im Gegensatz zur Schweiz, in der vor allem direktdemokratische Verfahren zur Anwendung kommen, werden politische Sachentscheidungen in der Bundesrepublik Deutschland vornehmlich durch den Deutschen Bundestag, dessen Mehrheit zugleich auch die Regierung stellt, gefällt (vgl. Sontheimer/Bleek 2002; Pilz/Ortwein 2000). Dies hat zur Folge, dass vor allem den Mehrheitsparteien und der von ihnen gebildeten Regierung die Gesetzgebungsfunktion obliegt, während der Opposition mehrheitlich nur die Kontroll- und Kritikaufgaben sowie die Beeinflussung der Regierungsarbeit verbleibt (vgl. Gewaltenverschränkung): »*Anstelle eines Dualismus von Gesamtparlament und Regierung ist damit ein Dualismus von Parlamentsmehrheit (einschließlich* [sic] *Regierung) und parlamentarischer Opposition getreten*« (Rudzio 2006: 197, Hervorhebung im Original). Dieser Antagonismus manifestiert sich in einer zuspitzenden, Unterschiede betonenden Debattenkultur des Parlaments.

2.2.2 Mehrheitsprinzip
Die Entscheidungsfindung basiert im deutschen System auf einem Mehrheitsprinzip (vgl. Jesse 1997: 57), das den dominierenden Regierungsparteien aufgrund des ausge-

prägten Fraktionszwanges resp. der Fraktionssolidarität (vgl. Jesse 1997: 90) zumeist erlaubt, ihre politischen Vorstellungen ohne Rücksichtnahme auf die Oppositionsparteien durchzusetzen. Dem Verhandeln um politische Mehrheiten und Entscheidungen gilt daher nicht die Aufmerksamkeit im parlamentarischen Diskurs. Vielmehr geht es um Betonung von trennenden Charakteristika und Forderungen der Parteien. Das Mehrheitsmodell ist »exclusive, competitive, and adversarial« (Lijphart 1999: 2).

In der nachfolgenden Übersicht werden die Merkmale des politischen Systems der Schweiz und Deutschlands und deren mögliche Implikationen auf die politische Sprache zusammenfassend dargestellt:

	Schweiz	Deutschland
Merkmale des politischen Systems	Direkte Demokratie, Konsensdemokratie, Kollegialitätsprinzip, Konkordanz	Parlamentarische Demokratie, Regierungs-Oppositions-Modell, Fraktionssolidarität
Politische Sprachkultur	Tradition des Ausgleichs, Rücksicht auf Minderheiten, häufig wechselnde Koalitionen	Polarisierung (Fokus auf trennende Merkmale)

Tab. 1: Merkmale des politischen Systems und der politischen Sprachkultur in der Schweiz und Deutschland

2.3 Mediensystem und politische Kommunikation

Hier folgen summarisch die Besonderheiten des Mediensystems der Schweiz mit seinen Implikationen für die politische Kommunikation. Summarisch deshalb, weil in der folgenden empirischen Studie der politische Diskurs in Parlamenten, allerdings nicht der Widerhall dieses Diskurses in den jeweiligen (schweizerischen bzw. deutschen) Massenmedien, analysiert wird. Letzteres bleibt einer Folgestudie vorbehalten.

Mediensysteme sind nationalstaatlich verfasst und geprägt, sie bilden in ihrer Struktur und in ihrer Formenvielfalt das politische System eines Staates ab (vgl. Kleinsteuber/Thomaß 2009). Charakteristisch für die Schweiz ist ein mehrsprachiges Mediensystem (vgl. allgemein zum Mediensystem Schweiz vgl. Meier 2008), wobei die Sprachräume relativ abgeschottet nebeneinander existieren (vgl. Blum 2005: 120), was sich auch daran zeigt, dass bspw. die Nutzung der Presse aus der Romandie in der Deutschschweiz relativ gering ist. Allerdings beziehen sich alle Medien natürlich auf gemeinsame politische Prozesse, zumal solche auf der Bundesebene, und somit kommen gleiche Themen und gleiche zentrale Akteure in der politischen Berichterstattung vor.

Lange Zeit war das schweizerische Zeitungssystem, der »Bannwald der Demokratie«, mit den politischen Geltungsräumen (Gemeinden, Kantone) deckungsgleich, und über lange Zeit waren in den Räumen unterschiedliche Richtungs- bzw. Parteizeitungen üblich (vgl. Marcinkowski 2006: 398–399). Im Zuge des Strukturwandels der Presse hat sich zwar mehr und mehr die Forumszeitung als massgeblicher Zeitungstyp herausgebildet, aber auch in diesen Medien nimmt die Abstimmungskommunikation (Debatte durch Befürworter und Gegner; Wiedergabe der Abstimmungsparolen der politischen Parteien; Empfehlungen von Seiten der Redaktion für eine Abstimmung u. a. m.) noch immer eine gewichtige Stellung ein (vgl. Jarren/Donges 2006: 216–217).

In den letzten Jahren ist der Strukturwandel in der Presse deutlich vorangeschritten. So ist die Zahl an Titeln und die Anzahl eigenständiger publizistischer Einheiten ständig zurückgegangen (vgl. Künzler 2005: 26). Damit verbunden ist eine stärkere Marktorientierung; partiell wird den politisch-parlamentarischen Debatten weniger Aufmerksamkeit zuteil als bislang. Selbst die *Neue Zürcher Zeitung*, die die Debatten im Nationalrat wie im Ständerat kontinuierlich verfolgte und (gekürzte) Protokolle wiedergab, verzichtet nun auf diese Darstellungsform.

Das elektronische Medienangebot ist regional und sprachraumbezogen dominant von der Schweizerischen Radio- und Fernsehgesellschaft (SRG) mit ihren Programmen geprägt. In lokalen Räumen existieren, wenn auch nicht in allen Regionen gleichermassen, private Radiosender. Und in bestimmten Agglomerationen oder Ballungsräumen sind auch private Fernsehsender – mit lokalen bzw. regionalen Programmangeboten – vorhanden (vgl. Künzler 2005: 20–21).

3 Gesprächs- und Argumentationsstile

In der politischen Arena – dem Parlament – gilt es, eigene Positionen und Forderungen überzeugend, diejenigen der anderen Fraktionen hingegen als fehlerhaft darzustellen (vgl. Klein 2010: 9). Denn anders als in der innerparlamentarischen Kommissions- resp. Ausschussarbeit, in der vorwiegend unter Ausschluss der Öffentlichkeit debattiert, verhandelt und um Entscheidungen gerungen wird, dient die Parlamentsdebatte mit Blick auf das (mediale) Publikum (vgl. Vowe 2006) v. a. der Kommunikation eigener politischer Präferenzen und der Abgrenzung vom politischen Gegner.

3.1 Stile der Konfliktbearbeitung

Dieses Prinzip der parlamentarisch-politischen Kontroverse kann in verschiedenen, den Konflikt verschärfenden oder abmildernden Argumentations- und Gesprächsstilen zum Ausdruck kommen. Stil bezeichnet dabei »die Gesamtheit der Mittel, die von Interagierenden bei der Bewältigung kommunikativer sozialer Aufgaben [wie beispielsweise der Umgang mit Meinungsdivergenzen, Anm. d. Autoren] verwendet werden« (Tiittula 1997: 372). So unterscheidet Fiehler (1993) bspw. zwischen einem kompetitiven und kooperativen Modell der Argumentation. Ersteres zeichnet sich durch das Beharren auf und Durchsetzen der eigenen Standpunkte aus, Letzteres durch das Bemühen um Sachlichkeit und Überzeugen durch Argumente.

Zur Klassifikation von Verhandlungs- und Konfliktlösungslogiken differenziert man v. a. im politikwissenschaftlichen Diskurs zwischen dem diskursiven und verständigungsorientierten Verhandlungsmodus des »Arguing« sowie dem strategischen und interessengeleiteten Stil des »Bargaining«. Die beiden Konzepte werden vielfach als zwei Modi der verbalisierten Interaktion gegenübergestellt. »Bargaining« als Mechanismus der strategischen Interessendurchsetzung wird eng mit Ansätzen der rationalen Wahl und dem Konzept kooperativer Verhandlungsspiele verknüpft (vgl. bspw. Elster 1989; Scharpf 1992), während »Arguing« als Koordinationsmechanismus verstanden wird, der eng an die Theorie des kommunikativen Handelns (vgl. Habermas 1982) gekoppelt wird (vgl. Gehring 1996: 207). Holzinger (2001: 420) macht darauf aufmerksam, dass Argumentieren und Verhandeln zwar unterschiedliche Formen der verbalen Konfliktlösung sind, was aber nicht heisst, dass sie sich oppositionell verhalten. Argumentieren und Verhandeln sind demnach komplementäre Formen der sprachlichen Konfliktlösung, die in einzelnen Äusserungen als solche gekennzeichnet werden können. Die gesamte Kommunikationssituation jedoch lässt sich nicht so klassifizieren.

Die Verteilung von Macht und Kontrolle in der Argumentation berücksichtigt auch Thimm (1996) in dem Konzept des »Power-related talk« (PRT), das zwischen machtvollen, kontrollbeanspruchenden (kritisieren, vorschlagen, fordern, vorwerfen, Bedingungen stellen, drohen, Ironie u. a.) und machtlosen, kontrolldelegierenden (zustimmen, bitten, unterstützen, bedanken, positiv werten u. a.) sowie nicht-kontrollbezogenen (informieren) Handlungen differenziert. In Anlehnung an die von Fiehler vorgestellte Systematik unterscheidet Tiitula (1997: 372) – u. a. unter Berücksichtigung der Organisation des Rederechts, der Sachverhaltsdarstellung, der Formulierung der Position, der Manifestation von Bewertungen sowie der Manifestation von Emotionalität – zwischen einem konfliktorientierten und einem konfliktvermeidenden Stil. Merkmale des konfliktorientierten oder auch »forcierenden« (vgl. Kallmeyer/Schmitt 1996) Stils sind u. a.: Unterbrechungen, abwertende Kommentare, Äusserung von Zweifeln, Bewertung des Verhaltens des Gesprächspartners, direkte Vorwürfe, emotionaler Wortschatz und Ironie. Dagegen sind Generalisierungen resp. Kollektivierungen, die zur Entpersonalisierung des Konflikts beitragen, Abschwächungen und Vermeidungen von direkten Stellungnahmen Charakteristika eines konfliktvermeidenden Stils.

Neben dem Rückgriff auf die Literatur zur Systematisierung von Argumentations- und Sprachstilen wird in der vorliegenden Studie auch auf Erkenntnisse der Forschung zur verbalen Gewalt rekurriert. Diese sind Gegenstand der nachfolgenden Erörterungen.

3.2 Verbale Gewalt

Grundsätzlich kann bezüglich verbaler Gewalt zwischen einer strukturell bedingten und einer personalen sprachlichen Gewalt unterschieden werden (vgl. u. a. Luginbühl 1999; Burger 1995; Sager 1988), wobei in der vorliegenden Analyse auf Letzteres fokussiert wird. Luginbühl (1999) betont, dass strukturelle verbale Gewalt dann vorliegt, wenn Sprechakte durch Sprachnormen oder durch konversationelle Rechte und Möglichkeiten aufgrund einer bestimmten Rolle begründet sind (vgl. Luginbühl 1999: 83). Personale Gewalt liegt dagegen dann vor, wenn eine Person Sprechakte vollzieht, welche die Rechte und Pflichten ihrer Rolle überschreiten. Personale verbale Gewalt geht von einer Person aus, sie richtet sich gegen eine Person, und sie wirkt destruktiv in Bezug auf die Funktionsfähigkeit einer Person im Rahmen der laufenden Konversation (vgl. Burger 1995: 102).

Weiter differenziert Luginbühl verbale Gewalt danach, ob Sprachhandlungen dazu führen, dass andere Personen in ihren Redemöglichkeiten eingeschränkt werden (bspw. durch Unterbrechen oder Überschreien), oder ob sie zu inhaltlichen Abwertungen führen. Für die vorliegende Arbeit wird die Dimension der inhaltlichen Abwertung herangezogen. Es handelt sich hierbei um Verfahren, in welchen man Aggressionen gegen andere Personen richtet, resp. um Verfahren des Entwertens, die von Formen wie der Beschimpfung bis zur Ironie reichen. Unter inhaltlicher Abwertung versteht Luginbühl (1999: 85) alle Imageschädigungen, die durch den semantischen Gehalt von Äusserungen ausgelöst werden (bspw. jemanden mit Worten verletzen).

Für die vorliegende Analyse wird der Ansatz der verbalen Gewalt (personale verbale Gewalt mit inhaltlichen Abwertungen) dazu verwendet, um Formen von negativen Bewertungen zu identifizieren.

4 Forschungsleitende Thesen

In der folgenden empirischen Studie soll geprüft werden, ob die Gesprächs- und Argumentationsstile in der Schweizer Bundesversammlung und im Deutschen Bundestag divergieren. Aufgrund der oben dargestellten Unterschiede zwischen dem Politik- und dem Mediensystem der Schweiz und Deutschland sowie den Überlegungen bezüglich des daraus resultierenden Interaktionssystems zwischen politischen Akteuren ist anzunehmen, dass es Unterschiede geben muss. Dazu wurden die folgenden Thesen formuliert:

These 1
In der Schweizer Bundesversammlung werden seltener konfliktorientierte Sprachfiguren genutzt als im Deutschen Bundestag. Vor allem die Oppositionsparteien in Deutschland pflegen einen deutlich konfliktorientierteren Stil.

These 1.1: In der Schweizer Bundesversammlung werden vornehmlich Handlungsempfehlungen durch Bitten artikuliert, während im Deutschen Bundestag Handlungsempfehlungen häufiger in Form von Aufforderungen und Befehlen und somit konfliktorientierter hervorgebracht werden.

These 1.2: Schweizer Politiker rekurrieren seltener auf konfliktorientierte Bewertungsformen wie Angriff oder Beleidigung als deutsche Parlamentarier.

Zudem wird angenommen, dass die geäusserten Handlungsempfehlungen und Bewertungen in der Schweiz und Deutschland auf unterschiedliche Adressaten zielen. Die These trägt der Annahme Rechnung, dass das direkte Benennen eines Akteurs konfliktorientierter ist als der Verweis auf einen allgemeinen Handlungsbedarf oder als generelle Allgemeinbewertungen (vgl. Tiitula 1997).

These 2
Schweizer Parlamentarier beziehen Handlungsempfehlungen und Bewertungen häufiger auf abstrakte Institutionen wie das Parlament oder auf die Systemebene (bspw. Politik als Ganzes), deutsche Politiker hingegen direkt auf konkrete Akteure wie andere Politiker oder Parteien.

Ausserdem wird postuliert, dass die Äusserungen von Parlamentariern in der Schweiz und in Deutschland unterschiedlich begründet werden. Begründungen, vor allem faktisch orientierte Begründungen, wirken, so die Annahme (vgl. Konzepte der Begründetheit und Sachlichkeit in Fiehler 1993), konfliktvermeidender als das Fehlen von Begründungen oder als vornehmlich emotionsbetonte Begründungen.

These 3

These 3.1: Schweizer Politiker begründen ihre Handlungsempfehlungen und Bewertungen häufiger als deutsche Parlamentarier.

These 3.2: Wenn deutsche Politiker begründen, dann tun sie dies häufiger durch emotionsgeladene als durch sachliche Verweise.

5 Design und Methode

5.1 Quantitative Inhaltsanalyse

Zur Identifikation des Grades der Konfliktorientierung bzw. der Konfliktvermeidung wurde auf eine quantitative Inhaltsanalyse zurückgegriffen. Diese ermöglichte eine »systematische [...], intersubjektiv nachvollziehbare [...] Beschreibung inhaltlicher und formaler Merkmale« (Früh 2001: 25) grosser Textmengen. Die Nicht-Reaktivität resp. die Unveränderlichkeit des Untersuchungsmaterials erlaubte zudem auch die Analyse von in der Vergangenheit befindlichen Kommunikationsprozessen, ohne Einbussen in der Aussagekraft befürchten zu müssen (vgl. Brosius et al. 2008: 151–153).

5.2 Untersuchungsobjekt

Analysiert wurden Plenarprotokolle der Schweizer Bundesversammlung und des Deutschen Bundestages im synchronen Vergleich. Die Suche der Plenarprotokolle erfolgte über die Online-Datenbanken der jeweiligen Parlamente.[1] Neben den vollständigen und zur Korrektur vorgelegten Redebeiträgen enthalten die deutschen Plenarprotokolle zudem auch Stimmungsbilder wie Applaus und Gelächter, die aus Gründen der Vergleichbarkeit jedoch nicht codiert wurden.

5.3 Fallauswahl

Ziel der Fallauswahl war es, thematisch möglichst ähnliche Debatten in der Schweiz und Deutschland zu zentralen Politikfeldern über die Online-Datenbanken der beiden Länderparlamente zu identifizieren. Zur Bestimmung des Suchbegriffs für die Datenbankrecherche wurden die von den jeweiligen Datenbanken angebotenen Politikfeld-Kategorien genutzt. Die Schweizer Datenbank differenziert nach 20, die deutsche Datenbank nach 28 Themenkomplexen. Nur die Kategorien, denen eindeutig ein Äquivalent in der jeweils anderen Datenbank zugeordnet werden konnte oder die zur Differenzierung der Politikfelder notwendig erschienen, wurden zur Suchbegriffgenerierung ge-

---

1 Für die Schweiz wurde folgende Datenbank genutzt: http://www.parlament.ch/ab/frameset/d/index.htm, für die deutschen Plenarprotokolle: http://dipbt.bundestag.de/dip21.web/bt [11.2.2010].

nutzt.[2] Von den nach diesem Prinzip ermittelten Themenkategorien resp. Politikfeldern konnten per Zufallsauswahl zehn Themenkomplexe ermittelt werden.

An diese Themenfelder wurde zur Suchbegriffbildung – wenn sinnvoll – die Endung »-politik« (z. B. Bildungspolitik statt Bildung etc.) angehängt, um sicherzustellen, dass die Treffer Protokolle beinhalten, die sich tatsächlich dem jeweiligen Politikfeld widmen und nicht zufällig den Begriff in einem anderen Kontext verwenden. Einige Politikfelder enthielten zwei beschreibende Begriffe (»*Migration* und Asyl«, »Medien und *Kommunikation*« sowie »*Wissenschaft* und Forschung«). Bei diesen Politikfeldern wurde der Begriff verwendet, von dem angenommen werden konnte, dass er das Politikfeld in einem grösseren Rahmen beschreibt (siehe kursiv gedruckt). Folgende Begriffe fungierten als Suchbefehle in den Datenbanken: Migrationspolitik, Internationale Politik, Bildungspolitik, Energiepolitik, Gesundheitspolitik, Kommunikationspolitik, Finanzpolitik, Sozialpolitik, Umweltpolitik und Wissenschaftspolitik. Jeder dieser so gebildeten Suchbegriffe wurde in einem ersten Schritt in beide Datenbanken (Amtliches Bulletin [CH] und Dokumentations- und Informationssystem [D]) eingegeben. Die Datenbank mit der grösseren Trefferanzahl – in diesem Fall war dies immer die Schweizer Datenbank[3] – diente als Basis zur Fallauswahl.

Das erste Protokoll, das den unten angeführten Aufgriffskriterien entsprach, konnte in die Analyse einbezogen werden. Erfüllte ein Treffer mindestens eine dieser Bedingungen nicht, wurde der nächste Treffer (umgekehrt chronologisch) auf Falltauglichkeit überprüft.

Aufgriffskriterien:
Jedes Protokoll,
- das sich ausdrücklich und überwiegend mit Themen aus dem vorgängig bestimmten Politikfeld beschäftigt,
- in dem mindestens vier Wortmeldungen von unterschiedlichen Rednern dokumentiert sind,
- das keinen Konflikt zwischen der Schweiz und Deutschland (z. B. die Steuerproblematik o. Ä.) behandelt,
- das ein Thema mit einem ähnlichen Grad von Betroffenheit enthält (bspw. ein Thema, das sich mit dem Steigen des Meeresspiegels oder dem Schmelzen von Glet-

---

2   Zudem wurden nur solche Themen berücksichtigt, die sich mit der Ausgestaltung eines konkreten Politikfelds und nicht mit der Ausgestaltung politischer Prozesse beschäftigen. Daher wurden die Themen »Parlament« und »politischer Rahmen« aus der Analyse ausgeschlossen. Die Kategorie »Recht« wurde aufgrund ihres Charakters als Meta-Kategorie aus der Untersuchung gestrichen, da »Recht« als Steuerungsinstrument in allen Politikfeldern vorhanden ist.

3   In der Datenbank des Deutschen Bundestages kann im Gegensatz zum Schweizer Archiv nicht direkt nach Plenarprotokollen, sondern nur nach Beratungsabläufen gesucht werden, in denen sämtliche zu einem Sachverhalt geführte Debatten und verfasste Drucksachen zusammengefügt sind. So lässt sich die quantitative Dominanz der Treffer in der Schweizer Datenbank erklären.

schern befasst, wird diesem Kriterium nicht gerecht, da die Schweiz und Deutschland davon unterschiedlich betroffen sind, was möglicherweise auch Unterschiede in der politischen Sprache bedingt), und
- in welchem ein Thema behandelt wird, für das ein ähnlicher Grad von Entscheidungsbefugnissen resp. -kompetenzen besteht (bspw. wird ein Thema wie die Grenzsicherung in der Schweiz und Deutschland als Mitglied der EU unterschiedlich politisch verhandelt und kann daher auch eine divergierende politische Sprache bedingen).

Erfüllte ein Protokoll der Schweizer Bundesversammlung diese Kriterien, so konnte nach einem entsprechenden Wortprotokoll in der deutschen Datenbank gesucht werden, welches die oben genannten Kriterien ebenfalls erfüllen musste. Wurde kein Pendantwortprotokoll gefunden, so durfte das Thema nicht als Fall aufgenommen werden. Wurden mehr als ein Pendantwortprotokoll gefunden, so wurde jenes gewählt, das thematisch am ähnlichsten ist. Entsprachen mehrere Wortprotokolle diesem Kriterium, so wurde das Wortprotokoll gewählt, das sich am umfangreichsten mit der Thematik auseinandersetzte.

Die folgenden zehn Protokolle waren Untersuchungsgegenstand der Inhaltsanalyse:

Politikfeld	Titel des Protokolls (CH)	Titel des Protokolls (D)
Migrationspolitik	Änderung der Bürgerrechtsgesetzes (Geschäftsnummer: 06.414)	Gesetz zur Streichung des Optionszwanges aus dem Staatsangehörigkeitsrecht (Drucksache: 16/12849)
Internationale Politik	Rahmenkredit für die globale Umwelt (Geschäftsnummer: 02.079)	Umweltschutz in Afrika (Drucksache: 16/5132)
Bildungspolitik	Lehrlingsausbildung als Vergabekriterium für öffentliche Aufträge (Geschäftsnummer: 04.3061)	Berufsausbildung umfassend sichern (Drucksache: 16/198)
Energiepolitik	Fotovoltaik (Geschäftsnummer: 08.438)	Erneuerbare Energien wie Solarenergie (Drucksache: 16/7489)
Gesundheitspolitik	Bundesgesetz über die Tabakbesteuerung (Geschäftsnummer: 07.053)	Erstes Gesetz zur Änderung des vorläufigen Tabakgesetzes (Drucksache: 16/1949)
Kommunikationspolitik	Postorganisationsgesetz (Geschäftsnummer: 02.468)	Keine Verlängerung des Briefmonopols (Drucksache: 16/3623)
Finanzpolitik	Revision des Finanzhaushaltsgesetzes (Geschäftsnummer: 08.068)	Gesetz zur Sicherung der Handlungsfähigkeit von Haushaltspolitik in der Zukunft (Drucksache: 16/5955)

Politikfeld	Titel des Protokolls (CH)	Titel des Protokolls (D)
Sozialpolitik	Steuerbefreiung des Existenzminimums (Geschäftsnummer: 05.471)	Das Existenzminimum sichern (Drucksache: 16/2750)
Umweltpolitik	Reduktion von Treibhausgasen (Geschäftsnummer: 07.3860)	Einführung einer Klimaschutzabgabe (Drucksache: 16/4182)
Wissenschaftspolitik	Förderung der Schweizer Wissenschaft (Geschäftsnummer: 98.3405)	Gezielte Forschungsförderung (Drucksache: 16/5900)

Tab. 2: Analysierte Debatten in Politikfeldern

5.4 Untersuchungszeitraum

Der explizite Untersuchungszeitraum wurde nicht ex ante bestimmt, da die festgelegten Kriterien für die Auswahl von Parlamentsprotokollen (s. o.) die Anzahl an potenziellen Analyseobjekten bereits stark einschränkten. Die Aufgriffskriterien wurden in umgekehrt chronologischer Reihenfolge (mit dem jüngsten Protokoll beginnend) auf die in den Datenbanken vorhandenen Protokolle angewandt. Dies führte dazu, dass vor allem aktuelle Reden in die Untersuchung aufgenommen wurden. Die analysierten Debatten der Schweiz lagen in einem Zeitraum zwischen September 2000 und Mai 2009, jene aus Deutschland zwischen Dezember 2005 und Juli 2009.[4] Von den 20 untersuchten Debatten fand lediglich eine in einer Wahlkampfphase statt.[5]

5.5 Deduktive Entwicklung und Operationalisierung der Analysekategorien

Die in Kapitel 3 vorgestellten Merkmale für den konfliktorientierten (resp. kompetitiven oder kontrollbeanspruchenden) und den konfliktvermeidenden (resp. kooperativen oder kontrolldelegierenden) Sprachstil sowie die Charakteristika zur verbalen Gewalt wurden als Basis zur Kategorienbildung für die quantitative Inhaltsanalyse genutzt. Nachfolgende Tabelle dokumentiert die sprachlichen Indikatoren und deren Umsetzung bzw. Entsprechung in den für diese Studie genutzten Analysekategorien.

---

[4] Der Analysezeitraum für die deutschen Debatten befindet sich innerhalb der 16. Legislaturperiode, die von einer grossen Koalition angeführt wurde. Die in diesem Zeitraum im Bundestag vertretenen Oppositionsparteien waren die FDP, Die Grünen und Die Linke.
[5] Als Wahlkampfphase wurde ein Zeitraum von drei Monaten vor dem Abstimmungstermin definiert.

Forschungsstand: Gesprächsstile			Vorliegende Studie
Autor	Differenzierung der Gesprächsstile/ Konzepte	Merkmale	Analysekategorie
Fiehler (1993)	Kooperatives Modell	Sachlichkeit	Begründung der Aussage (Faktenbegründung, Traditionsbegründung)
		Begründetheit	Begründung der Aussage
		Wahrhaftigkeit	
		Überzeugung durch Argumente	Begründung der Aussage
	Kompetitives Modell	Recht behalten	
		Position durchsetzen	
Thimm (1996)	Kontrollbeanspruchendes Sprachhandeln	Kritisieren	Aussagenart: Ablehnung
		Ironie	Aussagenart: Ironie
		Drohen	Aussagenart: Drohung
		Bedingungen stellen	
		Vorwerfen	Aussagenart: Vorwurf
		Vorschlagen	Aussagenart: Bitte
		Fordern	Aussagenart: Aufforderung
	Kontrolldelegierendes Sprachhandeln	Zustimmen	Aussagenart: Zustimmung
		Positiv werten	Aussagenart: Zustimmung
		Unterstützen	
		Bitten	Aussagenart: Bitten
Tiitula (1997)	Konfliktvermeidender Stil	Generalsierungen, Kollektivierungen	Adressat der Aussage (Einzelakteure vs. Institutionen / Parteien)
		Abschwächungen	

Forschungsstand: Gesprächsstile			Vorliegende Studie
Autor	Differenzierung der Gesprächsstile/ Konzepte	Merkmale	Analysekategorie
	Konfliktorientierter Stil	Kampf ums Wortrecht	
		Abwertende Kommentare	Aussagenart: Angriff, Ironie
		Zweifel	
		Bewertung des Gesprächs	Aussagenart: Ablehnung
		Emotionaler Wortschatz	Begründung (Emotionen)
Luginbühl (1999)	Verbale Gewalt	Beschimpfung	Aussagenart: Angriff, Beleidigung
		Vorwürfe	Aussagenart: Vorwurf
		Ironie	Aussagenart: Ironie

Tab. 3: Synopse der Merkmale von Gesprächsstilen und verbaler Gewalt und daraus ermittelte Analysekategorien

Diese Kategorien wurden auf der Basis von Voruntersuchungen am Untersuchungsmaterial – den Plenarprotokollen – ergänzt und für eine quantitative Inhaltsanalyse operationalisiert. Die Untersuchung erfolgte auf Aussagenebene.[6] Insgesamt konnten 13 Aussagenarten identifiziert werden, die nach Handlungsempfehlungen (bspw. Bitten) und Bewertungen (bspw. Angriff) auf einem Kontinuum von stark konfliktorientiert bis stark konfliktvermeidend systematisiert wurden (vgl. Abb. 1).

Aufforderungen (Sollen-Kategorie / bspw. »wir fordern…«, »es ist notwendig, dass…«) und Befehle (Müssen-Kategorie / bspw. »wir müssen…«) wurden in der vorliegenden Studie als konfliktorientierte sprachliche Mittel, Bitten hingegen (Können/Wollen-Kategorie / bspw. »wir bitten sie…«, »ich plädiere für…«) als konfliktvermeidende Sprachfiguren konzipiert. Unter die konfliktvermeidenden Sprachfiguren wurden nach-

---

[6] Eine Analyse auf Ebene des Protokolls oder auf Ebene des Sprechers hätte aufgrund einer möglicherweise nahezu paritätischen Nutzung von konfliktorientierten und konfliktvermeidenden Aussagen in einem Protokoll resp. einer Rede eine zu grobe Vereinfachung bedeutet (vgl. hierzu die Ausführungen zu den Verhandlungsmodi »Arguing« und »Bargaining« von Holzinger 2001).

Konfliktbearbeitung in der Politik

```
                          Aufforderung
Handlungs-
empfehlung    Befehl                              Bitte

Konflikt-    <──────────────────────────────────────────>   Konflikt-
orientierte                                                 vermeidende
Sprache                                                     Sprache

              Drohung    Angriff    Ablehnung    Verständnis      Loben
Bewertung
              Ironie   Beschimpfen  Vorwurf      Recht         Zustimmen
                                                 zusprechen
```

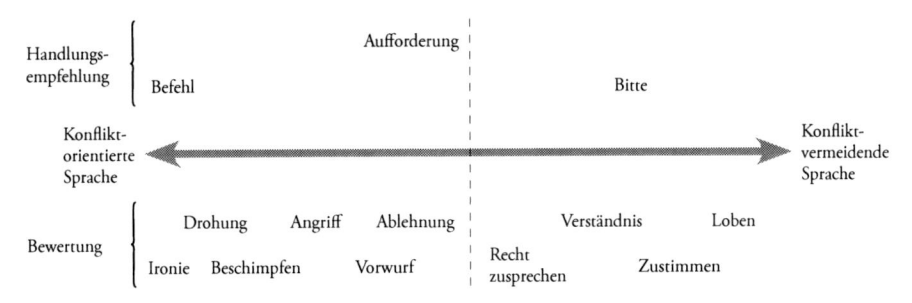

Abb. 1: Bewertungen und Handlungsempfehlungen auf dem Kontinuum von stark konfliktorientierter bis stark konfliktvermeidender Sprache (eigene Darstellung)

folgende Mittel subsumiert (ebenfalls in Reihenfolge ihrer Konfliktintensität von stark bis schwach): Lob, Zustimmung, Verständnis, Recht geben. Zu den konfliktorientierten Bewertungen wurden folgende sprachliche Mittel gezählt (in Reihenfolge ihrer Konfliktintensität von schwach bis stark): Ablehnung, Vorwurf, Angriff, Beschimpfung, Drohung, Ironie. Die Konzeption und Operationalisierung der einzelnen Aussagenarten können den Tabellen 4 und 5 entnommen werden.

Bewertungsart	Bewertungs-richtung	Bewertungs-objekt	Erläuterung
Lob	positiv	Person/Akteur	Handlungen oder das Verhalten eines Subjektes werden positiv bewertet. Anders als bei der Zustimmung, die sich auf Sachverhalte oder Prozesse bezieht, wird hier explizit eine Person oder Personengruppe gelobt.
Zustimmung	positiv	Sachverhalte/Prozesse	Sachverhalte und Prozesse werden positiv bewertet. Im Gegensatz zu einem Lob bezieht sich eine Zustimmung nicht auf die positive Bewertung von Personen.
Verständnis	negativ (da ohne Zustimmung)	Person/Akteur	Eine Bewertung, die das Einfühlen in die Personen, deren Handlungen und Meinungen verdeutlicht, wird als Verständnis kodiert. Das Verständnis setzt nicht Zustimmung voraus.
Recht geben	negativ (da ohne Zustimmung)	Person/Akteur	Recht geben ist eine Bewertung, die einer Person, deren Handlungen, Meinungen und den Produkten ihrer Handlungen Recht zuspricht, ohne dies positiv zu bewerten. Recht geben setzt nicht Zustimmung voraus.

Tab. 4: Konfliktvermeidende Bewertungsarten

Bewertungsart	Bewertungs-richtung	Bewertungs-objekt	Erläuterung
Ablehnung	negativ	Sachverhalte/ Prozesse	Im Gegensatz zu einem Vorwurf und einem Angriff, die sich direkt auf Akteure beziehen, ist eine Ablehnung eine Negativbeurteilung von Sachverhalten und Prozessen.
Vorwurf	negativ	Person/Akteur	Eine Äusserung wird als Vorwurf codiert, wenn das Produkt der Handlungen eines konkret genannten Akteurs negativ bewertet und jemand dafür verantwortlich gemacht wird.
Angriff	negativ	Person/Akteur	Ein Angriff ist eine Äusserung, die eine Person, deren Handlungen und Meinungen negativ bewertet.
Beschimpfung/ Beleidigung/ Diffamierung	negativ	Person/Akteur	Beschimpfung/Beleidigung/Diffamierung sind Äusserungen, die eine Person, deren Handlungen und Meinungen unter Verwendung von stark abwertendem Vokabular negativ bewerten.
Drohung	negativ	Person /Akteur	Drohung ist eine Bewertung, die darauf abzielt, eine Person oder Personengruppe von einer Handlung abzuhalten.
Ironie	negativ	Person/Akteur, Sachverhalte/ Prozesse	Eine Person, deren Handlungen und Meinungen sowie Sachverhalte und Prozesse werden mit sprachlich positiv konnotierten Begriffen dargestellt, obwohl diese offensichtlich negativ gerichtet sind. Anders als im Alltagsgespräch mit Bekannten und Verwandten, in dem diese Sprachfigur nicht zwingend konfliktfördernd fungiert, wird sie im politisch-parlamentarischen Diskurs als stark abwertend und daher konfliktfördernd konzipiert.

Tab. 5: Konfliktorientierte Bewertungsarten

Neben der Art der Aussage wurden zudem auch die jeweilige Aussagequelle, der Aussagenadressat und die Begründung der Aussagen codiert:

Aussagequelle: Beschreibt, wer eine Bewertung oder Handlungsempfehlung äussert. In der Schweiz kann dies bspw. ein Kommissionssprecher oder ein Bundesrat sein, in Deutschland bspw. ein Regierungsmitglied oder ein Parlamentarier der Opposition. Zusätzlich wurde erfasst, welcher Partei die Aussagequelle angehört.

Adressat einer Handlungsempfehlung resp. das Objekt einer Bewertung: Hier wird festgehalten, an wen eine Handlungsempfehlung gerichtet ist resp. wen oder was eine Bewertung beurteilt (bspw. Gesellschaft als Ganzes, andere Partei, einzelne Politiker, Sachverhalte usw.).

Begründung einer Aussage: In der Untersuchung werden vier Arten von Begründungen unterschieden: Faktenbegründungen (bspw. »Die Entwicklung der Arbeitslosenzahlen macht deutlich, dass ...«) sind jene Art von Begründungen, welche in Dokumenten schriftlich festgehalten und somit nachprüfbar sind (bspw. Statistiken). Traditionsbegründungen (bspw. »...darauf haben wir immer grossen Wert gelegt«) sind nicht schriftlich fixiert. Sowohl Fakten- als auch Traditionsbegründungen haben in zeitlicher Hinsicht einen Vergangenheits- resp. Gegenwartsbezug. Drittens unterscheiden wir Hypothesenbegründungen (bspw. »... dies müssen wir zum Erhalt der Wirtschaftskraft durchsetzen«), unter welchen wir jene Art von Begründungen verstehen, die auf künftige Sachverhalte aufmerksam machen, sofern dies oder jenes beschlossen wird. Die vierte und letzte Form von Begründungen sind Emotionenbegründungen (bspw. »Wenn wir das nicht tun, müssen wir mit einem verheerenden Waldsterben rechnen«), welche durch Signalwörter aus dem Bereich der Gefühle, durch gefühlevozierende Wörter und durch Übertreibungen zu identifizieren sind.

Die Aussagequelle und die Art der Aussage sind die beiden konstituierenden Elemente einer Aussage. Dies bedeutet, dass sie die Mindestvoraussetzung bilden, damit die Aussage als Fall in die Analyse aufgenommen wird. Ändert sich einer der vier Elemente einer Aussage (Aussagequelle, Adressat einer Handlungsempfehlung, Objekt einer Bewertung, Begründung einer Aussage) oder besteht ein neuer Sach- resp. Personenbezug, entsteht ein neuer Fall.

6 Ergebnisse

Die forschungsleitenden Thesen (vgl. Kap. 4) postulieren, dass sich die politische Sprache im Deutschen Bundestag konfliktorientiert manifestiert, während in der Schweiz ein konfliktvermeidender Sprachgebrauch bevorzugt wird. Nachfolgend werden die Ergebnisse entlang der formulierten Thesen sowie jeweils separat für Handlungsempfehlungen und Bewertungen vorgestellt. Insgesamt wurden je zehn Parlamentsprotokolle für die Schweiz und Deutschland analysiert (vgl. Tab. 2).[7] In diesen 20 Protokollen wurden 3522 Fälle (Aussagen) erhoben. Darunter sind 1655 (47%) Handlungsempfehlungen und 1867 (53%) Bewertungen.

---

7 Zur Überprüfung der Qualität der Kategorien und deren Definitionen wurde die Intercoder-Reliabilität der zwei Codierer ermittelt. Der für die inhaltlichen Kategorien ermittelte Wert (unter Berücksichtigung der Reihenfolge) beträgt 0,6 und ist mit Verweis auf die schwierige Erhebung der Kategorien mit Einschränkung als zufriedenstellend zu bewerten.

6.1 These 1: Art der Aussagen

Wie in These 1 postuliert, wird angenommen, dass sich die Art und Weise der geäusserten Handlungsempfehlungen und Bewertungen in der parlamentarischen Debatte in der Schweiz und Deutschland unterscheiden. Im Schweizer Diskurs wird dabei ein konfliktvermeidender Sprachstil erwartet, in dem vor allem Bitten als Handlungsempfehlungen und konfliktvermeidende Bewertungen wie bspw. das Lob genutzt werden. Im deutschen Parlament wird hingegen, so die Annahme, häufiger auf konfliktfördernde Handlungsempfehlungen und Bewertungen zurückgegriffen.

6.1.1 Arten der Handlungsempfehlung

Aufforderungen sind in der Schweiz und Deutschland mit 38,7 % (n = 640) die häufigste Ausprägung von Handlungsempfehlungen, während Bitten mit 29,7 % (n = 492) und Befehle mit 31,6 % (n = 523) ungefähr gleich oft vertreten sind. Die Verteilung ist damit ausgeglichen: Weder konfliktorientierte Befehle noch konfliktvermeidende Bitten dominieren über die beiden Länder hinweg.

Wie sieht dies aus, wenn die Ergebnisse nach Ländern differenziert werden? Politiker in der Schweizer Bundesversammlung formulieren zu rund 10 % häufiger Handlungsempfehlungen in Form von Bitten (D: 26,9 %, n = 328; CH: 37,7 %, n = 164), während es im Deutschen Bundestag rund 16 % häufiger zu Befehlen bei Handlungsempfehlungen kommt (D: 35,9 %, n = 438; CH: 19,5 %, n = 85). Aufforderungen sind in beiden Ländern ungefähr gleich vertreten (D: 37,2 %, n = 454; CH: 42,8 %, n = 186) (vgl. Abb. 2).

Diese Ergebnisse bleiben über die Verteilung nach Politikfeldern (Wirtschafts-, Umwelt-, internationale Politik etc.) relativ konstant.

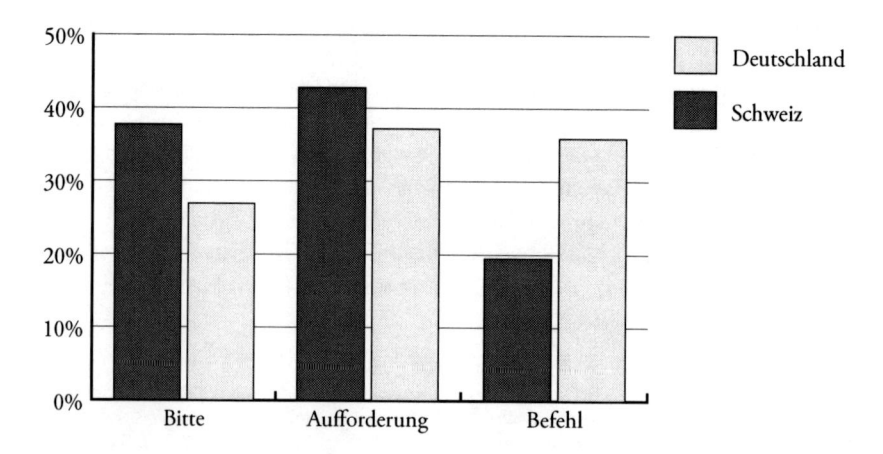

Abb. 2: Handlungsempfehlungen nach Ländern

Konfliktbearbeitung in der Politik 53

Ebenso wurde der Einfluss der Parteizugehörigkeit auf die Konfliktorientierung bzw. Konfliktvermeidung geprüft (vgl. Abb. 3 und 4).

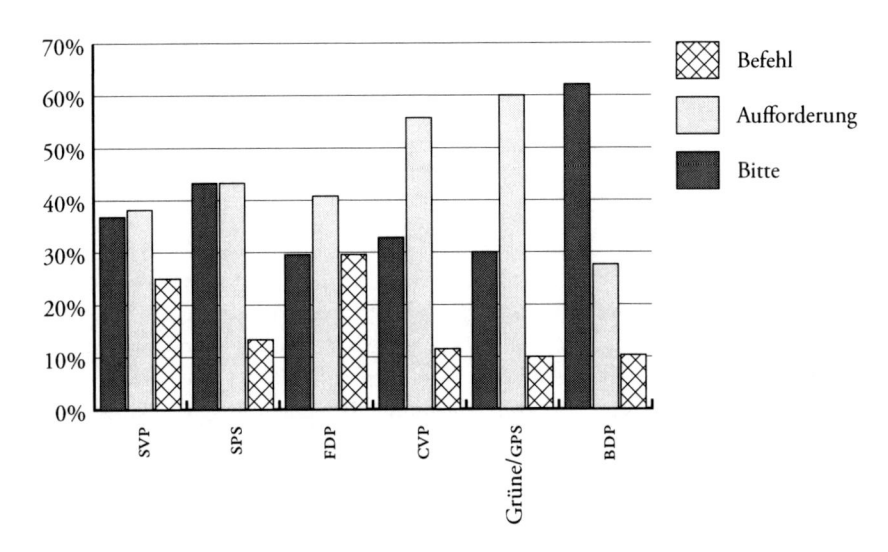

Abb. 3: Handlungsempfehlungen in der Schweiz nach Parteizugehörigkeit

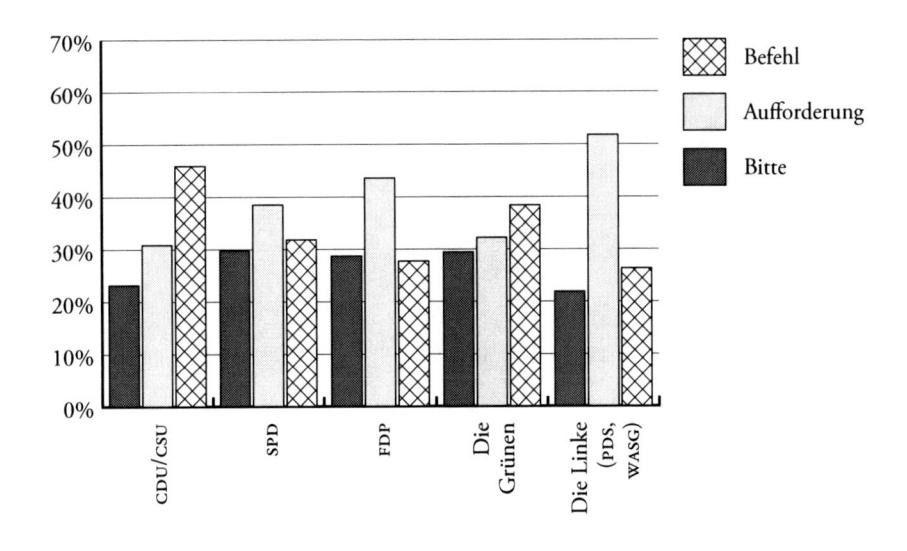

Abb. 4: Handlungsempfehlungen in Deutschland nach Parteizugehörigkeit

Sowohl im Deutschen Bundestag als auch in der schweizerischen Bundesversammlung ist bei zwei Parteien ein abweichendes Muster von demjenigen auf aggregierter Ebene vorzufinden: In der Schweiz sind es die SPS und die BDP, die mehrheitlich auf Bitten und nur selten auf Befehle zurückgreifen. Dagegen nutzen die CDU/CSU und Die Grünen im Deutschen Bundestag überdurchschnittlich das Stilmittel des Befehls (vgl. Abb. 3 und 4).

Diese Befunde bestätigen die These 1.1, wonach es im deutschen Parlament einen konfliktorientierteren Einsatz von Handlungsempfehlungen gibt, als dies in der Schweiz der Fall ist.

6.1.2 Arten der Bewertung

Insgesamt wurden mit 1 066 Fällen (57,7 %) in beiden Parlamenten mehr konfliktorientierte als konfliktvermeidende (n = 806, 42,9 %) Bewertungen geäussert.

Entgegen den Erwartungen lässt sich im Schweizer Parlament keine Dominanz der konfliktvermeidenden Sprachfiguren wie Lob, Zustimmung, Recht geben etc. nachweisen. Konfliktorientierte Bewertungen wie Ablehnung, Beleidigung etc. und konfliktvermeidende Aussagen werden mit 51,3 % (n = 214) bzw. 48,7 % (n = 203) in etwa gleichem Umfang gebraucht (vgl. Abb. 5). In Deutschland lässt sich hingegen, wie angenommen, aufgrund der ausgeprägten Regierungs-Oppositions-Pole ein konfliktorientierter Stil erkennen. Hier können 58,8 % (n = 852) der Bewertungen den konfliktevozierenden und 41,2 % (n = 598) den konfliktreduzierenden Sprachfiguren zugeordnet werden. Die These 1.2 kann somit als teilweise bestätigt angesehen werden.

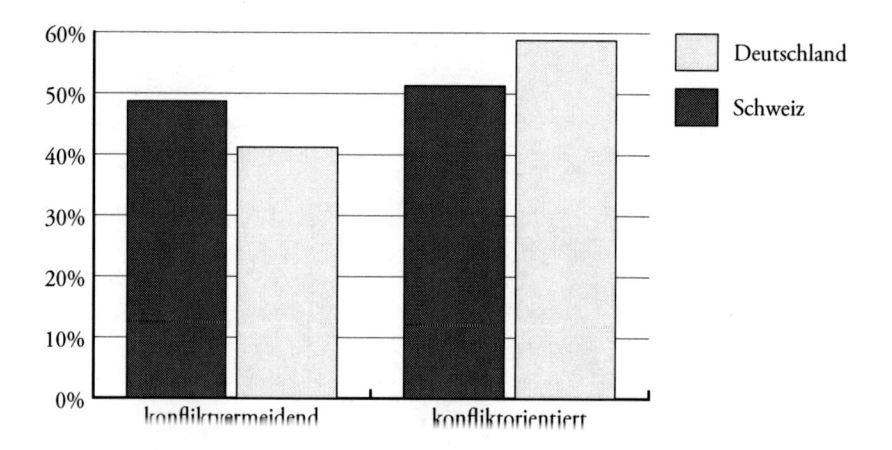

Abb. 5: Konfliktvermeidende und konfliktorientierte Bewertungen in der Schweiz und Deutschland

Betrachtet man die Verteilung der konfliktorientierten und konfliktvermeidenden Sprachfiguren im Detail (vgl. Abb. 6), zeigt sich, dass Schweizer Parlamentarier im Vergleich häufiger als deutsche Abgeordnete sowohl Zustimmung als auch Ablehnung äussern. Auffallend ist, dass deutsche Bundestagsabgeordnete, kongruent mit unserer Annahme, nahezu doppelt so häufig auf besonders negative und konfliktorientierte Sprachfiguren wie das Stilmittel des Angriffs (D: 23,2 %, n = 336; CH: 11,0 %, n = 46) und des Vorwurfs (D: 5,1 %, n = 74; CH: 2,9 %, n = 12) zurückgreifen als Schweizer Politiker. Diese Befunde bleiben auch über die Verteilung nach Politikfeldern (Wirtschafts-, Umwelt-, internationale Politik etc.) relativ stabil.

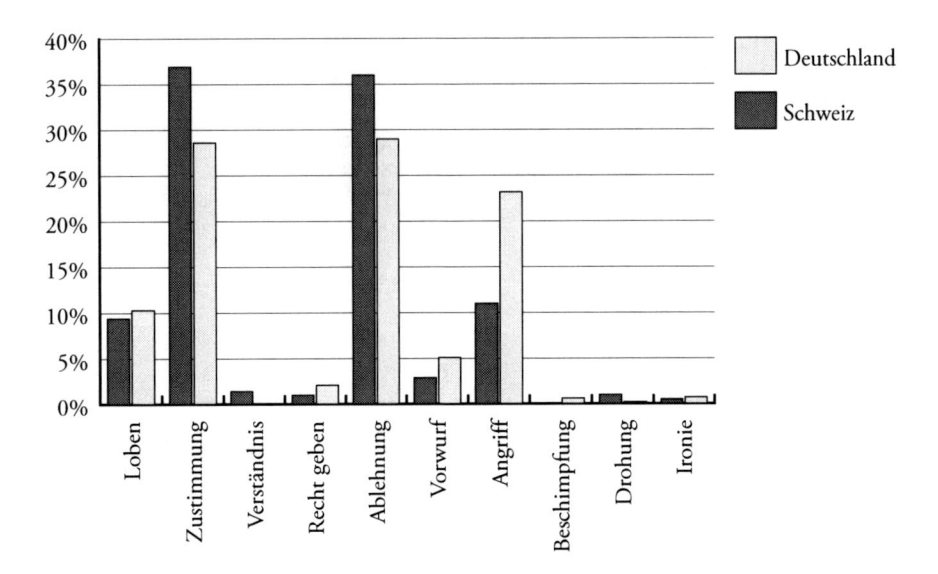

Abb. 6: Arten der Bewertungen nach Ländern

Kleinere Differenzen im Gebrauch der konfliktorientierten und konfliktvermeidenden Sprachmittel zeigen sich jedoch nach Überprüfung der Parteizugehörigkeit: Während Politiker der SVP, der FDP und CVP weniger konfliktorientierte als konfliktvermeidende Stilfiguren nutzen, greifen Schweizer Abgeordnete der SPS und der Grünen/GPS häufiger auf konfliktorientierte Mittel zurück. Linke Parteien weisen also im Gegensatz zu bürgerlichen Parteien einen konfliktorientierten Gebrauch der politischen Sprache auf (vgl. Abb. 7).

In Deutschland sind es vor allem die Oppositionsparteien resp. die Fraktionen geringer Stärke (FDP, Die Grünen, Die Linke), die die Politik der Regierung auch ausserhalb von Wahlkampfzeiten angreifen und die daher häufiger konfliktorientiert argumentieren (vgl. Abb. 8). Zu einem ähnlichen Ergebnis kommt Thimm (1996: 147) in ihrer Analyse einer Gemeinderatsdebatte auf kommunaler Ebene in Deutschland im Jahr 1993, in der sie feststellt, dass zwischen einem Oppositions- resp. Regierungsstil in den Argumentationsstilen der Politiker unterschieden werden kann.

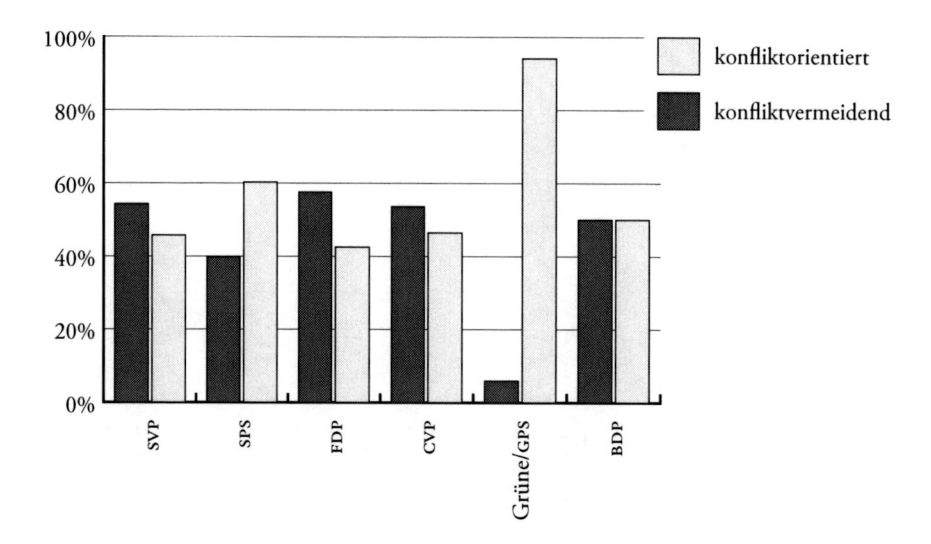

Abb. 7: Bewertungen in der Schweiz nach Parteizugehörigkeit

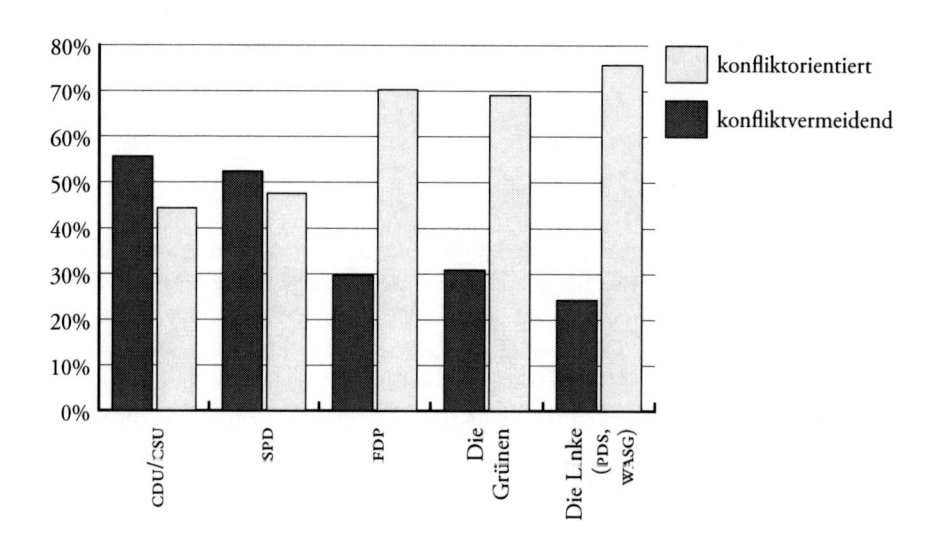

Abb. 8: Bewertungen in Deutschland nach Parteizugehörigkeit

6.2 These 2: Adressaten der Aussagen

These 2 postuliert Unterschiede zwischen den Adressaten der Handlungsempfehlungen und den Bewertungsobjekten. Direkte Ansprachen von einzelnen Personen oder Parteien werden als konfliktorientierter und daher mehrheitlich im deutschen Parlament erwartet. Abstrakte generalisierte Adressaten wie Institutionen sollten hingegen thesenkonform im Schweizer Parlament dominieren.

6.2.1 Adressaten der Handlungsempfehlungen

Die Ergebnisse zeigen, dass in Bezug auf die Adressaten der Handlungsempfehlungen Abweichungen zwischen der Schweiz und Deutschland feststellbar sind: In Deutschland werden öfter einzelne Politiker als Adressaten von Handlungsempfehlungen genannt (D: 4,3%, n = 52; CH: 1,4%, n = 6). Diese Differenz ist allerdings nicht sehr gross, ist aber ein Indiz für eine höhere Konfliktorientierung im Deutschen Bundestag und stützt somit die Thesen, da nicht politische Gremien zum Handeln aufgefordert werden, sondern gezielt einzelne Personen. Interessant ist ebenfalls, dass die Ausprägung »Kein Adressat genannt« in beiden Ländern sehr hoch ist (D: 31,3%, n = 382; CH: 29,9%, n = 130). Handlungsempfehlungen werden demnach oft getätigt, ohne zu explizieren, wer für jene zuständig ist. Die Daten verdeutlichen weiter, dass in Deutschland die Politik als Ganzes (bspw. »…die Politik muss…«) häufiger als Adressat von Handlungsempfehlungen erwähnt wird (D: 11,7%, n = 143; CH: 5,3%, n = 23), während in der Schweiz häufiger das Parlament genannt wird (D: 32,7%, n = 399; CH: 46,9%, n = 204). Dass auf diese Weise Adressaten von Handlungsempfehlungen in beiden Ländern generalisiert resp. kollektiviert (vgl. Tiitula 1997) werden, widerspricht zumindest in Teilen der in These 2 formulierten Annahme.

6.2.2 Objekte der Bewertungen

Die Analyse der Bewertungsobjekte – der Akteure oder Sachverhalte, die einer positiven oder negativen Kritik ausgesetzt werden – bestätigt das in Deutschland prägende Regierungs-Oppositions-System: Sind es doch vor allem das Verhalten und die Entscheidungen der Regierung (8,1%, n = 117) und anderer konkurrierender Parteien (10.6%, n=154), die im Fokus von Bewertungen stehen. In der Schweiz werden die Regierung und andere Parteien mit nur 2,6% (n = 11) bzw. 1% (n = 4) der Fälle deutlich weniger adressiert. Im Schweizer Parlament werden weniger Akteure oder Personengruppen als Sachverhalte (70%, n = 292) direkt einer Kritik unterzogen: Die Bewertungen werden generalisiert oder kollektiviert (vgl. Tiitula 1997). These 2 kann in Bezug auf Bewertungsobjekte somit bestätigt werden.

6.3 These 3: Begründungen der Aussagen

Begründungen von Handlungsempfehlungen und Bewertungen, vor allem mit Faktenbezug, tragen zu einer Versachlichung einer Auseinandersetzung und somit zu einer Konfliktentschärfung bzw. -vermeidung bei. Daher wird angenommen, dass Schweizer Parlamentarier häufiger auf Begründungen (These 3.1), insbesondere faktenbasierte (These 3.2), rekurrieren als deutsche Politiker.

6.3.1 Begründungen von Handlungsempfehlungen

Deutsche Parlamentarier äussern öfter als schweizerische Politiker Handlungsempfehlungen ohne Begründungen (D: 65,9%, n = 804; CH: 57,9%, n = 252). These 3.1 kann somit in Bezug auf die Handlungsempfehlungen als bestätigt angesehen werden. Politiker in der Schweizer Bundesversammlung ziehen, wenn sie begründen, deutlich öfter Fakten als Grundlage von Handlungsempfehlungen heran, als dies deutsche Abgeordnete tun (D: 10,2%, n = 124; CH: 18,9%, n = 82; vgl. Tab. 6). Die These 3.2 kann somit nicht falsifiziert werden. Ebenfalls eine wichtige Rolle spielen hypothetische Begründungen (D: 11,4%, n = 139; CH: 12,0%, n = 52). Diese halten sich in der Schweiz und in Deutschland ungefähr die Waage. Traditionsbezogene oder emotionale Begründungen werden von den Parlamentariern in beiden Ländern hingegen selten gebraucht.

		Schweiz		Deutschland		Gesamt	
		n	%	n	%	n	%
Begründung der Handlungsempfehlung	Fakt	82	18,9	124	10,2	206	12,4
	Tradition	2	0,5	25	2,0	27	1,6
	Emotion	15	3,4	38	3,1	53	3,2
	Hypothese	52	12,0	139	11,4	191	11,5
	Sonstiges	32	7,4	90	7,4	122	7,4
	Ohne Begründung	252	57,9	804	65,9	1056	63,8
	Gesamt	435	100,0	1 220	100,0	1 655	100,0

Tab. 6: Begründungen der Handlungsempfehlungen nach Ländern

6.3.2 Begründungen von Bewertungen

Die positiven und negativen Bewertungen werden sowohl in der Schweiz als auch in Deutschland in rund vier von zehn Fällen begründet. Dabei wird ähnlich sowohl auf Fakten (D: 16,6%, n = 240; CH: 18,0%, n = 75), Traditionen (D: 1,2% n = 18; CH: 2,2%, n = 9) oder Hypothesen (D: 8,1%, n = 118; CH: 9,6%, n = 40) verwiesen. Lediglich bei der Verwendung von weniger sachbetonten emotionsgeladenen Begründungen bestehen zwischen den analysierten Ländern Unterschiede. Deutsche Parlamentarier verwenden, wie in These 3.2 formuliert, häufiger (D: 5,5%, n = 80; CH: 1,9%, n = 8) emotionsgeladene und damit auch konfliktfördernde Aussagen zur Begründung ihrer Kritik (vgl. Tab. 7).

		Schweiz		Deutschland		Gesamt	
		n	%	n	%	n	%
Begründung der Bewertung	Fakt	75	18,0	240	16,6	315	16,9
	Tradition	9	2,2	18	1,2	27	1,4
	Emotion	8	1,9	80	5,5	88	4,7
	Hypothese	40	9,6	118	8,1	158	8,5
	Sonstiges	41	9,8	88	6,1	129	6,9
	Ohne Begründung	244	58,5	906	62,5	1 150	61,6
	Gesamt	417	100,0	1 450	100,0	1 867	100,0

Tab. 7: Begründungen der Bewertungen nach Ländern

7 Fazit

Die Erkenntnisse der vorliegenden Studie stützen die untersuchungsleitende Annahme, dass divergierende politische Systemmerkmale und Mediensysteme auch Unterschiede im Sprach- und Argumentationsstil bedingen. Es konnte übereinstimmend mit einer anderen ländervergleichenden Studie (vgl. bspw. Slembek 1993) festgestellt werden, dass deutsche Politiker hierbei aufgrund des stark ausgeprägten Regierungs-Oppositions-Rivalismus deutlich konfliktorientierter argumentieren als Parlamentarier der Schweizer Konsensdemokratie.

Art der Aussage: Wie postuliert, wird in der Schweiz die »Bitte« und in Deutschland der »Befehl« häufiger als Handlungsempfehlung gebraucht. Ebenfalls kohärent mit den oben gemachten Annahmen dominiert in Deutschland aufgrund der Regierungs-Oppositions-Auseinandersetzung ein konfliktorientierter Bewertungsstil, der sich v. a. in der Verwendung von konfliktfördernden Sprachfiguren wie Angriff und Vorwurf manifestiert. Dabei sind es v. a. die Oppositionsparteien, die eine Auseinandersetzung katalysieren. In der Schweiz schlägt sich die politische Kultur des Konsenses und des Ausgleichs in einem weniger konfliktorientierten Bewertungsstil nieder.

Adressaten der Aussagen: In beiden Ländern werden Handlungsempfehlungen v. a. an kollektive verallgemeinerte Akteure gerichtet. Im deutschen Parlament werden aber auch häufiger Einzelakteure adressiert als in der Schweizer Bundesversammlung. Bei bewertenden Aussagen lässt sich jedoch der postulierte konfliktfördernde Stil im Deutschen Bundestag stärker nachvollziehen: Deutlich häufiger werden hier direkt Personen oder Akteursgruppen kritisiert, während in der Schweiz vor allem allgemeine Sachverhalte bewertet werden.

Begründung der Aussagen: Im Schweizer Parlament werden häufiger Handlungsempfehlungen und Bewertungen – meist faktenbasiert – begründet. Wenn deutsche Parlamentarier wertende Aussagen begründen, so häufiger mit emotionsevozierenden und somit konfliktfördernden Verweisen.

Die präsentierten Ergebnisse erlauben, trotz der auf Zufall basierten Stichprobenziehung, aufgrund der geringen Anzahl analysierter Protokolle nur eingeschränkte Generalisierungen: Die Befunde besitzen für die hier analysierten Debatten – hingegen nur eingeschränkt auch für sämtliche seit September 2000 (Untersuchungszeitraum) debattierten Sachverhalte in den Parlamenten – Gültigkeit. Die thesenstützenden Befunde geben jedoch keinen Hinweis darauf, dass eine Analyse weiterer Debatten zu widersprechenden Ergebnissen führen würde. Um dies umfassend zu beleuchten, bedarf es weiterer sowohl quantitativ als auch qualitativ angelegter Studien. Zudem bleibt zukünftig anhand synchron als auch diachron konzipierter Analysen zu klären, ob Veränderungen des Schweizer Mediensystems – u. a. steigende Konkurrenz unter den Medien, zunehmende Boulevardisierung, neue Formate – und eine damit einhergehende Distanzierung zwischen Politikern und Journalisten (vgl. Blum 2005) eine grössere Konfliktorientierung der Politiker bedingen und somit zu einer Angleichung der politischen Sprache beider Länder führen könnten.

8 Literatur

Baumgartner, Sabrina (2010): *Die Regierungskommunikation der Schweizer Kantone. Regeln, Organisation, Akteure und Instrumente im Vergleich.* Wiesbaden: vs Verlag.

Bazil, Vazrik (2010): Politische Sprache: Zeichen und Zunge der Macht. In: *Aus Politik und Zeitgeschichte* 8, S. 3–6.

Blum, Roger (2005): Politischer Journalismus in der Schweiz. In: Donges, Patrick (Hg.): *Politische Kommunikation in der Schweiz*. Bern/Stuttgart/Wien: Haupt, S. 115–132.

Bonfadelli, Heinz; Meier, Werner A. (1994): Kleinstaatliche Strukturprobleme einer europäischen Medienlandschaft. Das Beispiel der Schweiz. In: Jarren, Otfried (Hg.): *Medienwandel – Gesellschaftswandel? 10 Jahre dualer Rundfunk in Deutschland. Eine Bilanz*. Berlin: Vistas, S. 69–90.

Brosius, Hans-Bernd; Koschel, Friederike; Haas, Alexander (2008): *Methoden der empirischen Kommunikationsforschung. Eine Einführung*. Wiesbaden: vs Verlag.

Burger, Harald (1995): Verbale Gewalt in Radio- und Fernsehdialogen. In: Hugger, Paul; Stadler, Ulrich (Hgg.): *Gewalt. Kulturelle Formen in Geschichte und Gegenwart*. Zürich: Unionsverlag, S. 100–125.

Donges, Patrick (2005): Politische Kommunikation in der Schweiz. Medialisierung eines »Sonderfalls«? In: Donges, Patrick (Hg.): *Politische Kommunikation in der Schweiz*. Bern/Stuttgart/Wien: Haupt, S. 7–28.

Elster, Jon (1989): *The Cement of Society. A Study of Social Order*. Cambridge: Cambridge University Press.

Fiehler, Reinhard (1993): Grenzfälle des Argumentierens. Emotionalität statt Argumentation oder emotionales Argumentieren? In: Sandig, Barbara; Püschel, Ulrich (Hgg.): *Stilistik Bd. III: Argumentationsstile*. Hildesheim/New York: Olms (= Germanistische Linguistik; 112–113), S. 149–174.

Früh, Werner (2001): *Inhaltsanalyse. Theorie und Praxis*. Konstanz: UVK.

Gehring, Thomas (1996): »Arguing« und »Bargaining« in internationalen Verhandlungen. Überlegungen am Beispiel des Ozonschutzregimes. In: von Prittwitz, Volker (Hg.): *Verhandeln und Argumentieren. Dialog, Interessen und Macht in der Umweltpolitik*. Opladen: Leske & Budrich, S. 207–238.

Habermas, Jürgen (1982): *Theorie des kommunikativen Handelns. Bd. 1: Handlungsrationalität und gesellschaftliche Rationalisierung*. 2. Aufl. Frankfurt am Main: Suhrkamp.

Holzinger, Katharina (2001): Verhandeln statt Argumentieren oder Verhandeln durch Argumentieren? Eine empirische Analyse auf der Basis der Sprechakttheorie. In: *Politische Vierteljahresschrift* 42, H. 3, S. 414–446.

Jarren, Otfried (2005): Staatliche Kommunikation unter mediengesellschaftlichen Bedingungen. Rahmenbedingungen, Probleme und Anforderungen an die Kommunikation staatlicher Akteure am Beispiel der Schweiz. In: Donges, Patrick (Hg): *Politische Kommunikation in der Schweiz*. Bern: Haupt, S. 29–56.

Jarren, Otfried; Donges, Patrick (2006): *Politische Kommunikation in der Mediengesellschaft. Eine Einführung*. 2., überarb. Aufl. Wiesbaden: vs Verlag.

Jesse, Eckhard (1997): *Die Demokratie der Bundesrepublik Deutschland*. Berlin: Landeszentrale für politische Bildungsarbeit.

Kallmeyer, Werner; Schmitt, Reinhold (1996): Forcieren oder: Die verschärfte Gangart. Zur Analyse von Kooperationsformen im Gespräch. In: Kallmeyer, Werner (Hg.): *Gesprächsrhetorik. Rhetorische Verfahren im Gesprächsprozeß*. Tübingen: Narr, S. 19–118.

Keman, Hans (1996): Konkordanzdemokratie und Korporatismus aus der Perspektive eines rationalen Institutionalismus. In: *Politische Vierteljahresschrift* 37, H. 3, S. 494–516.

Klein, Josef (1998): Politische Kommunikation. In: Jarren, Otfried; Sarcinelli, Ulrich; Saxer, Ulrich (Hgg.): *Politische Kommunikation in der demokratischen Gesellschaft. Ein Handbuch mit Lexikonteil*. Opladen/Wiesbaden: Westdeutscher Verlag, S. 186–210.

Klein, Josef (2010): Sprache und Macht. In: *Aus Politik und Zeitgeschichte* 8, S. 7–13.

Kleinsteuber, Hans J.; Thomaß, Barbara (2009): Kommunikationspolitik international – ein Vergleich nationaler Entwicklungen. In: Hans-Bredow-Institut für Medienforschung an der Universität Hamburg (Hg.): *Internationales Handbuch Medien*. 28. Aufl. Baden-Baden: Nomos, S. 64–88.

Klöti, Ulrich (2006): Regierung. In: Klöti, Ulrich; Knoepfel, Peter; Kriesi, Hanspeter; Linder, Wolf; Papadopoulos, Yannis; Sciarini, Pascal (Hgg.): *Handbuch der Schweizer Politik*. 4., vollst. überarb. Aufl. Zürich: Verlag Neue Zürcher Zeitung, S. 151–175.

Künzler, Matthias (2005): Das schweizerische Mediensystem im Wandel: Eine Einführung. In: Künzler, Matthias (Hg): *Das schweizerische Mediensystem im Wandel. Herausforderungen, Chancen, Zukunftsperspektiven*. Bern/Stuttgart/Wien: Haupt, S. 9–32.

Ladner, Andreas (2005): Die Parteien in der politischen Kommunikation. Mediendemokratie: Herausforderung und Chancen für die politischen Parteien. In: Donges, Patrick (Hg.): *Politische Kommunikation in der Schweiz.* Bern/Stuttgart/Wien: Haupt, S. 57–75.

Lehmbruch, Gerhard (1993): Consociational Democracy and Corporatism in Switzerland. In: *Publius: The Journal of Federalism* 23, H. 2, S. 43–60.

Lijphart, Arend (1999): *Patterns of Democracy. Government Forms and Performance in Thirty-Six Counties.* New Heaven/London: Yale University Press.

Linder, Wolf (2006): Politische Parteien. In: Klöti, Ulrich; Knoepfel, Peter; Kriesi, Hanspeter; Linder, Wolf; Papadopoulos, Yannis; Sciarini, Pascal (Hgg.): *Handbuch der Schweizer Politik.* 4., vollst. überarb. Aufl. Zürich: Verlag Neue Zürcher Zeitung, S. 317–343.

Linder, Wolf (2009): Das politische System der Schweiz. In: Ismayer, Wolfgang (Hg.): *Die politischen Systeme Westeuropas.* 4., akt. und überarb. Aufl. Wiesbaden: vs Verlag, S. 567–605.

Linder, Wolf; Lutz, Georg (2006): Direkte Demokratie. In: Klöti, Ulrich; Knoepfel, Peter; Kriesi, Hanspeter; Linder, Wolf; Papadopoulos, Yannis; Sciarini, Pascal (Hgg.): *Handbuch der Schweizer Politik.* 4., vollst. überarb. Aufl. Zürich: Verlag Neue Zürcher Zeitung, S. 103–124.

Luginbühl, Martin (1999): *Gewalt im Gespräch: verbale Gewalt in politischen Fernsehdiskussionen am Beispiel der »Arena«.* Bern/Berlin/Frankfurt am Main u.a.: Lang.

Marcinkowski, Frank (2006): Mediensystem und politische Kommunikation. In: Klöti, Ulrich; Knoepfel, Peter; Kriesi, Hanspeter; Linder, Wolf; Papadopoulos, Yannis; Sciarini, Pascal (Hgg.): *Handbuch der Schweizer Politik.* 4., vollst. überarb. Aufl. Zürich: Verlag Neue Zürcher Zeitung, S. 393–424.

Meier, Werner A. (2009): Das Mediensystem der Schweiz. In: Hans-Bredow-Institut für Medienforschung an der Universität Hamburg (Hg.): *Internationales Handbuch Medien.* 28. Aufl. Baden-Baden: Nomos, S. 592–602.

Pilz, Frank; Ortwein, Heike (2000): *Das politische System Deutschlands. Prinzipien, Institutionen und Politikfelder.* München: Oldenbourg Wissenschaftsverlag.

Puppis, Manuel (2009): Introduction: Media Regulation in Small States. In: *International Communication Gazette* 71, H. 1–2, S. 7–17.

Rudzio, Wolfgang (2006): *Das politische System der Bundesrepublik Deutschland.* Wiesbaden: vs Verlag.

Sager, Sven F. (1988): *Reflexionen zu einer linguistischen Ethologie.* Hamburg: Akademion.

Scharpf, Fritz W. (1992): Koordination durch Verhandlungssysteme: Analytische Konzepte und institutionelle Lösungen. In: Benz, Arthur; Scharpf, Fritz W.; Zintl, Reinhard (Hgg.): *Horizontale Politikverflechtung. Zur Theorie von Verhandlungssystemen.* Frankfurt am Main: Campus, S. 51–96.

Slembek, Edith (1993): Was dem einen sin Uhl, ist dem andern sin Nachtigall. Aspekte interkultureller Argumentation. In: Sandig, Barbara; Püschel, Ulrich (Hgg.): *Stilistik Bd. III: Argumentationsstile.* Hildesheim/New York: Olms (= Germanistische Linguistik; 112–113), S. 113–125.

Sontheimer, Kurt; Bleek, Wilhelm (2002): *Grundzüge des politischen Systems Deutschlands.* Bonn: Bundeszentrale für politische Bildung.

Thimm, Caja (1996): »Power-related talk (PRT)«: Argumentationsstile in einer politischen Debatte. In: Klein, Josef; Diekmannshenke, Hajo (Hgg.): *Sprachstrategien und Dialogblockaden. Linguistische und politikwissenschaftliche Studien zur politischen Kommunikation.* Berlin/New York: de Gruyter (= Sprache – Politik – Öffentlichkeit; 7), S. 123–148.

Tiitula, Liisa (1997): Stile der Konfliktbearbeitung in Fernsehdiskussionen. In: Selting, Margret; Sandig, Barbara (Hgg.): *Sprech- und Gesprächsstile.* Berlin/New York: de Gruyter, S. 370–399.

Vatter, Adrian (2002): *Kantonale Demokratien im Vergleich. Entstehungsgründe, Interaktionen und Wirkungen politischer Institutionen in den Schweizer Kantonen.* Opladen: Leske & Budrich.

Vogel, Martina (2010): *Regierungskommunikation im 21. Jahrhundert. Ein Vergleich zwischen Großbritannien, Deutschland und der Schweiz.* Baden-Baden: Nomos.

Vowe, Gerhard (2006): Mediatisierung der Politik? Ein theoretischer Ansatz auf dem Prüfstand. In: *Publizistik* 51, H. 4, S. 437–455.

Dominik Baumann

»Aufbau Ost« vs. »Röstigraben«. Vergleich der Regierungssprache in Deutschland und der Schweiz

1 Gegenstand und Methoden der Untersuchung

Politik steht seit jeher im Verdacht, Eigeninteressen ab und an weit mehr Beachtung zu schenken als den Bedürfnissen des Gemeinwohls. Vielerorts begegnet man der institutionellen Macht mit Skepsis. Ein guter Politiker vermöge seinem Gegenüber das Wort im Munde umzudrehen, wird gelegentlich moniert und damit angedeutet, was den Argwohn gegenüber den Volksvertretern oftmals erregt: Ihrer Sprache wird misstraut, ein Instrument der Manipulation darin vermutet. Dieser Beitrag nimmt derlei Vorbehalte zum Anlass, den Umgang mit Worten im politischen Feilschen um Macht und Einfluss eingehender zu hinterfragen. Gegenstand der Analyse sind jedoch nicht ideologische Auseinandersetzungen auf Parteiebene, sondern das Sprachhandeln von Regierungen. Wie verhalten sich staatliche Organe, in deren Fokus statt parteipolitischer Konkurrenz in erster Linie das »Wohl der Nation« stehen müsste? Ein analytischer Vergleich zwischen der Situation in Deutschland und in der Schweiz soll dazu Hinweise liefern. Theoretische Grundlage der Nachforschung bilden Arbeiten von Walther Dieckmann (1975, 2005), Josef Klein (1989, 2005) und Martin Wengeler (2005) zur Semantik, zum Kampf um Worte sowie zur Sprachverwendung im politischen Wettbewerb. Am Beispiel jeweils dreier zentraler Leitbegriffe – *Freiheit, Gerechtigkeit, Frieden* – sowie dreier ideologisch umkämpfter, politischer Schlüsselthemen – »Arbeit«, »Umwelt-/Klimaschutz«, »Europa« – wird untersucht, wie weit sich der politische Wortschatz und dessen Gebrauch auf der Ebene der Regierungskommunikation der beiden Länder unterscheidet. Dabei will die Recherche nicht nur die pragmatischen Wortstrategien der zwei Exekutiven skizzieren, sondern ansatzweise auch darlegen, inwiefern die ungleichen Regierungssysteme beider Länder, ihre unterschiedliche jüngere Geschichte sowie die verschiedenen globalen Rollen das entsprechende politische Sprachhandeln prägen. Die Bandbreite der untersuchten Ebenen umfasst neben der Interpretation einzelner Begriffe auch Formen der politischen Metaphorik sowie ganze Phrasen und Slogans der verschiedenen Institutionen. Als überraschend aufschlussreich wird sich überdies ein Blick auf das institutionelle Vokabular beider Länder erweisen. Insbesondere die Deutung landesspezifischer Wortschöpfungen – der Titel des Beitrags nennt bereits zwei Beispiele – lässt zuweilen unerwartet klare Rückschlüsse auf unterschiedliche nationale Befindlichkeiten zu. Die Vorstellung einiger solcher »Unikate« steht den folgenden Ausführungen voran, ehe sich die Diskussion auf die Analyse der erwähnten politischen Schlüsselthemen konzentriert. Der Schlussbetrachtung obliegt es sodann, die Ergebnisse der verschiedenen Untersuchungsfelder zu ordnen und daraus einige grundsätzliche Erkenntnisse zur Art des sprachlichen Regierungshandelns in den beiden Ländern abzuleiten.

Alle erörterten Belege entstammen im Übrigen den offiziellen Online-Inhalten der Deutschen Bundesregierung respektive der Bundesbehörden der Schweizerischen Eidgenossenschaft.[1] Berücksichtigung fanden nur Dokumente, deren Titel einen inhaltlichen Bezug zu einem der sechs Untersuchungsbereiche vermuten liess. Die spezifische Auswahl der Beispiele gründete schliesslich auf einer subjektiven Beurteilung ihrer Relevanz für die folgende Diskussion. Damit ist auch angedeutet, dass den Ergebnissen der Analyse nur eine bedingte Aussagekraft zukommt. Empirisch breit abgestützte Folgerungen erlauben die Resultate nicht, wohl aber lassen sich relativ deutliche Tendenzen daraus ableiten. Als häufigste Textsorten sind *Rede, Pressemitteilung, Positionspapier* sowie *Regierungsprogramm* Gegenstand der Analyse. Der Untersuchungszeitraum liegt zwischen Herbst 2005 – dem Beginn der »Grossen Koalition« in Deutschland – und Sommer 2008. Für die Schweiz gilt grundsätzlich dieselbe Periode, doch macht es die Eigenart helvetischer Politik, die Umsetzung von Regierungsentscheiden oft über mehrere Legislaturperioden zu verschleppen, mitunter nötig, auch solche Beispiele zu berücksichtigen, die vor dem Herbst 2005 datiert sind.

2 Unterschiede im politischen Lexikon

Länderspezifische Besonderheiten im politischen Lexikon finden sich vor allen Dingen in den jeweiligen Institutions- und Interaktionsvokabularien.[2] Die in der Folge zitierten Beispiele liefern zudem auch erste Hinweise auf unterschiedliche politische Rahmenbedingungen in beiden Staaten. Geprägt sind diese insbesondere durch grundsätzlich verschiedene historische Erfahrungen. So ist beispielsweise der Ausdruck *Wiedergutmachung* in Deutschland eng verknüpft mit den Folgen der nationalsozialistischen Kriegsverbrechen, beschreibt der Begriff doch die Bemühungen der deutschen *Nachkriegsregierungen,* die Überlebenden des NS-Völkermords zumindest materiell zu unterstützen. Die direkte Konsequenz aus der Kriegsniederlage spiegelt sich in Wortkompositionen, die zumindest bis 1990 Teil des Interaktionsvokabulars waren wie *SED* (Sozialistische

---

1 Online-Inhalte der Deutsche Bundesregierung sind unter folgender Adresse zugänglich: www.bundesregierung.de/Webs/Breg/DE/Homepage/home.html [16. 4. 2010], die Informationen der Schweizer Bundesbehörden unter: www.admin.ch/index.html?lang=de [16. 4. 2010].

2 Walther Dieckmann gliedert das politische Vokabular in vier Kategorien: Das *Institutionsvokabular* – vor allem politisch-fachsprachliche Begriffe für staatliche Organisationen, Mandate oder kodifizierte Normierungen –, das *Ressortvokabular* als Expertensprache der Binnenkommunikation, das *Interaktionsvokabular* – Begriffe der Allgemeinsprache zur Verständigung über politische Sachverhalte an der Schnittstelle zwischen Politik und Basis – sowie das *Ideologievokabular,* welches jene Begriffe beinhaltet, mit denen politische Gruppierungen ihre spezifischen Prinzipien, Leitsätze und Prioritäten zum Ausdruck bringen (Dieckmann 2005, 17–21).

Einheitspartei Deutschlands), *DDR* (Deutsche Demokratische Republik), *BRD* (Bundesrepublik Deutschland) oder *Geteiltes Deutschland*. Die dramatischen Umwälzungen nach 1989 haben wiederum zu einer Reihe von Begriffen geführt, die heute noch Aktualität besitzen: *Wende, Deutsche Einheit* und *Wiedervereinigung* sind Sprachzeichen eines globalen politischen Paradigmenwechsels, *Aufbau Ost* und *Solidaritätszuschlag* beschreiben Bemühungen, die unerwartete historische Chance zu ergreifen. Dass in Zusammenhang mit den *Neuen Bundesländern* aber der *Aufschwung* länger als erwartet ausblieb, geriet bisweilen zum Problem für die gesellschaftliche Stabilität Deutschlands. Folge dessen waren Veränderungen in der politischen Landschaft, wovon neue Wortschöpfungen wie *Jamaika-Koalition*[3] oder *Die Linke*[4] zeugen.

Die Grundlagen der Schweiz wiederum führen konservative Politiker noch heute gerne auf den *Rütlischwur* zurück. Das mystifizierte Abkommen verschiedener Innerschweizer Landadelsfamilien von 1291 gilt vielerorts als Symbol hiesigen Polit-Selbstverständnisses. Dieses Verständnis stützt sich einerseits auf starke Volksrechte, die in den Instrumenten der *Volksinitiative*, des *Referendums* oder des *Vernehmlassungsverfahrens* ihren Ausdruck finden, und beinhaltet anderseits einen ausgeprägten Willen zur Unabhängigkeit, der mitunter gar isolationistische Tendenzen annimmt. Der *Alleingang* wird beschworen, am *Prinzip der Neutralität* eisern festgehalten. Als Quintessenz solcher Haltung entfernt sich die Schweiz zusehends von einem stets enger zusammenwachsenden Resteuropa, was im Landesinnern für Unfrieden sorgt. Von einem *Röstigraben* ist die Rede, womit die politische Realität bezeichnet wird, dass die liberaleren französischsprachigen *Kantone* in Fragen der Öffnung nach Europa an der Urne stets unterliegen. Gleichwohl ist die Schweiz zumindest in ökonomischen Belangen auf ein partnerschaftliches Verhältnis mit Europa angewiesen. Dies führt unter anderem zu den *Bilateralen I* und *Bilateralen II*, Vertragswerke, die mit der Europäischen Union (EU) den Zugang zu deren Wirtschaftsraum regeln, oder zum *Europakapitel*, ein Passus, der jedem neuen Gesetz angegliedert wird und darüber informiert, ob die *Vorlage* mit geltendem EU-Recht kompatibel ist. *Konkordanz* im *Bundesrat* ist schliesslich die Umschreibung für einen letzten an dieser Stelle aufgezählten und signifikanten Unterschied im politischen Selbstverständnis beider Länder. Dahinter verbirgt sich der Wille des schweizerischen *Souveräns*, die Regierungsmacht stets auf verschiedene ideologische Gruppierungen gleichzeitig zu verteilen.

---

3 Eine Anspielung auf die Parteifarben – Grün für Bündnis 90/Die Grünen, Gelb für die Freie Demokratische Partei (FDP) und Schwarz für die Christlich Demokratische Union (CDU) Deutschlands – und deren farblicher Entsprechung zur Nationalflagge Jamaikas.

4 Im Jahr 2007 gegründete, aus der ostdeutschen Linkspartei (vormals PDS) und der westdeutschen WASG hervorgegangene Partei, die sich politisch links von der Sozialdemokratischen Partei (SPD) und den Grünen positioniert hat.

3 Hochwertwörter im Deutungsvergleich

Standen mit den landesspezifischen Wortprägungen im vorigen Kapitel lexikalische Aspekte im Vordergrund, so rückt fortan der Kampf um Wortdeutung und Worthoheit in den Mittelpunkt. Hochwertwörter wie *Freiheit, Demokratie* oder *Frieden* gehören dank ihrer allgemein positiven Konnotation zum Standardvokabular der Politik (Klein 1989: 21). Um ihre ideologische Vereinnahmung wird zwischen den Parteien stets mit dem Ziel gerungen, diese zentralen Begriffe »zu besetzen« (Wengeler 2005: 180–183). Wie weit sich Ähnliches auch über das Handeln von Regierungen sagen lässt, dafür soll die folgende Untersuchung mögliche Indizien liefern.

3.1 *Freiheit*

Eidgenossenschaft verlange »die Verbindung von Freiheit und Solidarität«, konstatiert 2007 der ehemalige Bundesrat der rechtskonservativen Schweizerischen Volkspartei (SVP), Samuel Schmid (Rede, 17.8.2007)[5]. Sein damaliger Partei- und Amtskollege Christoph Blocher unterstützt den Fokus auf traditionelle Werte, fordert ein »Bekenntnis zur alten Freiheit«, die erst den Weg freimache »zur Rettung des Landes« (Rede, 24.7.2005)[6] und suggeriert damit, dass die Freiheit in ihrer gegenwärtigen Form die Schweiz in irgendeiner Weise bedrohe. Staatspolitik, die primär von parteiideologischen Überlegungen gelenkt ist, betreibt der Magistrat auch mit der Aussage: »Freiheit, Selbstbestimmung und Selbstverwaltung gehören untrennbar zusammen. Diese drei Säulen haben die Schweiz stark und wohlhabend gemacht« (Rede, 1.8.2007)[7]. Mit der Metapher der drei Säulen, auf die das Land gegründet sei, gelingt es Blocher, den Begriff *Freiheit* im Sinne seines isolationistischen Heimatbildes inhaltlich mit *Selbstbestimmung* und *Selbstverwaltung* gleichzusetzen.

Auch Bundeskanzlerin Angela Merkel greift in einer Rede vor dem deutschen Bundestag auf die Haus-Metapher zurück:

---

[5] Zitierte Aussagen aus den Online-Veröffentlichungen werden im Lauftext jeweils mit Angaben zum Urheber der Äusserung, zur Textsorte und dem Datum der Publikation ausgewiesen. Diese Hinweise stehen entweder im Text selbst und/oder als Klammerbemerkung im Anschluss an das Beispiel. In Fällen, in denen der Publikationszeitpunkt nicht bekannt ist, verweist eine kursive Datumsangabe auf den letzten persönlichen Zugriff im Netz. Allfällige weitere sinnvolle Angaben stehen als Fussnote am Seitenende. Anlass dieses Zitats war der Parteitag der SVP Schweiz.

[6] Anlass war die Gedenkfeier zum 65. Jahrestag des Rütlirapportes. Der Rütlirapport gilt in der Schweiz als historische Rede des damaligen Militäroberbefehlshabers Henri Guisan nach der Kriegsniederlage Frankreichs.

[7] Offizielle Ansprache zum Nationalfeiertag.

> Deutschland hat ein starkes Fundament: Freiheit, Gerechtigkeit, Verantwortung
> [...] – das ist der Kitt, der unser Zusammenleben ausmacht. Dieser Kitt ist
> die Substanz aus 2 500 Jahren Geschichte von griechisch-römischer Antike, über
> Christentum und Aufklärung bis heute. (Rede, 18. 12. 2006)

Ähnlich wie ihr Schweizer Regierungskollege deutet Merkel *Freiheit* als einen unverzichtbaren Baustein des Landes und ebenso schlägt sie einen thematischen Bogen in die Vergangenheit. *Freiheit* setzt die Kanzlerin allerdings deutlich wertungsneutraler mit *Gerechtigkeit* und *Verantwortung* in einen Kontext. Der Hinweis auf die Geschichte dient ihr zudem nicht als Mittel fundamental-konservativer Rückbesinnung, sondern referiert auf eine Verbindung von *Freiheit* und kulturellem Erbe in Europa. Wirkungsmacht erzielt auch, wenn die Kanzlerin in Anspielung auf ihre eigene ostdeutsche Biografie *Freiheit* als die »grösste Überraschung meines Lebens« bezeichnet: »Alle Wege endeten an einer Mauer« (Rede, 30. 11. 2005)[8]. Der Verweis auf *Mauer* ist hier nicht Metapher, sondern historisch legitimierte Botschaft, die Freiheit keinesfalls als gewiss verstanden haben will. Diese Deutung findet ihre Bestätigung auch in einer Rede der Politikerin an der Universität Warschau: »Nie sollten wir Freiheit und Demokratie als etwas Selbstverständliches nehmen. Sie sind ein Schatz, den es zu hüten und zu verteidigen gilt« (Rede, 16. 3. 2007). Insbesondere das Bild des *Schatzes* veranschaulicht den grossen Wert von *Freiheit* in expliziter Weise. Die gemeinsame Nennung mit *Demokratie* wirkt zudem auf den Schluss hin, dass das eine Gut das andere bedingt.

3.2 *Demokratie*

»Die Demokratie ist 60 Jahre nach Kriegsende in Deutschland gefestigt« (Koalitionsvertrag[9], 11. 11. 2005, 127), beruhigt das deutsche Regierungsteam allfällige Skeptiker, indem es sich einer weiteren Baumetapher bedient. Gefestigt wie Beton ist die *Demokratie*, verkündet die Botschaft und macht damit in Reminiszenz an die gescheiterte Weimarer Republik deutlich, dass, was einst zerbröckelte, nun einen stabilen Grund hat. Gleichwohl ist *Demokratie* weder reiner Selbstzweck noch selbstverständlich. Daran erinnern sowohl Bundestagspräsident Norbert Lammert, wenn er in Anspielung auf den Untergang der Weimarer Republik eine wehrhafte Demokratie postuliert (Rede, 10. 4. 2008)[10], als auch der damalige Bundesminister Horst Seehofer, der *Demokratie* die Aufgabe zuweist, »Flagge [zu] zeigen gegen Rechtsextremismus und Fremdenfeindlichkeit« (Rede,

---

8 Anlass war die konstituierende Versammlung des Deutschen Bundestages.
9 Gemeinsame Regierungserklärung von CDU, CSU und SPD (beinhaltet die Bekanntgabe des politischen Programms der Koalitionspartner).
10 Anlass war die Gedenkstunde des Deutschen Bundestages zur »Zerstörung der Demokratie in Deutschland vor 75 Jahren«.

18.8.2007)[11]. In beiden Voten hallt die Geschichte nach und rückt *Demokratie* in eine klare Opposition zu Unwertwörtern wie *Diktatur* oder *Faschismus*. Aus dieser Position erwächst auch eine Verpflichtung. So teilt das Auswärtige Amt mit: »Bundeswehr sichert Demokratie im Kongo« (Medienmitteilung, 14.6.2006). Der Blickwinkel verlässt die Innensicht, der Staat zeigt sich willens und fähig, für das Hochwertgut auch ausserhalb seiner Grenzen aktiv einzustehen. Damit wird *Demokratie* auch im globalen Kontext ein zentraler Stellenwert zugesprochen. Gleichzeitig macht die Verbindung mit *Bundeswehr* deutlich, dass eine Deutsche Armee sich nicht mehr gegen die Demokratie stellt, sondern in deren Dienst.

Für die Schweiz, die sich als demokratischer Musterstaat versteht, stehen demgegenüber Aspekte der Konsolidierung und Verteidigung weniger im Vordergrund. Ihr Selbstbewusstsein begründet sie, wie ein Statement[12] des Eidgenössischen Departements für auswärtige Angelegenheiten (EDA) verdeutlicht, in der »direkte[n] Demokratie – In kaum einem anderen Land gibt es so weitgehende Mitbestimmungsrechte des Volkes wie in der Schweiz« (Statement, *30.6.2008*). Die Besonderheit des hiesigen Modells kommt auch in folgender Formulierung zum Ausdruck: »Die immer engere Zusammenarbeit der Regierungen auf internationaler [...] Ebene stellt dabei für die direkte Demokratie eine besondere Herausforderung dar« (Legislaturplanung 2007–2011[13], 23.1.2008, 773). *Demokratie* scheint also hierzulande fürwahr eine andere Qualität zu besitzen als im Ausland, *direkt* signalisiert diesen Unterschied. Dessen Nennung soll nicht nur auf stärkere Volksrechte verweisen, sondern daraus abgeleitet auch eine Höherwertigkeit des hiesigen gegenüber anderen Demokratiemodellen implizieren.

Mitunter sind in der Schweiz die (magistralen) Signale zum Wesen der Demokratie aber auch widersprüchlich. Während etwa der sozialdemokratische Bundesrat Moritz Leuenberger das konstruktive Miteinander als Grundlage postuliert – »Die Demokratie erwartet von allen, dass sie die Gesellschaft mitgestalten« (Rede, 26.7.2007)[14] – sieht sein Amtskollege Blocher eher das kompetitive Gegeneinander im Zentrum: »Demokratie heisst auch Streit, Kampf und Auseinandersetzung. [...] Wer glaubt, in der Demokratie sei nur Kuscheln und Gemütlichkeit angesagt, täuscht sich« (Rede, 8.3.2007)[15]. Der Spitzenpolitiker der Rechten zeigt sich damit einmal mehr als streitbarer Zeitgenosse und definiert seinen Demokratiebegriff als Absage an ein Konsensmodell, das für Exekutiven in der Schweiz in der Regel als ungeschriebene, aber strikte Regel gilt.

---

11 Anlass war eine Feier zum »Tag der Demokratie« in Wunsiedel.
12 Als »Statement« gelten im Rahmen dieser Arbeit alle Aussagen von Regierungsstellen ohne direkten Adressaten. Der Inhalt von Statements gibt die aktuelle Regierungsmeinung zu Themen wieder.
13 Regierungsdokument, das die politischen Zielvorgaben und Schwerpunkte des Bundesrates während einer Legislaturperiode benennt.
14 Anlass war eine Einladung der Österreichischen Volkspartei nach Wien.
15 Anlass war das 50-Jahr-Jubiläum der SVP Bezirk Meilen.

3.3 Frieden

Geringer sind die Differenzen in der Regierungskommunikation der beiden Länder bei der Kontextualisierung von *Frieden*. Mit Blick auf die innenpolitische Befindlichkeit ist primär die Rede vom »Erhalt des sozialen Friedens«, worunter beide Regierungen in erster Linie Bemühungen um eine Verteilungsgerechtigkeit zwischen den unterschiedlichen Gesellschaftsschichten verstehen. Dem *sozialen Frieden* kommt der Status eines Hochwertgutes zu, wird dieser doch als eine tragende Stütze von wirtschaftlicher Prosperität und Wohlstand definiert: »Ohne Wirtschaftswachstum keine zusätzliche Beschäftigung – [...]. Die wirtschaftspolitische Strategie baut auf die Stärken des Standortes Deutschland. Dazu [gehört] ein hoher sozialer Frieden [...]« (Regierungs-Statement, 30. 6. 2008).

Unterschiede sind eher in den jeweiligen Aussagen festzustellen, in denen die Schweiz und Deutschland ihre Bemühungen um Frieden im Ausland darlegen. Die Schweiz sieht sich aufgrund ihres Neutralitätsstatus in erster Linie als eine Vermittlerin in Konflikten. Mit *Friedensstiftung, Friedenssicherung* und *Friedenskonsolidierung* umschreibt der Gesamtbundesrat in einer Botschaft[16] vom 15. Juni 2007 das hiesige Instrumentarium der *Friedensförderung*. *Gute Dienste* werden darin weiter angeboten, erläuternde Präzisierungen fehlen. Die Vagheit in der Sprache ist Absicht, zielt ab auf den kleinsten gemeinsamen Nenner und ist Konzession an eine starke, konservative Strömung, die jedes aktive Eingreifen in politische Belange des Auslands ablehnt. Ähnliche Diskussionen werden mitunter auch in Deutschland geführt. Gleichwohl zeigt sich die Regierung im Vergleich eine Spur entschlossener: »Deutschland ist weltweit ein verlässlicher Partner und übernimmt Verantwortung für den Frieden in der Welt« (Regierungs-Statement, 22. 11. 2005). *Frieden* wird damit als Aufgabe definiert, die nicht an der Landesgrenze endet, *Verantwortung übernehmen* macht überdies deutlich, dass *Frieden* für Deutschland mit dem Willen zum Engagement verbunden ist.

4 Regierungs-Sprachhandeln in politischen Schlüsselbereichen

Die aufgeführten Beispiele deuten darauf hin, dass zumindest auf staatspolitischer Ebene der Instrumentalisierung von Hochwertwörtern gewisse Grenzen gesetzt sind. Die meisten Aussagen orientieren sich grundsätzlich am bestehenden gesellschaftlichen Einvernehmen und nur vereinzelt sind persuasive Absichten relativ eindeutig nachweisbar. Entsprechend stellt sich die Frage, ob der sprachliche Spielraum der Regierungen mit Blick auf konkrete Politikfelder von zentraler Bedeutung vielleicht grösser ist. Immerhin unterliegt deren Beurteilung einem ungleich schnelleren Wandel und ist in ei-

---

16 Eine »Botschaft« ist eine Stellungnahme oder Empfehlung des Gesamtbundesrates zu einem spezifischen sachpolitischen Thema. Erster Adressat ist immer das Parlament.

nem weit höheren Mass auch abhängig vom jeweiligen ideologischen Standpunkt. Ein breiter Konsens ist bei diesen Themen eher selten, allenfalls gibt es Mehrheiten. Die Untersuchung dreier solcher Schlüsselbereiche – »Umwelt-/Klimaschutz«, »Arbeit« sowie »Europa« – soll daher auch Indizien dafür liefern, ob die jeweiligen Verantwortlichen Politik machen, oder bloss vollziehen, ob sie also agieren und politischen Gestaltungswillen demonstrieren oder einem reaktiven Politverständnis folgend lediglich einer (vermeintlich konfliktfreieren) Kontinuität das Wort reden.

4.1 »Umwelt-/Klimaschutz«

4.1.1 Deutschland: Breite Informationsstrategie

Die deutsche Regierung setzt im Bereich »Umwelt-/Klimaschutz« auf drei unterschiedliche Informationsstrategien. Zum einen wird auf die Thematik an sich fokussiert, dann das eigene Regierungshandeln hervorgehoben, und schliesslich tritt man auch negativen Stimmen entgegen, die Umweltschutz vorab als ökonomischen Kostenfaktor kritisieren.

Wählt Kanzlerin Angela Merkel mit dem Bild der Uhr, die »fünf vor Zwölf« zeigt (Regierungs-Statement[17], *27. 6. 2008*), noch eine geradezu klassische Metapher, um die Dringlichkeit von Massnahmen zum Schutz von Klima und Umwelt zu verdeutlichen, finden sich in der Präambel zur deutschen Klimapolitik bereits differenzierendere Worte: »Klimapolitik heißt: Existenzielle Vorsorge für heutige wie für künftige Generationen zu treffen« (Regierungs-Statement, *27. 6. 2008*). Damit setzen die Verfasser den Hebel gleich an zwei Stellen an. So lässt *existenziell* keinen Zweifel an der Tragweite der Thematik und *künftige Generationen* betont die Verpflichtung zu langfristigem und auch nachhaltigem Handeln. Dass die Regierung dieser Herausforderung entschieden und vor allem auch erfolgreich begegnet, daran lassen ihre Voten ebenfalls keinen Zweifel. Mit Blick auf die weltweiten Bemühungen zur Umsetzung des Kyoto-Protokolls charakterisiert sie Deutschland als »Vorreiter« und zeigt sich auch für die Zukunft entschlossen: »Auch in der Zeit nach 2012 will Deutschland Schrittmacher eines ambitionierten Klimaschutzes sein« (Regierungs-Statement[18], *27. 6. 2008*). *Vorreiter* und *Schrittmacher* unterstreichen den Leaderstatus deutscher Klimapolitik im globalen Vergleich. Weitere Metaphern im Wortfeld »Bewegung« dienen gleichfalls dem Ansinnen der Exekutive, ihre Effizienz und Entschlossenheit zu verdeutlichen. Die Rede ist etwa davon, dass sich der Klimaschutz im Land »mit grosser Dynamik« (BMU[19]-Medienmitteilung,

---

17 Die Aussage ist zu finden in einem undatierten Statement mit dem Titel: »Die Nationale Klimaschutzstrategie«.
18 Die Aussage ist zu finden in einem undatierten Statement mit dem Titel: »Kyoto-Protokoll – erster Schritt zu mehr Klimaschutz«.
19 BMU ist das Kürzel für: Bundesministerium für Umwelt, Naturschutz und Reaktorsicherheit.

5.12.2007) entwickle. Die Verabschiedung eines neuen Klimaschutz-Programms durch das Kabinett wiederum wird vom damaligen Umweltminister Sigmar Gabriel als »Riesensprung« (Regierungs-Medienmitteilung, 24.8.2007) kommentiert.

Auch negativen Stimmen, die Klima- und Umweltschutz vor allem als ökonomischen Bremsklotz rügen, tritt die Bundesregierung entschieden entgegen: »Klimaschutz rechnet sich« (Regierungs-Medienmitteilung, 31.10.2007), »Umwelt schafft Arbeit« (Regierungs-Medienmitteilung, 24.8.2007), »Exportschlager Umweltschutz« und »Umweltpolitik ist in Deutschland ein Innovationsmotor« (beide: Regierungs-Medienmitteilung, 21.4.2006) sind nur einige Beispiele einer breiten Kampagne, deren Ziel es ist, Klimaschutz als Garant für Wachstum, neue Arbeitplätze und Kostenersparnisse zu propagieren.

4.1.2 Schweiz: Negative Emotionalisierung
Es ist rund zehn Jahre her, seit in der Schweiz versucht wurde, der Bevölkerung mit dem *Klimarappen*[20] eine Abgabe zugunsten der Umwelt in einer positiv-wertenden Form anzupreisen. Primär die Nennung der Kleinstwährung *Rappen* suggerierte eine akzeptable finanzielle Belastung für jeden Einzelnen. Ein gutes Gewissen, etwas zum Schutz des Klimas beizutragen, liess eine solche Leseart als durchaus erschwinglich erscheinen. Inzwischen dominieren jedoch mehrheitlich Nüchternheit und Sachlichkeit den eidgenössischen Sprachgebrauch: Klimaschutz wird als »entscheidende Herausforderung, die nur durch gemeinsame Anstrengungen der Staatengemeinschaft bewältigt werden kann« (Legislaturplanung, 767), geschildert, Umweltpolitik wiederum als Beitrag zur »Ressourcenpolitik, [...], zur Sicherheit (z.B. Hochwasserschutz), zur Gesundheit (z.B. via saubere Luft) und zur natürlichen Vielfalt (Biodiversität)« (Legislaturplanung, 802). Regierungssprache ist in solcher Form vor allem Fachsprache, die Wert auf klare Inhalte und Information legt. Die Verantwortlichen vertrauen auf Fakten und nicht auf Emotionen. Wird mitunter aber gleichwohl auch auf der evaluativ-deontischen Ebene (vgl. Klein 2005: 128) Wortpolitik betrieben, so fällt auf, dass statt eines affirmativen Stils wie beim Nachbarn eine mahnende Haltung gegenüber der Thematik dominiert. Ins Zentrum der Aussagen rückt keine Ermunterung, den Schutz der Umwelt auch als Chance zu begreifen, sondern vielmehr die Betonung negativer Aspekte. Das Departement für Umwelt, Verkehr, Energie und Kommunikation (UVEK) formuliert jedenfalls relativ unmissverständlich: »Verursacher zur Kasse bitten – Wer die Umwelt belastet, verursacht Kosten« (Statement, *28.6.2008*). Dasselbe Ministerium zitiert an anderer Stelle erneut »die Kosten der Klimaänderung für die Schweiz« (Statement, 16.8.2007). Mögen solche Äusserungen inhaltlich auch korrekt sein, so erschwert doch der Gebrauch von *Last, Kasse* und *Kosten* allenfalls das Bestreben, Klima- und Umweltschutz beim Adressaten als Hochwertgut zu etablieren. Der Verzicht auf positiv-evaluative Effekte spiegelt sich auch im aktuellen Pendant zum *Klimarappen,* der *CO_2-Lenkungsabgabe,* wider. Statt auf

---

[20] Gebühr auf Treibstoff in der Höhe von 1,5 Rappen pro Liter.

Finesse setzt die Sprache auf Sachlichkeit. So bringt bereits *Lenkung* unmissverständlich zum Ausdruck, was der Vorläufer noch weitgehend kaschiert hat, dass es sich nämlich in beiden Fällen um ein Instrument staatlicher Regulierung handelt. Auch die Verwendung von *Abgabe* ist im Gegensatz zu *Rappen* nicht sonderlich geeignet, die sich daraus ergebende finanzielle Belastung zu relativieren. Vor dem Hintergrund dieser Befunde mag die Zielformulierung des Direktors des Bundesamtes für Umwelt (BAFU), Bruno Oberle, eher verwundern, der gegenüber der Boulevardzeitung »Blick« erklärt hat: »Sich für das Klima einzusetzen, muss cool werden« (BAFU-Interview, 3.3.2007).

4.2 »Arbeit«

4.2.1 Deutschland: »Arbeitspakte« statt »Ich-AG«

Die 2004 lancierte Botschaft von der *Ich-AG* findet in der Gegenwart allenfalls noch Nachhall als schemenhafte Erinnerung an einen politischen Sündenfall der damaligen SPD-Führung. Das Vorhaben, in der Terminologie der New Economy der Ohnmacht eines stets wachsenden Arbeitslosenheeres mit einer Mischung aus Verheissung und Aufforderung zu begegnen, und die *Ich-AG* als Chance zu propagieren, mit Eigeninitiative und Eigenverantwortung der Erwerbslosigkeit entfliehen zu können, verkam nach der Wahlniederlage im Herbst 2005 zur blossen Reminiszenz. Die neuen Entscheidungsträger argumentieren stattdessen in bewusst nüchternem Ton. So thematisiert der Koalitionsvertrag ohne Schnörkel den Ernst der (Arbeits-)Lage: »Der Abbau der Arbeitslosigkeit ist zentrale Verpflichtung unserer Regierungspolitik. Wir wollen mehr Menschen die Chance auf Arbeit geben« (Koalitionsvertrag, 15). Mit dem Verweis auf *Verpflichtung* signalisiert die Exekutive sachlich ihr Wissen um den verbindlichen Charakter des Auftrags, *wollen* wiederum ist Willenskundgebung und markiert die dafür notwendige Entschlossenheit.

Der ökonomische Aufschwung in Europa erreicht im Untersuchungszeitraum mit einiger Verzögerung schliesslich auch Deutschland. Im Zuge dessen entspannt sich allmählich die Situation am Arbeitsmarkt. Die Verantwortlichen machen sich diese Entwicklung zunutze. Das Bundesministerium für Arbeit und Soziales (BMAS) kommentiert die steigenden Beschäftigungsquoten im Herbst 2007 wie folgt: »Beim Abbau der Arbeitslosigkeit geht es mit festen Schritten in die richtige Richtung« (Statement, 27.9.2007). Die Adjektive *fest* und *richtig* legen dabei nahe, dass sich die Erfüllung des Auftrags stetig, kontrolliert sowie in der angestrebten Form vollzieht. *Schritt* und *Richtung* markieren metaphorisch den Weg, den die Behörde gewählt hat und der sich nun im Gesamtkontext als erfolgreich erweist. Das Bild von »Mehr Menschen in Lohn und Brot« (Regierungs-Medienmitteilung, 21.5.2008) verbindet den Staat gar sublim mit einer Ernährer-Symbolik. Die wirtschaftliche Erholung bietet ferner Gelegenheit, das Thema »Arbeit« auch inhaltlich wieder breiter aufzugreifen. *Pakte* werden initiiert sowohl als »Beschäftigungspakte für Ältere« (BMAS-Statement, 1.1.2008) als auch in Form von »Ausbildungspakten« (BMWI[21]-Pressemitteilung, 31.1.2008). Damit sichert die Regierung generationenübergreifend den beiden schwächsten Gliedern auf dem Arbeitsmarkt ihre Hilfe zu, wobei *Pakt* verdeutlicht, dass die Art der Unterstützung verpflichtenden Charakter haben soll. Adressaten sind die Sozialpartner, in erster Linie wohl die Arbeitgeberseite: »Die Arbeitswelt von morgen braucht alle Generationen« (Regierungs-Statement, 30.3.2007).

4.2.2 Schweiz: Personenfreizügigkeit im Fokus
Seit eine Mehrheit des Stimmvolkes in mehreren Abstimmungen einer weiteren Annäherung an die Europäische Union (EU) das Plazet erteilt hat, wird die Diskussion um das Thema »Arbeit« in der Schweiz vorwiegend von einem Begriffspaar dominiert: *Personenfreizügigkeit* und *flankierende Massnahmen*. Während ersterer Ausdruck die Öffnung des hiesigen Arbeitsmarktes für die Bürger der EU meint (wobei der Schweiz Gegenrecht gewährt wird), bezeichnen die »flankierenden Massnahmen« den Schutz vor Nachteilen, die sich aus dieser Liberalisierung für die Schweizer Arbeitnehmer ergeben könnten. Das ganze Gesetzespaket war und ist in der Schweiz umstritten. Die Gegnerschaft schürt die Angst vor einer Flut von EU-Billiglohn-Arbeitern, die die Schweizer Erwerbstätigen verdrängen. Die Strategie des Bundesrates lässt sich denn auch primär als Reaktion auf diese Bedenken interpretieren. »Die ständige Überprüfung der Auswirkungen der Personenfreizügigkeit auf den Schweizer Arbeitsmarkt ist von grösster Bedeutung«, hält die oberste Behörde in ihrer aktuellen Legislaturplanung fest (805) und in einem Bericht über die Auswirkungen der Personenfreizügigkeit resümiert das Staatssekretariat für Wirtschaft (SECO): »Die Zuwanderung erfolgt kontrolliert, […] ohne negative Auswirkungen auf Erwerbstätigkeit und Lohnentwicklung. […] Eine Verdrängung schweizerischer Arbeitnehmer konnte nicht festgestellt werden« (Medienmitteilung, 31.5.2007). *Ständige Überprüfung* und *erfolgt kontrolliert* folgen in diesem Kontext einer Sprachstrategie der Vertrauensbildung, *ohne negative Auswirkungen* sowie *Eine Verdrängung […] konnte nicht festgestellt werden* zielen auf Beruhigung. Der Bund zeigt sich der Situation gewachsen und den Ängsten aus dem Volk bewusst. Die gleichen Elemente finden sich in den Definitionen zu den flankierenden Massnahmen. Diese richten sich schützend gegen *Lohn- und Sozialdumping* (SECO-Statement, 1.7.2008), respektive gelten gemäss den Worten der Vorsteherin des Eidgenössischen Volkswirtschaftsdepartementes (EVD), Doris Leuthard, »als wichtiger Baustein des sozialen Friedens«, dem im Handeln der Regierung »Priorität« zukommt (Rede[22], 27.9.2007). Nach einer reibungslosen Phase der Einführung lenkt eine veränderte Strategie sodann die Aufmerksamkeit weg von den Gefahren und fokussiert stattdessen auf die Chancen der Öffnung. »Die Freizügigkeit« wird darin beispielsweise als ein »entscheidender Faktor für Wirt-

---

21 BMWI ist das Kürzel für: Bundesministerium für Wirtschaft und Technologie.
22 Anlass war die Präsentation eines EVD-Berichts über die Umsetzung der flankierenden Massnahmen.

schaft und Wachstum« definiert, ohne den »der jüngste Wirtschaftsaufschwung nicht im selben Ausmass« möglich gewesen wäre (SECO-Faktenblatt, 18. 6. 2008).

4.3 »Europa«

Die unterschiedliche Wahrnehmung des Kontinents findet in den beiden Ländern bereits ihren Ausdruck in dessen Bezeichnung. Während Deutschland stets von *Europa* spricht, und sich als symbiotischer Teil einer Gemeinschaft mit ähnlichen kulturellen, ethischen und politischen Werten versteht, blickt die politische Schweiz auf die *EU,* ein Staatenbündnis ausserhalb ihrer Grenzen.

4.3.1 Aussenbetrachtung und ...
Die eidgenössische Distanz gegenüber der Europäischen Union zeigt sich gerade dann typisch, wenn die gemeinsame Beziehung Thema ist. Deren Stand beurteilt man allenfalls als »weiter vertieft« (Legislaturplanung, 765). Ähnlich vage und unverbindlich klingt die bundesrätliche Absichtserklärung einer »möglichst guten Abstimmung mit der EU« (Legislaturplanung, 774), und Dialog versteht sich in solchem Zusammenhang vorwiegend als »Mandat für die Verhandlungen mit der EU« (Legislaturplanung, 755). Die Zurückhaltung der Regierung ist Spiegel der politischen Realität. Das Verhältnis der Schweiz zu Resteuropa wird seit Jahrzehnten in weiten Teilen der Gesellschaft äussert emotional und kontrovers diskutiert. Eine Mehrheit zugunsten eines EU-Beitritts findet sich nicht. Als Folge dessen lässt sich die Politik der Exekutive am ehesten als Spagat beschreiben. Die meisten ihrer Massnahmen zielen darauf ab, die notwendigen politischen und wirtschaftlichen Annäherungen an die EU zu vollziehen, ohne dabei aber den Volkswillen zu missachten. Das Sprachhandeln ist denn auch nachhaltig durch diese sensible innenpolitische Situation geprägt. So ist etwa einem Informationsblatt des Integrationsbüros[23] zum »Europabericht des Bundesrates 2006« folgender Satz zu entnehmen: »Dabei ist von überragender Bedeutung, dass die Bewohnerinnen und Bewohner der Schweiz aktiv in die Diskussion einbezogen werden und konkrete europapolitische Schritte mittragen« (Informationsblatt, 20. 11. 2006). Dass der Einbezug des Souveräns nicht nur bestätigt, sondern seiner Rolle eine *überragende Bedeutung* zugesprochen wird, ist durchaus als eine Geste politischer Demut zu interpretieren, als Reaktion auf immer wieder geäusserte Vorwürfe, die Regierung widersetze sich mit ihren Handlungen dem Willen der Mehrheit. Wie eng begrenzt der Spielraum des Bundesrats ist, kommt auch in folgendem Positionspapier zur »Europapolitik der Schweiz« zum Ausdruck: »Die institutionelle Unabhängigkeit der Schweiz [bleibt] gewährleistet. [...] Die Politik des bilateralen Weges erlaubt damit eine spezifisch schweizerische Mischung

---

23 Das Integrationsbüro ist eine Bundesstelle, deren Aufgabe darin besteht, die Interessen der Schweiz gegenüber der EU zu vertreten.

von Eurokompatibilität und Eigenständigkeit« (Positionspapier des Integrationsbüros, 6. 3. 2008). Mit *institutionelle Unabhängigkeit*, *bilateraler Weg* und *Eigenständigkeit* sind in diesem Beispiel gleich sämtliche Schlüsselbegriffe einer mehrheits- und damit tragfähigen Europapolitik enthalten. In anderer Sprachregelung ist diese in der Schweiz zurzeit nicht umsetzbar.

4.3.2 ... Innensicht

Ein ganz anderes Bild der Beziehung zu Europa findet sich dagegen in den Voten der deutschen Bundesregierung. Es ist nicht zuletzt die Kanzlerin selbst, die die Vorstellung an vorderster Front mitprägt, wenn sie etwa konstatiert: »Europa ist eine Wertegemeinschaft, nicht nur ein Wirtschaftsraum« (Rede[24], 15. 1. 2008). Damit erweitert sie den Geltungsbereich deutsch-europäischer Verbundenheit über den ökonomisch-politischen Aspekt hinaus und referiert auf ein gemeinsames und damit auch verbindendes kulturelles wie ethisches Erbe. Die Betonung der Gemeinsamkeiten unterstützt zudem die Absicht, neben Deutschland auch Europa als Heimat in den Köpfen der Menschen zu etablieren. Explizit zum Ausdruck bringt Merkel diese Intention an anderer Stelle, wenn sie Europa als »unsere gemeinsame Zukunft« postuliert, um in derselben Rede zu präzisieren: »Es geht praktisch nicht um den Bezug von Deutschland zu Europa, da sich Deutschland schlicht und selbstverständlich als Teil des EU-Ganzen versteht und die EU wiederum als europäische Projektion betrachtet« (Rede[25], 25. 3. 2007). In solcher Deutungsform verwischen sich die Grenzen zwischen Deutschland, der EU und Gesamteuropa endgültig.

Wie weit die Bevölkerung ein derartiges Selbstverständnis bereits mitträgt, bleibt an dieser Stelle ungeklärt. Immerhin lassen weitere Regierungsverlautbarungen die Interpretation zu, dass der europäische Schulterschluss bisweilen auch auf Skepsis stösst. Mit seiner Aussage »Europa muss für die Menschen da sein. Europa muss die Herzen und Köpfe der Menschen erreichen« (BMAS-Medienmitteilung, 18. 1. 2007) liefert etwa der damalige Arbeitsminister Franz Müntefering mögliche Hinweise zur Art allfälliger Vorbehalte. Sein Votum zeigt die Regierung darum wissend, dass die Europäische Gemeinschaft offenbar noch zu sehr als bürokratischer Apparat und zu selten als lebendiger Organismus wahrgenommen wird. Die bindende Form seiner Formulierung signalisiert gleichzeitig aber den Willen der Exekutive, aktiv auf eine Veränderung hinzuwirken.

5 Schlussbetrachtung

Es sei abschliessend darauf verwiesen, dass die Analysen dieses Beitrags nur ein Schlaglicht auf die Unterschiede im sprachlichen Regierungshandeln zwischen der Schweiz

---

24 Anlass war die Bekanntgabe der aussenpolitischen Schwerpunkte 2008 im Bundestag.
25 Anlass war die Feier zum 50. Jahrestag der Unterzeichnung der »Römischen Verträge«.

und Deutschland werfen. Zum einen ist die Menge der untersuchten Daten zu klein, um repräsentativ zu sein, zum andern liegt den aufgeführten Beispielen eine subjektive Auswahl zugrunde. Einen Anspruch auf echte empirische Stichhaltigkeit können die Resultate daher nicht erheben. Die im Laufe der Nachforschung gewonnenen Erkenntnisse erlauben jedoch gleichwohl eine Reihe von Schlüssen, deren Befund einigermassen gesichert scheint und sich im Fazit bündelt, dass die Regierungssprache in beiden Ländern durchaus signifikante Unterschiede aufweist. Bereits in der Verwendung der Hochwertwörter sind Differenzen feststellbar. Zwar orientiert man sich in Berlin wie in Bern weitgehend am bestehenden gesellschaftlichen Konsens, da dieser Konsens sich jedoch aus unterschiedlichen historischen Erfahrungen ableitet, kommt es entsprechend auch zu unterschiedlichen Schwerpunkten. Deutschland weiss um seine jüngste Vergangenheit. Die Art, wie es seine Hochwertwörter mit Inhalten füllt, ist daher stets auch eine Botschaft über die Landesgrenzen hinweg. Kooperation statt Konfrontation sowie der Wille, Verantwortung wahrzunehmen, sind in diesem Zusammenhang typische Bezüge, mit denen die Miranda verknüpft werden. Derweil betreibt die Schweiz eher Nabelschau. Ihre Werte und deren Bedeutung leitet sie aus einer Mischung von Mythen, Tradition und Realpolitik ab.

Wird das Terrain politischer Arbeit jedoch sachbezogener, wechselt die Tonlage merklich. Während die deutsche Regierung selbstbewusster agiert und beispielsweise *Europa* geradezu als Fahnenwort (Klein 1989: 23–24) positioniert, wirken die Voten aus dem Berner Bundeshaus auffallend zurückhaltend und einsilbig. Gesucht wird in der Sprachregelung umstrittener Themen zumeist nach dem kleinsten gemeinsamen Nenner. Dergestalt dominieren neben reiner Sachinformation häufig Begriffe oder Phrasen der Vagheit und Vieldeutigkeit. Mehrheitsfähigkeit scheint Maxime des politischen Sprachhandelns zu sein. Die Erklärung dafür findet sich im Regierungssystem, das einerseits dem Souverän ein mächtiges Mitspracherecht zubilligt und anderseits mit dem Prinzip der Konkordanz eine von ideologischen Gegensätzen geprägte Regierung zum Konsens verpflichtet. Die verschiedenen Kräfte ringen in diesem System um Einfluss und sind zugleich um den Anschein der Balance bemüht. Allzu pointiertes Handeln nämlich wird in der Regel von einem sensiblen Stimmvolk nicht goutiert und an der Urne abgestraft. Letzteres belegt das Beispiel des SVP-Vordenkers Christoph Blocher. Wie kein anderer Bundesrat zuvor und danach hat jener während seiner Amtszeit seine parteiideologische Gesinnung explizit in sein Regierungshandeln einfliessen lassen und damit die Verpflichtung zur Konkordanz verletzt. Eine Mehrheit der Schweizer Parlamentarier sah darin einen Tabubruch und versagte Blocher im Dezember 2007 die Wiederwahl (vgl. Luginbühl in diesem Band).

Der Einfluss des Regierungssystems auf die Art des politischen Sprachgebrauchs ist auch in Deutschland klar erkennbar. Der Umstand, dass jeweils im Vier-Jahres-Turnus die Machtverhältnisse auf nationaler Ebene durch ein Votum des Wählers neu bestimmt werden, zwingt die Exekutive zu einer offensiven Kommunikation. Jede positive Veränderung, jeder Fortschritt wird – zuweilen auch ungeachtet der realen Fakten

– als Eigenleistung dargestellt, und wo Fortschritte ausbleiben, kaschiert man solches mit Worthülsen, die politische Handlungsmacht vorspiegeln. Sprache ist dabei vor allem ein Mittel dazu, bei den Adressaten Wahrnehmung und Bewertung des politischen Handelns im gewünschten Sinn zu beeinflussen. Die Exekutive charakterisiert sich dergestalt regelmässig als leistungsfähig, verantwortungsbewusst, entschlossen, erfolgreich und weitsichtig. Parteiideologisch geprägte Sprachverwendungen finden sich dagegen praktisch nicht. Grund hierfür dürfte das relative Kräftepatt innerhalb der Koalitionsregierung sein.

Primäre Strategie des politischen Sprachhandelns ist in beiden Ländern das Besetzen von Begriffen im Sinne der eigenen Deutungsmuster. Schlüsselausdrücke werden sowohl auf der deskriptiven wie auch auf der evaluativ-deontischen Ebene entsprechend mit Inhalten verknüpft oder durch Verweise definiert. Wie weit diese Methode nicht nur dazu dient, die eigene Politik beim Adressaten akzeptabel zu machen, sondern auch in Konkurrenz zu anderen, allenfalls gegensätzlichen Deutungsansprüchen zu treten, war nicht Gegenstand dieser Untersuchung. Allgemein lässt sich jedoch anfügen, dass von einer Regierung in ihrem Handeln eine gewisse Souveränität erwartet wird. Die Exekutive ist – überparteilich – dem Wohl des gesamten Landes verpflichtet. Herabsetzungen oder gar Stigmatisierungen des Gegners finden – ausgeprägter in der Schweiz als bei ihrem Nachbarn – wenig Zustimmung. Die harsche Auseinandersetzung mit den politischen Widersachern wird deshalb meist an Parteimitglieder delegiert, die keine Regierungsfunktion innehaben.

6 Literaturverzeichnis

Burkhardt, Armin (2003): Vom Schlagwort über die Tropen zum Sprechakt. Begriffe und Methoden der Analyse politischer Sprache und ihres geschichtlichen Wandels. In: *Der Deutschunterricht* 2, S. 10–24.

Dieckmann, Walther (1975): *Sprache in der Politik. Einführung in die Pragmatik und Semantik der politischen Sprache.* 2. Auf. Heidelberg: Winter (= Sprachwissenschaftliche Studienbücher; 2. Abt.).

Dieckmann, Walther (2005): Demokratische Sprache im Spiegel ideologischer Sprach(gebrauchs)konzepte. In: Killian, Jörg (Hg.): *Sprache und Politik. Deutsch im demokratischen Staat.* Mannheim/Leipzig/Wien/Zürich: Dudenverlag (= Thema Deutsch; 6), S. 11–30.

Girnth, Heiko (2002): *Sprache und Sprachverwendung in der Politik. Eine Einführung in die linguistische Analyse öffentlich-politischer Kommunikation.* Tübingen: Niemeyer (= Reihe Germanistische Arbeitshefte; 39).

Klein, Josef (1989): Wortschatz, Wortkampf, Wortfelder in der Politik. In: Klein, Josef (Hg.): *Politische Semantik. Bedeutungsanalytische und sprachkritische Beiträge zur politischen Sprachverwendung.* Opladen: Westdeutscher Verlag, S. 3–49.

Klein, Josef (2005): Demokratischer Wortschatz und Wortgebrauch. In: Killian, Jörg (Hg.): *Sprache und Politik. Deutsch im demokratischen Staat.* Mannheim/Leipzig/Wien/Zürich: Dudenverlag (=Thema Deutsch; 6), S. 128–140.

Schäffner, Christina (1996): Europapolitische Metaphorik in England und Deutschland. In: Klein, Josef; Diekmannshenke, Hajo (Hgg.): *Sprachstrategien und Dialogblockaden. Linguistische und politikwissenschaftliche Studien zur politischen Kommunikation*. Berlin/New York: de Gruyter (= Sprache–Politik–Öffentlichkeit; 7), S. 151–163.

Wengeler, Martin (2005): »Streit um Worte« und »Begriffe besetzen« als Indizien demokratischer Streitkultur. In: Killian, Jörg (Hg.): *Sprache und Politik. Deutsch im demokratischen Staat*. Mannheim/Leipzig/Wien/Zürich: Dudenverlag (=Thema Deutsch; 6), S. 177–194.

7 Online-Korpus

Bundesrätliche Botschaft über die Legislaturplanung 2007–2011:
  www.bk.admin.ch/dokumentation/publikationen/00290/00878/index.html?lang=de [14.1.2009].
Die Bundesbehörden der Schweizerischen Eidgenossenschaft:
  www.admin.ch/index.html?lang=de [14.1.2009].
Die Deutsche Bundesregierung:
  www.bundesregierung.de/Webs/Breg/DE/Homepage/home.html [14.1.2009].
Koalitionsvertrag von CDU, CSU und SPD vom 11.11.2005:
  www.bundesregierung.de/nn_774/Content/DE/Archiv16/Artikel/2005/11/__Anlagen/koalitionsvertrag920135,property=publicationFile.pdf [14.1.2009].

Sarah Ebling

Korpusgeleitete Zugänge zur Rhetorik deutscher und schweizerischer Politiker. Am Beispiel von Peer Steinbrück und Hans-Rudolf Merz[1]

1 Einleitung

Peitsche, Indianer, Kavallerie: Mit der Verwendung dieser Wörter im Steuerstreit mit der Schweiz brachte der ehemalige Finanzminister Deutschlands, Peer Steinbrück, von Herbst 2008 bis zum Ende seiner Amtszeit im November 2009 Teile der helvetischen Öffentlichkeit gegen sich auf. Die Folge waren emotional gefärbte Reaktionen, die sich nicht nur auf die unmittelbar vorangegangenen Äußerungen Steinbrücks, sondern auf dessen Rhetorik insgesamt bezogen: Von einem »üblen Zyniker« war die Rede, vom »deutschen Schnellredner und Taktiker Steinbrück« und von einem »ungehobelten Polterer« (Leserkommentare auf *NZZ Online*, 16. März 2009). Sogleich entfachte sich die Diskussion um die Unterschiede zwischen Deutschen und Schweizern aufs Neue, und die Klischees vom direkten, polternden Deutschen – verkörpert durch Steinbrück – und vom dialogbereiten und konsensorientierten Schweizer wurden neu aufgerollt. Reaktionen dieser Art riefen in Erinnerung, welch zentrale Bedeutung die Sprache in der Politik besitzt. Zugleich machten sie deutlich, dass die Rhetorik von Exponenten der Politik bisweilen auf einzelne – zumal polarisierende – Äußerungen reduziert wird. Dem vorliegenden Aufsatz liegt eine Untersuchung zugrunde, die in die gegenläufige Richtung weist: Vorgenommen wurde eine umfassende quantitative und qualitative Analyse der Rhetorik Peer Steinbrücks über einen Zeitraum von mehreren Jahren. Die Ergebnisse werden kontrastiv den Charakteristika der Rhetorik von Hans-Rudolf Merz, dem Schweizer Finanzminister und zeitweiligen Amtskollegen Steinbrücks, gegenübergestellt. Dabei interessiert die Frage nach individuellen Sprachgebrauchsmustern der beiden Politiker.

Die Ergebnisse stammen aus einer datengeleiteten und datenbasierten Korpusanalyse. Die Termini »datengeleitet« und »datenbasiert« orientieren sich an der von Elena Tognini-Bonelli vorgeschlagenen Gliederung der Korpusanalyse in einen korpusbasierten (»corpus-based«) und einen korpusgeleiteten (»corpus-driven«) Ansatz (Tognini-Bonelli 2001: 65–101). Als datengeleitet bezeichnet Tognini-Bonelli eine Korpusuntersuchung,

---

[1] Diese Arbeit ist im Rahmen des Forschungsprojekts »semtracks« (http://semtracks.com) entstanden. Das Projekt ist an den Universitäten Heidelberg und Zürich angesiedelt und wird durch Mittel des Innovationsfonds »FRONTIER« finanziert. Mitglieder der Forschergruppe sind (in alphabetischer Reihenfolge): Noah Bubenhofer, Tobias Dussa, Sarah Ebling, Stefan Hecker, Willi Lange, Klaus Rothenhäusler, Joachim Scharloth, Suarès Tamekue, Saskia Vola.

bei der die empirische Beobachtung am Anfang steht. Das Korpus wird auf die Frequenzen verschiedener Oberflächenphänomene hin untersucht. Anhand der Verteilung dieser Phänomene können spezifische Sprachgebrauchsmuster identifiziert werden, die sich in einer nachfolgenden qualitativen Auswertung zu Kategorien gruppieren lassen. In der vorliegenden Arbeit wurden als Oberflächenphänomene die Verteilung von N-Grammen und Nomen in zwei Korpora untersucht.

Der datenbasierte Zugang zeichnet sich demgegenüber dadurch aus, dass das Korpus erst hinzugezogen wird, nachdem theoriegeleitet eine Hypothese formuliert wurde. Die Analysekategorien werden vor Beginn der empirischen Untersuchung auf der Basis spezifischer Fragestellungen und Hypothesen festgelegt. Das Korpus erfüllt damit die Funktion, quantitative Evidenz für das der Theorie zugrunde liegende Modell zu stiften, und vermag darüber hinaus gegebenenfalls anzuzeigen, wo Anpassungen am Modell notwendig sind. Dem korpusbasierten Paradigma ist in dieser Arbeit eine Kollokationsanalyse verpflichtet, bei der die Kollokatoren einzelner im Voraus definierter Suchwörter ermittelt werden.

2 Korpora und Methoden

Die Datengrundlage der Untersuchung bilden Reden von Hans-Rudolf Merz und Peer Steinbrück. Diese lagen in schriftlicher Form vor. Nach Koch/Österreicher handelt es sich damit bei den vorgetragenen Reden um medial mündliche sprachliche Äußerungen, die konzeptionell nahe an der Schriftlichkeit anzusiedeln sind. Diese graduelle Sichtweise lässt sich mit der Auffassung von Koch/Österreicher vereinbaren, wonach die Begriffe »konzeptionell mündlich« und »konzeptionell schriftlich« kein binäres Klassifikationsschema eröffnen, sondern die »Endpunkte eines Kontinuums« darstellen (1994: 587). Bei Hans-Rudolf Merz wurden 102 Reden aus dem Zeitraum von Februar 2004 bis Mai 2009 verwendet. Die Transkripte entstammen der Webseite des Eidgenössischen Finanzdepartements.[2] Das Korpus umfasst insgesamt 218 159 Wörter. Die Transkripte der Reden Peer Steinbrücks wurden der Webseite des deutschen Bundesministeriums der Finanzen[3] entnommen. Es wurden 87 Reden von Dezember 2005 bis Februar 2009 verwendet. Daraus ergab sich ein Korpus im Umfang von 226 240 Wörtern.

Die Verarbeitung der beiden Korpora gliedert sich in die drei Schritte Vorverarbeitung, quantitative (Korpus-)Analyse und qualitative Analyse. In der Vorverarbeitungsphase wurde der Inhalt der Redetexte zunächst tokenisiert, das heißt in »eine von Leerzeichen [...] oder Interpunktion begrenzte Folge von Buchstaben oder Ziffern« segmentiert (Carstensen et al. 2001: 408). Anschließend wurde für jedes Token dessen Wortart und

---

2 Vgl. http://www.efd.admin.ch/dokumentation/reden/2005/index.html [28. 4. 2010].
3 Vgl. http://www.bundesfinanzministerium.de/nn_54/DE/Presse/Reden_20und_20Interviews/node.html?__nnn=true [28. 4. 2010].

das dazugehörige Lemma bestimmt. Dazu wurde der TreeTagger verwendet (Schmid 1994). Der TreeTagger greift für das Deutsche auf das kleine Stuttgart-Tübingen-Tagset (STTS) zurück. Das Set enthält 48 Bezeichner (»tags«) für Wortarten und Unterwortarten im engeren Sinn[4], drei für Satzzeichen (Komma, satzbeendende Interpunktion und sonstige satzinterne Interpunktion) sowie je einen für Nichtwörter, fremdsprachliches Material und Kompositions-Erstglieder (Schiller et al. 1999: 6–8).

Im Anschluss an die Wortartenermittlung wurden mittels quantitativer Methoden die Oberflächenphänomene bestimmt und auf Signifikanz überprüft. Als potentielle typische Sprachgebrauchsmuster wurden hoch signifikante Nomen, signifikante N-Gramme und signifikante Kollokatoren zu den Lemmata *Deutschland* (Steinbrück) beziehungsweise *Schweiz* (Merz) gewertet. Der Signifikanzwert eines sprachlichen Musters ist ein Maß für die Wahrscheinlichkeit, mit der der Frequenzunterschied dieses Musters in zwei Korpora dem Zufall geschuldet ist. Um den Wert zu berechnen, wurde der Chi-Quadrat-Test eingesetzt. Dieser Test misst den Unterschied zwischen den beobachteten und bei Zufall erwarteten Werten: Je größer der Unterschied, desto höher ist die Wahrscheinlichkeit, dass die beobachteten Frequenzen nicht durch Zufall zustande gekommen sind (Manning/Schütze 2003: 169). Als signifikant werden üblicherweise Wahrscheinlichkeitswerte angesehen, die kleiner als 0,05 sind, als hoch signifikant gelten Werte unter 0,01.

In einem abschließenden Schritt wurden die hoch signifikanten Nomen sowie die signifikanten N-Gramme und Kollokatoren qualitativ ausgewertet. Für die Ermittlung des typischen Sprachgebrauchs der betrachteten Redner wurde nach Mustern mit semantischer Ladung gesucht, nach Mustern also, die für die gegebene Textsorte und Zeitperiode in Bezug auf den jeweiligen Redner kontextspezifische Bedeutung tragen.

3 Ergebnisse

3.1 Nomen

Nomen, die sich für einen Redner im Vergleich zu einem anderen als hoch signifikant erweisen, sind potentielle Schlagwörter dieses Redners. Ein Schlagwort ist ein »[h]äufig gebrauchtes, den öffentlichen Diskurs prägendes Wort, das einen komplexen Sachverhalt griffig benennt, interpretiert und bewertet« (Bussmann 2002: 584). Nach Kaempfert besitzen Schlagwörter eine »stark appellative Funktion« und werden häufig gebraucht, um »Zustimmungszwang, Solidarität, Konsensbestätigung schon durch die bloße Nennung zu gewährleisten« (Kaempfert 1990: 200, 202). Die hoch signifikanten Nomen in den Reden von Hans-Rudolf Merz und Peer Steinbrück wurden in einer

---

4 Für die Wortart Adjektiv etwa existieren innerhalb des STTS zwei »tags«: ADJA für attributive Adjektive und ADJD für adverbiale und prädikative Adjektive.

qualitativen Analyse daraufhin überprüft, ob ihnen Schlagwortcharakter zugesprochen werden kann.

3.1.1 Hans-Rudolf Merz

Bei Hans-Rudolf Merz können jene Nomen nicht als Schlagwörter gelten, die in direktem Zusammenhang mit seiner Funktion als Leiter des Finanzdepartementes stehen (etwa *AHV, Abbau, Ausgabe, Finanzausgleich, Finanzplatz, Finanzsektor, Fiskus* und *Franken*), sowie Nomen, die das schweizerische Staats- und Parteiensystem beschreiben

Abbau Abkommen Abschaffung Abstimmung AHV Akteur Änderung Anliegen Anpassung Anreiz Arbeit Ärgernis Armee Aufbruch Aufgabe Aufgabenteilung Aufsicht Aufwand Augenmaß Ausgabe Ausgangslage Ausland Ausnahme Bankgeheimnis Bedürfnis Behörde Bereich Besteuerung Bewegung Beziehung Branche Bund Bundesrat Bundessteuer Bundesverwaltung Departement Dialog Dienstleistung Dividende Doppelbelastung Drain Eigenverantwortung Einheitssatz Entscheid Familienbesteuerung Finanzausgleich Finanzplatz Finanzsektor Firma Fiskus Fortschritt Franken Freihandelsabkommen Freiheit Freude Föderalismus Gebiet Gefahr Geist Geldwäscherei Gemeinde Gewinnsteuer Grenze Grundsatz Heiratsstrafe Individuum Innovation Instrument Kanton Kapitalsteuer Konkurrenz Kraft Kreis Kunde Land Landwirtschaft Legislatur Leistung Liberalismus Lösung Mai Maßnahme Mehrwertsteuer Milderung Mindereinnahme Mitarbeitende Mittel Mut Nationalbank Netz NFA Organisation Parlament Person Personal Personenfreizügigkeit Prinzip Privatheit Projekt Qualität Rahmenbedingung Rechnung Regulierung Respekt Revision Ruf Schaffung Schuldenbremse Schutz Schwäche Sicherheit Solidarität Sozialversicherung Staat Standort Steuer Steuerbelastung Steuerpaket Steuerpflichtige Steuerpolitik Steuerreform Steuersystem Steuerwettbewerb Strategie Struktur Subvention System These Titel Toleranz Tugend Tätigkeit Umfeld Umgang Umsetzung Unternehmen Unternehmensbesteuerung Unternehmenssteuerreform Unternehmer Verband Vereinfachung Verhandlung Verkehr Vernehmlassung Vertrag Verwaltung Vielfalt Volk Vordergrund Vorlage Wachstum Wahl Wert Wettbewerb Wille Wirtschaft Ziel Zusammenarbeit

Abb. 1: Schlagwörter bei Hans-Rudolf Merz

(wie *Bundesrat, Bundesverwaltung, Departement, Föderalismus, Gemeinde, Kanton, NFA, Parlament* und *Steuerwettbewerb*). Dagegen besitzen Wörter, die das liberale Gedankengut und damit die Parteizugehörigkeit des Bundesrates erkennen lassen, potentiellen Schlagwort-Charakter: *Anreiz, Eigenverantwortung, Freiheit, Individuum, Innovation, Konkurrenz, Liberalismus, Privatheit, Wachstum* und *Wettbewerb*. Für den Schweizer Bundesrat scheinen zudem das *Augenmaß,* der *Dialog, Mut* und *Freude, Respekt, Solida-*

rität und *Toleranz* sowie *Tugend* und *Wille* wichtige Grundüberzeugungen politischen Handelns zu sein. Außerdem finden sich häufig Nomen, die eine inhaltliche Zukunftsausrichtung ausdrücken: Merz spricht von *Aufbruch* und *Bewegung*, von *Fortschritt* und *Ziel*.

3.1.2 Peer Steinbrück

Auch bei Peer Steinbrück finden sich unter den in seinen Reden hoch signifikanten Nomen Hinweise auf seine amtlichen Aufgabenfelder (etwa *Finanzmarkt, Finanzmarktkrise, Finanzpolitik, Investition, Konjunktur* und *Konjunkturprogramm*) und auf typisch deutsche Phänomene (*Agenda, Bundesfinanzminister, Bundeshaushalt, Bundesregierung* und *Bundesrepublik*). Als Schlagwörter kommen Nomen infrage, die Steinbrücks Parteizugehörigkeit offenbaren, etwa *Gerechtigkeit, Integration* und *Sozialstaat*. Darüber hinaus lässt sich auf Seiten des ehemaligen deutschen Finanzministers ein Bestreben er-

Absenkung Agenda Anteil Arbeitnehmer Arbeitsmarkt Artikel Aufschwung Auge Augenblick Balance Bank Bedingung Bemessungsgrundlage Bereitschaft Beschäftigung Bewertung Bildung Blick Bruttosozialprodukt Bundesbank Bundesfinanzminister Bundeshaushalt Bundesregierung Bundesrepublik Bürgerin Dame Dank Dauer Debatte Demokratie Deutsche Dimension Dynamik Eindruck Einfluß Engagement Entscheidung Entwicklung Erbschaftsteuer Erfahrung Ergebnis Erhöhung Erwartung Euro Experte Fall Familie Fehler Finanzmarkt Finanzmarktkrise Finanzpolitik Frau Frieden Funktion Geld Gelegenheit Gerechtigkeit Gesellschaft Gestaltung Globalisierung Größenordnung Handeln Haus Haushalt Herr Hintergrund Hochschule Hoffnung Institut Integration Investition Jahr Jahrzehnt Kapitalgesellschaft Kind Koalition Kollege Kommune Konjunktur Konjunkturprogramm Konsequenz Konsolidierung Lage Legislaturperiode Mal Markt Marktteilnehmer Medium Mehrwertsteuererhöhung Mensch Mitgliedstaat Mittelstand Modell Modernisierung Monat Motto Nachricht Niveau Öffentlichkeit Personengesellschaft Politik Politiker Professor Prozent Rede Reflex Reihe Republik Rezession Risiko Seite Sicherung Sicherungssystem Sinn Situation Sozialstaat Spielraum Staatsquote Stelle Steuersenkung Stiftung Strukturreform Stück Tatsache Teilhabe Thema Übrige Union Unternehmensteuerreform Veranstaltung Vergangenheit Vermögen Veränderung Vorbild Vorschlag Vorstellung Wandel Wirklichkeit Wirtschaftswachstum Woche Zins Zoll Zukunftsinvestition

Abb. 2: Schlagwörter bei Peer Steinbrück

kennen, die Möglichkeit von Veränderungen beziehungsweise den vorhandenen Handlungsspielraum hervorzuheben: Hierauf deuten Wörter wie *Engagement, Entwicklung, Gestaltung, Handeln, Hoffnung, Spielraum, Wandel* oder *Zukunftsinvestition* hin.

3.2 N-Gramme

N-Gramme sind Sequenzen von *n* Einheiten. Diese Einheiten können je nach Erkenntnisinteresse von unterschiedlicher Art sein: Denkbar sind beispielsweise N-Gramme von Zeichen, Lemmata oder Wortformen. In der interessierenden Untersuchung wurden Sequenzen von unmittelbar nebeneinander stehenden Wortformen und STTS-»tags« zugelassen. Die Größe der N-Gramme wurde auf fünf festgesetzt. Dies lässt sich damit begründen, dass Pentagramme (n = 5) für die betrachteten Korpora hinreichend groß sind, um Hinweise auf syntaktische Phänomene liefern zu können, und gleichzeitig hinreichend klein, um in ausreichendem Maße statistisch signifikant aufzutreten.

3.2.1 Hans-Rudolf Merz

Das Korpus mit Reden von Hans-Rudolf Merz enthält 1319 428 Pentagramm-Token und 823 876 Pentagramm-Types. Von diesen Types erwiesen sich 0,28 % als signifikant. Eine qualitative Auswertung ergab als für Hans-Rudolf Merz typische Sprachgebrauchsmuster eine häufige Verwendung von Formulierungen im Nominalstil, von Aufzählungen, redestrukturierenden Elementen, von Parataxen sowie von Possessivpronomen in der dritten Person Plural. Auf diese Muster wird im Folgenden näher eingegangen.

3.2.1.1 Nominalstil

Die Reden von Hans-Rudolf Merz enthalten Anzeichen auf einen ausgeprägten Nominalstil. Der Nominalstil wird üblicherweise in behördlichen oder Fachtexten verwendet. Zu seinen Merkmalen zählt der häufige Gebrauch von abstraktiven Substantiven, denen sich Adjektiv- oder Genitivattribute mit mehrfacher Subordinierung, erweiterte Partizipialattribute oder Kompositionsglieder anschließen können (Bussmann 2002: 472). Marja Punkki-Roscher nennt als weiteren Typ eines postnominalen Attributs, das in Kombination mit einem abstraktiven Substantiv auftreten kann, das Präpositionalattribut (Punkki-Roscher 1995: 27). Bei Hans-Rudolf Merz finden sich sowohl Substantive mit Genitiv- als auch mit Präpositionalattributen. Eine qualitative Auswertung hat ergeben, dass das Kriterium der Abstraktheit des Kernsubstantivs weitgehend erfüllt ist. Zur ersten Variante, mit Genitivattribut, zählen die drei Pentagramm-Muster ›$. ART NN ART NN‹, ›ART NN ART NN $.‹ und ›ART NN ART NN APPR $.‹.[5] Die ersten beiden Muster zeigen an, dass die Kombination aus Substantiv (›NN‹, häufig in Verbindung mit einem Artikel, ›ART‹) und Genitivattribut (›ART NN‹) am Satzanfang oder am Satzende vorkommen kann. Im dritten Muster weist der Wortarten-Bezeichner für Präpositionen (›APPR‹) darauf hin, dass sich dem Genitivattribut ein Präpositionalattribut anschließen kann. Im Folgenden sind Wortformen-Beispiele für die drei Muster aufgelistet.

---

5 Der STTS-Bezeichner ›$.‹ steht für ein beliebiges satzbeendendes Interpunktionszeichen.

$. ART NN ART NN
- . Die Wichtigkeit der Interessenabsicherung
- . Der Kerngehalt der Bundesverfassung
- . Die Vorherrschaft des Militärischen
- . Die Aufteilung der Aufgaben

ART NN ART NN $.
- die Definition der Aufgaben.
- die Standortverteilung der Produktion.
- dem Feld der Auslandforschung.
- des Gemeinwohls der Kompagnie.

ART NN ART NN APPR
- die Neuregelung der Ausgaben zwischen
- die Fortführung der Innenpolitik gegen
- die Entflechtung der Aufgaben zwischen

Die zweite Variante, Substantiv mit Präpositionalattribut, manifestiert sich in den drei Mustern ›ART NN APPR ART NN‹, ›NN APPR ADJA NN $.‹ und ›NN APPR NN und NN‹, wobei dem Kernsubstantiv hier wie in der ersten Variante häufig ein Artikel voransteht (›ART NN‹). Beispiele für diese Muster sind:

ART NN APPR ART NN
- den Verhandlungen zu den Bilateralen
- des Agglomerationsverkehrs durch den Bund
- die Voraussetzung für die Unterstützung

NN APPR ADJA NN $.
- Aktivlegitimation an vorderer Stelle.
- Voraussetzungen für beste Nachbarschaft.
- Allgemeinverbindlichkeit von interkantonalen Leistungs-Vereinbarungen.
- Verlust an sozialem Zusammenhalt.
- Verbundaufgaben auf kantonaler Ebene.

NN APPR NN und NN
- Tätigkeiten an Fliessbändern und Werkbänken
- Aufgabenverteilung zwischen Bund und Kantonen

Das Präpositionalattribut ist hier auf drei unterschiedliche Arten realisiert: als Verbindung von Präposition, Artikel und Nomen (›APPR ART NN‹), von Präposition, Adjektiv und Nomen (›APPR ADJA NN‹) sowie von Präposition und zwei koordinierten Nomen (›APPR NN UND NN‹).

3.2.1.2 Aufzählungen

Neben den für den Nominalstil typischen Substantiven mit Genitiv- und Präpositionalattributen finden sich bei Hans-Rudolf Merz auch Aufzählungen überaus häufig. Am frequentesten sind Aufzählungen von Nomen. Sie werden durch das Pentagramm-Muster ›NN, NN, NN‹ angezeigt und treten in den Reden Merz' rund viereinhalbmal häufiger auf als in den Reden Steinbrücks. Bisweilen schließen sich den drei Nomen, die im genannten Muster enthalten sind, weitere Koordinationsglieder an. Sie sind im Folgenden in eckige Klammern gefasst.

NN, NN, NN
- *Unternehmen, Unternehmensteile, Bearbeitungen [und Produktionen]*
- *Informationssektor, Umweltmarkt, Biotechnologie [und der Gesundheitsmarkt]*
- *Recht, Organisation, Soziologie*
- *Verkehr, Bildung, Gesundheitswesen*
- *Arme, Alte, Alleinerziehende*
- *Alleinerziehende, Auszubildende, Ausländer*
- *Verkehr, Bildung, Gesundheit*

Oft finden sich bei Hans-Rudolf Merz auch Koordinationen mit abgetrennten Kompositionsgliedern (TRUNC) von der Form ›TRUNC $, TRUNC KON NN‹.[6] Sie sind bei ihm rund viereinhalbmal häufiger als bei seinem ehemaligen Amtskollegen.

TRUNC $, TRUNC KON NN
- *Steuer-, Fiskal- und Wachstumspolitik*
- *Wirtschafts-, Steuer- und Fiskalbereich*
- *Wirtschafts-, Forschungs- und Finanzplatz*
- *Wirtschafts-, Steuer- und Finanzkraft*
- *Verhandlungs-, Abstimmungs- und Konkordanzdemokratie*
- *Bahn-, Strassen- und Busnetz*
- *Steuer-, Leistungs- und Standortwettbewerb*

Auch Aufzählungen von Infinitiven (›VVINF, VVINF, VVINF‹[7]) sind typisch für Hans-Rudolf Merz. Wie beim Pentagramm-Muster für Nomen-Aufzählungen folgen auch den drei Verben im vorliegenden Muster mitunter weitere Koordinationsglieder.

---

6   ›$,‹ ist der STTS-Bezeichner für Kommata, ›KON‹ jener für nebenordnende Konjunktionen.
7   ›VVINF‹ steht für den Infinitiv eines Vollverbs (im Gegensatz zu ›VAINF‹ für Infinitive von Auxiliaren).

VVINF, VVINF, VVINF
- *beaufsichtigen, planen, fördern [harmonisieren, normieren, homologieren, kontingentieren, rationieren, boykottieren, zensieren!]*
- *zentralisieren, bündeln, rationalisieren [globalisieren.]*
- *verbieten, subventionieren, beaufsichtigen [vorschreiben, eingreifen, normieren, homologieren, harmonisieren, reglementieren, kontingentieren!]*

Derartige Konstruktionen finden sich in den Reden Peer Steinbrücks nicht.

3.2.1.3 Redestrukturierende Elemente

Hans-Rudolf Merz' Reden zeichnen sich ferner durch eine hohe Anzahl redestrukturierender Elemente aus. Dazu gehören sowohl geordnete Aufzählungen – Aufzählungen, in denen die Reihenfolge der Elemente festgelegt ist – als auch Nennungen von Redephasen und Themen. Geordnete Aufzählungen lassen sich am Pentagramm-Muster ›$. CARD $. ART NN‹[8] erkennen. Einzelbeispiele für dieses Muster sind:

$. CARD $. ART NN
- *. 1. Die Verflechtung*
- *. 2. Die Unterschiede*
- *. 2. Der Finanzplatz*
- *. 3. Das Vertrauen*
- *. 4. Die Innovationskraft*

In einem größeren Kontext lesen sich solche Aufzählungen in Merz' Reden beispielsweise wie folgt:

1. Der Schweizer Finanzplatz braucht international tätige Grossbanken. [...] 2. Der Finanzplatz muss sich auf bewährte Schweizer Tugenden rückbesinnen. [...] 3. Das Vertrauen in den Finanzplatz Schweiz muss wieder gewonnen werden. [...] 4. Die Innovationskraft muss gestärkt werden.

Nennungen von Redephasen und Themen manifestieren sich bei Hans-Rudolf Merz beispielsweise im Muster ›$. Ich VVFIN zum NN‹. Meist ist dabei die Position des finiten Vollverbs (›VVFIN‹) durch die Wortform *komme* besetzt, wie folgende Ausschnitte zeigen:

$. Ich VVFIN zum NN
- *. Ich komme zum Schluss*
- *. Ich komme zum Fazit*

---

8 ›CARD‹ steht für eine Kardinalzahl.

- . Ich komme zum Thema
- . Ich komme zum Ausblick

Geordnete Aufzählungen und Nennungen von Redephasen und Themen kommen in den Reden von Peer Steinbrück nur selten vor.

3.2.1.4 Parataxe

Die Pentagramm-Muster ›$. ART NN VAFIN ADJD‹ und ›$. ART NN VAFIN ART‹ lassen erkennen, dass sich bei Hans-Rudolf Merz häufig Sätze finden, die von einer Nominalphrase (›ART NN‹) und einem finiten Verb (›VAFIN‹) eingeleitet werden. Meist sind dies Formen der Verben *sein* oder *haben;* diese Verben werden vom TreeTagger als finite Hilfsverben (VAFIN) klassifiziert, auch wenn sie, wie hier, als Kopula fungieren. Ihnen steht entweder ein adverbiales oder prädikatives Adjektiv (›ADJD‹) oder eine Nominalphrase (angezeigt durch den Artikel, ›ART‹) nach. Wortformen-Beispiele für solche Muster sind:

$. ART NN VAFIN ADJD
- . *Die Gefahr ist gross*
- . *Das System ist unübersichtlich*
- . *Der Vorschriften-Dschungel ist dicht*
- . *Der Steuerfranken ist optimaler*
- . *Die Projekte sind ehrgeizig*
- . *Die Ergebnisse hätten kontroverser*
- . *Der Bundesrat hatte schlicht*

$. ART NN VAFIN ART
- . *Die Entbürokratisierung hat einen*
- . *Das Wohneigentum ist ein*
- . *Das Ganze ist ein*
- . *Die Mehrwertsteuer ist die*
- . *Die Postinitiative ist eine*
- . *Die Kantonsregierungen haben die*

Dabei handelt es sich um einfache Hauptsätze, die oft rein wirklichkeitsbeschreibenden Charakter haben. Bei Merz finden sich überaus häufig mehrfache Aneinanderreihungen derartiger Sätze. Zusammen ergeben sie einen parataktischen Stil.

3.2.1.5 *unseres*

Als weiteres Merkmal des Sprachgebrauchs von Hans-Rudolf Merz lässt sich eine häufige Verwendung des Possessivpronomens *unser* in Genitivattributen am Satzende festhalten. Diese wird durch das Pentagramm-Muster ›ART NN *unseres* NN $.‹ indiziert, das bei Merz rund fünfmal häufiger vorkommt als bei Steinbrück. Beispiele für Wortformen-Sequenzen dieses Musters sind:

ART NN unseres NN $.
- *die Wirtschaft unseres Landes.*
- *den Wohlstand unseres Landes.*
- *die Vielfalt unseres Landes.*
- *die Volkswirtschaft unseres Landes.*
- *der Hauptstärken unseres Landes.*
- *die Repositionierung unseres Finanzplatzes.*
- *die Fortentwicklung unseres Bankgeheimnisses.*

Eine qualitative Auswertung des Auftretens dieses Musters hat gezeigt, dass Merz mit dem Pronomen vornehmlich auf Errungenschaften und Sachverhalte referiert, an denen Redner und Publikum gleichermaßen teilhaben. So ist das Genitivattribut im genannten Muster häufig durch die Wortformenfolge *unseres Landes* besetzt. Das Pronomen *unseres* dient in diesem Fall dazu, mit sprachlichen Mitteln einen gemeinsamen Raum zu schaffen.

3.2.2 Peer Steinbrück

Das Korpus mit Reden von Peer Steinbrück enthält 1 938 662 Pentagramm-Token und 1 321 882 Pentagramm-Types, von denen sich 0,15 % als signifikant erwiesen. Zu den signifikanten Types gehören Pentagramme, die auf eine häufige Verwendung von Subjektivitätsmarkern, von Formulierungen, mit denen das Publikum angesprochen oder eingeschlossen wird, von Zeitbezügen und von satzeinleitenden anaphorischen Pronomen verweisen. Diese Muster werden nachfolgend behandelt.

3.2.2.1 Subjektivitätsmarker

Häufig beginnt Peer Steinbrück einen Satz mit einem Subjektivitätsmarker. Subjektivitätsmarker können ein Mittel relativierenden oder auch konsensorientierten Sprechens sein. Sie treten in den Reden Steinbrücks in unterschiedlichen Realisierungsformen auf, wobei diesen eine Kombination der Wortform *ich* mit einem »verbum sentiendi« gemeinsam ist. In der ersten Variante wird diese Konstruktion durch einen Komplementsatz zum Pentagramm-Muster ›$. Ich VVFIN, dass‹ ergänzt. Das Muster tritt bei Steinbrück rund dreieinhalbmal häufiger auf als bei Merz und schließt beispielsweise die folgenden Wortformen-Sequenzen ein:

$. *Ich* VVFIN, *dass*
- . *Ich vermute, dass*
- . *Ich glaube, dass*

– . *Ich denke, dass*
– . *Ich hoffe, dass*

In der zweiten Variante bilden das Personalpronomen in der ersten Person Singular und das »verbum sentiendi« zusammen mit der Konjunktion *wie* einen relativierenden Einschub (›$, KOUS PPER VVFIN $,‹). Beispiele für derartige Einschübe in den Reden Peer Steinbrücks sind:

$, KOUS PPER VVFIN $,
– *, wie ich finde,*
– *, wie ich glaube,*
– *, wie ich meine,*

Dieser Formulierungstyp tritt in den Reden von Hans-Rudolf Merz nicht auf.

3.2.2.2 Adressierung des Publikums

Peer Steinbrück ist ferner bemüht, sein Publikum direkt anzusprechen. Dies zeigt sich an den Mustern ›*sehr* ADJA NN *und* NN‹ und ›*Meine* NN KON NN $,‹. Auf der Wortformenebene sind diese Muster beispielsweise wie folgt realisiert:

sehr ADJA NN *und* NN
– *sehr geehrten Damen und Herren*
– *sehr verehrten Damen und Herren*
– *sehr geehrte Kolleginnen und Kollegen*
– *sehr geehrte Damen und Herren*

Meine NN KON NN $,
– *Meine Damen und Herrn,*
– *Meine Damen und Herren,*

Derartige Adressierungen finden sich in den Reden Peer Steinbrücks 14-mal häufiger als bei Hans-Rudolf Merz. Der große Frequenzunterschied ist darauf zurückzuführen, dass der ehemalige deutsche Finanzminister sein Publikum auch während einer Rede immer wieder direkt anspricht. Die nachfolgenden Ausschnitte aus Reden Steinbrücks verdeutlichen dies:

– *Meine Damen und Herren, von unserem Paket profitieren*
– *Meine Damen und Herren, »Gesichter« ist ein wichtiges Stichwort*
– *Meine Damen und Herren, auf der neuen Sondermarke bekommt das Ehrenamt ein Gesicht*

- *Meine Damen und Herren, einige weitere Erfahrungen mit engagierten Bürgerinnen und Bürgern*
- *Meine sehr geehrten Damen und Herren, dennoch lasse ich grundsätzlich das Argument gelten*
- *Meine sehr geehrten Damen und Herren, lassen Sie mich noch einige Worte zu dem Gesetz sagen*

3.2.2.3 Zeitbezüge

Steinbrücks Reden enthalten darüber hinaus rund viermal häufiger als jene von Merz Zeitbezüge. Dies lassen die Muster ›APPR ART ADJA CARD NN‹ und ›APPR CARD *oder* CARD NN‹ erkennen, wobei mit dem ersten jeweils eine Zeitdauer und im zweiten ein Zeitpunkt ausgedrückt wird. Wortformen-Beispiele für diese Muster sind im Folgenden aufgelistet.

APPR ART ADJA CARD NN
- *in den letzten 5 Jahren*
- *In den letzten zehn Jahren*
- *in den vergangenen fünf Jahren*
- *innerhalb der nächsten zwei Jahre*
- *in den vergangenen zweieinhalb Jahren*
- *in den vergangenen 5 Jahren*
- *in den letzten 10 Jahren*

APPR CARD *oder* CARD NN
- *vor 10 oder 20 Jahren*
- *zu drei oder vier Jahren*
- *vor drei oder vier Monaten*
- *vor zwei oder drei Jahren*
- *vor drei oder fünf Wochen*
- *vor zwei oder drei Monaten*

Zeitbezüge dieser Art lassen ein Bemühen um faktengetreues Sprechen erkennen.

3.2.2.4 Satzeinleitende anaphorische Pronomen

Peer Steinbrück beginnt seine Sätze zudem häufig mit dem Demonstrativpronomen *das*; hiervon zeugt die hohe Frequenz des Musters ›$. *Das* VAFIN ART NN‹. Das Pronomen übernimmt anaphorische Funktion, indem es die Fortführung der aktuellen Argumentationslinie anzeigt. Wortformen-Beispiele für das Muster sind:

$. *Das* VAFIN ART NN
- . *Das ist der Unterschied*
- . *Das ist eine Art*
- . *Das ist eine Entlastung*
- . *Das ist die Konfrontation*
- . *Das sind die Antworten*
- . *Das ist die Hauptaufgabe*
- . *Das wird die Bundesbank*

Derartige Satzanfänge finden sich bei Steinbrück rund dreimal häufiger als bei Hans-Rudolf Merz. Auch das Muster ›$. PDS VVFIN $, ART‹,[9] das als häufigste Wortformen-Ausprägung die Formulierung *das heißt* am Satzanfang in Kombination mit einer Nominalphrase (angezeigt durch den Artikel, ART) umfasst, findet sich bei Steinbrück immer wieder:

$. PDS VVFIN $, ART
- . *Das heißt, die*
- . *Das heißt, eine*
- . *Das heißt, das*

Insgesamt tritt dieses Phänomen 15mal häufiger als bei Hans-Rudolf Merz auf.

3.2.2.5 *wir*

Charakteristisch für die Reden von Peer Steinbrück ist außerdem eine häufige Verwendung des Personalpronomens *wir*. Das Pronomen tritt satzinitial im Muster ›*Wir* VAFIN PPER APPR ART‹ sowie als Subjekt eines Relativsatzes (eingeleitet durch ein substituierendes Relativpronomen, PRELS) in den Mustern ›ART NN $, PRELS *wir*‹ und ›ADJA NN $, PRELS *wir*‹ auf. Zu Beginn eines Satzes geht es häufig eine Verbindung mit der Wendung *zu tun haben* ein, wie folgende erweiterten Beispiele zeigen:

Wir VAFIN PPER APPR ART
- *Wir werden es mit einer [Verbesserung des Investitionsklimas zu tun haben]*
- *Wir haben es mit einer [facettenreichen, mehrschichtigen Bedrohung unserer Sicherheit zu tun]*
- *Wir haben es mit einer [Kategorie zu tun]*
- *Wir haben es mit dem [fast perversen Zustand zu tun]*

Beispiele für Wortformensequenzen, in denen das Pronomen Teil eines Relativsatzes ist, sind im Folgenden aufgeführt:

---

9 PDS: substituierendes Demonstrativpronomen.

ART NN $, PRELS *wir*
- *die Hauptaufgabe, der wir*
- *Das Finanzmarktstabilisierungsgesetz, das wir*
- *den Tanzschritten, die wir*
- *der Konstruktion, die wir*
- *den Tests, die wir*
- *die Debatte, die wir*
- *dem Korridor, den wir*

Steinbrück setzt das Pronomen *wir* vornehmlich ein, um Gemeinschaft zwischen sich und seinem Publikum herzustellen. Insgesamt verwendet er es rund 1,6-mal häufiger als sein ehemaliger Schweizer Amtskollege.

3.3 Kollokationen

Die wohl bekannteste Definition einer Kollokation stammt vom englischen Linguisten John Rupert Firth: »You shall know a word by the company it keeps« (Firth 1957: 11). In der vorliegenden Untersuchung wurde die »company«, der Kontext, auf fünf Wörter links und fünf Wörter rechts des Suchwortes festgelegt. Als Kollokatoren wurden Lemmata von Nomen, Adjektiven, Vollverben und Negationspartikeln zugelassen. Es wurde nach Kollokatoren der Lemmata *Deutschland* (bei Peer Steinbrück) und *Schweiz*

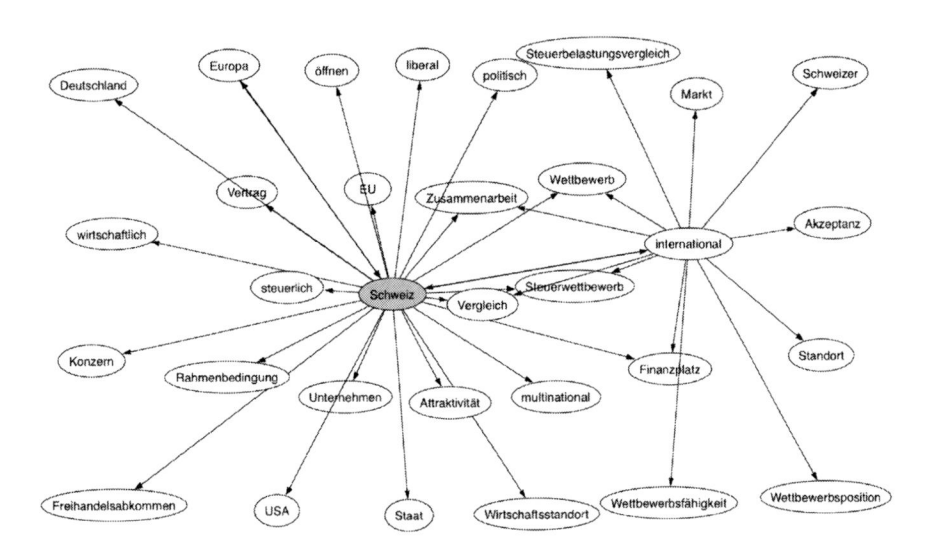

Abb. 3: Kollokatoren zum Lemma *Schweiz* bei Hans-Rudolf Merz

(bei Hans-Rudolf Merz) gesucht. Im Folgenden werden diese Kollokatoren sowie ausgewählte Kollokatoren zweiter Ebene dargestellt. Die Grafiken geben einen Hinweis darauf, wie Merz und Steinbrück über ihre Heimatländer sprechen.

Hans-Rudolf Merz thematisiert in seinen Reden immer wieder die Position der Schweiz im nahen und fernen Ausland: Als kontinentale Bezugspunkte nennt er *Europa*, die *EU* und *Deutschland*, als *international*en Bezugsrahmen die *USA*. Im Zusammenhang mit den USA geht es insbesondere darum, die *Wettbewerbsfähigkeit* der Schweiz im *Steuerwettbewerb* zu sichern beziehungsweise ihre *Wettbewerbsposition* zu stärken und gleichzeitig ihre *Akzeptanz* aufrechtzuerhalten. Weitere Kollokatoren des Lemmas *Schweiz*, an denen sich eine Ausrichtung am Ausland ablesen lässt, sind *Freihandelsabkommen, multinational* und *öffnen*. Insgesamt zeichnet Hans-Rudolf Merz so in seinen Reden das Bild einer Schweiz, die an *Zusammenarbeit* interessiert ist, gleichzeitig aber auch auf internationaler Ebene einen aus ökonomischer Sicht günstigen Standpunkt einnehmen möchte.

Abb. 4: Kollokatoren zum Lemma *Deutschland* bei Peer Steinbrück

Die Kollokationen zum Lemma *Deutschland,* wie sie sich bei Peer Steinbrück finden, vermitteln ein ähnliches Bild: Auch Steinbrück stellt in seinen Reden immer wieder eine Verbindung zu *Europa* und anderen Kontinenten her. In diesem Zusammenhang bringt er seine Absicht zum Ausdruck, *gemeinsam* mit den übrigen *Europäer*n ein *attraktiv*es Europa zu schaffen. Auch die Verbindung zu den *USA* führt bei ihm über Europa und nicht direkt über Deutschland. Auf *international*er Ebene spricht sich Steinbrück für *Spielregel*n und *Maßnahme*n aus. Wie Merz hebt er zudem hervor, wie wichtig es für sein Land ist, im internationalen *Vergleich* beziehungsweise im internationalen *Wettbewerb* bestehen zu können (*Wettbewerbsfähigkeit*). Dieses Bemühen drückt sich auch in Steinbrücks Assoziation des Wortes *Deutschland* mit den Wörtern *Wirtschaftsstandort* und *Investitionsstandort* aus.

Als Unterschied zwischen den beiden betrachteten Kollokationsprofilen lässt sich festhalten, dass Peer Steinbrück im Gegensatz zu Hans-Rudolf Merz das gemeinsame Handeln innerhalb Europas betont. Dazu gehört, dass Steinbrück die USA nur in Verbindung mit Europa, nicht aber mit Deutschland signifikant häufig nennt. Bei Merz ist der Bezug zu Europa, wohl aufgrund der fehlenden Zugehörigkeit der Schweiz zur Europäischen Union, in deutlich geringerem Maße vorhanden: Die Möglichkeit oder Notwendigkeit von Kooperationen wird lediglich auf internationaler Ebene angesprochen. Steinbrück fordert zudem internationale Regulatorien und Maßnahmen; eine solche Forderung tritt bei Merz nicht signifikant häufig im Zusammenhang mit dem Lemma *international* auf. Dieser Unterschied lässt sich auf die unterschiedliche parteipolitische Zugehörigkeit der beiden zurückführen.

4 Fazit

Zusammenfassend lässt sich sagen, dass sich Hans-Rudolf Merz und Peer Steinbrück in ihrer Rhetorik deutlich unterscheiden, und zwar anders, als dies die Stereotype gegenüber einem prototypischen »deutschen« und einem prototypischen »schweizerischen« Kommunikationsstil voraussagen. Die Reden Peer Steinbrücks weisen insgesamt mehr Kohärenzmerkmale auf und sind faktengesättigter sowie stärker konsensorientiert als jene von Hans-Rudolf Merz. Steinbrücks Bemühung um Kohärenz zeigt sich in der häufigen Verwendung von Pronomen in anaphorischer Funktion, insbesondere in der Formulierung *das heißt.* Auf eine höhere Faktendichte in seinen Reden deutet die hohe Frequenz von Zeitbezügen – Angaben bezüglich Zeitdauer und Zeitpunkt – in Form von Präpositionalphrasen hin. Der konsensorientierte Charakter seiner Reden schließlich manifestiert sich im häufigen Auftreten von Subjektivitätsmarkern und in der Betonung des Gemeinsamen innerhalb der europäischen Gemeinschaft. Hans-Rudolf Merz' Reden zeichnen sich demgegenüber durch eine niedrige Anzahl von Kohärenzmerkmalen und eine Häufung von Merkmalen der konzeptionellen Schriftlichkeit aus. Anstelle von kohärenzstiftenden Konstruktionen dominiert bei Merz der parataktische Stil: Das häufigste Satzmuster in seinen Reden ist der einfache Hauptsatz. Auf konzeptionelle Schriftlichkeit deuten die zahlreich vorhandenen Koordinationen mit abgetrennten Kompositionsgliedern, die geordneten Aufzählungen und Formulierungen im Nominalstil hin.

Eine Gemeinsamkeit zwischen der Rhetorik Steinbrücks und Merz' besteht im Bemühen um Publikumsbindung. Dieses Bemühen manifestiert sich bei Peer Steinbrück in der Verwendung des Personalpronomens *wir* sowie in Publikumsadressierungen während der Reden und bei Hans-Rudolf Merz im Gebrauch des Possessivpronomens *unseres*. Inhaltlich lässt sich als verbindendes Element ein auf beiden Seiten demonstrierter Zukunftsoptimismus anführen: Wenn Merz immer wieder von *Aufbruch* oder *Fortschritt* spricht, dann schwingt darin ebenso die Hoffnung auf eine positive Entwicklung in der Zukunft mit, wie wenn Steinbrück direkt von *Hoffnung*, von *Wandel* oder *Zukunftsinvestition* spricht.

Die vorgestellten Ergebnisse stehen in deutlichem Kontrast zum eingangs projizierten Bild des zynischen und allenthalben provozierenden Deutschen Steinbrück. In ihnen zeigt sich damit das Potenzial einer quantitativen und insbesondere einer datengeleiteten Korpusanalyse, über einzelne Äußerungen zu abstrahieren und Klischees, die auf niederfrequenten Äußerungen basieren, zu relativieren. Dass die Analysekategorien nicht von außen an das Korpus herangetragen werden, will freilich nicht heißen, dass eine datengeleitete Korpusanalyse frei von impliziten Vorannahmen ist, denn reine Induktion, so schreibt etwa Michael Stubbs, existiert nicht: »The linguist always approaches data with hypotheses and hunches, however vague« (Stubbs 1996: 47). Neben der genannten Möglichkeit, einzelne Äußerungen ihrer Häufigkeit gemäß in den übergeordneten Kontext, das Korpus als Ganzes, einzuordnen, erlaubt die vorgestellte Analysemethode auch die direkte Gegenüberstellung zweier rhetorischer Profile: Die Oberflächenphänomene, die bei Steinbrück und Merz häufig auftraten, wurden über Signifikanzwerte zueinander in Bezug gesetzt. Sprachgebrauchsmuster, die sich als typisch für Peer Steinbrück erwiesen, sind demnach immer auch Muster, die sich bei Hans-Rudolf Merz nur selten oder gar nicht fanden, und umgekehrt. Vor diesem Hintergrund gewinnt die erwähnte Diskrepanz zwischen der Rhetorik Steinbrücks, wie sie sich in den Medien darstellte, und jener, wie sie aus der vorliegenden Untersuchung hervorging, eine zusätzliche Dimension: Im gleichen Maße, wie sich in der Untersuchung Hinweise auf Steinbrück als konsensorientierten und dialogbereiten Politiker fanden, ist Merz dies gerade nicht. Insofern wurde mit der Untersuchung nicht nur das Klischee des typischen Deutschen, sondern auch das des typischen Schweizers zumindest teilweise entkräftet.

5 Literatur

Bubenhofer, Noah (2009): *Sprachgebrauchsmuster. Korpuslinguistik als Methode der Diskurs- und Kulturanalyse*. Berlin/New York: de Gruyter (= Sprache und Wissen; 4).

Bussmann, Hadumod (Hg.) (2002): *Lexikon der Sprachwissenschaft*. 3., erw. Aufl. Stuttgart: Kröner.

Carstensen, Kai-Uwe; Ebert, Christian; Endriss, Cornelia; Jekat, Susanne; Klabunde, Ralf; Langer, Hagen (Hgg.) (2001): *Computerlinguistik und Sprachtechnologie. Eine Einführung*. Heidelberg: Spektrum.

Firth, John Rupert (1957): *Papers in Linguistics 1934–1951*. London: Oxford University Press.

Kaempfert, Manfred (1990): Die Schlagwörter. Noch einmal zur Wortgeschichte und zum lexikologischen Begriff. In: *Muttersprache* 100, S. 192–203.

Koch, Peter; Österreicher, Wulf (1994): Schriftlichkeit und Sprache. In: Günther, Hartmut; Ludwig, Otto (Hgg.): *Schrift und Schriftlichkeit. Ein interdisziplinäres Handbuch internationaler Forschung*. Berlin/New York: de Gruyter (= Handbücher zur Sprach- und Kommunikationswissenschaft; 10), S. 587–604.

Manning, Christopher; Schütze, Hinrich (2003): *Foundations of Statistical Natural Language Processing*. 6. Aufl. mit Korrekturen. Massachusetts: MIT Press.

Punkki-Roscher, Marja (1995): *Nominalstil in populärwissenschaftlichen Texten. Zur Syntax und Semantik der komplexen Nominalphrasen*. Frankfurt am Main: Lang (= Werkstattreihe Deutsch als Fremdsprache; 49).

Rosenberg, Monika (2009): Deutscher Botschafter muss antraben. In: *NZZ Online*, 16. März 2009. – Internetseite: http://www.nzz.ch/nachrichten/schweiz/schweiz_deutschland_botschafter_zitiert_steinbrueck_1.2208590.html [10. 5. 2010].

Schiller, Anne; Teufel, Simone; Stöckert, Christine; Thielen, Christine (1999): *Guidelines für das Tagging deutscher Textcorpora mit STTS (Kleines und großes Tagset)*. – Internetseite: http://www.ims.uni-stuttgart.de/projekte/corplex/TagSets/stts-1999.pdf [10. 5. 2010].

Schmid, Helmut (1994): Probabilistic part-of-speech tagging using decision trees. In: *Proceedings of International Conference on New Methods in Language Processing*. Manchester, S. 44–49.

Stubbs, Michael (1996): *Text and corpus analysis. Computer-assisted studies of language and culture*. Oxford: Blackwell (= Language in society; 23).

Tognini-Bonelli, Elena (2001): *Corpus Linguistics at Work*. Amsterdam: Benjamins.

II. Der Sprachgebrauch in politischen Institutionen

Jörg Kilian

Perspektiven der Parlamentssprachforschung[1]

1 Sprachtheoretische und methodologische Aspekte der Analyse parlamentarischer Sprache

Die Untersuchung parlamentarischer Sprache im Sinne (a) der Untersuchung von Sprachgebrauch in parlamentarischen Institutionen und (b) der Untersuchung von diesem Sprachgebrauch zugrunde liegenden (institutionell normierten) Sprachhandlungsmustern ist in erster Linie eine Untersuchung, die auf das Methodenarsenal der linguistischen Pragmatik zurückgreift. Es bedarf daher vor der Untersuchung parlamentarischer Sprache einer pragmatischen Sprachtheorie und daraus abzuleitender allgemeiner methodologischer Prämissen, die in konkreten Untersuchungen aufgrund der Bedingungen der je spezifischen Fragestellungen in ein Analysemodell zu überführen sind.

Was die sprachtheoretischen Grundlagen anbelangt, gilt als unbestrittenes Fundament pragmalinguistischer Theoriebildung die Auffassung von Sprache als Form des sozialen Handelns. Ein allgemeines Problem dieses sprachtheoretischen Fundaments ist die Bestimmung des zugrunde gelegten »Handlungs«-Begriffs. Aus der Fülle der mittlerweile angebotenen linguistischen »Handlungs«-Begriffe kommt den Erkenntnisinteressen der Untersuchung parlamentarischer Sprache der von Armin Burkhardt und Helmut Henne in Anlehnung an Max Weber definierte »Handlungs«-Begriff entgegen (vgl. Burkhardt/Henne 1984). Dies vor allem dann, wenn parlamentarischer Sprachgebrauch in Beziehung gesetzt werden soll zu Sprachhandlungsmustern, die im Rahmen eines politischen Systems institutionell normiert und politisch-ideologisch bewertet werden. Dieser »Handlungs«-Begriff nämlich setzt als eine Existenzbedingung für Sprachhandlungen die Interpretationsleistung durch Handlungsbeteiligte voraus. Auf diese Weise wird die Einbeziehung des Sprachwissens der Handlungsbeteiligten unterstützt, die für eine innenperspektivische (d. h. aus der Perspektive der Handlungsbeteiligten erfolgende) Rekonstruktion von Sprachnormen notwendig ist. Handlungen, und somit auch Sprachhandlungen, werden nach Burkhardt/Henne (1984: 341) erst »über die Zuordnungen von Handlungsbegriffen als Handlungen« konstituiert. Diese »Zuordnungen von Handlungsbegriffen« erfolgen außenperspektivisch durch den Blick des Analysierenden – geleitet durch linguistische Methoden, nicht unbeeinflusst indes auch von Erkenntnisinteressen. Eben aus diesem Grund ist die innenperspektivische Rekonstruktion der »Zuordnungen von Handlungsbegriffen« durch die Handlungsbeteiligten selbst ein unerlässlicher methodischer Zugriff.

---

1 Teile des vorliegenden Beitrags folgen Teilen aus Kilian (1996) und Kilian (1997) oder sind mit ihnen identisch.

Für die Interpretation parlamentarischer Sprachhandlungen und die Rekonstruktion ihnen zugrunde liegender Sprachhandlungsmuster bedeutet dies, dass konventionelle (in diesem Fall sogar auch: institutionelle) Sprachhandlungsmuster grundsätzlich über Sprachhandlungsbezeichnungen ermittelbar sind, die jeweils historisch und kulturell für sie geprägt und gebraucht wurden (wie *Plenardebatte, Ausschussberatung, Zwischenruf*). Die Sprachhandlungsbezeichnungen sind nicht identisch mit den Sprachhandlungen, die sie bezeichnen, und sie sind auch nicht identisch mit den Sprachhandlungsbegriffen, d. h. mit den Konzepten, die mit ihnen verknüpft werden. Sie sind vielmehr, zum einen, assoziative Indexe für den kommunikativ-pragmatischen Haushalt eines politischen Systems und, zum anderen, semantisierte Symbole für pragmatische Strukturen.

Letzteres ist für die Ermittlung bzw. Rekonstruktion von Beziehungen zwischen politischer Sprache einerseits und politisch-ideologischer Orientierung eines politischen Systems andererseits von besonderer Bedeutung, sind doch Symbole Erscheinungsformen, mithin Manifestationen von Konventionen. Die Ermittlung bzw. Rekonstruktion solcher Beziehungen gilt in der Politolinguistik als besonders heikel (vgl. Dieckmann 2005: 26). So ist parlamentarische Sprache keineswegs aus sich heraus demokratisch. Auch erfolgen »Zuordnungen von Handlungsbegriffen« zu parlamentarischen Sprachhandlungsmustern keineswegs selbstverständlich mit dem Merkmal »demokratisch« (vgl. zum Verhältnis von *Demokratie* und *Parlament* auch Kilian 1995). Parlamente als Institution gab es immerhin schon, bevor es (parlamentarisch-)demokratische Regierungssysteme gab. Es muss daher, wenn parlamentarische Sprache im Kontext demokratischer politischer Systeme als parlamentarisch-demokratische Sprache untersucht werden soll, stets die Frage gestellt werden, ob und inwiefern parlamentarische Sprache als demokratische Sprache innenperspektivisch begriffen wird und außenperspektivisch beschrieben werden kann, weil für sie zum Beispiel Normen und Regeln etabliert wurden, die per Konvention als demokratisch gelten.

Die Sprachhandlungsbezeichnung *interfraktionelle Besprechung* beispielsweise ist eine Sprachhandlungsbezeichnung für einen Sprachhandlungsbegriff im Sinne von Burkhardt / Henne. Sie verweist konventionell nicht nur auf den Kommunikationsbereich der Politik, sondern in Bezug auf eine Ideologie auch auf den Bedeutungsbereich »Demokratie« im Sinn der parlamentarischen Parteiendemokratie. Denn nur hier erhält ein entsprechendes Sprachhandlungsmuster kommunikativen Sinn. Diktaturen benötigen in der Regel kein institutionelles Sprachhandlungsmuster *interfraktionelle Besprechung*. Idealnormativ wird die *interfraktionelle Besprechung* indes nicht selten als geradezu undemokratisch betrachtet, wie umgangssprachliche Sprachhandlungsbezeichnungen nahelegen (z. B. *Aushandeln, Auskungeln* [hinter verschlossenen Türen]).

2 Zur politolinguistischen Rekonstruktion und Beschreibung parlamentarischer Sprache

Insofern parlamentarische Sprache als interaktionales Sprachhandeln von Menschen im Kommunikations- und Praxisbereich des Parlaments aufzufassen ist, sind institutionelle Typen dieses Sprachhandelns beschreibbar als Sprachhandlungsmuster, d. h. als Komplexe historisch-diachronisch veränderbarer, historisch-synchronisch jedoch relativ stabiler »automatisierter« und »routinierter« Regeln für die produktive und rezeptive Interpretation von Sprachhandlungen im Wege der »Zuordnungen von Handlungsbegriffen« (vgl. Burkhardt / Henne 1984: 338), die den Sprechern als solche bekannt sind und denen spezifische Funktionen in einem Kommunikationsbereich zukommen (vgl. Heinemann / Viehweger 1991: 194).

Politische Sprachhandlungsmuster, namentlich parlamentarische Sprachhandlungsmuster, wurden verstärkt erst im Rahmen der linguistischen Pragmatik zu Gegenständen sprachwissenschaftlicher Untersuchungen, nachdem sich das Erkenntnisinteresse im Bereich »Politische Sprache« lange Zeit auf die Ebene des politischen Wortschatzes konzentriert hatte. Lässt man die konkreten Forschungsgegenstände Revue passieren, so lassen sich, ohne der Vollständigkeit und dem kritischen Anspruch eines Forschungsreferats gerecht werden zu können, folgende Tendenzen, Methoden und Ergebnisse der Forschung festhalten:

- Einen Hauptstrang bilden Untersuchungen zu Plenardebatten und dabei wiederum vornehmlich zu beziehungsorientierten Zielen des Sprechens. Eine besondere Aufmerksamkeit erhielt im Rahmen dieser Forschungen der Aspekt der Mehrfachadressierung und infolgedessen die Mehrdeutigkeit der öffentlichen Debatten, die zu einer »Inszeniertheit« der Exemplare dieser Dialogsorte geführt habe. Holly (1982: 42) hat demgegenüber schon 1982 ausgeführt, dass man die »wichtigen parlamentarischen Sprachhandlungen ›um das Plenum herum‹ betrachten [müsse], wenn man mehr über die sprachliche Seite des Willensbildungs- und Entscheidungsprozesses wissen möchte«. Diese Forderung ist bislang noch immer nicht befriedigend eingelöst. Dass in vielen Untersuchungen auch ein parlamentarismuskritisches Engagement verfolgt wird – vorzugsweise in Auseinandersetzung mit den parlamentarismusfeindlichen Thesen Carl Schmitts und mit den Thesen Jürgen Habermas' zu »rationalem Diskurs« und »Wahrheitsfindung« – sei am Rande erwähnt (vgl. dazu Dieckmann 1981; Burkhardt 1991ff., H. 40; Burkhardt 2003).
- Einen weiteren Schwerpunkt bildet die Beschreibung parlamentarischer Texte und ihre Zuordnung zu Textsorten zum Zweck der Erstellung einer Klassifikation (vgl. z. B. Simmler 1978; Tillmann 1989; die Forschung kritisch zusammenfassend Klein 2001). Diese Beschreibung erfolgt in der Regel jedoch isoliert von konkreten funktionalen Zusammenhängen, die »vor und unabhängig von wissenschaftlicher Analyse« im Kommunikationsbereich der Politik zwischen diesen komplexen Sprachhandlungsmustern bestehen (Klein 1991: 246).

- Schließlich ist die Beschreibung und Interpretation von mehr oder weniger ko- und kontextuell isolierten Einzeltexten ohne klassifikatorische Absicht zu nennen, namentlich die Analyse einzelner parlamentarischer Reden. Im Zentrum der Analyse stehen zumeist persuasive Strategien, Argumentationsstrukturen, kommunikativ-pragmatische und rhetorisch-stilistische Mittel (vgl. z. B. Volmert 1989, 2005).

Diese Untersuchungen haben insgesamt bedeutsame Ergebnisse zutage gefördert, die parlamentstypische Kommunikation als institutionelle Kommunikation erweisen. Dabei waren nicht selten Vergleiche zwischen Geschäftsordnung und Geschäftsordnungswirklichkeit leitend, sehr viel seltener allerdings Versuche der Rekonstruktion von Beziehungen zwischen parlamentarischem Sprachhandlungsmuster und politisch-ideologischer Orientierung des politischen Systems. Mithin wurden die beschriebenen parlamentarischen Sprachhandlungsmuster mehr oder weniger stillschweigend mit demokratischen Sprachhandlungsmustern identifiziert. Dies ist indes, wie erwähnt, nicht ohne weiteres zulässig. Parlamentarismus und Demokratie sind nicht ein und dasselbe, und so sind auch parlamentarische Sprachhandlungsmuster nicht eo ipso auch demokratische Sprachhandlungsmuster. Inwiefern mit den institutionellen parlamentarischen Sprachhandlungsmustern auch »Zuordnungen« politisch-ideologischer »Handlungsbegriffe« erfolgen, ist bislang kaum untersucht. Einer solchen Untersuchung könnte zum Zweck der Rekonstruktion von Beziehungen zwischen parlamentarisch-institutionellem Sprachhandlungsmuster und demokratisch-ideologischem Sprachhandlungsbegriff folgende Hypothese vorausgeschickt werden:

> Politische Meinungsbildung und Entscheidungsfindung finden in einer repräsentativen parlamentarischen Demokratie mit einem pluralistischen Strukturprinzip statt in Form von öffentlichem Meinungsstreit, in Form der Argumentation, der Debatte, Diskussion und Kritik, und zwar auch um die Festlegung politisch-sozialer Begrifflichkeit. Demokratisches Sprachhandeln und dessen Inhalte zählen somit zum streitigen Sektor (Ernst Fraenkel), freilich mit einer »regulativen« Komponente, etwa in Form der parlamentarischen Geschäftsordnungen. Zu fragen ist nach parlamentarischen Sprachhandlungsmustern, deren Handlungsbegriff innenperspektivisch mit dem Merkmal »demokratisch« ausgewiesen ist, in denen der Prozess der politischen Meinungsbildung und Entscheidungsfindung per Konvention auf »demokratische« Weise erfolgen soll. (Kilian 1997: 16–17)

An die ermittelten Sprachhandlungsmuster heranzutragen und aus der Innenperspektive zu beantworten sind dann auch beispielsweise die von Dieckmann in anderem Zusammenhang aufgeworfenen Fragen:

> Was ist an alledem so demokratisch? Ist das Befolgen von Spielregeln als solches
> demokratisch, ohne daß man nach dem Inhalt der Regeln und der Art ihres Zu-
> standekommens fragen müßte? (Dieckmann 1981: 166)

3 Parlamentarische Sprache als demokratische Sprache: Ansätze zur Rekonstruktion politisch-ideologischer Interpretationen institutioneller Sprachhandlungsmuster

Parlamentarische Sprache kann, wie oben erläutert, also nicht allein unter dem Aspekt parlaments- bzw. institutionstypischen Sprachhandelns beschrieben werden, sondern auch als Ensemble von Sprachhandlungsmustern, die politisch-ideologisch als demokratische interpretiert werden. Dazu müssen diese Sprachhandlungsmuster sowohl aus der Innenperspektive der Beteiligten wie auch aus der Außenperspektive der linguistischen Analyse in Bezug auf »Zuordnungen« zu demokratischen Sprachhandlungsbegriffen untersucht werden, außenperspektivisch etwa im Anschluss an die oben aufgestellte idealnormative Hypothese. In der Geschichte der Demokratie sind immer wieder zwei phänomenologische Merkmale mit demokratischem Sprachhandeln idealnormativ verknüpft worden: »Dialog« und »Öffentlichkeit«. Dementsprechend könnte eine Analyse beispielsweise das Ziel verfolgen, die Präsenz und Gestaltung der Merkmale »Dialog« und »Öffentlichkeit« in Sprachhandlungsmustern innerhalb eines parlamentarischen Interaktionsrahmens (bzw. Sprachspiels oder Diskurses) kritisch nachzuzeichnen.

Der Begriff des »Dialogs« ist dazu auf der Ebene des kleinsten gemeinsamen Nenners aller möglichen Formen dialogischen Sprachhandelns durch den Wechsel von »Anrede und Erwiderung« und die darauf bezogenen Sprachhandlungsrechte zu charakterisieren; der Begriff der »Öffentlichkeit« dadurch, dass das Dialogexemplar (und darüber prototypisch die Dialogsorte) der zumindest nachträglichen Rezeption durch Nichtbeteiligte zur Verfügung steht. Die parlamentarischen Sprachhandlungen sowie die aus diesen Sprachhandlungen abgeleiteten Sprachhandlungsmuster, z. B. die Sprechakttypen, die Textsorten, die Dialogsorten, müssten dann, um als demokratisch zu gelten, jeweils merkmalgeleitete Relationen zu »Dialog« und »Öffentlichkeit« aufweisen, relativ zum untersuchten Diskurs bzw. Sprachspiel bzw. Interaktionsrahmen.

Die Ermittlung der konkreten Merkmale der Sprachhandlungsmuster wird in einem ersten Schritt maßgeblich auf die Innenperspektive und den Rekurs auf das Interaktionswissen der am Geschehen Beteiligten auszurichten sein. Welche Dialoge etwa der Dialogsorte *Beratung* und nicht der Dialogsorte *Diskussion* zuzuordnen sind, darf nicht allein außenperspektivisch vorgegeben werden, sondern muss im ersten Zugriff anhand von Merkmalen der jeweils zeitgenössischen sprachgesellschaftlichen Handlungsbegriffe rekonstruiert werden. Thematisierungen und explizite Bewertungen der parlamentarischen Sprache durch Handlungsbeteiligte sind dazu als Quellen heranzuziehen. Für die außenperspektivische Interpretation der Sprachhandlungen und für die Rekonstruktion der Sprachhandlungsmuster stellen sprachpragmatische Kategorien, wie z. B. »Sprechakt«, »Textsorte«, »Dialogsorte«, Möglichkeiten bereit. Heranzuziehen sind ferner die Ergebnisse politolinguistischer Erforschung der parlamentarischen Sprache (vgl. diese zusammenfassend Burkhardt 2003).

4 Zur Rekonstruktion innenperspektivischer Außenansichten: parlamentarische Sprache in der öffentlichen Wahrnehmung

Für die Analyse und Beschreibung der Produktionsseite parlamentarischer Sprache liegen grundlegende und vieldiskutierte Ansätze vor. Dies hat auch damit zu tun, dass die parlamentarische Sprache in demokratischen Systemen der Kritik zuzuführen ist und dass es auch Bestrebungen zu ihrer Optimierung gibt, zur Steigerung ihrer Transparenz, mithin zur Verbesserung der Mitwirkungsmöglichkeiten des Einzelnen und gesellschaftlicher Gruppen an der politischen Meinungsbildung und Entscheidungsfindung im Parlament.

Zur Rezeption parlamentarischer Sprache in der Öffentlichkeit fehlen demgegenüber systematische Untersuchungen. Das Sprachhandlungswissen der Sprachgesellschaft in Bezug auf ihr Parlament ist noch weitgehend unerforscht, ebenso die Bewertung des parlamentarischen Sprachhandelns durch den Souverän. Eher hypothesenartig wird in politologischen und linguistischen Arbeiten zumeist davon ausgegangen, dass in demokratischen politischen Systemen, wie zum Beispiel dem der Bundesrepublik Deutschland oder der Schweiz, von den Bürgern ein deliberierendes Parlament erwartet werde (vgl. Burkhardt 2003, Kap. 4.3). Die Öffentlichkeit oder zumindest der politisch interessierte Teil derselben erwarte demnach ein – voll besetztes – Parlamentsplenum, in dem sich Abgeordnete unterschiedlicher Meinungen und Interessen treffen, um einen sachklärenden und problemlösenden Dialog zu führen, an dessen Ende eine politische Entscheidung gefällt wird. Da in Parlamentsplenen jedoch nicht mehr in diesem idealen Sinn deliberiert, sondern nur noch verhandelt bzw. eine bereits feststehende Entscheidung gegenüber der Öffentlichkeit gerechtfertigt werde, werde ein scheinbar binnenkommunikativer Dialog im Plenum geführt, um die genannten Erwartungen der Bürger zu befriedigen (vgl. ebd.). In der Politolinguistik wurde zur Bezeichnung dieser »Doppelung der Realitäten« der Terminus »Inszenierung« etabliert (vgl. Burkhardt 2003, Kap. 6.6; Dieckmann 1981: 255; Holly 1990: 54; kritisch: Klein 1991: 268).

In der Politikwissenschaft wird demgegenüber das Ideal etwas entzaubert, indem zwischen einem »Redeparlament« und einem »Arbeitsparlament« unterschieden wird (vgl. Steffani 1970). Einmal abgesehen davon, dass mit dieser Unterscheidung die stereotype Differenzierung zwischen politischem »Reden« und politischem »Handeln« – wohl unbeabsichtigt – gleichsam wissenschaftlich untermauert wird, hat die wissenschaftliche Differenzierung verschiedener Parlamentstypen (vgl. auch Burkhardt 2003: 5–7) keineswegs zu einer Abkehr von der These geführt, dass die Bürger parlamentarischer

Regierungssysteme ein »Redeparlament« erwarteten. Der sprachwissenschaftlichen Forschung obliegt daher die Aufgabe, das Interaktionswissen der Mitglieder der Sprachgesellschaft in Bezug auf parlamentarische Sprache freizulegen – das Wissen und auch die Wertung. Dabei sind verschiedene Differenzierungen auf der Skala zwischen Laienwissen und parlamentarisch-institutionellem Expertenwissen vorzunehmen. Denn es liegt auf der Hand, dass Abgeordnete, zum Beispiel die des Deutschen Bundestags, mit sprachhandlungsbezeichnenden Ausdrücken wie *Antrag*, *Debatte* und *interfraktionelle Besprechung* konkretere Handlungserfahrungen verbinden als parlamentarische Laien.

Das tatsächliche Sprachhandlungsgeflecht des parlamentarischen Prozesses der politischen Meinungsbildung und Entscheidungsfindung im Rahmen der Gesetzgebung im Deutschen Bundestag ist für den einzelnen Bürger kaum in seiner ganzen Fülle einsichtig. Es sind zu viele einzelne Sprachhandlungen in einem solchen Sprachspiel, Interaktionsrahmen, Diskurs, zumal wenn auch die außerparlamentarischen Sprachhandlungen (z. B. im Wahlkreis, in den Medien usw.) hingezogen werden.

Träfe es zu, dass grundsätzlich nur die Plenardebatten als öffentliche parlamentarische Dialoge wahrgenommen werden, so erhielte die Öffentlichkeit in der Tat nur wenig Einblick in den Gesamtprozess. Die Klagen über mangelnde Öffentlichkeit und Transparenz der Parlamentsarbeit sind bekannt. Zu fragen ist, ob solche Klagen überwiegend von Experten, etwa von Parlamentariern, Politologen, Kommunikationswissenschaftlern, erhoben werden oder auch vom parlamentarischen Laien. Eine weitere Frage stellt sich danach, ob über zu geringe Öffentlichkeit und Transparenz geklagt wird, weil, wie manche politolinguistische Forscher meinen, eigentlich ein deliberierendes Plenum erwartet werde. Antworten auf solche Fragen, zumal empirisch erhärtete, liegen, wie erwähnt, noch nicht vor.

Als Hinweise auf die Beantwortung dieser Fragen seien einige Daten aus zumeist älteren Umfragen zur politischen Befindlichkeit und zum politischen Wissen der Deutschen im Sinne einer Sekundäranalyse ausgewertet und aus pragma- und politolinguistischer Perspektive interpretiert.[2] Aufgrund dieser Datenbasis kann selbstverständlich nicht der Anspruch erhoben werden, »die öffentliche Meinung« bzw. »das Interaktionswissen der Deutschen« über parlamentarische Sprache in Erfahrung zu bringen; Tendenzen lassen sich aber allemal entdecken.

---

2 Zur Rezeption parlamentarischer Kommunikation liegen aus linguistischer Perspektive keine einschlägigen Arbeiten vor. Die Rezeption parlamentarischer (Sprach-)Arbeit in der Öffentlichkeit scheint überdies kein allzu großes wissenschaftliches Interesse zu wecken. Zu den älteren, hier ausgewerteten Arbeiten vgl. Schüttemeyer 1986; Mayntz 1992; Patzelt 1994. Überblicke über empirische Erhebungen zu Einstellungen der Bürger zum Bundestag bieten z. B. Schindler 1994; Feldkamp 2005.

5 Zur Rezeption der Spracharbeit im Parlament

Wenn man die Ergebnisse der für die vorliegende Fragestellung ergiebigen Umfragen seit 1949 ansieht,[3] kann der Schluss gezogen werden, dass die Arbeit des Deutschen Bundestages von weiten Teilen der deutschen Bevölkerung nicht in erster Linie als Arbeit mittels Sprache und in bestimmten Sprachhandlungsmustern angesehen wird. So wurde, um nur ein Beispiel anzuführen, schon im Januar 1950, also kurz nach Gründung der Bundesrepublik, ein ungünstiger Eindruck vom Bundestag mit der Angabe »Zuviel Gerede, keine Taten« begründet (vgl. Noelle/Neumann 1956: 162). Von der Spracharbeit der Abgeordneten im Deutschen Bundestag oder im Parlament überhaupt ist denn auch nur geringe Kenntnis vorhanden. Daran hat sich in den vergangenen vierzig Jahren kaum etwas geändert. Die Ergebnisse verschiedener Erhebungen und Dateninterpretationen des Politikwissenschaftlers Werner J. Patzelt seit 1995 legen ebenfalls den Schluss nahe, dass über die Art und Weise, wie im Bundestag kommunikativ gearbeitet wird, welche parlamentstypischen Sprachhandlungen und Sprachhandlungsmuster es von der *Debatte* bis zur inoffiziellen *interfraktionellen Besprechung* unter Abgeordneten gibt, keine Kenntnisse vorhanden sind (vgl. die im Literaturverzeichnis aufgeführten Arbeiten Patzelts). Das kommunikative Rollenpensum eines Abgeordneten, wie es Werner Holly in einer detaillierten Fallstudie nachgezeichnet hat, dürfte nur dem Betroffenen selbst und dem »Fachler« bekannt sein (vgl. Holly 1990).

5.1 Zum »Dialog« als Prinzip parlamentarisch-demokratischer Sprache

Ist schon der grobe Rahmen nicht gewusst, so ist es nicht erstaunlich, dass auch unterschiedliche Dialogsorten nicht in ihrer binnen- und außenkommunikativen Funktionalität bekannt sind. Dass *Diskussionen* und *Verhandlungen* nicht im Plenum, *Debatten* nicht in interfraktionellen Gremien stattfinden, ist nicht bekannt und gehört, wenn man sich die Umfrage-Ergebnisse ansieht, nicht zum Interaktionswissen der Befragten. Es zeigt sich vielmehr, dass politische Dialogsorten von den Bundesbürgern nicht differenziert werden nach Gremien und Funktionen. Vielmehr erscheint die parlamentarische Spracharbeit in der öffentlichen Wahrnehmung als eine große Rede- und Dialogmasse, die en bloc be- und verurteilt wird. Patzelt fasst dies wie folgt zusammen:

Fragt man die Deutschen ohne weitere Hinweise, wo denn – außer im Plenarsaal – die Arbeit des Bundestages stattfinde, können 58 % überhaupt keine Angaben

---

3   Die Umfrageergebnisse im Einzelnen sind einzusehen in den vom Allensbacher Institut für Demoskopie herausgegebenen *Jahrbüchern der öffentlichen Meinung*, seit 1976 *Jahrbücher der Demoskopie*. Bisher sind es elf an der Zahl.

machen und wissen ganze 27 % die Ausschüsse, 12 % die Fraktionen und 9 % Parteigremien zu nennen. (Patzelt 1995: 4)

Nun führt Patzelt aber auch ein weiteres Ergebnis an, dass die oben erwähnte These, die Bürgerinnen und Bürger erwarteten ein deliberierendes Plenum, zunächst zu bestätigen scheint: Die Deutschen, so Patzelt, wüssten durchaus, dass im Plenum »keine echten, auf hier und jetzt zu verändernde Meinungen abzielenden Diskussionen stattfinden, sondern feststehende Positionen vorgetragen werden. Das sei aber nicht der Sinn einer Plenardebatte, meinen 51 %« (Patzelt 1995: 4). – Genau das aber *ist* der Sinn einer Plenardebatte in der modernen parlamentarischen Parteiendemokratie der Bundesrepublik: die Ausgangs- und Schlusspositionen des Gesetzgebungsprozesses der Parteien öffentlich darzustellen, zu referieren, zu legitimieren – und der öffentlichen demokratischen Meinungsbildung und Entscheidungsfindung zugänglich zu machen.

5.2 Zur »Öffentlichkeit« als Prinzip parlamentarisch-demokratischer Sprache

Im Rahmen von Parlamentsreformen spielt die Öffentlichkeit der parlamentarischen Sprachhandlungen stets eine große Rolle. Es wird mehr Transparenz, und das heißt: Öffentlichkeit, gefordert; nicht-öffentliche parlamentarische Dialoge gelten stereotypisch als undemokratisch.

Die von Werner J. Patzelt erhobenen Daten liefern keinen eindeutigen Beleg dafür, ob die Entwicklung der Medienlandschaft auch zu größeren Kenntnissen über parlamentarisches Sprachhandeln geführt hat. Die Kontinuität der gleichlautenden Klagen über ein nur mäßig besetztes Plenum (vgl. Schüttemeyer 1986: 220), über »Worte« statt »Taten« und »Reden« statt »Handeln« sowie über das »Reden zum Fenster hinaus« deuten vielmehr darauf hin, dass selbst öffentliches parlamentarisches Sprachhandeln nicht in seiner veröffentlichenden Funktion wahrgenommen wird. So dienen die einen Diskurs eröffnenden und die denselben abschließenden *Generaldebatten*, wie erwähnt, gerade dem »Reden zum Fenster hinaus«, haben also überwiegend außenkommunikative Funktionen. Die abschließende *Generaldebatte* wäre im Sinn der Argumentation vom Reden und Handeln, vom Wort und der Tat sogar die »Tat«, das »Handeln«, da hier die bereits vollzogene Entscheidungsfindung verbindlich festgestellt und begründet wird.

Das Merkmal »Öffentlichkeit« erfährt in der politischen Theorie ausschließlich im Zusammenhang mit dem Merkmal »Dialog« eine Zuordnung zur politisch-ideologischen Konzeption von Demokratie. Denn »Öffentlichkeit« an sich ist ein wesentliches Merkmal alles Politischen, auch – vielleicht gar in besonderer Weise – undemokratischer politischer Systeme. Überträgt man die weit verbreitete stereotype Dichotomie vom Reden und Handeln zugespitzt auf den Referenzraum des Merkmals »Öffentlichkeit« parlamentarischer Sprache, so könnte man gar zu dem Schluss gelangen, dass nicht wenigen Bundesbürgern unerheblich sei, ob das Ergebnis im widerstreitenden öffentlichen Dialog oder im Arkanum der Kabinettsdialoge oder gar intraindividuell gefunden wurde; was zählte, wäre die »Tat«, das »Handeln«. Dieser Schluss widerspräche der These von der weit verbreiteten Erwartung eines dialogisch deliberierenden Parlamentsplenums.

6 Schluss

Der durchschnittliche Bundesbürger hat hohe Erwartungen an Abgeordnete und Parlamente (vgl. Patzelt 1994); und er erwartet im Grunde auch so etwas wie ein »Redeparlament«. Was er aber nicht zu erwarten scheint, sondern allenfalls mehr oder weniger interessiert geschehen ließe, ist ein deliberierendes Plenum, sind *Debatten* und *Diskussionen* mit der ihnen idealiter zugeschriebenen Funktion der Meinungsbildung und Entscheidungsfindung (von Wahrheitsfindung oder optimaler Problemlösung einmal ganz abgesehen). Die skizzierten Ergebnisse älterer Untersuchungen bedürfen der Aktualisierung; die aus ihnen abgeleiteten Thesen der empirischen sprach-, kommunikations- und politikwissenschaftlichen Prüfung. Jede Reform parlamentarischer Sprache, soviel darf festgehalten werden, läuft allerdings ins Leere, solange das Interaktionswissen des Bürgers, sein Wissen über Formen, Funktionen und Strukturen parlamentarischer Binnen- und Außenkommunikation rudimentär bleibt. In dieser Hinsicht sind die Politikwissenschaft und die politische Bildung, sind die Sprach- und Kommunikationswissenschaft sowie der schulische Deutschunterricht gefordert.

7 Literatur

Burkhardt, Armin (1991ff.): »Die Stenographie ist ja überhaupt eine unheimliche Sache!« (Konrad Adenauer). Zur Sprache des deutschen Parlamentarismus. In: *Neue Stenographische Praxis* 40 (1991), S. 41–77; 41 (1992), S. 1–34 und S. 73–127; 43 (1994), S. 33–55 und S. 65–87.

Burkhardt, Armin (2003): *Das Parlament und seine Sprache. Studien zur Theorie und Geschichte parlamentarischer Kommunikation.* Tübingen: Niemeyer (= Reihe Germanistische Linguistik; 241).

Burkhardt, Armin; Henne, Helmut (1984): Wie man einen Handlungsbegriff »sinnvoll« konstituiert. In: *Zeitschrift für germanistische Linguistik* 12, S. 332–351.

Dieckmann, Walther (1981): *Politische Sprache, Politische Kommunikation. Vorträge, Aufsätze, Entwürfe.* Heidelberg: Winter.

Dieckmann, Walther (2005): Deutsch: politisch – politische Sprache im Gefüge des Deutschen. In: Jörg Kilian (Hg.): *Sprache und Politik. Deutsch im demokratischen Staat.* Mannheim/Leipzig/Wien/Zürich: Dudenverlag (= Thema Deutsch; 6), S. 11–30.

Feldkamp, Michael F. (2005): *Datenhandbuch zur Geschichte des Deutschen Bundestages 1994–2003.* Baden-Baden: Nomos. – Internetseite:
http://www.bundestag.de/dokumente/parlamentsarchiv/dbuch/start.pdf [19. 3. 2010].

Heinemann, Wolfgang; Viehweger, Dieter (1991): *Textlinguistik. Eine Einführung.* Tübingen: Niemeyer (= Reihe Germanistische Linguistik; 115).

Holly, Werner (1982): Zur Geschichte parlamentarischen Sprachhandelns in Deutschland. Eine historisch-pragmatische Skizze an Beispielen aus ersten Sitzungen von verfassunggebenden Versammlungen. In: *Zeitschrift für Literatur und Linguistik* 12, H. 47, S. 10–48.

Holly, Werner (1990): *Politikersprache. Inszenierungen und Rollenkonflikte im informellen Sprachhandeln eines Bundestagsabgeordneten.* Berlin/New York: de Gruyter.

Kilian, Jörg (1995): Demokratie und Parlament. Zur semantischen Entwicklung einer komplizierten Beziehung am Beispiel deutschsprachiger Wörterbücher aus dem 19. und 20. Jahrhundert. In: Dörner, Andreas; Vogt, Ludgera (Hgg.): *Sprache des Parlaments und Semiotik der Demokratie. Studien zur politischen Kommunikation in der Moderne.* Berlin/New York: de Gruyter (= Sprache, Politik, Öffentlichkeit; 6), S. 249–277.

Kilian, Jörg (1996): Das alte Lied vom Reden und Handeln. Zur Rezeption parlamentarischer Kommunikationsprozesse in der parlamentarisch-demokratischen Öffentlichkeit der Bundesrepublik. In: *Zeitschrift für Parlamentsfragen* 27, H. 3, S. 503–518.

Kilian, Jörg (1997): *Demokratische Sprache zwischen Tradition und Neuanfang. Am Beispiel des Grundrechte-Diskurses 1948/49.* Tübingen: Niemeyer (= Reihe Germanistische Linguistik; 186).

Kilian, Jörg (2000): Erinnerter Neuanfang. Zur Formung parlamentarisch-demokratischer Kommunikation im Parlamentarischen Rat. In: Burkhardt, Armin; Pape, Kornelia (Hgg.): *Sprache des deutschen Parlamentarismus. Studien zu 150 Jahren parlamentarischer Kommunikation.* Wiesbaden: Westdeutscher Verlag, S. 172–192.

Kilian, Jörg (Hg.) (2005): *Sprache und Politik. Deutsch im demokratischen Staat.* Mannheim/Leipzig/Wien/Zürich:: Dudenverlag (= Thema Deutsch; 6).

Klein, Josef (1991): Politische Textsorten. In: Brinker, Klaus (Hg.): *Aspekte der Textlinguistik.* Hildesheim/Zürich/New York: Olms (= Germanistische Linguistik; 106–107), S. 245–278.

Klein, Josef (2001): Textsorten im Bereich politischer Institutionen. In: Brinker, Klaus; Antos, Gerd; Heinemann, Wolfgang; Sager, Sven F. (Hgg.): *Text- und Gesprächslinguistik. Linguistics of Text and Conversation.* Erster Teilband: *Textlinguistik. Text Linguistics.* Berlin/New York: de Gruyter (= Handbücher zur Sprach- und Kommunikationswissenschaft; 16.1), S. 732–755.

Mayntz, Gregor (1992): *Zwischen Volk und Volksvertretung. Entwicklung, Probleme und Perspektiven der Parlamentsberichterstattung unter besonderer Berücksichtigung von Fernsehen und Deutschem Bundestag.* Bonn: o. V. – Unveröffentlichte Dissertation.

Noelle, Elisabeth; Neumann, Erich P. (Hgg.) (1956): *Jahrbuch der öffentlichen Meinung 1947–1955.* Allensbach: Verlag für Demoskopie.

Patzelt, Werner J. (1994): Das Volk und seine Vertreter: eine gestörte Beziehung. In: *Aus Politik und Zeitgeschichte* B11/94, S. 14–23.

Patzelt, Werner J. (1995): Der unaufgeklärte Souverän. Die Deutschen und ihr mangelhaftes politisches Wissen. In: *Forum Politikunterricht* 3, S. 3-22.

Patzelt, Werner J. (1996): Das Wissen der Deutschen über Parlament und Abgeordnete. Indizien für Aufgaben politischer Bildung. In: *Gegenwartskunde* 45, H. 3, S. 309–322.

Patzelt, Werner J. (2005): Warum verachten die Deutschen ihr Parlament und lieben ihr Verfassungsgericht? Ergebnisse einer vergleichenden demoskopischen Studie. In: *Zeitschrift für Parlamentsfragen* 36, S. 517–538.

Patzelt, Werner J. (2008): Das unverstandene Parlament. Über das Politikwissen der Deutschen. In: *Schulmanagement. Zeitschrift für Schulleitung und Schulpraxis* 1, S. 30–32.

Schindler, Peter (1994): *Datenhandbuch zur Geschichte des Deutschen Bundestages 1983–1991.* Baden-Baden: Nomos.

Schüttemeyer, Suzanne S. (1986): *Bundestag und Bürger im Spiegel der Demoskopie. Eine Sekundäranalyse zur Parlamentarismusperzeption in der Bundesrepublik.* Opladen: Westdeutscher Verlag.

Simmler, Franz (1978): *Die politische Rede im Deutschen Bundestag. Bestimmung ihrer Textsorten und Redesorten.* Göppingen: Kümmerle.

Steffani, Winfried (1970): Redeparlament. In: Röhring, Hans-Helmut; Sontheimer, Kurt (Hgg.): *Handbuch des deutschen Parlamentarismus*. München: Piper, S. 418–420.

Tillmann, Alexander (1989): *Ausgewählte Textsorten politischer Sprache. Eine linguistische Analyse parteilichen Sprechens*. Göppingen: Kümmerle.

Volmert, Johannes (1989): *Politikerrede als kommunikatives Handlungsspiel. Ein integriertes Modell zur semantisch-pragmatischen Beschreibung öffentlicher Rede*. München: Fink.

Volmert, Johannes (2005): Kanzlerrede. Regierungserklärungen als Inszenierung von repräsentativ-parlamentarischer Herrschaft. In: Kilian, Jörg (Hg.): *Sprache und Politik. Deutsch im demokratischen Staat*. Mannheim/Leipzig/Wien/Zürich: Dudenverlag (=Thema Deutsch; 6), S. 210–221.

Natalie Cartier

Qualitätsmessung parlamentarischer Diskurse. Am Beispiel der Schweiz

1 Gesellschaftliche Konflikte und parlamentarische Debatten

In modernen Demokratien besteht Konsens darin, dass gesellschaftliche Konflikte im öffentlichen Diskurs bearbeitet, in einem gesprächszentrierten Stil und nicht etwa durch Drohung und Repression ausgetragen und gelöst werden sollten. Die Politik dient bekanntlich dazu, solche Konflikte zu bearbeiten, zu behandeln, zu lösen und kollektiv bindende Entscheidungen herbeizuführen. Als Ort der Austragung gesellschaftlicher Konflikte dienen u. a. politische Institutionen wie das Parlament: Im Anschluss an Parlamentsdebatten werden Entscheidungen über die debattierten Sachverhalte getroffen. Diese Entscheidungen werden in Form von Gesetzen verbindlich festgehalten und dadurch für die Öffentlichkeit mit grosser Bedeutung aufgeladen. Das Parlament ist somit der Ort, an dem die Vertreter des Volkes die bedeutenden Themen ihres Landes verhandeln und die öffentlichen Konflikte in der Form von Gesetzen kanalisieren (vgl. Burkhardt 2002a: 76; Hausendorf 2007: 49).

Ist eine *gute* Gesetzgebung[1] ein Ziel in der Politik, dann gibt es genügend Gründe, die Art und Qualität parlamentarischer Debatten einer genaueren Betrachtung zu unterziehen. Denn wenn man davon ausgeht, dass Gesetze im parlamentarischen Diskurs zustande kommen, zieht der Wunsch nach *guter* Gesetzgebung den Wunsch nach *guten* Debatten im Parlament nach sich. In der Linguistik ist das Vorgehen, kommunikative Handlungen normativ einzuschätzen, eher unüblich. In anderen Wissenschaftszweigen, die sich mit politischer Kommunikation auseinandersetzen, wie etwa der Politikwissenschaft, wird dagegen die Grenze der blossen Deskription kommunikativer Handlungen häufig überschritten und nach Kriterien gesucht, die gutes von schlechtem, geeignetes von ungeeignetem Interaktionsverhalten unterscheidbar machen. Es stellt sich also die Frage, wie politische Sprache beobachtet und in welcher Form sie auch der linguistischen Analyse zugeführt werden kann.[2]

---

1 Die unscharfe Begrifflichkeit der ›guten‹ Gesetzgebung wurde hier bewusst eingesetzt, eine genaue Definition ist für den Themenbereich des vorliegenden Beitrags nicht notwendig.

2 Roth (2004: 22) schreibt dazu: »Sprache im politischen Zusammenhang meint Sprachgebrauch im Sinne der (gruppen)sprachlichen Norm, die unter pragmatischer Perspektive untersucht und als prinzipiell intentional und funktional betrachtet wird, wobei sich weder Intention noch Funktion unmittelbar der empirischen Analyse erschließen.«

Um die Qualität parlamentarischer Debatten feststellen zu können, braucht es zuverlässige Messmethoden, welche die Interaktionen im Parlament empirisch zu erfassen, auszuwerten und hinsichtlich ihrer Qualität einzuschätzen erlauben. Die vorliegende Untersuchung verfolgt daher das Ziel, ein politikwissenschaftliches Messinstrument, das zur Einschätzung der Qualität parlamentarischer Diskurse eingesetzt wird – den im Folgenden detaillierter vorgestellten *Discourse Quality Index* (DQI) – aus einem politolinguistischen Blickwinkel zu beleuchten. Dabei wird v. a. danach gefragt, ob dieses Messinstrument tatsächlich eine Möglichkeit bietet, die Qualität parlamentarischer Diskurse zu erfassen. In Abschnitt 2 werden zunächst das Diskursprinzip nach Habermas (1983) sowie das Ideal der deliberativen Demokratie vorgestellt. Abschnitt 3 erläutert das Instrument *Discourse Quality Index*, insbesondere hinsichtlich der darin enthaltenen Weise der Kategorisierung von Diskursqualität. Sodann wird exemplarisch eine Messkategorie des DQI, die Partizipation, hinterfragt und aus linguistischer Sicht beurteilt. Abschnitt 5 enthält ein Fazit sowie Ausblicke auf mögliche weitere linguistische Annäherungen an parlamentarische Debatten.

2 Deliberative Demokratie als Ideal und Ziel

Als Basis des demokratischen Politikprozesses und damit auch der parlamentarischen Debatten wird das Ziel der Konsensfindung durch verbale Kommunikation gesehen, wobei unter Konsens eine Übereinstimmung oder Einigkeit der Kommunikationspartner verstanden wird. In der Kommunikation versuchen die Interaktionspartner,

> sich ihre handlungsleitenden Interessen gegenseitig einsichtig zu machen, um so eine Grundlage für ihr gemeinsames soziales Handeln zu schaffen. Gelingt diese Argumentation und führt sie zu einer Übereinstimmung in den handlungsleitenden Zielen, kann man von einem Konsens sprechen der auf dem Wege des Überzeugens […] hervorgebracht wurde. Dieser Konsens wiederum ist die Bedingung für das weitere gemeinsame Handeln. (Kirchner 2000: 94)

In sachlichen Diskursen sollte idealiter zielorientiert nach der besten Lösung gesellschaftlicher Probleme gesucht werden. Zwischen unterschiedlichen Meinungen und Lösungsvorschlägen Konsens zu finden, ist allerdings nicht leicht. Ein viel diskutierter Ansatz versucht, sich dieses Problems anzunehmen. Auch bei der Entwicklung des *Discourse Quality Index* (DQI) wurde, wie noch zu sehen sein wird, darauf zurückgegriffen. Angesprochen ist der Ansatz des rationalen Diskurses, wie ihn Jürgen Habermas (1985)[3] in der »Theorie des kommunikativen Handelns« und der daraus abgeleiteten Diskursethik beschreibt. Ein Diskurs ist im Sinne Habermas' idealisiertes und formali-

---

3   Erstveröffentlichung 1981.

siertes kommunikatives Handeln, das bisher unhinterfragtes Alltagswissen in der unalltäglichen, formalisierten Kommunikationssituation thematisiert und argumentativ infrage stellt. Habermas formuliert in dem Werk »Moralbewusstsein und kommunikatives Handeln« (1983) als Diskursprinzip, dass nur genau jene Handlungsnormen Gültigkeit haben, denen alle Betroffenen zustimmen können. Er hält fest:

> Jede gültige Norm muss der Bedingung genügen, dass die Folgen und Nebenfolgen, die sich aus der allgemeinen Befolgung der strittigen Norm für die Befriedigung der Interessen eines jeden Einzelnen voraussichtlich ergeben, von allen zwanglos akzeptiert werden können. (Habermas 1983: 103)

Zentrales Element des Diskursprinzips ist nach Habermas der rationale Diskurs, in dem gesellschaftliche Konflikte unter der Beteiligung aller Betroffenen und durch das gemeinsame Suchen der für alle Beteiligten besten Lösung bearbeitet und ihrer Beendigung zugeführt werden. Dies zu erreichen setzt einiges voraus: Teilnehmende müssen ihre Wünsche und Bedürfnisse ungehindert einbringen können, sich gegenseitig als gleichwertige Subjekte akzeptieren, den Gesprächspartnern und Gesprächsgegenständen gegenüber aufgeschlossen sein, sich ohne Vortäuschungen wahrhaftig äussern, sich verständlich und nachvollziehbar ausdrücken und versuchen, den Blickwinkel der Gesprächspartner nachzuvollziehen (vgl. Spörndli 2004: 16–17).

Eine solche Vorstellung des rationalen Diskurses ist als Idealbild zu verstehen. Habermas überträgt dieses Bild auf den politischen Diskurs. Dadurch entsteht das Konzept der deliberativen Demokratie, die die Möglichkeit aller bezeichnet, die eigenen Anliegen in den politischen Diskurs einzubringen. Als Idealbild eines qualitativen politischen Diskurses steht das Konzept den Defiziten gängiger Demokratiemodelle gegenüber. Die vom Ideal gestellten Forderungen können als Zielsetzungen gelesen werden, welche verschiedene existierende Demokratiemodelle zu erreichen versuchen (vgl. Spörndli 2004: 27). Das Konzept der deliberativen Demokratie ist also normativ geprägt.

Anhand des Konzepts der deliberativen Demokratie kann einerseits die Form eines bestehenden politischen Diskurses beschrieben oder andererseits danach gefragt werden, mit welchem Vorgehen sich der Abstand zwischen Realität und Ideal verringern liesse. Letzteres beinhaltet also nicht nur eine Beschreibung des Bestehenden, sondern eine Auslotung des noch Fehlenden. Ist das Fehlende bestimmt, lassen sich über die Deskription hinausgehend präskriptive Forderungen stellen, durch deren Umsetzung eine Annäherung an das Ideal der deliberativen Demokratie erreicht werden kann. Eben dieses Ziel wird mit der Entwicklung und der Verwendung des *Discourse Quality Index* (DQI) verfolgt: die deliberative Qualität parlamentarischer Debatten am Ideal zu messen, um daraufhin zu erkennen, welche institutionellen Gegebenheiten für die Diskursqualität förderlich sind. Das folgende Kapitel präsentiert dieses Messinstrument.

3 Der Discourse Quality Index

Ein Projekt, das von Steiner, Bächtiger, Spörndli und Steenbergen (2004) am politikwissenschaftlichen Institut der Universität Bern umgesetzt wurde, geht dem Idealbild der deliberativen Demokratie empirisch nach. Ziel des Projekts ist es, im länderübergreifenden Vergleich der Diskursqualität in Parlamenten herauszufinden, welche institutionellen Gegebenheiten sich diskursfördernd oder diskurshindernd auswirken. Wie in der Politikwissenschaft üblich, verfolgt das Projekt einen normativen Ansatz. Zur Messung der Qualität parlamentarischer Diskurse arbeitet es mit dem *Discourse Quality Index* (DQI).[4] Als Fernziel wird die Optimierung der institutionellen Gestaltung der Parlamente zugunsten der Diskursqualität gesehen. Trotz dieser stark politikwissenschaftlichen Ausrichtung der Studien ist das verwendete Messvorgehen aus linguistischer Sicht interessant, denn die Diskursqualität wird anhand der in den Parlamenten stattfindenden und nach einem Kategorienraster codierten verbalen Interaktionen gemessen. Linguistinnen und Linguisten sehen sich daher mit der Frage konfrontiert, ob es tatsächlich möglich ist, die Qualität einer parlamentarischen Debatte anhand dieses Rasters zu bestimmen. Dieser Frage soll im Folgenden nachgegangen werden.

Die im DQI verwendete Untersuchungseinheit ist die Rede. Damit bezeichnen Steiner et al. (2004) eine Folge von Äusserungen, die ein bestimmtes Individuum zu einem bestimmten Zeitpunkt zum öffentlichen Diskurs beiträgt. Der gesamte Redebeitrag wird gemäss dem Messvorgehen in sogenannte Sprechakte zerlegt und codiert. Bei jedem Sprechakt ist zwischen relevanten und unrelevanten Abschnitten zu unterschieden, wobei relevant im Sinne von inhaltlich bedeutsam für den parlamentarischen Diskurs verstanden wird: Ein relevanter Teil enthält eine Forderung des Sprechers darüber, wie die zu fällende Entscheidung aussehen soll. Zur Codierung der Sprechakte verwenden Steiner et al. Kategorien, die sich eng an Habermas' Prinzipien der Diskursethik orientieren. Zusammengenommen sollen diese Kategorien zeigen, wie nahe ein realer Diskurs den idealisierenden Prinzipien Habermas' kommt.[5] Der DQI verortet die Qualität eines Diskurses auf dem Kontinuum zwischen den Extremen der Nicht-Deliberation und der idealen Deliberation (vgl. Steiner et al. 2004: 55). Gemäss Habermas (1985: 149) sind die Prinzipien der Partizipation, des Niveaus und des Inhalts der Rechtfertigung, des Respekts und der konstruktiven Politik von Bedeutung für die Qualität eines Dis-

---

4 Auf Basis des DQI wurden schon mehrere Studien durchgeführt, vgl. etwa Bächtiger (2005) und Arnold/Koch (2002).

5 Dass jedoch die Kritik realer politischer Gegebenheiten anhand von Idealnormen problematisch ist, zeigte Kilian (1997: 102): »Voraussetzung für die Nutzung von Idealnormen als Maßstab der Kritik ist […], dass sie, trotz ihres idealen Status, auf dem Boden der politischen Gegebenheiten stehen […].« Eine aussenperspektivische Vorgabe von Idealen als Grundlage der Kritik verbiete sich, »da in solchem Falle Ungleiches miteinander in Bezug gesetzt würde […]«.

kurses.⁶ Wie diese Prinzipien zur Messung im DQI umgesetzt werden können, zeigen die Erläuterungen Steiners et al. (2004):

Partizipation: Diese Kategorie erfasst die Möglichkeit eines Sprechenden, ungehindert an einer Debatte teilzunehmen. Steiner et al. (2004: 57) sehen in der Messung der Partizipation im Parlament keine Schwierigkeiten: »For parliamentary debates, however, this dimension is not very problematic since members of parliament have formally established rights of participation.« Im DQI wird die Partizipation mittels der Unterbrechung gemessen: Wird ein Sprecher von einem anderen unterbrochen, sei dies als Behinderung seiner Partizipationsmöglichkeit, als Rederechtsverweigerung, zu sehen. Erfolgt keine Unterbrechung, sei die Partizipationsmöglichkeit gewährleistet.

Begründungsniveau der Forderungen: »Here we judge to what extend a speech gives complete justification for demands« (Steiner et al. 2004: 57). Die Vollständigkeit der Begründung einer Forderung wird anhand der gezogenen Schlussfolgerungen gemessen. Eine Schlussfolgerung besteht, wenn implizit oder explizit aufgezeigt wird, dass eine Annahme zu der Forderung führt oder von der Forderung abhängt.⁷

Inhalt der Begründung der Forderungen: »This coding category captures, whether appeals are made in terms of narrow group interests, in terms of the common good, or in terms of both« (Steiner et al. 2004: 58). Codiert wird hier, ob explizite Äusserungen auf einzelne Gruppen Bezug nehmen oder auf die Gemeinschaft als Ganzes referieren.

Respekt: Respekt wird anhand dreier Unterkategorien erfasst: (a) »First, there is respect fort the groups that are to be helped through particular policies« (Steiner et al. 2004: 58). (b) »The next indicator is respect toward the demands of others« (Steiner et al. 2004: 59). Gemeint sind damit die anderen Teilnehmenden der Debatte. (c) »Our final indicator of respect concerns counterarguments« (Steiner et al. 2004: 59). Der dritte Indikator erfasst also, ob ein Sprecher oder eine Sprecherin auf die Argumente anderer reagiert oder sie ignoriert.

Konstruktive Politik: »Our final indicator concerns consensus building, or what we call constructive politics« (Steiner et al. 2004: 59). Diese Kategorie erfasst, ob die Sprechenden auf ihren anfänglichen Positionen verharren oder ob sie mit vermittelnden Vorschlägen Konsensbereitschaft signalisieren.

Vorausgesetzt, der *Discourse Quality Index* ist tatsächlich dazu geeignet, die Erfüllung der Habermas'schen Prinzipien in einer parlamentarischen Debatte zu erfassen, könnte damit die Qualität des Diskurses, verstanden als Nähe zum deliberativen Ideal, erkannt werden. Inwiefern anhand dieser Messkategorien jedoch wirklich die Qualität einer par-

---

6 Zusätzlich beschreibt Habermas die Wahrhaftigkeit als zentrales Prinzip. Davon wurde im Projekt DQI abgesehen, da Wahrhaftigkeit und der Verzicht auf Täuschung über die Intentionen einer Äusserung schwierig oder gar unmöglich zu erfassen seien (vgl. Steiner et al. 2004: 56).

7 Verbindungen würden nicht immer explizit gezogen, da der Sprecher annehme, dass die Zuhörenden die Bedeutung der Verbindung verstehen.

lamentarischen Debatte erfasst wird, bleibt zu diskutieren. Dies geschieht im folgenden Abschnitt am Beispiel des Messkriteriums Partizipation. Ziel dabei ist, herauszukristallisieren, ob der DQI einen Nutzen für die Politolinguistik hat oder ob es Bereiche gibt, in denen er linguistischen Ansprüchen nicht genügt.

4 Linguistische Kritik anhand der Kategorie Partizipation

Die folgenden Betrachtungen werden sich mit der Messkategorie der Partizipationsmöglichkeit als grundlegendem Kriterium des DQI auseinandersetzen. Dabei gilt es zu fragen, wie der DQI diese misst und ob damit garantiert ist, dass sie tatsächlich erfasst wird.

4.1 Die Bedeutung und Messung der Partizipation

Demokratie bezeichnet in ihrem Grundgedanken »government of the people, by the people, for the people«[8], also die Regierung der Regierten. Wenn nun das Volk sich selber regieren soll, erfordert dies die Möglichkeit aller, sich einzubringen und am politischen Diskurs teilzunehmen. Partizipation ist also eine Grundbedingung der Demokratie. In modernen demokratischen Staaten ist es jedoch nicht möglich, jeden einzelnen Bürger und jede einzelne Bürgerin vollumfänglich in den politischen Diskurs einzubeziehen. Daher soll die Gestaltung des politischen Diskurses gewährleisten, dass die Bürgerinnen und Bürger zumindest angemessen vertreten sind und die Vertreter an der parlamentarischen Debatte partizipieren können. Dies bedeutet, dass sie physisch anwesend sind sowie dass sie die Möglichkeit haben, ihre Meinungen im Parlament in angemessener Länge einzubringen (vgl. Leggewie 2006: 24).

In Anbetracht der Tatsache, dass Partizipation für die moderne Demokratie zentral und gemäss Habermas (1985) für das Ideal der deliberativen Demokratie unumgänglich ist, soll also das erste Kriterium des DQI messen, inwiefern in einer Parlamentsdebatte die Partizipation der einzelnen Vertreter gewährleistet ist. Wie bereits erwähnt, erfolgt die Messung anhand der Unterbrechung. Wird ein Parlamentsmitglied in seinen Ausführungen unterbrochen, sei dies als Beschneidung des Rede- und Partizipationsrechts zu werten (vgl. Steiner et al. 2004: 57). Der Code der Unterbrechung ist dabei

> reserved for situations in which a speaker explicitly states that he or she is disturbed by an interruption and for situations in which the interruption occurs through a formal decision, which does not include, however, situations in

---

8 Abraham Lincoln in seiner »Gettysburg Address« (1863). Manuskript im Internet greifbar unter: http://myloc.gov/Exhibitions/gettysburgaddress/Pages/default.aspx [29. 8. 2010].

which speakers are interrupted because their speaking time is up. (Steiner et al. 2004: 57)

Aus linguistischer Perspektive stellen sich zu diesen Überlegungen einige Fragen, auf die im Folgenden mit Blick auf die Debattenkultur des Schweizer Parlaments eingegangen werden soll.

4.2 Zur Interpretation von Unterbrechungen

Ein erstes Problem bei der Messung der Partizipation anhand von Unterbrechungen stellt sich bei der Frage der Interpretation von Unterbrechungen. Ist in parlamentarischen Debatten das Unterbrechen eines Redners durch einen anderen oder durch ein institutionalisiertes Wahlverfahren ausschliesslich als Rederechtsverweigerung zu interpretieren? Ist es nicht viel eher so, dass zwischen verschiedenen Formen der Unterbrechung und ihrer Funktion differenziert werden muss?

Hier kann eine Studie von Armin Burkhardt (2002a) weiterhelfen, die Einblicke in die Natur von Zwischenrufen in Parlamenten präsentiert. Anhand dieser Studie lassen sich die Schwierigkeiten, die sich bei der Interpretation von Unterbrechungen als blosse Rederechtsverweigerung ergeben, aufzeigen: Zwischenrufe sind spontane Wortmeldungen eines Parlamentariers, der im Moment seiner verbalen Äusserung nicht formal über das Rederecht verfügt (vgl. Burkhardt 2002a: 80). Zwischenrufe stellen damit eine, wenn auch nicht die einzig mögliche, Form von Unterbrechung im Parlament dar. Ein Zwischenruf, so schreibt Burkhardt (2002a: 80) weiter, kann verschiedene Formen und Funktionen annehmen. Ob ein Zwischenruf unterbrechende Wirkung hat, entscheidet sich mit der Reaktion des Redners bzw. der Rednerin. Als blosser Kommentar des Gesprochenen aufgenommen, ruft er keine Reaktion seitens des Redners hervor. Dieser lässt sich vom Zwischenruf nicht unterbrechen, fühlt sich auch nicht unterbrochen oder bringt dies zumindest nicht explizit zum Ausdruck. Ein solch folgenloser Zwischenruf ist in der Messung des DQI gemäss Steiner et al. (2004: 57) nicht als Unterbrechung zu werten. Führt ein Zwischenruf hingegen zu einer Reaktion seitens des Redners und damit zu einer Unterbrechung seiner Rede oder animiert er das Plenum zu weiteren Zwischenrufen, die eine Unterbrechung der Rede zur Folge haben, dann sind die Zwischenrufe nach Steiner et al. (2004: 57) im DQI als Unterbrechung zu codieren.

Die Unterscheidung der Zwischenrufe mit unterbrechender Wirkung von jenen ohne reicht jedoch nicht aus, um die gesamte Problematik der Interpretation von Unterbrechungen aufzuzeigen. Vielmehr ist auch die Funktion von Zwischenrufen mit unterbrechender Wirkung zu beachten. So kann über einen Zwischenruf Ablehnung ausgedrückt werden. Hat ein solch ablehnender Zwischenruf unterbrechende Wirkung, kann er als Rederechtsverweigerung gewertet werden. Jedoch können Zwischenrufe zuweilen auch zustimmende Funktion haben, die Rufenden mit ihren Zwischenrufen also

Wohlwollen und Unterstützung gegenüber der Rede ausdrücken (vgl. Burkhardt 2002a: 80). Trotz einer solch unterstützenden Absicht ist es aber möglich, dass der Zwischenruf den Redner irritiert und er daraufhin seine Rede unterbricht. Eine Unterbrechung dieser Art kann aber schwerlich als Rederechts- oder Partizipationsverweigerung interpretiert werden, denn es lag nicht in der Intention des Rufenden, dem Redner das Rederecht abzuerkennen oder es sich selber zu verschaffen.[9] Dennoch wird die Unterbrechung im DQI als Rederechtsverweigerung codiert.

Somit ist zu erkennen und in der nachfolgenden Tabelle (Tab. 1) ersichtlich, dass Zwischenrufe in den Messkategorien des DQI in zwei Fällen nicht korrekt erfasst werden: Einerseits geschieht dies, wenn ein zustimmender Zwischenruf mit unterbrechender Wirkung als Rederechtsverweigerung codiert wird. Andererseits ist dies der Fall, wenn der ablehnende Zwischenruf ohne unterbrechende Wirkung nicht als Rederechtsverweigerung erfasst wird.

Art	Unterbrechende Wirkung	Rederechts-verweigerung	Codierung im DQI
Zustimmender Zwischenruf	Nein	Nein	Nein
	Ja	Nein	Ja
Ablehnender Zwischenruf	Nein	Ja	Nein
	Ja	Ja	Ja

Tab. 1: Wirkung und Absicht der Zwischenrufe sowie ihre Erfassung im DQI

Daneben gibt es eine institutionalisierte Form des Zwischenrufes, die Zwischenfrage (vgl. Burkhardt 2002a: 81): Nachdem er seine Absicht, eine Zwischenfrage zu stellen, angezeigt hat, wartet der Fragende bei dieser Form parlamentarischer Kommunikation, bis der Ratspräsident oder die Ratspräsidentin den Redner am Ende eines Satzes unterbricht und dem Fragenden das Rederecht erteilt. Dadurch wird der Redner unterbrochen; er überlässt dem Fragenden das Wort. Burkhardt zeigt auf, dass Zwischenfragen ganz unterschiedliche Funktion erfüllen können: So nennt er z. B. die Informations-

---

9 Die Intention des Rufenden zu erkennen, wird im Einzelfall kaum zuverlässig möglich sein. Halten wir aber fest, dass hinter einem Zwischenruf nicht unbedingt die Intention der Unterbrechung des Redners steht.

frage, die Bitte um Stellungnahme und die Bitte um Klarstellung als Formen der Zwischenfrage (vgl. Burkhardt 2002a: 81–82). Diese sind nicht als Rederechtsverweigerung zu werten, denn ihnen wohnt der Wunsch nach Klärung des diskutierten Sachverhalts inne. Eine erneute Rederechtsvergabe an den Sprecher ist dabei die zugrunde liegende Absicht, wenn auch mit einer zumindest zeitweiligen Themenvorgabe für die nachfolgende Phase der Rede. Der Redner kann eine solche Frage als Unterbrechung wahrnehmen, da er sich ausserplanmässig zu dem in der Frage vorgegebenen Thema hin orientieren muss. Er kann die Zwischenfrage jedoch auch als Hinweis auf eine Unklarheit auffassen, der es ihm ermöglicht, sein Anliegen deutlicher vorzutragen.

Zwischenfragen, deren Funktion dem Wunsch nach genauerer Klärung des Sachverhaltes entspricht, werden vom Fragenden also gar nicht und vom Redner nur potentiell als Rederechtsverweigerung aufgefasst, obwohl sie eine Unterbrechung der Rede mit sich bringen. Die Codierung der Zwischenfrage als Unterbrechung im Sinne einer Rederechtsverweigerung entspricht also nur bedingt den Tatsachen, wie in folgender Tabelle ersichtlich:

Art	Unterbrechende Wirkung	Absicht Rederechtsverweigerung	Auffassung Rederechtsverweigerung	Codierung im DQI
Informationsfrage, Bitte um Stellungnahme/Klarstellung	Ja	Nein	Ja	Ja
	Ja	Nein	Nein	Ja

Tab. 2: Wirkung der Zwischenfrage, dahinter stehende Absicht seitens des Fragenden, ihre Interpretation durch den Redner sowie ihre Erfassung im DQI

Diese Hinweise auf mögliche Formen und Funktionen von Zwischenrufen und Zwischenfragen zeigen, dass es zu kurz gefasst wäre, Unterbrechungen in jedem Fall als Rederechts- und Partizipationsverweigerung zu interpretieren. Ihre Codierung kann daher bei weitem nicht so unproblematisch verlaufen, wie Steiner et al. (2004: 57) dies für möglich halten.

Ein Blick auf den Geschäftsgang in der Grossen Kammer des Schweizer Parlaments, den Nationalrat, fördert einen weiteren Aspekt dieser Problematik zutage. Im Geschäftsreglement des Nationalrates (GRN)[10] ist neben der Redezeit, der Reihenfolge und der Rederechtsvergabe auch das Auftreten von Zwischenfragen reglementiert. Unter Artikel

---

10 Geschäftsreglement des Nationalrates (GRN) vom 3. Oktober 2003, im Internet greifbar unter: http://www.admin.ch/ch/d/sr/c171_13.html [9.4.2010].

42, Absatz 1 GRN heisst es: »Jedes Ratsmitglied und die Vertreterin oder der Vertreter des Bundesrates können am Schluss eines Votums der Rednerin oder dem Redner zu einem bestimmten Punkt der Ausführungen eine kurze und präzise Zwischenfrage stellen […].« Eigentliche Zwischenfragen während eines Votums sind somit im Nationalrat nicht zulässig. Unter Absatz zwei desselben Artikels steht: »Die Zwischenfrage darf erst gestellt werden, wenn die Rednerin oder der Redner diese auf eine entsprechende Frage der Präsidentin oder des Präsidenten zulässt.« Spontane Wortmeldungen, Zwischenrufe, Zwischenfragen und andere Reaktionen sind reglementarisch also nicht vorgesehen.

Die Sichtung der Protokolle von Nationalratsdebatten kann Aufschluss darüber geben, wie diese reglementarischen Vorgaben realiter gehandhabt werden. Ausgewählt wurde dazu eine Debatte vom 18. März 2009[11] in der Frühjahrssession des Nationalrates, in der ein in der Schweiz zum entsprechenden Zeitpunkt stark emotionalisiertes Thema verhandelt wurde: die Zukunft des Schweizer Bankgeheimnisses.[12] In einer so stark von Emotionen geprägten Debatte sind Zwischenrufe, spontane Reaktionen, Zwischenfragen und Reglementsverstösse eher zu erwarten als in primär sachlich verlaufenden Debatten. Finden sich also in der gewählten Debatte wenig bis keine Reglementsverstösse, kann angenommen werden, dass das Geschäftsreglement eingehalten wird.

Der Blick ins Protokoll der Debatte vom 18. März 2009 zeigt, dass diese Debatte tatsächlich weitgehend geordnet und reglementkonform verlief. In der mehrstündigen Debatte fanden sich nur Fragen, die erst im Anschluss an ein Votum und auf Aufforderung der Ratspräsidentin gestellt wurden. Zwischenfragen gab es keine. Allerdings fallen die Anschlussfragen häufig länger aus, als im Reglement vorgesehen, was Reaktionen der Ratspräsidentin und den Hinweis auf das Geschäftsreglement nach sich zieht, wie in Ausschnitt 1 der Debatte zu sehen.

Ausschnitt 1 (Nationalratsdebatte vom 18. März 2009)
BUNDESPRÄSIDENT H.-R. MERZ: *[Abschluss langer Rede, deutsch]*
NATIONALRATSPRÄSIDENTIN C. SIMONESCHI-CORTESI: Monsieur conseil fédéral, il y a quelques questions. D'abord Roth-Bernasconi veut poser une question.
M. ROTH-BERNASCONI: *[lange Erklärung, französisch]*
NATIONALRATSPRÄSIDENTIN C. SIMONESCHI-CORTESI: S'il vous plaît, la question!
M. ROTH-BERNASCONI: […] Je me permis de vous demander: avez vous cherché des femmes pur le comité d'expertes? […]
BUNDESPRÄSIDENT H.-R. MERZ: Vous savez tous que dès le début, j'étais un des premiers qui ai engagé des femmes lorsque cela était possible. […]

---

11 Wortprotokoll »18.3.2009: 13. Sitzung Frühjahrssession: Parlamentarische Vorstösse zum Finanzplatz Schweiz«. Im Internet greifbar unter: http://www.parlament.ch/ab/frameset/d/n/4807/294797/d_n_4807 _294797_294803.htm [17.4.2010].
12 Dazu etwa: Vogler, Robert U. (2005): *Das Schweizer Bankgeheimnis: Entstehung, Bedeutung, Mythos*. Verein für Finanzgeschichte: Schweiz und Fürstentum Liechtenstein.

Nach dieser Sequenz, die streckenweise die Grenzen des gemäss des Geschäftsreglements zulässigen Interaktionsverhaltens auslotet, folgen weitere Zwischenfragen an den Redner sowie seine Antworten darauf. Diese verlaufen aber dem Reglement gemäss, wie der nachfolgende Ausschnitt 2 zeigt.

Ausschnitt 2
> U. SCHLÜER: Herr Bundespräsident. Sie verteidigen jetzt mit gleichem Nachdruck das Bankgeheimnis für alle in der Schweiz wohnhaften Menschen [...]. Können sie diese Garantie absichern?
> BUNDESPRÄSIDENT H.-R. MERZ: Indem ich wiederhole, dass in all den gesetzlichen Vorschriften, die sich in der Schweiz auf das Bankkundengeheimnis beziehen, kein Buchstabe geändert werden soll.

Solche Fragen im Anschluss an eine lange Rede unterbrechen den Redner nicht und dienen auch nicht der Rederechtsverweigerung. Sie werden daher im DQI nicht codiert.

Um zu klären, ob es im Schweizer Parlament zu Zwischenrufen kommt und wie damit umgegangen wird, folgt mit Ausschnitt 3 eine Sequenz derselben Debatte, die noch Tage danach in den Medien des ganzen Landes sowie nördlich der Grenze diskutiert wurde.[13] Das Wortprotokoll sowie Film- und Tonmitschnitte zeigen, weshalb Nationalrat Thomas Müller mit seiner Äusserung solche Reaktionen hervorrief: Er zieht in seiner Rede einen Vergleich zwischen dem deutschen Bundesfinanzminister Peer Steinbrück, der in der Bankgeheimnisdebatte eine bedeutende Rolle spielte, und Hitlerdeutschland.

Ausschnitt 3
> T. MÜLLER: [...] Wenn die deutsche Politik in Schwierigkeiten steht, dann braucht sie Geld und Sündenböcke. Und Peer Steinbrück, das darf man in aller Offenheit sagen, definiert das Bild des hässlichen Deutschen neu. *[Pause]* Er erinnert mich an jene Generation von Deutschen, die vor sechzig Jahren mit Ledermantel, Stiefel und Armbinde durch die Gassen gegangen sind. *[Pause, teilweise leichter Beifall]* Es geht *[teilweise stärkerer Beifall, Unruhe]* Wir dürfen auch zur Kenntnis nehmen – in unseren direkten Begegnungen mit deutschen Staatsangehörigen –, dass Peer Steinbrück in erster Linie gegen sein eigenes Volk handelt. [...]

---

13 Vgl. etwa die Website der »NZZ«: http://www.nzz.ch/nachrichten/international/steinbrueck_bekraeftigt_kritik_an_der_schweiz_aufregung_um_nazi-vergleich_1.2222391.html [6. 4. 2010]; die Website des »Blick«: http://www.blick.ch/news/schweiz/erinnert-an-deutsche-mit-ledermantel-stiefel-und-armbinde-114780 [6. 4. 2010].

Eine solche Äusserung müsste eigentlich heftige Reaktionen im Saal hervorrufen. Doch bis auf verhaltenen Beifall aus den eigenen Reihen verhält sich der Rat ruhig. Jene Reaktionen, die Müller sein Votum kurz unterbrechen lassen, sind eher unterstützender Natur und daher nicht als Rederechtsverweigerung zu lesen. Ablehnende Reaktionen kommen lediglich in einer leichten Unruhe zum Ausdruck. Auch die Ratspräsidentin reagiert nicht darauf. Im Schweizer Nationalrat erfolgen, so ist hier zu erkennen, teilweise selbst bei höchst umstrittenen und im Nachhall von verschiedenen Parlamentsmitgliedern kommentierten Äusserungen keine Unterbrechung, keine Zwischenrufe oder grössere Tumulte. Gemäss den Annahmen von Steiner et al. (2004) könnte man nun davon ausgehen, dass aufgrund der seltenen Unterbrechung von Rednerinnen und Rednern im Schweizer Parlament die Partizipation vollumfänglich gewährleistet ist. Dass dies zu kurz greift, zeigen die folgenden Überlegungen.

4.3 Soziolinguistische Einflussfaktoren

Partizipation oder Nicht-Partizipation hängen von weit mehr Faktoren ab als nur davon, ob ein Sprecher durch eine Unterbrechung explizit daran gehindert wird, seine Anliegen auszuformulieren. Sie wird auch davon beeinflusst, ob er sich überhaupt vollumfänglich äussern kann oder ob er sich durch weniger explizite Formen der Unterdrückung daran gehindert sieht. Zwar verfügen in einem Parlament alle Volksvertreter formal über die gleichen Möglichkeiten, ihre Anliegen vorzubringen.[14] Doch Machtgefüge können sich auch in scheinbar egalitären Verhältnissen entwickeln, auch entgegen formaler Machtstrukturen. Die propagierte Gleichheit und das damit einhergehende propagierte Gleichgewicht zwischen den Teilnehmenden einer parlamentarischen Debatte wird von vielen Ungleichgewichten durchzogen, die für die in dieser Einheit mögliche Interaktion von zentraler Bedeutung sind (vgl. Barge 2006: 522). Solche Asymmetrien wirken auf den Interaktionsverlauf ein, indem sie den verschiedenen Interaktionsteilnehmenden unterschiedliche Macht vermitteln. Macht wird in diesem Zusammenhang interaktional definiert, denn die Machtverteilung erfolgt in jeder Interaktion neu und ergibt sich durch die anwesenden Teilnehmerinnen und Teilnehmer. Institutionelle Machtverteilungen spielen in diese Verteilung mit hinein, genau wie andere Asymmetrien, die Interaktionspartner in die Interaktion hineintragen. Die konkrete Auswirkung der Machtverteilung in der einzelnen Interaktion kann als Dominanz bezeichnet werden. In diesem Sinne ist ein Interaktionspartner dominant, wenn er auf die Interaktion steuernd einwirkt, wenn er also seine Intentionen im Gespräch durchsetzen kann, auch auf Kosten der Anliegen anderer Teilnehmer. In der egalitär ausgelegten Institution des Parlaments ist eine Vielzahl an Ungleichheiten zu finden, die hierarchiefrei kon-

---

14 Davon auszuschliessen sind natürlich Ratspräsidentinnen und Ratspräsidenten sowie andere Personen mit grösserer Verfügungsgewalt.

zipierte Kommunikationsform ist nicht gänzlich frei von kommunikativer Hierarchie (vgl. Broock/Meer 2004: 4–8).

Asymmetrien können verschiedener Art und Ausprägung sein, sie haben aber immer einen Einfluss auf die Interaktion. Faktoren wie berufliche Herkunft, Wissensbestände und Bildungshintergründe wirken sich auf die rhetorischen Möglichkeiten der Parlamentsmitglieder in der Interaktion aus. Zwar gibt es Tendenzen dahingehend, dass bestimmte Berufsgruppen und vor allem eher Personen aus bildungsnahen Schichten stärker im Parlament vertreten sind als andere (vgl. Linder 2005: 204). Doch auch Personen mit gleichem Bildungsstand können über einen sehr unterschiedlichen Hintergrund verfügen, was sich einerseits auf die zur Debatte stehende Sachlage auswirken kann und andererseits potentiell interaktionale Asymmetrie entstehen lässt. Weitere Unterschiede, z. B. hinsichtlich der beruflichen Herkunft, sind auch im Schweizer Nationalrat zu erkennen. Im Jahr 2009 etwa stammten von den 200 Mitgliedern des Nationalrates 33 aus dem Berufsfeld Management, 30 aus dem Rechtswesen und 24 übten hauptberuflich eine politische Tätigkeit aus.[15] Diesen Berufsfeldern standen 24 Parlamentsmitglieder gegenüber, die als ihre Haupttätigkeit die Land- und Forstwirtschaft sowie die Tierzucht angaben. Das Bildungsniveau in diesen Berufsfeldern ist tendenziell tiefer als jenes in den drei erstgenannten Berufsfeldern. Es kann nicht ausgeschlossen werden, dass diese Faktoren einen unterscheidenden Einfluss auf das Interaktionsverhalten der Parlamentsmitglieder ausüben.

Asymmetrien in der Interaktion können sich auch aus der Parteiherkunft der Parlamentsmitglieder ergeben. Möglich ist, dass in den Parteien und in Zusammenwirkung mit ihren Ideologien andere Gesprächskulturen herrschen und diese stammparteiliche Ordnung das Verhalten der Parteimitglieder im Parlament prägt. Unterschiedliche Fraktionsstärken, so ist zudem die Annahme, können das Verhalten der einzelnen Fraktionsmitglieder im Parlament dadurch beeinflussen, dass sich ein Mitglied einer starken Fraktion besser unterstützt sieht und daher anders auftritt als ein Mitglied einer sehr kleinen Fraktion.

Andere Formen der Asymmetrie ergeben sich etwa aus der kulturellen Herkunft der Parlamentsmitglieder. Zwar sind alle Mitglieder des Schweizer Parlaments Schweizer Staatsbürger, doch gibt es beträchtliche kulturelle Unterschiede. So ist es denkbar, dass sich Parlamentsmitglieder der verschiedenen Landesteile aufgrund ihrer unterschiedlichen kulturellen Prägung in der Interaktion unterschiedlich verhalten. Offensichtlich wird die Relevanz des kulturellen Hintergrundes im Hinblick auf die Sprachverwendung. Die Schweizer Parlamentsmitglieder verfügen über ungleiche Ausdrucksfähigkeiten in den vier Landessprachen Deutsch, Französisch, Italienisch, Rätoromanisch. Dies spiegelt sich auch in den Räten, in denen die drei Amtssprachen auf Bundesebene,

---

15 Vgl. http://www.parlament.ch/d/dokumentation/statistiken/Seiten/berufe.aspx [8. 4. 2010].

Deutsch, Französisch und Italienisch, zur Anwendung kommen können.[16] Die folgenden Ausschnitte, allesamt aus der Nationalratsdebatte vom 18. März 2009, zeigen dies. Viele Parlamentsmitglieder italienischer oder rätoromanischer Muttersprache ziehen es vor, im Rat die Fremdsprachen Deutsch oder Französisch zu sprechen. Das verdeutlicht das Beispiel der Nationalratspräsidentin Simoneschi-Cortesi. Sie ist italienischer Muttersprache, wechselt im Rat jedoch häufig in das für eine grössere Zahl der Parlamentsmitglieder verständliche Französisch.

Ausschnitt 4
NATIONALRATSPRÄSIDENTIN C. SIMONESCHI-CORTESI: Monsieur Fehr, ne commençons pas la journée comme cela, s'il vous plaît!

Einige Parlamentsmitglieder wechseln die Sprache, wenn ihnen eine Frage in einer anderen Sprache gestellt wird. Dies ist in dem Ausschnitt 5 ersichtlich, in dem Bundespräsident Merz, seinerseits deutscher Muttersprache, auf eine französisch gestellte Frage französisch antwortet.

Ausschnitt 5
J. ZISYADIS: [...] Est-ce que vous allez les transmettre ou bien tout simplement ne pas les transmettre pur qu'on puis les rediscuter immédiatement dans ce parlement.
BUNDESPRÄSIDENT H.-R. MERZ: Communiquer, c'est accompagner une décision, et non bavarder.

Andere Parlamentsmitglieder halten zwar Reden in ihrer nicht-deutschen Muttersprache, wechseln aber hin und wieder ins Deutsche, wie Ausschnitt 6 zeigt.

Ausschnitt 6
C. GUSCETTI: [...] sui quali il nostro paese, purtroppo, ha vissuto per tanti, troppi anni. Ich stelle ein paar Fragen auf Deutsch: Wie wollen Sie die Steuerprivilegien und Steueroasen bekämpfen? [...] damit es auch auf juristische Personen und innovative Finanzprodukte erweitert wird? Ci vuole rapidamente una strategia da parte del governo [...].

Diese Beispiele weisen darauf hin, dass der Umgang mit mehreren Sprachen in einem Parlament trotz der Simultanübersetzung Probleme mit sich bringen kann und sich auf die Partizipations- und Ausdrucksmöglichkeit der Interaktionsteilnehmenden auswirkt. Im Ständerat, der kleinen Kammer, in dem es keine Simultanübersetzung gibt, gewinnt

---

16 Vgl. Artikel 37 Geschäftsreglement des Nationalrates (GRN). Rätoromanisch ist zwar eine Landessprache und Amtssprache auf kantonaler Ebene, nicht jedoch auf Bundesebene.

dieses Problem noch an Bedeutung. Hätten die dargestellten Asymmetrien keine Auswirkung auf das Verhalten der Interaktionsteilnehmenden, wären sie hier nicht weiter von Relevanz. Wirkungen solcher Ungleichheiten sind aber in linguistischen Studien belegt, weshalb sie nicht von der Hand gewiesen werden können (vgl. Ng/Bradac 1993). In parlamentarischen Institutionen ist daher nicht auszuschliessen, dass Machtgefüge entstehen und diese die Interaktionssequenzen sowie das Partizipationsverhalten einzelner Interaktionsteilnehmender beeinflussen. Mit dem Mass des DQI sind Einflüsse von Faktoren wie Bildung oder sprachlicher Kompetenz auf das Partizipationsverhalten nicht erfassbar. Dennoch sollen hier die Überlegungen zur Messung der Partizipation im DQI noch nicht abgeschlossen sein.

4.4 Interkultureller Vergleich

Als Fernziel von DQI-Studien wird der Ländervergleich gesetzt, der es erlauben soll, diskursfördernde und diskurshindernde institutionelle Gegebenheiten in Parlamenten zu identifizieren (vgl. Steiner et al. 2004: 98–99). Steiner et al. schreiben dazu:

> One needs to know the culture of a political institution, the context of the debate, and the nature of the issue under debate, to get a true understanding of how actors in the institution use and interpret language. (Steiner et al. 2004: 60)

In diesem Abschnitt ist einiges von dem enthalten, was weiter oben bereits angesprochen wurde. Doch leider findet dieser Gedanke bei Steiner et al. keine weitere Ausführung. Obwohl sie die Komplexität der Interaktionssituation Parlament erkennen, erfassen sie diese mit einfachen Messvorgängen und führen sie dem länderübergreifenden Vergleich zu, ohne weitere Überlegungen über kulturelle Differenzen und ihre Wirkungen anzustellen. Wäre es z. B. nicht nahe liegend, dass Parlamente verschiedener Staaten, die in ihrem kulturellen Umfeld teilweise doch beträchtlich differieren, aufgrund dessen unterschiedliche Gesprächskulturen zeigen? So kann man vermuten, dass in gewissen Kulturen Zwischenfragen und Zwischenrufe aus Gründen wie etwa der Höflichkeit schon ohne genaue Analyse ihres Inhaltes eine ganz andere Bedeutung vermitteln. Und wäre es nicht möglich, dass ein und dieselbe Frage in zwei Parlamenten auf die gleiche Weise gestellt, zu unterschiedlichen Einschätzungen hinsichtlich ihrer Bedeutung für die Rederechtsverweigerung führt? Schliesslich: Ist es nicht denkbar, dass solche Unterschiede nicht nur von der differenten institutionellen Gestalt der Parlamente abhängen? Mit dem DQI sind solche, hier vorerst als hypothetische Annahmen dargelegte Einflüsse nicht ausreichend erfassbar.

5 Schluss

In der vorliegenden Untersuchung wurde der *Discourse Quality Index* (DQI) von Steiner et al. (2004) einer linguistischen Prüfung unterzogen. Dabei konnte gezeigt werden, dass sich bei dieser Art der Messung kommunikativer Gegebenheiten im Parlament und der Qualität parlamentarischer Debatten Schwierigkeiten ergeben, welchen nicht so leicht beizukommen ist. Exemplarisch wurde die Partizipation als erstes Messkriterium des DQI herausgegriffen und hinsichtlich der mit ihrer Messung verbundenen Problemen hinterfragt. Dabei ergab sich, dass die Messung der Partizipation anhand von Unterbrechungen in dieser Weise nicht sinnvoll ist, da Unterbrechungen nicht einfach zu messen und nicht in jedem Fall als Partizipationsverweigerungen zu interpretieren sind. Zudem entscheidet sich Partizipation nicht allein an Unterbrechungen, sondern hängt von zahlreichen weiteren Faktoren ab, von denen nur einige genannt wurden. Hinzu kommt, dass die Einschätzung der Qualität politischer Diskurse anhand der parlamentarischen Kommunikation nur bedingt möglich und sinnvoll ist. Dies gilt zumindest in Bezug auf öffentliche parlamentarische Debatten, wie es Debatten des Schweizer Nationalrates oder Plenumsdebatten der Schweizerischen Bundesversammlung sind: »Die Bedingungen der modernen massenmedial vermittelten Öffentlichkeit führen zu wesentlichen Verzerrungen des Diskussionsideals« (Holly 1990: 14). Auch Volmert (1989) weist auf diesen Umstand hin:

> Das sprachliche Handeln wird in öffentlichen Akten auf eine bestimmte Weise »inszeniert«; der Handlungsablauf selbst wird im Hinblick auf die Situationsinszenierung »rituell« vollzogen, das hat Konsequenzen für den Grad der Verpflichtung bzw. die Ernsthaftigkeit der Aussagen. (Volmert 1989: 29)

Kommunikation in öffentlichen Parlamentssitzungen kann daher nur bedingt als politische Kommunikation, in der gesellschaftliche Konflikte tatsächlich verhandelt und diskutiert werden, angesehen werden. Viel häufiger werden diese Debatten von den Rednern als Plattformen zur Inszenierung der eigenen Meinungen und der eigenen Person genutzt. Jene Politik, die sich tatsächlich innerhalb des Parlaments abspielt, findet vorwiegend hinter geschlossenen Türen statt, in den Ausschüssen bzw. Kommissionen und vor allem in den Fraktionssitzungen. Somit ist fraglich, ob die Analyse der Qualität von Interaktionen in öffentlichen Rats- und Plenumssitzungen tatsächlich eine Antwort geben kann auf die Frage, ob mit dieser Form der Interaktion die Kanalisierung der gesellschaftlichen Konflikte in Regeln und Gesetze beobachtet und hinsichtlich ihrer Qualität eingeschätzt werden kann.

Trotz dieser Kritik an dem Messvorgehen sind auch einige positive Bemerkungen über das Projekt DQI vorzubringen: Das traditionelle Verständnis der angewandten Linguistik ist ein deskriptives. Sie setzt sich das Ziel, verschiedene Formen des Gesprächs und der Kommunikation zu erkennen und ihre Charakteristika herauszuarbeiten. Verzichtet wird dabei meist auf die Einschätzung der Qualität des kommunikativen Geschehens. Doch

> darf heute wohl als allgemein akzeptiert gelten, dass die Analyse und Kritik der politischen Sprache eine wichtige gesellschaftspolitische Serviceleistung der Linguistik ist: ein Bereich, in dem die Linguistik ins praktische Leben greift und eingreift. (Burkhardt 2002b: 75)

Dies gilt insbesondere auch für die Politolinguistik. Für sie könnte es aufgrund dieser Affinität zur politischen Beratung und Sprachkritik sinnvoll sein, von ihrer ausschliesslich deskriptiven Orientierung abzuweichen und sich vermehrt in kritische, präskriptive Gefilde zu begeben. Der spezifische Beitrag der Linguistik zur Beratungstätigkeit liegt dabei »in der methodisch exakten und im wissenschaftlichen Sinne empirisch gewonnenen Analyse des jeweiligen Ist-Zustands, auf den sich der kritische Beratungsbeitrag bezieht« (Roth 2004: 78).

Soll der politische Diskurs durch die linguistische Beratung verbessert werden, ist eine Basis erforderlich, anhand derer entschieden werden kann, welche Arten von Kommunikation sich positiv auf den politischen Diskurs auswirken. Wenn also die Politolinguistik der Ausrichtung auf die praktische Anwendung ihrer Resultate treu bleiben will, muss sie das Kommunikationsgeschehen einschätzen und Schwachstellen erkennen lernen. Dazu braucht es eine Möglichkeit, die Qualität von Diskursen zu erfassen. Auch wenn der *Discourse Quality Index* aus linguistischer Sicht nicht genügen kann, kann er dennoch ein Anknüpfungspunkt sein und den kritischen Umgang mit parlamentarischen Debatten in politolinguistischen Arbeiten befruchten.

6 Bibliographie

Arnold, Felizitas; Koch, Barbara (2002): *Deliberative Demokratie. Wunsch oder Wirklichkeit? Eine vergleichende empirische Untersuchung der Debatten zur parlamentarischen Initiative 93.434 ›Schwangerschaftsabbruch. Revision des Strafgesetzbuches‹*. Bern: o. V. – Unveröffentlichte Lizentiatsarbeit.

Bächtiger, André (2005): *The Real World of Deliberation. A Comparative Study of Its Favorable Conditions in Legislatures*. Bern: Haupt.

Barge, Kevin J. (2006): Dialogue, Conflict, and Community. In: Oetzel, John G.; Ting-Toomey, Stella (Hgg.): *The SAGE Handbook of Conflict Communication. Integrating Theory, Research, and Practice*. London: SAGE, S. 517–540.

Broock, Alexander; Meer, Dorothee (2004): Macht – Hierarchie – Dominanz – A-/Symmetrie: Begriffliche Überlegungen zur kommunikativen Ungleichheit in institutionellen Gesprächen. In: *Gesprächsforschung – Online-Zeitschrift zur verbalen Interaktion* 5/2004, S. 184–209. – Internetseite: www.gespraechsforschung-ozs.de/heft2004/ga-brock.pdf [15. 4. 2010].

Burkhardt, Armin (2002a): Zwischen Diskussions- und Schaufensterparlamentarismus. Zur Diagnose und Kritik parlamentarischer Kommunikation – am Beispiel von Zwischenfragen und Kurzdialogen. In: Dörner, Andreas; Vogt, Ludgera (Hgg.): *Sprache des Parlaments und Semiotik der Demokratie. Studien zur politischen Kommunikation in der Moderne.* Berlin/New York: de Gruyter (= Sprache Politik Öffentlichkeit; 6), S. 73–106.

Burkhardt, Armin (2002b): Politische Sprache. Ansätze und Methoden ihrer Analyse und Kritik. In: Spitzmüller, Jürgen; Roth, Kersten Sven; Leweling, Beate; Frohning, Dagmar (Hgg.): *Streitfall Sprache. Sprachkritik als angewandte Linguistik?* Bremen: Hempen (= Freiburger Beiträge zur Linguistik; 3), S. 75–114.

Habermas, Jürgen (1983): *Moralbewusstsein und kommunikatives Handeln.* Frankfurt am Main: Suhrkamp.

Habermas, Jürgen (1985): *Theorie des kommunikativen Handelns.* Band I: *Handlungsrationalität und gesellschaftliche Rationalisierung.* 3., durchges. Aufl. Frankfurt am Main: Suhrkamp.

Hausendorf, Heiko (2007): Politikersprache. Zur Politisierung von Kommunikation am Beispiel der Auseinandersetzung um gentechnische Genehmigungsverfahren. In: Habscheid, Stephan; Klemm, Michael (Hgg.): *Sprachhandeln und Medienstrukturen in der politischen Kommunikation.* Tübingen: Niemeyer (= Germanistische Linguistik; 279), S. 45–62.

Holly, Werner (1990): *Politikersprache. Inszenierung und Rollenkonflikte im informellen Sprachhandeln eines Bundestagsabgeordneten.* Berlin/New York: de Gruyter.

Kilian, Jörg (1997): *Demokratische Sprache zwischen Tradition und Neuanfang. Am Beispiel des Grundrechte-Diskurses 1948/49.* Tübingen: Niemeyer (= Reihe Germanistische Linguistik; 186).

Kirchner, Alexander (2000): *Die sprachliche Dimension des Politischen. Studien zu Rhetorik und Glaubwürdigkeit.* Würzburg: Ergon (= Spektrum Politikwissenschaft; 15).

Leggewie, Claus (2006): Deliberative Politik. Modebegriff oder neuer Regierungsstil? In: Kamps, Klais; Nieland, Jörg-Uwe (Hgg.): *Regieren und Kommunikation. Meinungsbildung, Entscheidungsfindung und gouvernementales Kommunikationsmanagement – Trends, Vergleiche, Perspektiven.* Köln: Herbert von Halem, S. 21–53.

Linder, Wolf (2005): *Schweizerische w. Institutionen – Prozesse – Perspektiven.* 2. vollst. überarb. Aufl. Bern: Haupt.

Ng, Sik Hung; Bradac, James J. (1993): *Power in Language. Verbal Communication and Social Influence.* Newbury Park, CA: SAGE (= Language and Language Behavior; 3).

Roth, Kersten Sven (2004): *Politische Sprachberatung als Symbiose von Linguistik und Sprachkritik. Zu Theorie und Praxis einer kooperativ-kritischen Sprachwissenschaft.* Tübingen: Niemeyer (= Reihe Germanistische Linguistik; 249).

Spörndli, Markus (2004): *Diskurs und Entscheidung. Eine empirische Analyse kommunikativen Handelns im deutschen Vermittlungsausschuss.* Wiesbaden: vs.

Steiner, Jürg; Bächtiger, André; Spörndli, Markus; Steenbergen, Marco R. (2004): *Deliberative Politics in Action. Analysing Parliamentary Discourse.* Cambridge: University Press (= Theories of Institutional Design).

Volmert, Johannes (1989): *Politikerrede als kommunikatives Handlungsspiel. Ein integriertes Modell zur semantisch-pragmatischen Beschreibung öffentlicher Reden.* München: Fink.

Andrea Lüönd

Mit der Niederlage umgehen.
Reden abgewählter Bundesräte im Vergleich

1 Gegenstand und Fragestellung

Im Dezember 2003 geschah in der Vereinigten Bundesversammlung etwas, was zuvor ein ganzes Jahrhundert lang nie vorgekommen war:[1] Die zur Wiederwahl angetretene Bundesrätin Ruth Metzler von der Christlichdemokratischen Volkspartei (CVP) wurde in ihrem Amt nicht bestätigt. Grund dafür war der durch die Ergebnisse der Parlamentswahlen im Oktober 2003 bedingte Aufbruch der so genannten ›Zauberformel‹, die die Verteilung der sieben Schweizer Bundesratssitze dem Wählerverhältnis der Regierungsparteien anpasst. Vier Jahre später, im Dezember 2007, geschah erneut Aussergewöhnliches: Bundesrat Christoph Blocher von der Schweizerischen Volkspartei (SVP) wurde in seinem Amt nicht bestätigt. An seiner Stelle wählte das Parlament eine andere Vertreterin der SVP, Eveline Widmer-Schlumpf. Die Gründe für die Verweigerung der Wiederwahl lagen in diesem Fall jedoch anders. Bundesrat Blocher hatte während seiner vier Amtsjahre auch in der eigenen Fraktion polarisiert und ihm wurden Verstösse gegen das Kollegialitätsprinzip in der Regierung vorgeworfen (vgl. Luginbühl in diesem Band).

Beide Bundesräte hielten jeweils fast unmittelbar im Anschluss an die Wahlniederlage eine Rede vor der Vereinigten Bundesversammlung, also vor den vereinigten beiden Parlamentskammern (National- und Ständerat). Diese Wahlergebnisreden, die freilich in den meisten Fällen Wahlgewinnerreden sind, geniessen in der Schweiz eine hohe öffentliche Aufmerksamkeit und werden am Schweizer Fernsehen live übertragen. Obwohl im gleichen institutionellen Rahmen gehalten, unterscheiden sich die Reden von Ruth Metzler und Christoph Blocher erheblich voneinander. Während Ruth Metzler sich in ihrer Rede dem Entscheid des Parlaments fügte und die Gelegenheit nutzte, ihren politischen und privaten Unterstützern zu danken, bewertete Christoph Blocher in seiner Rede den Parlamentsentscheid kritisch und kündigte den Oppositionsgang seiner Partei an. Die beiden Ansprachen sind so verschieden, dass es sicher berechtigt ist zu behaupten, dass Bundesrat Blochers Rede anhand eines intuitiven Politikverständnisses als spezifisch politischer eingestuft werden kann als diejenige von Bundesrätin Metzler.

---

1 So schreibt Klöti (2002: 163) im *Handbuch der Schweizer Politik*: »Trotz des Kollegialprinzips untersteht der Bundesrat damit nicht einer kollektiven Verantwortung gegenüber der Wahlbehörde. Dies verleiht der Regierung grosse Stabilität, die noch verstärkt wird durch den Umstand, dass die Mitglieder des Bundesrates nach vier Jahren mit einer Wiederwahl rechnen können, wenn sie nicht von sich aus darauf verzichten. Im 20. Jahrhundert ist kein Mitglied des Bundesrates gegen seinen Willen nicht wiedergewählt worden.«

Die der Untersuchung zugrunde liegende Fragestellung sucht im Allgemeinen nach textlinguistischen Kriterien zur Unterscheidung politischer und nicht-politischer Reden und fragt im Besonderen nach den textsortenspezifischen Eigenschaften der politischen Wahlergebnisrede.[2] Ausgehend vom Überblick über sechs pragmatische Typologisierungsmodelle, die Werner Holly (1990) aufgestellt hat, und den textsortenklassifizierenden Betrachtungen Josef Kleins (2000) werde ich im Folgenden einen breit abgestützten Merkmalskatalog der politischen Wahlergebnisrede zusammenstellen und diesen in einem weiteren Schritt auf die beiden eingangs genannten Wahlverliererreden anwenden.

2 Forschungsstand und Desiderat

2.1 Typologisierungsmodelle der bisherigen Forschung

Die Typologisierungsversuche der seiner Arbeit vorangehenden pragmalinguistischen Forschung stellt Werner Holly in einer Tabelle dar. Diese Art des Überblicks erscheint mir sinnvoll, da durch die Tabelle die verschiedenen Ansätze der Modelle und deren Lücken sichtbar gemacht werden.

Edelman 1964	Dieckmann ²1975	Bergsdorf 1983	Dieckmann 1983	Grünert 1984	Strauß 1986
Formen/ Sprachstile	Sprachstile	Felder	kommunikative Verfahren	Sprachspiele	kommunikative Verfahren
legal language	Sprache des Gesetzes	Sprache der Gesetzgebung/ Rechtsprechung	AUFFORDERN		
administrative language	Sprache der Verwaltung	Verwaltung		regulativ	REGULIEREN NORMIEREN
bargaining language	Sprache der Verhandlung	Verhandlung	VERHANDELN	instrumentell	VERHANDELN PROTESTIEREN
hortatory language	Sprache der Überredung		DELIBERIEREN PERSUASION	informativ-persuasiv	ARGUMENTIEREN DELIBERIEREN INFORMIEREN
	Meinungssprache	Erziehung Propaganda		integrativ	AKTIVIEREN UNTERWEISEN LEGITIMIEREN SOLIDARISIEREN INTEGRIEREN

Tab. 1: Sprachstile/-funktionen in der Politik (aus: Holly 1990: 31)

---

2 Der Terminus »Wahlergebnisrede« wurde anlässlich des Symposiums, aus dem diese Publikation hervorgegangen ist, von Josef Klein in die Diskussion eingebracht. Ich übernehme den Terminus, da er meiner Meinung nach den Gegenstand, um den es hier geht, präzise benennt. Josef Klein und auch Werner Holly danke ich an dieser Stelle herzlich für wertvolle Anregungen zu meiner Arbeit.

Die Klassifikation des Politikwissenschaftlers Edelman aus dem Jahr 1964 und die auf Edelman aufbauenden Klassifikationsversuche von Dieckmann (1975) und Bergsdorf (1983) orientieren sich sowohl an Institutionen als auch an Sprachhandlungsmustern. Während aber Edelman sich noch streng an die Institutionen hält, spricht Bergsdorf (1983) von »Feldern der politischen Sprache« und Dieckmann (1975) von »Sprachstilen«. Die weiteren Typologisierungsversuche stehen unter dem Einfluss der modernen Sprachpragmatik und orientieren sich konsequenter an den kommunikativen Verfahren. Grünert (1984) lehnt sich an Wittgenstein an und prägt den Terminus der »Sprachspiele im Raum des Politischen«, Dieckmann (1983) erweitert seine »Sprachstile« zu »kommunikativen Verfahren«. Die Sprachspiele Grünerts orientieren sich an Institutionen und Protagonisten. So unterscheidet er zwischen dem regulativen (Gesetzgebungsprozess), dem instrumentell-begehrenden (Forderungen und Wünsche der Regierten), dem informativ-persuasiven (zielt auf Bewusstseinsbildung, medial vermittelte Öffentlichkeit) und dem integrativen (auf das Gruppenbewusstsein abzielenden) Sprachspiel (vgl. Dieckmann 2005: 23–25).

Am weitesten entwickelt ist das Modell von Strauss (1986), der sich auf die kommunikativen Verfahren gemäss Dieckmann (1983) bezieht. Strauss unterscheidet zwischen den Verfahren auf der Makroebene, denen dann auf einer weiteren Analyseebene Mikroverfahren zugeordnet werden. Durch die strenge Orientierung an kommunikativen Verfahren weicht Strauss den institutionellen Barrieren effizient aus und macht die sprachlichen Handlungen auch ausserhalb institutioneller Grenzen vergleichbar (vgl. Holly 1990: 32–34). Weiter unterscheidet er für die Charakterisierung politischer Texte drei Kategorien: Sprachspiele, kommunikative Verfahren und pragmatischer Textgehalt. Unter Sprachspielen versteht er die spezifische Konstellation, in der eine sprachliche Handlung stattfindet. Dies sind laut Strauss das gemeinsame Wissen, die Strategien und Handlungsziele der Beteiligten sowie die Sprachspiele als Teil einer bestimmten sozialen Wirklichkeit. Die kommunikativen Verfahren sind relativ abstrakt, ihr politischer Charakter kommt erst durch die Zuordnung zu einem spezifischen Sprachspiel zustande. Der pragmatische Textgehalt erlaubt die mikrostrukturelle Differenzierung der Texte, die ansonsten demselben Sprachspiel und demselben kommunikativen Verfahren angehören (vgl. Holly 1990: 35).

Die von Werner Holly formulierte Kritik an den Typologisierungsversuchen der bisherigen Forschung bringt die Mängel der bisherigen Kategorienbildung auf den Punkt:

> Die Charakterisierung der Typen, sowohl durch ihre Etiketten als auch durch Erläuterungen weiterer Merkmale, bleibt insgesamt unsystematisch: Man zählt Textsorten, Redesorten, Gesprächssorten auf (Gesetz, Parteirede, Tarifverhandlungen, Vertragskonferenzen), die aber kein einheitliches Bild geben. (Holly 1990: 34)

Die Kategorien und Textsorten seien, so Holly, an politische Institutionen gebunden und der Fokus liege selten auf den Sprachhandlungsmustern. Dies sei deshalb problematisch, weil die Sprachhandlungsmuster in verschiedenen Institutionen verschieden ausgeprägt vorkommen können (vgl. Holly 1990: 32). Daraus leitet Holly die Forderung nach einer differenzierteren institutionellen Charakterisierung ab.

2.2 Die Verortung der Wahlergebnisrede

Es stellt sich also die Frage, wo sich die Wahlergebnisrede in den angesprochenen Typologien verorten lässt und welche Merkmale ihr zugeschrieben werden können. In der Forschungsliteratur finden die Wahlrede wie auch die Wahlkampfrede Erwähnung. Eine Verortung der Wahlergebnisrede hat bisher nicht stattgefunden. Doch trotz des Fehlens dieser Textsorte in den vorhandenen Typologien greife ich im Folgenden auf diese zurück, da die Wahlergebnisrede grosse Ähnlichkeiten mit der Wahl- und der Wahlkampfrede aufweist.

Heiko Girnth etabliert in seiner Einführung zu Sprache und Sprachverwendung in der Politik (2002) den Terminus Handlungsfelder, welchen er von Grünerts Sprachspielen (die wiederum auf Wittgenstein basieren) ableitet. Girnth definiert die folgenden vier Handlungsfelder: öffentlich-politische Meinungsbildung, innerparteiliche Willensbildung, politische Werbung und Gesetzgebungsverfahren. Die Textsorte der Wahl*kampf*rede verortet er beispielhaft im Handlungsfeld der politischen Werbung. Dies ist plausibel, ist eine Wahlkampfrede doch de facto Werbung für ein bestimmtes Produkt einer bestimmten Partei. Die Verortung der *Wahlrede* wird nicht direkt angesprochen. Da die übrigen Handlungsfelder jedoch an andere Institutionen und Gebrauchssituationen gebunden sind (z. B. das Handlungsfeld öffentlich-politische Meinungsbildung an die Presse), ist es plausibel, auch die Wahlergebnisrede zum Handlungsfeld der politischen Werbung zu zählen. Angelehnt an Grünert spricht Girnth weiter von vier Sprachfunktionen: die regulative, die poskative (instrumentelle), die informativ-persuasive und die integrative Sprachfunktion. Die Textsorte der *Wahlrede* ordnet er der informativ-persuasiven Sprachfunktion zu (vgl. Girnth 2002: 38–41). Auch hier scheint die Verortung plausibel. Es ist jedoch festzustellen, dass Girnth einmal die Wahlkampfrede und dann die Wahlrede als Beispiel heranzieht. Es wäre informativ, jeweils beide Rede-Textsorten als Beispiele aufzuführen.

Werner Holly geht in seiner Übersicht der Typologisierungsansätze näher auf Bergsdorf ein und gibt folgende Überblickstabelle von Bergsdorf wieder:

Felder der politischen Sprache	Zielbeschreibung	Charakterisierung	Beispiele für Institutionen und Situationen
Gesetzgebung	Handlungsvorbereitung	schematisierend, vage	Verfassung, Gesetz, Urteil
Verwaltung	Handlungsanweisung	schematisierend, präzise	Steuerbescheid, Baugenehmigung, militärischer Befehl
Verhandlung	Herbeiführung von Übereinstimmung	flexibel, vage	Diplomatie, Koalitionsverhandlungen, »gemeinsames« Kommuniqué
Erziehung	Wertbildung	emotiv, flexibel	politische Bildung, Schule, Hochschule, Massenmedien
Propaganda	Wertveränderung oder -verstärkung	emotiv, vage	politische Rede, Parteipropaganda, Massenmedien

Tab. 2: Felder der politischen Sprache nach Bergsdorf (1986: 487)

Bergsdorf ordnet die politische Rede im Feld der Propaganda ein. Laut diesem Schema gibt es keine Rede im politischen Diskurs, die nicht eine Wertveränderung intendiert, die ihre Zuhörer also nicht beeinflussen will. Die Zielsetzung des sprachlichen Aktes ist in diesem Fall also ausschlaggebend für die Typologisierung des Sprachgebrauchs. Generell wird die politische Rede als emotiv und vage charakterisiert.

In Josef Kleins Typologie der Texte politischen Sprachgebrauchs (Klein 2000) werden Textsorten nach Emittent, Thema und Adressat definiert. Klein begründet dies mit der im politischen Handeln allgegenwärtigen Frage nach der Verteilung von Macht und Kontrolle. Er schreibt:

> Kommunikationstheoretisch gewendet, bedeutet dies die Frage danach, wer unter welchen Bedingungen und in welchem Maße welchen Adressaten gegenüber die Möglichkeit hat, adressatenbindende TS [Textsorten, A.L.] mit direktiv-regulativer Grundfunktion u./o. meinungsbetonte TS mit evaluativ-appellativer Grundfunktion zu emittieren. (Klein 2000: 734)

Klein unterscheidet u. a. von der Volksvertretung emittierte Textsorten (wie Gesetze oder Verfassungstexte), von den Regierungen emittierte Textsorten, die er je nach Adressat noch einmal unterteilt (aussenpolitische, parlamentsadressierte und verwaltungsadressierte Textsorten), von Parteien oder Fraktionen emittierte Textsorten, zu denen auch die Wahlkampftextsorten wie Wahlbroschüren zu zählen sind, und von Politikern als personale Repräsentanten emittierte Textsorten. Hierunter ordnet Klein auch die politischen Reden ein. Reden seien dann Beispiele dieser Textsorten, »wenn ihre Durchführung gebunden ist an politische Institutionen als Bedingungsrahmen, an Redner mit politischem Amt oder Mandat und an politische Themen als Redegegenstand« (Klein 2000: 748). Die politischen Reden unterteilt er wiederum in dissensorientierte und konsensorientierte Textsorten, wobei unter Ersteren die *Wahlrede* aufgeführt wird. Als Kennzeichen für Wahlreden werden Hochwert- und Fahnenwörter genannt sowie die Aufwertung der eigenen Position gegenüber derjenigen des politischen Gegners. Die Wahlrede werde zudem nonverbal durch Stimmmodulation, Mimik und Gestik emotional aufgeladen (vgl. Klein 2000: 748–751).

In diese Kategorie der von Politikern als Repräsentanten emittierten politischen Reden möchte ich nun ergänzend die Wahlergebnisrede hinzunehmen. Ob es sich dabei um eine konsens- oder eine dissensorientierte Rede handelt, muss an dieser Stelle aufgrund der wenigen untersuchten Textexemplare offen bleiben.

2.3 Die Merkmale der Wahlergebnisrede

Textsortenspezifisch ist unumstritten, dass eine politische Rede immer in einem entsprechend politisch-institutionellen Rahmen stattfindet und der Emittent wie auch die Adressaten sich mit einer politischen Frage auseinandersetzen. Diese Voraussetzungen lassen eine relativ treffsichere Unterscheidung einer politischen von einer nicht-politischen Rede zu. Zur genaueren Differenzierung der Wahlergebnisrede müssen allerdings noch weitere Kriterien hinzugezogen werden.

Wie sich aus dem vorhergehenden Kapitel ergibt, bewegt sich die Wahlergebnisrede im Handlungsfeld der politischen Werbung, ihr Ziel ist dementsprechend die Persuasion. Der Redner wird von seiner Ideologie geführt, er ist also nicht frei in der Argumentation, ihre politische Grundeinstellung ist bis zu einem gewissen Grad verpflichtend. Die Wahlergebnisrede ist emotiv und vage, sie lässt dem Adressaten bewusst einen Interpretationsspielraum. Sprachlich ist auch sie geprägt von Hochwert- und Fahnenwörtern wie auch von der Bewertung eigener und fremder Positionen. Im Folgenden soll nun anhand von zwei Analysen der beiden Wahlergebnisreden von Ruth Metzler und Christoph Blocher überprüft werden, inwiefern die so zusammengefassten Merkmale der Wahlergebnisrede zutreffen und worin der Grund für die unterschiedliche Wahrnehmung der Reden gesucht werden kann.

3 Analyse der Bundesratsreden[3]

3.1 Die Rede von Ruth Metzler

Ruth Metzler beginnt ihre Rede mit einer ausführlichen rituellen Anrede aller im Parlamentssaal anwesenden Personen. Unmittelbar darauf folgt die Feststellung, dass die Anwesenden, also die Wählenden, einen Entscheid getroffen hätten, den sie akzeptiere. Die direkte Anrede »Sie haben im Sinne der Konkordanz entschieden, [...]« gibt die Unmittelbarkeit des Geschehens wieder und lässt keine Unbestimmtheit aufkommen: Eine klare Benennung der Akteure und der Geschehnisse findet als erstes statt. Es folgt darauf ein rückblickender Abschnitt, in dem Frau Metzler die Zeit in ihrem Amt als Bundesrätin Revue passieren lässt und positiv wertet. Dabei gibt sie auch die erste persönliche Stellungnahme ab: »[...] und ich habe mich voller Elan und voller Freude dafür eingesetzt«. Sie erwähnt weiter die Herausforderungen, die sich ihr mit dem Amt als Bundesrätin gestellt haben, und die Erfolge, die sie hatte, beispielsweise »zahlreiche Volksabstimmungen zu gewinnen«.

Der kurze dritte Abschnitt beginnt mit der persönlichen Reaktion auf die Nichtwahl: »Es schmerzt mich, [...]«, welche gleichzeitig auch der emotionale Höhepunkt der Rede ist. Sie bedauert hier öffentlich, dass sie abgewählt wurde, relativiert dieses Bedauern jedoch im nächsten Abschnitt, in dem sie die Geschehnisse der letzten Wochen vor der Wahl noch einmal aufgreift und die logische Folge der neuen Kräfteverhältnisse – ihre Nichtwahl – gewissermassen als notwendig für eine »konstruktive Zusammenarbeit in der Bundesversammlung und mit dem neuen Bundesrat« bezeichnet. Vage bleibt sie mit der Formulierung der Zukunftsperspektive des neuen Regierungsgremiums: »Der Geist der Konkordanz, der in den vergangenen Wochen arg strapaziert worden ist, soll neu aufleben und für die Lösung der schwierigen Fragen der Zukunft wegweisend sein«.

Im fünften Abschnitt bezieht sich Ruth Metzler nochmals auf ihre persönliche Situation, und die Rede erfährt dadurch einen zweiten emotionalen Anstieg. Inhaltlich bleibt sie aber sachlich. Den sechsten und letzten Abschnitt der Rede nutzt die abgewählte Bundesrätin, um ihrem Mann, ihrer Familie, Freunden und politischen Wegbegleitern zu danken.

Die Rede von Ruth Metzler ist mit 289 Wörtern relativ kurz. Sie strukturiert ihre Rede zwar, doch ist an den sechs Abschnitten und an ihrer relativen Kürze gut erkennbar, dass sie thematisch einige Sprünge macht. Von den vier Grundmerkmalen eines politischen Textes gemäss Girnth (Öffentlichkeit, Gruppenbezogenheit, Mehrfachadressiertheit/Inszeniertheit und Konsens- und Dissensorientiertheit) sind die drei erstgenannten besser zu erkennen als die Orientierung an Konsens bzw. Dissens. Metzler bewertet die Zeit als Bundesrätin für sich persönlich als gelungen, zieht auch über die gewonnenen

---

3 Beide Reden sind im Anhang dieses Aufsatzes abgedruckt (siehe Punkt 6).

Abstimmungen eine positive Bilanz. Doch politisch sieht sie keinen Wertungsbedarf. Es scheint fast, als ob diese Nichtwahl, so selten sie bis zu diesem Zeitpunkt vorgekommen war, dennoch erwartet wurde und dazu nichts mehr zu sagen gewesen wäre.

Ebenfalls untypisch für eine politische Rede ist die geringe Anzahl politischer Hochwertwörter und die kleine Zahl offener Aussagen. Frau Metzler spricht in ihrer Rede zweimal von »Konkordanz« und verwendet einmal das Adjektiv »demokratisch«. In allen drei Fällen werden diese Hochwertwörter affirmativ verwendet: Die Rednerin stellt die Konkordanz als demokratisches Prinzip der Schweiz über die politischen Geschehnisse und begründet mit der Konkordanz auch ihre Abwahl. Die einzige Passage, die einen Interpretationsspielraum für den Zuhörer offen lässt, ist die bereits genannte Aussage im vierten Abschnitt. Emotional gesteigert ist die Rede an zwei Stellen, nämlich in den Abschnitten drei und fünf. Hier bezieht Metzler die emotionalen Äusserungen jedoch nur auf sich selbst und ihre persönliche Bindung an das Amt des Bundesrates. Sie versucht nicht, die Zuhörer emotional mitzureissen und sie will dem Publikum offenbar auch keine politische Botschaft näher bringen.

Es ist schwierig, die Rede von Bundesrätin Metzler in einem der vier Handlungsfelder nach Girnth (öffentlich-politische Meinungsbildung, innerparteiliche Willensbildung, politische Werbung, Gesetzgebungsverfahren) zu verorten. Wie bereits unter Punkt 2.2 angesprochen, müsste aus verschiedenen Gründen auch die Wahlrede im Handlungsfeld der politischen Werbung Platz finden. Es fällt jedoch schwer, die Rede von Frau Metzler als politische Werbung zu betrachten, da die Rede kaum als werbend charakterisiert werden kann. Frau Metzler handelt nicht als Politikerin einer Partei, die eine Botschaft verbreiten will, sich verteidigen muss oder gar eine andere Partei in den Schatten stellen will. Sie handelt mit ihrer Rede vielmehr wie eine Person, die wegen des Ideals der Konkordanz aus dem Amt gewählt wurde und dies akzeptiert. Für den politischen Alltag ist ein solches Verhalten eher untypisch. Diese Reaktion kann auf das spezielle Ergebnis der Wahlen im Oktober 2003 zurückgeführt werden. Aufgrund des institutionellen Rahmens, in dem die Rede gehalten wurde, gehört sie aber dennoch der Textsorte der Wahlergebnisrede an. Es scheint hier also gewisse Unterschiede innerhalb der Textsorte selbst zu geben, die auch mit einer differenzierten Klassifikation nicht genau festgemacht werden können. Bezüglich der übrigen Merkmale ist diese Rede gewiss als Wahlergebnisrede einzustufen, wenn auch nicht alle Merkmale gleich stark ausgeprägt sind (Emotion, Vagheit, Hochwertwörter).

3.2 Die Rede von Christoph Blocher

Christoph Blocher steigt ohne Anrede an die Zuhörer direkt in seine Rede ein und rekapituliert grob, was geschehen ist. Die Sätze sind nicht kurz, aber es sind knappe und deutliche Feststellungen des Geschehens. Auch kündigt er bereits im dritten Satz an, dass er an dieser Stelle keine Bilanz über sein Schaffen abzulegen gedenke. Im kurzen zweiten Abschnitt, der vor allem den Übergang zum Folgenden bildet, findet sich bereits die erste emotionale Passage: »Für mich ist klar – und das ist das Schöne in diesem Land –: Das Parlament kann zwar Leute aus der Regierung entfernen, aber nicht aus der Politik und nicht aus dem politischen Schaffen im Lande«. Die Emotionalität wird denn auch im Wortprotokoll durch den Zusatz »teilweiser Beifall« bestätigt.

Den dritten Abschnitt widmet Christoph Blocher der eigenen Reaktion auf die Nichtwahl. Er benennt und begründet seine Reaktion deutlich (Erleichterung, Enttäuschung, Empörung) und zeigt auch hier die eigene emotionale Einbindung. Er sei erleichtert, dass er wieder sagen könne, was er denke. Dies sei ihm unter den »Titeln« der Kollegialität und Konkordanz verboten gewesen. Die erste Nennung der Hochwertwörter Konkordanz und Kollegialität ist rhetorisch sehr geschickt und erzeugt eine zusätzliche Steigerung der Aufmerksamkeit. Der vierte Abschnitt fährt genauso weiter. Mit einem direkten Angriff auf die CVP wirft er dieser vor, die gesamtschweizerisch anerkannten Grundprinzipien der Demokratie (Konkordanz, Toleranz, Kollegialität und Amtsgeheimnis) missbraucht zu haben.

Im fünften Abschnitt kündigt er den Wechsel der SVP in die Opposition an. Die etymologische Herleitung des Wortes *Opposition* verleiht diesem Abschnitt mehr Gewicht, ist der Wechsel der SVP in die Opposition doch eigentlich die wichtigste Konsequenz der Nichtwahl. In diesem Abschnitt folgen noch einmal drei Fahnenwörter der SVP: Leistungsausweis, Volkswille und Volkswohl. Mit der Feststellung, dass diese Ziele mit der Wahl der neuen Bundesrätin eben nicht verfolgt worden seien, begründet Christoph Blocher den Gang der SVP in die Opposition. Es folgt wiederum ein Abschnitt, in dem er von sich selbst und seinem Verbleib in der Politik spricht. Auch in dieser Passage steigt die Emotionalität noch einmal an: »All die besorgten Briefe, die ich gestern und in dieser Nacht bekommen habe und in denen befürchtet wurde, ich verlasse jetzt die Politik und ziehe mich irgendwo an die Riviera zurück – da macht man die Rechnung mit dem Falschen!«[4] Auch an dieser Stelle reagiert das Publikum laut Wortprotokoll mit teilweisem Beifall.

Im siebten und zweitletzten Abschnitt beginnt Christoph Blocher sich selbst etwas zu relativieren und präsentiert etwas ironisch eine Zukunftsvision, in der es die Opposition gar nicht mehr bräuchte. Mit dem Satz: »Was daraus wird, werden wir sehen« sagt er alles und nichts und lässt den Zuhörern einen grossen Interpretationsspielraum. Erst im achten und letzten Abschnitt spricht er sein Publikum, die Parlamentarier, das erste Mal direkt an. Diese späte Anrede betont die Distanz, die er zu dem Parlament, das ihn ja abgewählt hat, signalisieren will. Die kämpferische Ansage zum Schluss lässt die Emotionen noch einmal steigen: »[...] ich kann diejenigen, die Angst haben, ich scheide aus, beruhigen – ich scheide nicht aus –, aber meine Gegner auch entsprechend

---

4 Aufgrund der völlig überraschenden Nicht-Wiederwahl Blochers und der Abwesenheit der gewählten Eveline Widmer-Schlumpf wurde die Sitzung vom 12. Dezember 2007 nach der Wahl abgebrochen und am Morgen des 13. Dezember 2007 unter Anwesenheit der Gewählten fortgesetzt.

beunruhigen!« Der Schlusspunkt wird mit »teilweise stehender Ovation« im Wortprotokoll vermerkt.

Bundesrat Christoph Blochers Rede ist mit 489 Wörtern relativ ausführlich. Sie erfüllt alle vier Grundmerkmale eines politischen Textes gemäss Girnth (Öffentlichkeit, Gruppenbezogenheit, Mehrfachadressiertheit/Inszeniertheit sowie Konsens- und Dissensorientiertheit). Blocher wertet klar die eigenen und fremden Positionen, hier ist er kompromisslos, und die Zuhörer erfahren diese Bewertung direkt. Mindestens drei Mal steigern sich die Emotionen, im Protokoll ist dies auch an den Beifallsvermerken und den Ausrufezeichen zu erkennen. Er macht mehrere Satzeinschübe, welche die Rede rhythmisieren und ihr eine gewisse Dynamik geben (beispielsweise die zitierte Stelle aus Abschnitt zwei). Auch mit vagen Aussagen spart Blocher nicht. Mit Sätzen wie:»Was habe ich in den letzten Monaten nicht alles gehört« oder »[…] es sollte etwas unterdrückt werden« tut er etwas typisch Politisches: Er lässt jede und jeden interpretieren, was sie oder er interpretieren will. Hochwert- und Fahnenwörter finden sich an vielen Stellen in Blochers Rede, jedoch werden sie meist hinterfragt bzw. negativ konnotiert. Der zentrale Vorwurf, dass ihm verboten worden sei, zu sagen, was er denke, dämpft zumindest den positiven Charakter der Hochwertwörter, verleiht dem Gesagten so aber mehr Aufmerksamkeit.

Auch die Rede von Christoph Blocher ist zum Handlungsfeld der politischen Werbung zu zählen. Das Ziel, Wertveränderung bzw. Wertverstärkung zu erzeugen, verfolgt er vehement. Blocher polarisiert geradezu, auch in dieser Rede. Er macht implizit Werbung für die Standpunkte seiner Partei, die nun wegen seiner Nichtwahl den Gang in die Opposition ankündigt.

3.3 Vergleich der beiden Reden

Obwohl die beiden Reden sehr unterschiedlich interpretiert werden können, haben sie doch auch einige Gemeinsamkeiten. Zum einen ist der generelle Handlungsspielraum zu nennen, der in beiden Situationen derselbe ist: In beiden Fällen halten zur Wiederwahl angetretene Bundesräte nach ihrer, wenn auch jeweils ganz unterschiedlich begründeten Nichtwahl vor der Vereinigten Bundesversammlung eine Rede. Diese Rede wird vom Schweizer Fernsehen live übertragen. Das überrascht nicht; man kann sicher davon sprechen, dass die Bundesratswahlen in der Schweiz mehr Aufmerksamkeit auf sich ziehen als das sonstige politische Geschehen.

Beide Bundesräte rekapitulieren in ihrer Rede die Geschehnisse und bekunden ihre persönliche Reaktion auf die Abwahl. Ruth Metzler bedauert sie, während Christoph Blocher sich erleichtert und empört gibt. Eine weitere Gemeinsamkeit der Reden ist die thematische Orientierung an der Zukunft. Metzler wünscht für die Zukunft eine gute Zusammenarbeit des neuen Regierungskollegiums, Blocher kündigt den Gang der SVP in die Opposition an. Beide abgewählten Bundesräte verwenden politische Hochwertwörter, sind teilweise emotional und vage. Da diese Elemente jedoch sehr unterschiedlich eingesetzt werden, zähle ich sie zu den Unterschieden zwischen den beiden Reden.

Die Unterschiede nämlich sind zahlreich. Bereits im Aufbau unterscheiden sich die Reden markant voneinander. Ruth Metzler wählt einen klassischen Aufbau mit ritueller Anrede zu Beginn, Rekapitulation des Geschehens, Rückblick auf die Amtszeit, Zukunftsperspektive und Dank zum Schluss. Christoph Blocher hingegen beginnt direkt mit der Rekapitulation, leitet emotional zu seiner Reaktion über, greift seine politischen Gegner an, leitet die Zukunftsvision mit der Verkündung des Oppositionsganges der SVP ein und spricht erst ganz zum Schluss sein Publikum an, und zwar in Form einer politischen Kampfansage. Dieser grundlegende Unterschied im Aufbau ist meiner Meinung nach mit dafür verantwortlich, dass die Reden von Metzler und Blocher sich trotz des ähnlichen situativen Kontexts so sehr voneinander unterscheiden.

Eine weitere Differenz ist die unterschiedliche Frequenz und die Art des Einsatzes der sprachlichen Elemente (siehe Kapitel 2.3). Beide Reden haben zwar emotionale und vage Passagen, Blocher nutzt diese Elemente jedoch öfter und setzt sie gezielter ein. Metzler ist zwar ebenfalls stellenweise emotional, macht das Publikum damit aber höchstens betroffen. Sie nutzt diese Betroffenheit nicht, um eine Reaktion der Zuhörer zu provozieren, während Blocher polarisiert und den Zuhörer zu einer Stellungnahme motiviert. Blocher verhält sich wie ein Politiker, während Metzler keine politischen Ambitionen mehr zu hegen scheint.

Dies lässt sich auch deutlich an den Merkmalen des Werbens und Wertens aufzeigen. Ruth Metzler wirbt weder für sich noch für die Politik der CVP, auch wertet sie nicht den Entscheid, sondern akzeptiert ihn »im Sinne der Konkordanz«. Christoph Blocher tut das Gegenteil. Er wirbt sowohl für sich als auch für die SVP. Er bewertet die eigene Position als richtig und gut und greift die CVP an, die die Werte der SVP, ja der gesamten schweizerischen Demokratie falsch interpretiert habe. Hier spielt auch die unterschiedliche Verwendung der Hochwert- und Fahnenwörter eine Rolle. In Blochers Rede sind sie erstens zahlreicher vertreten als bei Metzler, und zweitens verwendet er sie in einem andern Kontext. Metzler verwendet nur Ausdrücke, welche die Regierung betreffen (zweimal Konkordanz und demokratisch), und auch diese eher spärlich. Blocher benutzt deutlich mehr politische Hochwert- und Fahnenwörter (zweimal Kollegialität, zweimal Konkordanz, Toleranz, Amtsgeheimnis, Leistungsausweis, Volkswille, Volkswohl) und macht einige davon zum Bestandteil des Vorwurfs an die CVP, benutzt sie also sozusagen ex negativo.

Gesamthaft betrachtet kann man sagen, dass Christoph Blocher seine Rede strategischer aufbaut und stärker rhetorisch gestaltet. Bei Blocher ist eine politische Intention erkennbar. Ruth Metzler lässt keine politische Intention erkennen, ihre Rede hat vielmehr den Charakter einer Abschiedsrede, die eben in diesem Falle vor dem Parlament gehalten wurde.

4 Fazit

Die beiden Beispieltexte, die Wahlverliererreden der Bundesräte Ruth Metzler (2003) und Christoph Blocher (2007), sind der Textsorte *politische Wahlergebnisrede* zuzuordnen. Dennoch unterscheiden sie sich im Politikverständnis stark voneinander. Die Rede von Christoph Blocher erscheint politischer als diejenige von Ruth Metzler.

Anhand einer Gegenüberstellung verschiedener Typologien aus der Politolinguistik seit den 1960er-Jahren unter Einbezug der textsortenspezifischen Betrachtungen Josef Kleins wurde versucht, zu einer breit abgestützten Beschreibung der Wahlergebnisrede zu gelangen. Dabei kann festgehalten werden, dass die Wahlergebnisrede zum Handlungsfeld der politischen Werbung gehört und ihr Ziel die Persuasion ist. Sie lässt Interpretationsspielraum, ist emotional und wertend gegenüber beiden Seiten. Zudem ist sie in ihrer politischen Sprache geprägt von Hochwert- und Fahnenwörtern. Bei den Analysen der beiden Reden konnte weiter festgestellt werden, dass in der Rede von Ruth Metzler das Element der Werbung fehlt. Zudem verwendet sie weitere Elemente der Wahlergebnisrede (Emotionalität, Vagheit, Hochwertwörter) viel zurückhaltender als Christoph Blocher. Dieser wirbt im Gegensatz zu Metzler für eine bestimmte politische Position. Seine Rede ist rhetorisch geschickt strukturiert und erhält durch Einschübe und emotionale Anstiege Dynamik. Man könnte es auch so formulieren: Blocher orientiert sich mit seiner Rede bezüglich der Aufgabe des Redners (officia oratoris) an der rhetorischen Wirkungsdimension des Pathos, während Metzler das Ethos betont (vgl. Göttert 2009: 27). Für eine präzisere Beschreibung der Textsorte Wahlergebnisrede wäre also die Verwendung und Betonung der rhetorischen Wirkungsdimensionen Ethos, Pathos und Logos durch den Redner genauer zu untersuchen.[5]

Dass es sich bei beiden Reden um Wahlergebnisreden (spezifischer um Wahlverliererreden) handelt, gilt als sicher. Aufgrund der Ergebnisse der Untersuchung kann aber gefolgert werden, dass sehr heterogene Ausprägungen von Wahlergebnisreden möglich sind. Je nachdem, welche Ziele ein Politiker oder eine Politikerin verfolgt, kann eine politische Rede anders ausfallen, also müssen auch pragmatische Faktoren näher in Betracht gezogen werden. Die für solche Reden typischen Elemente (s. o.) in Kombination mit dem institutionellen Rahmen und dem Thema, über welches gesprochen wird, sind konstituierend für die Wahlergebnisrede. Allerdings kann über die Skalen der einzelnen Elemente noch wenig gesagt werden, einzelne Elemente können wie in den untersuchten Fällen sogar ganz wegfallen. Es bleibt ebenfalls offen, inwiefern geschlechterspezifische Unterschiede in den beiden Reden zum Tragen kommen.

---

5 Diese und weiterführende Untersuchungen zur Textsorte Wahlergebnisrede finden sich in meiner Lizenziatsarbeit (Lüönd 2010).

5 Literaturverzeichnis

Bergsdorf, Wolfgang (1986): Sprache und Politik. In: Mickel, Wolfgang W. (Hg.): Handlexikon zur Politikwissenschaft. Bonn: Franz Spiegel Buch, S. 484– 489.

Dieckmann, Walther (2005): Deutsch: politisch – politische Sprache im Gefüge des Deutschen. In: Kilian, Jörg (Hg.): *Sprache und Politik. Deutsch im demokratischen Staat.* Mannheim/Leipzig/Wien/Zürich: Dudenverlag (= Thema Deutsch; 6), S. 11–30.

Girnth, Heiko (2002): *Sprache und Sprachverwendung in der Politik. Eine Einführung in die linguistische Analyse öffentlich-politischer Kommunikation.* Tübingen: Niemeyer (= Reihe Germanistische Arbeitshefte; 39).

Göttert, Karl-Heinz (2009): *Einführung in die Rhetorik. Grundbegriffe – Geschichte – Rezeption.* 4., überarb. Aufl. Paderborn: Fink.

Holly, Werner (1990): *Politikersprache. Inszenierung und Rollenkonflikte im informellen Sprachhandeln eines Bundestagsabgeordneten.* Berlin/New York: de Gruyter.

Klein, Josef (2000): Textsorten im Bereich politischer Institutionen. In: Brinker, Klaus; Antos, Gerd; Heinemann, Wolfgang; Sager, Sven F. (Hgg.): *Text- und Gesprächslinguistik. Ein internationales Handbuch zeitgenössischer Forschung.* Berlin/New York: de Gruyter, S. 732–755.

Klöti, Ulrich (2002): Regierung. In: Klöti, Ulrich; Knoepfel, Peter; Kriesi, Hanspeter; Linder, Wolf; Papadopoulos, Yannis (Hgg.): *Handbuch der Schweizer Politik. Manuel de la politique suisse.* 3., überarb, Aufl. Zürich: Verlag Neue Zürcher Zeitung, S. 159–185.

Lüönd, Andrea (2010): *Dank und Freude – Trotz und Trauer. Eine linguistische Textsortenbeschreibung der Wahlergebnisrede an Beispielen aus Deutschland, Österreich und der Schweiz.* Zürich: o. V. – Unveröffentlichte Lizenziatsarbeit.

6 Anhang

6.1 Rede vor der Vereinigten Bundesversammlung von Ruth Metzler-Arnold, Bundesrätin, 10. Dezember 2003[6]

ABSCHNITT I

Herr Nationalratspräsident, Herr Ständeratspräsident, meine sehr verehrten Damen und Herren National- und Ständeräte, Sie haben im Sinne der Konkordanz entschieden, anstelle von zwei CVP-Vertretern zwei SVP-Vertreter in den Bundesrat zu wählen. Die CVP soll weiterhin mit Herrn Bundesrat Joseph Deiss vertreten sein. Ich akzeptiere diesen demokratischen Entscheid und stehe für weitere Wahlgänge nicht mehr zur Verfügung.

---

6 Vgl. http://www.parlament.ch/ab/frameset/d/v/4701/95034/d_v_4701_95034_95038.htm [9. 9. 2010]. Die Einteilung der Reden in Abschnitte wurde von mir vorgenommen und dient der Gliederung zum Zweck der Analyse. Bei der Einteilung der Abschnitte handelt es sich lediglich um einen Vorschlag, der sich in erster Linie an thematischen und rhetorischen Merkmalen der Texte orientiert.

ABSCHNITT 2
Vor fast fünf Jahren haben Sie mir die Chance gegeben, eine der höchsten Aufgaben in unserem Staat wahrzunehmen. Diese Aufgabe war faszinierend, und ich habe mich voller Elan und voller Freude dafür eingesetzt. Sie haben mir die Möglichkeit gegeben, bereits im jungen Alter wichtige und anspruchsvolle Herausforderungen in unserem Staat anzugehen. Dazu gehörte auch die Befriedigung, zahlreiche Volksabstimmungen zu gewinnen.

ABSCHNITT 3
Es schmerzt mich, dass dies nun nach fast fünf Jahren zu Ende geht; allzu gerne hätte ich meine Aufgabe weiter wahrgenommen, und ich wäre auch allzu gerne bereit gewesen, das Präsidialjahr zu erfüllen.

ABSCHNITT 4
Sie haben heute anders entschieden. Nach wochenlangen öffentlichen Diskussionen und Konfrontationen wünsche ich, dass der Weg frei ist für eine konstruktive Zusammenarbeit in der Bundesversammlung und mit dem neuen Bundesrat. Der Geist der Konkordanz, der in den vergangenen Wochen arg strapaziert worden ist, soll neu aufleben und für die Lösung der schwierigen Fragen der Zukunft wegweisend sein.

ABSCHNITT 5
Ich gehe ohne Verbitterung, mit einer reichen Erfahrung, die mich auch in Zukunft begleiten wird. Ich habe immer gewusst: Es gibt ein Leben nach dem Bundesrat. Dass es bereits jetzt beginnt, hätte ich mir nicht gewünscht.

ABSCHNITT 6
Ich möchte noch danken, allen voran meinem Mann Lukas, meiner Familie und meinen Freunden, vor allem aber auch meinen politischen Wegbegleitern, die mich insbesondere in den letzten Wochen begleitet haben. Ich danke der Bundesversammlung, die mir ermöglicht hat, während fast fünf Jahren in dieser Funktion zu wirken. *(Stehende Ovation)*

6.2 Rede vor der Vereinigten Bundesversammlung von Christoph Blocher, Bundesrat, 13. Dezember 2007[7]

ABSCHNITT 1
Vor vier Jahren wurde ich von diesem Parlament zum Bundesrat gewählt. Ich habe die damalige Wahl als Auftrag angenommen und mich mit ganzer Kraft und nach bestem

---

7 Vgl. http://www.parlament.ch/ab/frameset/d/v/4801/260720/d_v_4801_260720_260721.htm [9.9.2010].

Wissen und Gewissen in den Dienst für unser Land und unser Volk gestellt. Die Bilanz meines Schaffens lege ich nicht hier vor; ich werde es dann am 28. Dezember tun. Heute haben Sie mich wieder aus diesem Amt entfernt – durch eine Wahl und vor allem durch eine Nichtwahl, ohne eigentlich zu sagen, was der Hintergrund ist.

ABSCHNITT 2
Für mich ist klar – und das ist das Schöne in diesem Land –: Das Parlament kann zwar Leute aus der Regierung entfernen, aber nicht aus der Politik und nicht aus dem politischen Schaffen im Lande. *(Teilweiser Beifall)*

ABSCHNITT 3
Ich schwanke zwischen Erleichterung und Enttäuschung und Empörung; das werden Sie verstehen. Warum Empörung? Eigentlich weniger, weil Sie einen anderen Bundesrat gewählt haben, als darüber, wie Sie es getan haben. Erleichterung, weil ich von jetzt an – ich muss es zuerst noch etwas lernen – wieder sagen kann, was ich denke, und weil ich in Zukunft über Dinge reden kann, die mir unter den an sich guten Titeln wie Kollegialität, Konkordanz usw. verboten wurden, auch wenn sie eigentlich nicht hätten verboten werden sollen. Das ist der Vorteil, dass jetzt über alles gesprochen werden kann.

ABSCHNITT 4
Der gestrige Tag hat mir die Notwendigkeit gezeigt, dass es so sein muss. Was habe ich in den letzten Monaten nicht alles gehört – ich spreche hier vor allem die CVP an: Konkordanz – fast ein heiliger Tempel; Toleranz – die grösste Tugend; Kollegialität – bis zur Selbstverleugnung; Amtsgeheimnis – sehr oft, um viel Dreck und Dinge zuzudecken, die niemand sehen durfte.

ABSCHNITT 5
All das aufzudecken ist in der Opposition – »Opposition« kommt ja von »opponere«, »ponere« heisst »legen«, »ob« heisst »entgegen«, »opponere« bedeutet also »entgegenlegen« – jetzt möglich, sofern es nach dem gestrigen Tag noch nötig ist. Leistungsausweis, Volkswillen, Volkswohl – das war auf keinen Fall das Motiv dieser Wahl, sondern es sollte etwas unterdrückt werden.

ABSCHNITT 6
So scheide ich hier aus dieser Regierung aus, aber nicht aus der Politik. All die besorgten Briefe, die ich gestern und in dieser Nacht bekommen habe und in denen befürchtet wurde, ich verlasse jetzt die Politik und ziehe mich irgendwo an die Riviera zurück – da macht man die Rechnung mit dem Falschen! Ich werde mich voll und ganz in den Dienst der Politik stellen – ausserhalb der Regierung. *(Teilweiser Beifall)*

ABSCHNITT 7

Was daraus wird, werden wir sehen. Vielleicht wird es ja dazu führen, dass die Regierung und, möchte ich sagen, vor allem auch das Parlament das Richtige tun, weil sie Angst haben, es würde sonst durch eine gute Opposition aufgedeckt. Das wäre ja das Allerbeste.

ABSCHNITT 8

Sie begnügen sich heute mit einer Regierung aus drei Parteien und mit zwei Vertretern, die nicht mehr Mitglied einer Fraktion sind. Ich wünsche Ihnen dabei sehr viel Glück, und ich kann diejenigen, die Angst haben, ich scheide aus, beruhigen – ich scheide nicht aus –, aber meine Gegner auch entsprechend beunruhigen! *(Teilweise Stehende Ovation)*

Benjamin A. Haltmeier

Die Topik der Distanz.
Regierungskommunikation im Kontext der Volksinitiative

1 Ein kommunikativer Rollenkonflikt

Die schweizerische Regierung seufzt vermutlich leise auf, wenn wieder eine Volksinitiative im Bundeshaus eingereicht wird, d. h. mindestens 100 000 Schweizer per Abstimmung eine Verfassungsänderung verlangen, die der Politik des Bundes meistens deutlich widerspricht. Nun muss der Bundesrat das Stimmvolk davon überzeugen, das Volksbegehren an der Urne abzulehnen. Die Behörden versuchen das in den amtlichen Abstimmungserläuterungen zu einer Volksinitiative. Diese Erläuterungen stellen vermutlich die problematischste Form der Regierungskommunikation überhaupt dar. Denn die Behörden müssen im Falle solcher Initiativen oft genau das auf faire Art *vermitteln,* wovon sie sich politisch *distanzieren.* Die entscheidende Frage ist, wie man das rhetorisch umsetzen soll, ohne jemandem zu nahe zu treten. Stilistisch gibt es hier eigentlich nur zwei Möglichkeiten:

Wenn der Bundesrat vor einem Urnengang allzu polemisch für seine eigene Meinung wirbt, geraten diese Kommunikate sofort ins Visier von Sprachkritikern und Bürgerrechtlern, die den Behörden vorwerfen, das Stimmvolk mit politischer Propaganda zu täuschen. Schnell ist dann die Rede vom Missbrauch der amtlichen Autorität für politische Einzelinteressen, anstatt eine vielseitige und ausgewogene Meinungsbildung zu gewährleisten. Das beste Beispiel hierfür ist die sog. *Maulkorbinitiative* von 2008, mit der ein Komitee forderte, die Regierung solle sich nicht in den Abstimmungskampf einmischen. Der Tenor ist deutlich: Wenn es die Obrigkeit nicht schafft, ein Thema objektiv und umfassend darzustellen, dann sollte sie es besser sein lassen.

Nimmt sich der Bundesrat andererseits die sprachkritischen Mahnungen zu Herzen und verhält sich im Abstimmungskampf neutral, passiv und rhetorisch fade, dann steigt die Gefahr, dass sich die Argumente des Initiativkomitees durchsetzen und die Initiative den Abstimmungskampf gewinnt. Wie im Falle der angenommenen *Minarettinitiative* von 2009 muss sich die Behörde dann vorwerfen lassen, sie habe sich in ihrer Politikvermittlung zu wenig engagiert und die Stimmberechtigten nicht zu überzeugen vermocht.[1]

---

1 Die Vertreter der Minarettinitiative forderten, dass der Bau von weiteren Minaretten in der Schweiz verboten werden sollte, wobei die Initianten eine äusserst polemische Kampagne führten. Der Bund wählte dagegen eine rhetorisch moderate Linie, verlor aber schlussendlich den Abstimmungskampf und damit auch ein Stück politischer Glaubwürdigkeit.

Dass es der Bundesrat den Lesern von Abstimmungserläuterungen anscheinend nicht recht machen kann, wirft natürlich Fragen auf: Wie sachlich soll die Regierung eine Abstimmungsvorlage darstellen? Wie berechtigt ist die Forderung nach Objektivität in der Politikvermittlung? Bis zu welchem Grad sind distanzierende Sprachhandlungen im Kontext von Volksinitiativen legitim? Wie viel Platz darf der Bundesrat seiner Rhetorik einräumen?

Das sind die Ausgangsfragen, die der vorliegende Beitrag behandelt. Die Brisanz der Thematik speist sich aus dem Dilemma der Behörden, die verschiedene Aufträge gleichzeitig erfüllen sollen: eine vielseitige, umfassende und faire Politikvermittlung betreiben, aber auch eigene politische Ziele verfolgen; die Vorlage umfassend vorstellen und im gleichen Atemzug dagegen argumentieren; objektiv bleiben und daneben Stellung beziehen; diverse politische Institutionen und Interessengruppen berücksichtigen, aber trotzdem die Zustimmung des Stimmvolkes suchen; zum einen neutral vermitteln und zum anderen aktiv für sich werben; im *genus humile* gleichwohl affektive Wirkung suchen; etwas präsentieren und sich doch davon distanzieren. Solch widersprüchliche Aufträge zwingen den Bundesrat in einen informationspolitischen Spagat. Es verwundert also nicht, dass es die Minister niemandem Recht machen können: Ihre Arbeit birgt in sich bereits einen Rollenkonflikt zwischen Information und Persuasion (vgl. Pfetsch 2003: 23).

Die schweizerische Regierungskommunikation bietet also genug Ambivalenzen, um sprachwissenschaftliche Untersuchungen zu motivieren. Zu den Abstimmungserläuterungen des Bundesrates existieren dementsprechend bereits Stilanalysen sowohl von politolinguistischer als auch von medienwissenschaftlicher Seite (vgl. z. B. Margreiter 2001, Christen 2005, Haltmeier 2008). Die beiden erstgenannten Autoren kritisieren vor allem, dass die politischen Inhalte vom Bundesrat nicht neutral vermittelt werden. Wenn man davon ausgeht, dass politische Sprachhandlungen entweder identifizieren oder distanzieren, dann tun die behördlichen Argumentationen sicherlich Letzteres. Der Bundesrat verwendet in den Abstimmungserläuterungen dabei vor allem eine *Topik der Distanz*. Damit ist gemeint, dass die Abstimmungserläuterungen im Falle der Volksinitiative eine grosse Anzahl stereotyper Argumentationsmuster enthalten, die allesamt darauf abzielen, die Volksinitiative für unnötig, unbrauchbar oder sogar gefährlich zu erklären. Distanz zur Initiative ist das Herzstück der behördlichen Rhetorik, und die Topoi der Distanz dienen als Schablone für alle sprachlichen Stilmittel, welche jene realisieren. Hier nun bietet es sich an, von bisherigen Stilanalysen abzuweichen:

Distanzierende Sprachhandlungen als grundlegende Argumentationsschemata festzulegen, ist zuerst einmal eine deskriptive, keine normative Tätigkeit. Deshalb soll an dieser Stelle folgende These vertreten werden: Die Rhetorik des Bundesrates ist weder vermeidbar noch unerwünscht. Diese These verfügt über zwei Aspekte. Erstens sind Sachlichkeit und Objektivität Ideale der politischen Sprache, denen man sich bestenfalls annähern kann. Zweitens aber sind diese Ideale die falschen, wenn es um Regierungskommunikation geht. Die Regierung der Schweiz darf sehr wohl einseitig kommunizieren, wenn sie sich von der Initiative rhetorisch distanziert. Der Mut zur offenen Persuasion vermeidet dabei implizite Bewertungen, die die Leserschaft misstrauisch machen. So kann man eine explizite Topik der Distanz als wertvolles Instrument der demokratischen Meinungsbildung verstehen.

Doch bevor diese Thesen argumentativ untermauert werden, sei zuerst anhand einiger Beispiele gezeigt, was unter dem Terminus *Topik der Distanz* zu verstehen ist.

2 Wie der Bundesrat argumentiert: Die Topik der Distanz

Sind distanzierende Sprachhandlungen wirklich die vorherrschende Argumentationsform in den Abstimmungserläuterungen? Dieser Frage wird nun in einer ersten Bestandesaufnahme nachgegangen, denn nur sie liefert die nötige Basis für spätere Folgerungen. Damit nähern wir uns dem konkreten Text, dem *Bundesbüchlein*: Dies ist die amtliche Informationsbroschüre des Bundesrates, eine Publikation, die die jeweilige Abstimmungsvorlage erläutert. Sie soll in erster Linie über die Inhalte der Vorlage informieren und damit den Prozess der demokratischen Meinungsbildung unterstützen. Das Bundesbüchlein im dünnen A5-Format ist das bekannteste Kommunikationsmittel der Regierung, das sich direkt ans Stimmvolk wendet. Die Inhalte der Broschüre werden von der Regierung und nicht vom Parlament verfasst. Der Bundesrat gestaltet und präsentiert damit die Abstimmungserläuterungen, weil er im Gegensatz zur Legislative Sachbearbeiter der Verwaltung hat, die mit der Materie durchgängig vertraut sind.

Die Arbeitsgruppe, die der Bundesrat zur Gestaltung der Broschüre einsetzt, steht unter dem Vorsitz des Bundesratssprechers. Zu ihr gehören neben Vertretern der zuständigen Departemente und Ämter auch Kommunikations- und Sprachspezialisten der Bundeskanzlei. Der Bundesrat selbst sichtet den ersten Entwurf und kann die überarbeitete Fassung dann formell verabschieden. Zusätzlich kann das Initiativkomitee eines Volksbegehrens seit 1984 ihren Teil des Bundesbüchleins selbst verfassen. Das Bundesbüchlein wird zuletzt in den vier Landessprachen in über 5 Millionen Exemplaren gedruckt und mit dem Stimmmaterial verschickt (vgl. Christen 2005: 6). Im Büchlein sind normalerweise folgende Kapitel enthalten:
- »Darüber wird abgestimmt«: Kurzcharakterisierung der Vorlage
- Vorstellung der Abstimmungsfrage und der behördlichen Position
- »Das Wichtigste in Kürze«: Zusammenfassung der Vorlage auf einer Seite
- Detaillierte Darstellung der Vorlage
- Abstimmungstext mit den möglichen Änderungen der Bundesverfassung
- Argumente des Initiativkomitees
- Argumente des Bundesrats
- Abstimmungsempfehlung von Bundesrat und Parlament

Die Argumentationslinien innerhalb des Heftes sind dabei keineswegs homogen. Es macht deshalb auch keinen Sinn, beim Bundesbüchlein von einer politolinguistischen

Textsorte zu sprechen: Die Broschüre ist ein Konglomerat verschiedener Texttypen, es gibt argumentative, zusammenfassende, juristische, verwaltungssprachliche und auch umgangssprachliche Abschnitte, verfasst von verschiedenen Autoren mit verschiedenen Absichten. So will der Bundesrat als Autor des Kapitels »Das Wichtigste in Kürze« zusammenfassend die Vorlage auf einer Seite bündig darstellen. Die Sprache dieses Textes bewegt sich zwischen Umgangssprache und Verwaltungssprache. Das Kapitel »Die Argumente des Initiativkomitees« dagegen ist argumentativ einseitig, inhaltlich ausführlicher und von den jeweiligen Initianten des Volksbegehrens in deren jeweils eigenen Worten und Sprachstilen verfasst. Der Abstimmungstext mit den möglichen Zusatzartikeln der Bundesverfassung wiederum ist in juristischer Amtssprache verfasst, knapp gehalten und institutionell gefärbt.

Das Bundesbüchlein bewegt sich also in verschiedenen sprachlichen und politischen Handlungsfeldern, wie sie etwa auch Girnth (2002: 37–39) beschreibt. Die gesamte Broschüre dient sicherlich der öffentlich-politischen Willensbildung, darin enthalten sind aber durchaus auch Handlungsfelder der politischen Werbung sowie der Gesetzgebung. Dementsprechend enthält die Informationsbroschüre des Bundes diverse Textsorten, die vom Verfassungstext über politische Werbung bis zur Wahlrede reichen können.

Hier zeigen sich nun die oben erläuterten Ambivalenzen: Das Bundesbüchlein stellt zunächst die Initiative vor und lässt dann auch dem Initiativkomitee Raum für seine Argumente. Die Vermittlung der Inhalte steht dabei im Vordergrund. Das Bundesbüchlein bietet zugleich aber auch die beste Gelegenheit für die Regierung, die eigene Politik gegen die externen Vorschläge zu verteidigen. Tatsächlich könnte man das Volksbegehren als indirekten Angriff auf die Bundespolitik verstehen, denn über gültige Initiativen stimmt die Bevölkerung ab – und angenommene Initiativen bedeuten meistens einen herben Imageverlust für die Exekutive. Die Initiative schlägt also Änderungen vor, die der Bundesrat offensichtlich vorzuschlagen versäumt hat. Da die Politik mutmasslich versagt hat, nimmt nun der Bürger das Zepter per Abstimmung in die Hand. Hätten die Minister korrekt gearbeitet, bräuchte es, so kann man argumentieren, auch keine externen Korrekturen.

In diesem Zusammenhang ist es kein Wunder, dass sich der Bundesrat von der Vorlage distanziert. Das verlangt geradezu nach amtlicher Rechtfertigung. Darum greift die Regierung nun selbst in den Abstimmungskampf ein und verteidigt öffentlich ihre eigene Meinung im Bundesbüchlein. Die Gefahr von Image- und Glaubwürdigkeitsverlust, vielleicht aber auch der mediale Konkurrenzdruck durch das Initiativkomitee münden hier in behördliche Argumente, die für die Bundespolitik und gegen die Initiative sprechen sollen.

Ablehnung ist also das oberste Prinzip der Textgestaltung – und diese manifestiert sich in distanzierenden Sprachhandlungen. So empfiehlt der Bundesrat von allen 24 abgestimmten Initiativen aus den Jahren 2001 bis 2007 nur eine *einzige* zur Annahme. In allen anderen Fällen distanziert sich die Exekutive vehement von der Vorlage, und sie tut dies jeweils in analoger Weise.

Die Kritik an der Initiative manifestiert sich in unterschiedlichen sprachlichen Strategien, die jedoch grundsätzlich immer ähnliche Strukturen bilden. Gerade die Politik kann in konkreten Kontroversen nicht jedes Mal neue Argumente finden, weshalb politische Akteure nur eine überschaubare Anzahl funktionaler Argumentationsmuster nutzen. Es ist nahe liegend, diese Basiselemente politischer Begründungen in der rhetorischen Topik zu suchen.

Topoi sind allgemeine, formale Schemata möglicher Argumentationen (vgl. Eco 2002: 181). Als Werkzeug zur Suche und Bildung von effizienten Argumenten beteiligen sie sich massgeblich an der Strukturierung argumentativer Texte. Nebst den bewährten, klassischen Argumentationsschemata verlangt ein konkreter, politischer Diskurs aber auch nach kontextspezifischen Argumentationsmustern, das heisst nach Topoi, die eine spezielle Diskussion betreffen. Ein politischer Topos muss nämlich nicht nur legitim, sondern auch aktuell sein. Es gilt deshalb grundsätzlich mit Eggs (2000: 587), besondere Topoi als »*bereichspezifische generische Aussagen* über einen bestimmten Wirklichkeitsbereich« von den gemeinsamen Topoi als »*allgemeine Argumentationsprinzipien*« zu unterscheiden (Hervorhebung im Original). Unter den spezifischen Topoi nennt Wengeler (1999: 37–43) für den politischen Diskurs etwa den *Nutzlosigkeits-Topos,* den *Gefahren-Topos,* den *Verantwortlichkeits-Topos,* den *Topos vom wirtschaftlichen Nutzen* oder den *Geschichtstopos.* Barbato (2005: 155–185) stellt ebenfalls einige politikspezifische Topoi wie etwa den *Topos der Stabilität,* den *Markttopos* oder den *Modernisierungstopos* vor. Auch Klein (2000: 637) entwirft eine politikspezifische Topik, die er in seiner eigenen Terminologie in *Ausgangsdaten-Topos, Prinzipien-Topos, Motivations-Topos* und *Final-Topos* unterteilt.

Im Falle der Abstimmungserläuterung ist es nun ebenso zweckmässig, anstatt der klassischen Argumentationsschemata speziell politolinguistische Topoi als Instrument zu verwenden. Da der Bundesrat stilistisch vor allem gegen die Initiative argumentiert, bietet es sich an, in diesem Zusammenhang von einer »Topik der Distanz« zu sprechen. An dieser Stelle seien daher kurz drei weitere Topoi vorgestellt, die sich in jedem Bundesbüchlein mehr oder weniger explizit auffinden lassen. Es sind dies der Unnötigkeitstopos, der Unbrauchbarkeitstopos und der Gewohnheitstopos. Diese drei argumentativen Muster sind exemplarisch für die Topik der Distanz und zeigen sehr anschaulich, was mit dem Terminus gemeint ist. Um die Darstellung übersichtlich zu machen, beschränke ich die Beispiele aus dem Bundesbüchlein auf das einleitende Kapitel mit dem Titel »Das Wichtigste in Kürze«.[2]

---

2 Die vollständigen Texte der jeweiligen Bundesbüchlein lassen sich online auf der Website der Schweizerischen Bundesverwaltung einsehen (vgl. http://www.admin.ch/ch/d//pore/va/vab_2_2_4_1_2001_2009.html [14.5.2010]).

Dieser Abschnitt stellt die Initiative zu Beginn der Broschüre zusammenfassend vor und enthält die zentralen Positionen des Bundesrates. Wer das Bundesbüchlein aufschlägt, trifft hier zum ersten Mal auf die behördlichen Argumente. Das erhöht den Stellenwert dieses Kapitels erheblich. Auf einer einzigen Seite sind die politischen Forderungen der Initianten, ihre möglichen Folgen und ihre Bewertung durch die Regierung zu einem Text verdichtet. Dementsprechend ist das Kapitel »Das Wichtigste in Kürze« in Abschnitte gegliedert, die prototypische Überschriften wie »Was die Initiative will«, »Folgen der Initiative« und »Standpunkt von Bundesrat und Parlament« tragen. In der Terminologie von Girnth (2002: 37–39) bewegt sich diese einführende Zusammenfassung v. a. im Handlungsfeld der öffentlich-politischen Willensbildung sowie in dem der politischen Werbung. Die primär vorherrschende Sprachfunktion dürfte deshalb auch die informativ-persuasive sein. Da die behördliche Informationspolitik hier einen eindeutigen Standpunkt bezieht, können wir die zusammenfassenden Erläuterungen des Bundesrates der politischen Meinungssprache zuordnen. Darunter fallen per Definition alle »sprachlichen Gebrauchsvarianten [...], in denen sich stellungsnehmende, wertende politische Kommunikation ideologischer, persuasiver oder konfrontativer Art konstituiert« (Klein 1998: 187). Der Bundesrat bezieht tatsächlich Stellung, allerdings stets gegen die Initiative. Das Kapitel »Das Wichtigste in Kürze« bietet sich damit als ideales Untersuchungsobjekt für die Topik der Distanz an.

Im Folgenden wird exemplarisch gezeigt, wie sich die ablehnende Meinung des Bundesrates in der Zusammenfassung argumentativ darstellt.

Unnötigkeitstopos
Dieser Topos kritisiert an den Initiativen, dass deren Forderungen »bereits weitgehend erfüllt« worden seien.[3] Der Bundesrat verfolgt dabei eine streng konservative Strategie, indem er geltend macht, dass die heutigen Rechtsgrundlagen politisch vollends genügen. Dadurch distanziert er sich gleichzeitig von den initiierten Veränderungen. So werden oft Attribute wie *umfassend, genügend, weitgehend* oder *ausreichend* gebraucht, um den Status quo zu legitimieren, was zugleich die vorgeschlagenen Reformen abwertet. Der Kontext der Abstimmung wird derart instrumentalisiert, dass er als Argument gegen die Initiative funktionieren kann. Denn sollte der Bund schon die »entsprechenden Massnahmen« getroffen haben,[4] werden die Anliegen des Initiativkomitees überflüssig. Idealerweise haben die Behörden die Thematik sogar »schon vor der Unterschriften-

---

[3] Initiative »Postdienst für alle« (2004), Initiative »Gleiche Rechte für Behinderte« (2003), Initiative »gegen Asylmissbrauch« (2002), Initiative »Solidarität schafft Sicherheit: Für einen freiwilligen Zivilen Friedensdienst (ZFD)« (2001).

[4] Initiative »lebenslange Verwahrung für nicht therapierbare, extrem gefährliche Sexualstraftäter« (2004), Initiative »für tiefere Arzneimittelpreise« (2001), Initiative »für mehr Verkehrssicherheit durch Tempo 30 innerorts mit Ausnahmen (Strassen für alle)« (2001).

sammlung« aufgenommen und ebenso »umfassende wie differenzierte« Schritte eingeleitet.[5]

Nun sollte aber nicht der Eindruck entstehen, dass sich der Unnötigkeitstopos auf die markierte Argumentation des Bundesrates beschränkt. Seine Effizienz liegt vielmehr darin, bereits in der Einleitung den Boden für den Standpunkt der Regierung vorzubereiten. Gleich zu Beginn nennt dieser Topos hinreichende Massnahmen des Bundesrates, was alle nachfolgenden Vorschläge überflüssig macht. Der Topos schafft Distanz zur Initiative, noch bevor der Leser weiss, worum es bei der Vorlage überhaupt geht. Der Unnötigkeitstopos gleicht also einem rhetorischen Präventivschlag, der alle folgenden Argumente aushebelt, indem er einleitend impliziert, dass die verlangten Änderungen doch schon lange erfolgt seien. Wenn der Bundesrat später dann noch seine eigene Meinung äussert, bestätigt das nur den anfangs eingeschlagenen Kurs. Der behördliche Standpunkt vereinigt sich mit dem instrumentalisierten Kontext zu einer Allianz gegen die Vorlage.

Unbrauchbarkeitstopos

Anders als beim Unnötigkeitstopos sieht der Bundesrat hier tatsächlich einen gewissen politischen Handlungsbedarf, allerdings bemängelt er nun anstatt der Ziele die Mittel der politischen Gegner. Argumentationstheoretisch folgt der Unbrauchbarkeitstopos der klassischen *reductio ad absurdum*: Der Bundesrat geht zumindest formal auf die Vorschläge der Initiative ein, um dann zu zeigen, dass deren Folgen untragbar sind. Die Behörden werben indirekt für die eigene Position, indem sie die unangenehmen Konsequenzen der gegnerischen Position beschreiben.

Die Topik der Distanz arbeitet bei dieser Variante am Graben zwischen dem Volksbegehren und den realen Bedürfnissen der Schweiz. Das kommt gewissermassen einer rhetorischen Retourkutsche gleich: Wenn die Initiative die Kompetenz des Bundesrates anzweifelt, dann kann man dies auch von den Fähigkeiten des Initiativkomitees behaupten. So macht der Bundesrat etwa geltend, dass die Initiative »keinen brauchbaren Beitrag« zur Lösung der Probleme liefere, ausserdem sei sie »nicht umsetzbar«.[6] Die – zugegebenermassen – legitimen Ziele der Initianten könnten jedenfalls »so nicht« erreicht werden,[7] denn solche Massnahmen seien »kaum praktikabel, kaum geeignet« oder nicht »durchsetzbar«.[8] Die Nutzlosigkeit der Initiative kann auch in folgendem Fazit gipfeln: »Sie [die Initiative] stellt die falsche Frage, und dies im falschen Zeitpunkt.«[9] Wer den Unbrauchbarkeitstopos dabei v. a. in dem Abschnitt des Bundesbüchleins ver-

---

5 Initiative »lebenslange Verwahrung für nicht therapierbare, extrem gefährliche Sexualstraftäter« (2004).
6 Initiative »gegen Asylmissbrauch« (2002).
7 Initiative »für eine kürzere Arbeitszeit« (2002).
8 Initiative »Solidarität schafft Sicherheit: Für einen freiwilligen Zivilen Friedensdienst (ZFD)« (2001), Initiative »für mehr Verkehrssicherheit durch Tempo 30 innerorts mit Ausnahmen (Strassen für alle)« (2001).
9 Initiative »Ja zu Europa!« (2001).

mutet, der die Überschrift »Standpunkt von Bundesrat und Parlament« trägt, wird enttäuscht. Diesen Topos findet man sehr häufig im Mittelteil der behördlichen Argumentation, wo eben die Folgen der Initiative beschrieben werden.

Der Gewohnheitstopos

Der Topos der Gewohnheit greift auf die Autorität der Geschichte zurück, um induktiv Normen für eine legitime Argumentation abzuleiten. Besonders der Verweis auf gesellschaftliche Konventionen und die politische Tradition[10] der Schweiz funktionieren als hervorragende Argumente für den Status quo. Denn Initiativen wollen Veränderungen, Veränderungen machen aber keinen Sinn, wenn der Status quo sich bewährt. Das Bewährte spricht hier gegen die Motive der Initianten. Und was hat sich in der Eidgenossenschaft nicht alles bewährt: Die Regierung spricht etwa von der »bewährten Zusammenarbeit von Staat und Wirtschaft«, von der »bewährten Vermögenssteuer« und der »bewährten Finanzpolitik« sowie von »Zuständigkeiten«, die sich bewährt haben.[11] Durch den Gebrauch eines Modalverbs wird manchmal zusätzlich ein Seins-Sollens-Schluss angefügt. Das bedeutet, dass die jeweiligen Eigenschaften des Status quo immer auch als *gute* Eigenschaften gelten: Da es nun einmal so ist, muss es auch gut sein. Der aktuelle Zustand genügt sich selbst als Empfehlung. Das Bewährte »soll beibehalten werden« und es »soll auch weiter so bleiben«.[12]

Dort, wo die normative Aufforderung nicht mehr genügt, kann der Gewohnheitstopos auf das bewährte Abstimmungsverhalten selbst zurückgreifen. In vielen Initiativtexten wird dabei auf thematisch ähnliche Vorlagen hingewiesen, die in der Vergangenheit per Abstimmung abgelehnt worden seien.[13] Damit werden die aktuellen Prämissen um eine historische angereichert, mit welcher der Bundesrat nicht thematisch, sondern per Konvention argumentiert. Denn viele abgelehnte Initiativen motivieren die Ablehnung einer weiteren Initiative. Man könnte das auch als eine induktive Distanzierung bezeichnen, welche an das konservative Stimmverhalten appelliert. Bezeichnenderweise erfolgt dieser Appell häufig zu Beginn, um wie der Unnötigkeitstopos den Kontext als Argument gegen die Initiative zu verwenden. Der historische Rahmen stellt die Vorlage nicht nur vor, sondern zeigt auch bewährte Lösungen auf. Die Meinung von Bundesrat und Parlament ist auch hier implizit bereits vorhanden, sonst hätten die Autoren die

---

10 Initiative »für ein ausreichendes Berufsbildungsangebot (Lehrstelleninitiative)« (2003), Initiative »gegen Asylmissbrauch« (2002).
11 Initiative »für ein ausreichendes Berufsbildungsangebot (Lehrstelleninitiative)« (2003), Initiative »für eine Kapitalgewinnsteuer« (2001), Initiative »Ja zu Europa!« (2001).
12 Initiative »Ja zu Europa!« (2001), Initiative »für tiefere Arzneimittelpreise« (2001).
13 Initiative »Moratorium Plus – für die Verlängerung des Atomkraftwerk-Baustopps und die Begrenzung des Atomrisikos« (2003), Initiative »gegen Asylmissbrauch« (2002), Initiative »für eine glaubwürdige Sicherheitspolitik und eine Schweiz ohne Armee« (2001), Initiative »für eine gesicherte AHV – Energie statt Arbeit besteuern« (2001), Initiative »Ja zu Europa!« (2001).

historischen Fakten gar nicht erst bemüht. »Was die Initiative will«, meint implizit, »was das Volk noch nie wollte.«

3 Eine exemplarische Analyse

Ein zentrales Merkmal der Topik der Distanz ist seine durchgehend textstrukturierende Funktion. Das bedeutet, dass distanzierende Argumentationsschemata nicht nur in der expliziten Stellungnahme von Bundesrat und Parlament vorkommen, sondern sich konstant durch den gesamten Text ziehen. Dies soll exemplarisch an einem kompletten Text erläutert werden. Das nachfolgende Beispiel analysiert die Topik der Distanz in den Abstimmungserläuterungen zur Volksinitiative »Gegen Kampfjetlärm in Tourismusgebieten«, über die das schweizerische Stimmvolk am 24. Februar 2008 abgestimmt hat. Die Initianten wollten mit ihrer Vorlage Kampfjetflüge in touristisch genutzten Gebieten verbieten, das Parlament sowie die Regierung lehnten diese Forderung ab. Die Initiative wollte militärische Flüge streichen, der Bund stellte dieses Anliegen im Bundesbüchlein vor und argumentierte gleichzeitig per Topik der Distanz dagegen. Das ist die klassische Situation, in der sich die Regierungskommunikation zwischen Persuasion und Information bewegt. Prototypisch spiegelt sich dieses Moment wiederum im einleitenden Kapitel »Das Wichtigste in Kürze«. Der Bundesrat versucht auf einer einzigen Seite des Bundesbüchleins, die Vorlage darzustellen und seinen Standpunkt dagegen zu vertreten.

Die topische Analyse beschränkt sich deshalb auch hier auf diese einleitende Zusammenfassung der Vorlage. Der erste Abschnitt des Kapitels »Das Wichtigste in Kürze« lautet wie folgt:

> *Luftwaffe sichert Schweizer Luftraum*
> Kampfjets der Schweizer Armee werden in jeder sicherheitspolitischen Lage benötigt: Im Alltag für luftpolizeiliche Einsätze und das Training für den Verteidigungsfall. In besonderen Fällen, zum Beispiel während dem WEF oder der EURO 2008, dienen sie der lokalen Luftraumsicherung. Die Luftwaffe überprüft täglich die Identität von Luftfahrzeugen oder kontrolliert die Einhaltung von Benützungseinschränkungen des Luftraums, welche der Bundesrat erlassen kann.

Die erste Überschrift erinnert syntaktisch an einen Chiasmus. Die Kreuzstruktur korreliert die Luftwaffe mit dem Luftraum, und sie umschliessen gleichzeitig die so gesicherte Schweiz. Unmittelbar daran schliesst der Gewohnheitstopos an: Die Armee wird in jeder Lage benötigt, auch in alltäglichen Situationen. Sie garantiert täglichen Schutz, Sicherheit und Kontrolle. Die Luftwaffe hat sich gesellschaftlich bewährt. Das bedeutet umgekehrt, dass jede Veränderung des Status quo die Bevölkerung unsicherer, schutzloser und die Lage unkontrollierbarer machen würde. Das wird jedoch nicht explizit thematisiert.

Man beachte, dass der Leser zu diesem Zeitpunkt noch keine Klarheit erhalten hat, worum es in der Volksinitiative im Detail geht. Trotzdem wird uns hier schon einmal einführend ein Kontext vorgestellt, in dem die schweizerische Luftwaffe zweifellos ihre Berechtigung und ihren Sinn findet. Militärische Lufteinsätze leisten einen wertvollen Beitrag zu unserer Gesellschaft, sie erfüllen durchaus eine legitime Funktion. Dies ist die Kernbotschaft des ersten Abschnitts, und spätestens im dritten Abschnitt wird sich zeigen, dass diese Botschaft als Argument gegen die Initiative eingesetzt wird. Zum zweiten Abschnitt:

Weniger Flüge
Im Rahmen der Verkleinerung der Schweizer Armee (Reformprojekte Armee 95 und Armee XXI) hat die Luftwaffe den Bestand an Kampfjets von über 400 in den achtziger Jahren auf derzeit 87 abgebaut. Die Zahl der Flüge hat deshalb erheblich abgenommen. Der Armee stehen heute für Übungen mit Kampfjets zwei Trainingsräume über den Alpen sowie ein grenzübergreifender Trainingsraum über dem schweizerisch-französischen Jura zur Verfügung. Der restliche schweizerische Luftraum wird durch zivile Luftstrassen und die Kontrollzonen der Landesflughäfen beansprucht. Die Armee kann ihn für Übungen nicht benutzen.

Auch der zweite Abschnitt argumentiert implizit gegen die Initiative, obwohl der Rezipient noch immer nicht weiss, was die Initianten genau anstreben. Es ist diesmal vor allem der Unnötigkeitstopos, der im zweiten Block zeigt, dass die Regierung längst Massnahmen ergriffen hat, welche die Forderungen der Initiative überflüssig machen. Denn die Armee wurde ja in den letzten Jahren bereits mehrfach reformiert, die Kampfjets sind längst nicht mehr in dreistelliger Zahl vertreten und die Anzahl der militärischen Flüge wurde extrem reduziert. Dem Militär ist zudem schon ein grosser Teil des Luftraums entzogen worden. Interessanterweise wiederholt sich hier formal, was der Inhalt suggerieren will: Der Unnötigkeitstopos argumentiert, dass der Bundesrat bereits adäquate Massnahmen getroffen habe, und parallel wiederholt die Gliederung des gesamten Kapitels dieses Grundthema: Der Bund trifft bereits Massnahmen – und dies steht im Text bereits vor dem nachfolgenden Abschnitt »Was will die Initiative«. Der Bund kann durch diese Gliederung *vor* den Initianten *sagen*, dass er *vor* den Initianten etwas *tut*. Der Unnötigkeitstopos realisiert sich hier also ebenso formal wie inhaltlich.

Nun beginnt sich auch ein argumentativer Zusammenhang zwischen den ersten beiden Abschnitten abzuzeichnen: Die Armee ist wertvoll, aber bedroht. Der Bund hat mit dem Armeeabbau bereits Zugeständnisse gemacht, mehr ist jedoch nicht möglich. Denn wie sollen Kampfjets noch schützen, sichern und kontrollieren, wenn sie nicht mehr fliegen dürfen? Man erkennt ein fragiles Gleichgewicht zwischen notwendiger Reform und Verteidigungsauftrag, das sich auch in den ersten beiden Textblöcken spiegelt, eine Balance, die der Bund perfekt im Griff hat. Die schweizerische Luftwaffe ist notwendig und gleichzeitig klein genug: Damit ist der Kontext nun topisch gut genug umrissen, um endlich die Vorlage vorzustellen.

Was will die Initiative?
Die Initiative hat zum Ziel, touristisch genutzte Erholungsgebiete vor militärischem Fluglärm zu schützen. Dazu will sie in Friedenszeiten Übungsflüge mit Kampfjets in diesen Gebieten generell verbieten.

Jetzt weiss der Leser endlich, worum es in der Initiative geht: um das Gegenteil dessen, was die beiden vorherigen Abschnitte thematisiert haben. Die Luftwaffe ist im Sinne der Initiative unnötig und zu gross. Militärische Flüge machen in Friedenszeiten keinen Sinn, sie schaden dem Alpentourismus und belästigen die Anwohner mit überflüssigem Lärm. Damit steht dieser Textblock im Gegensatz zu den einleitenden Aussagen; die Topik der Distanz wird immer expliziter.

Die Forderungen des Initiativkomitees hinterlassen einen schalen Beigeschmack, wenn man sie im Kontext der anderen Abschnitte liest. Die Vorlage will Touristen vor Lärm schützen, indem sie die Sicherheit der gesamten Schweiz gefährdet. Die Initiative will Flüge verbieten, die doch anscheinend täglich und in jeder Lage benötigt werden. Die Reformen bedrohen eine alltägliche und bewährte Praxis. Der Punkt ist klar: Die Topik der Distanz hat die Vorlage zumindest implizit bereits stark negativ bewertet, bevor sich das Volksbegehren im dritten Abschnitt präsentiert und der Bundesrat explizit seine eigene Meinung im vierten Abschnitt vertritt. Der Kontext wird instrumentalisiert, um gegen die Initiative zu argumentieren, bevor überhaupt erklärt wird, worum es eigentlich geht. Diesen Punkt hat schon Christen (2005: 91) als »vorgezogene Vermittlung von Argumenten« beschrieben. Dass die einleitenden Kapitel gegen die Vorlage argumentieren, erhellt sich allerdings erst rückblickend nach der Lektüre des dritten Kapitels. Was die Initiative will, stösst auf einen intendierten Kontext, der die Initiative nicht will. Das belegt auch der vierte Teil, der die Argumente der Distanzierung noch einmal bündelt und so die Vorlage rahmt.

Standpunkt von Bundesrat und Parlament
Bundesrat und Parlament lehnen die Initiative ab: Sie anerkennen, dass die Bevölkerung so gut als möglich vor Lärm und damit auch vor militärischem Fluglärm geschützt werden soll. Die Initiative geht jedoch zu weit. Sie verunmöglicht das minimale Training der Luftwaffe und gefährdet die Erfüllung des Auftrags der Armee, die schweizerische Souveränität auch in der Luft zu wahren.

Dieser Abschnitt thematisiert explizit die Forderungen der Initianten. Und das ist auch der Punkt, wo sich der Unbrauchbarkeitstopos erstmals realisiert. Denn die Regierung anerkennt zwar grundsätzlich die Ziele der Initianten, missbilligt aber die Mittel. Lärm muss vermieden werden, aber eben nur, solange die wichtigen Armeefunktionen nicht tangiert werden. Es ist die *reductio ad absurdum* der Initiative: Sicherheit ist ein zu hoher Preis für Ruhe. Ruhe wäre schön, muss aber warten. Wenn wir auf die Forderungen eingehen, gehen wir zu weit, denn die Folgen wären unerträglich.

Der letzte Satz dieses Kapitels greift nochmals die beiden Topoi auf, welche die Basis für die Stellungnahme des Bundesrates gebildet haben: Das »minimale Training« verweist auf den Unnötigkeitstopos des zweiten Abschnitts, weil Forderungen haltlos sind, die unter ein Minimum gehen wollen. Der Bund ist schliesslich nicht untätig geblieben, wie der zweite Abschnitt gezeigt hat, und zusätzliche, externe Massnahmen wären gefährlich. Die Armee ist klein genug, jede weitere Veränderung ginge zu weit. Das Hochwertwort der »Souveränität« beleuchtet zum Schluss noch einmal den Gewohnheitstopos des ersten Abschnitts, weil es nur Bewährtes verdient, bewahrt zu werden. Souveränität muss gesichert werden, und Sicherheit basiert auf militärischer Souveränität.

Die topische Kohärenz in den drei Abschnitten, welche die Vorlage implizit oder explizit kritisieren, ist prototypisch für die Argumentation der Regierung. Es ist nicht ein Abschnitt, sondern drei, die gegen die vorgeschlagenen Reformen sprechen. Die distanzierende Rhetorik ist strukturierend und konstitutiv für den gesamten Text des Bundesrates.

Mit diesen Beispielen haben wir die möglichen Umrisse einer Topik der Distanz grob skizziert. Es sei noch einmal betont, dass diese formal spezifischen Argumentationsmuster der Regierungskommunikation den ausschliesslichen Zweck verfolgen, die Inhalte von Volksinitiativen zu kritisieren. Distanzierende Topoi dienen als Schablone für alle Stilmittel, welche die bundesrätliche Rhetorik zur Formulierung des Bundesbüchleins auswählt. Topische Schemata lenken mithin die stilistischen Selektionsprozesse entscheidend mit und sind damit auf der Textebene konstitutiv. Sie sind die *types*, die ein sprachliches *token* im Bundesbüchlein realisieren. Sie konstruieren Distanz zwischen dem Bewährten, Nützlichen, Notwendigen einerseits und der Initiative andererseits. Natürlich verfügt die Topik der Distanz über unzählige Variationen, die sich teilweise auch überlappen können. Es kann notabene nicht das Ziel sein, an dieser Stelle eine erschöpfende oder endgültige Auflistung aller Topoi zu liefern. Es geht vielmehr darum, die vorherrschenden Tendenzen der bundesrätlichen Rhetorik zu beschreiben, wenn es um Initiativen geht. Die obigen Beispiele konnten hoffentlich zeigen, dass politische Sprachhandlungen im Abstimmungskampf tendenziell vor allem distanzierend wirken.

Das alles gehört zur *deskriptiven Stilanalyse*. Wenn es nun aber um die *präskriptive Stilistik* geht, müssen wir uns fragen, ob diese Argumentationsformen auch legitim sind. Die Topik der Distanz ist ein zentrales Instrument der politischen Rhetorik, das bedeutet aber noch nicht, dass jene im Kontext der Volksinitiative auch angemessen ist. Umgekehrt liesse sich aber auch fragen, ob die Rhetorik nebst ihrer Funktion als ethisch neutrale Überzeugungstechnik nicht bereits normative Momente aufweist, die sie im politischen Handlungsfeld legitimieren würden.

4 Rhetorik ist unvermeidbar

Wer eine Topik der Distanz als oberstes Stilprinzip konzipiert, schreibt mit Sicherheit keinen objektiven oder ausgeglichenen Text. Der Rollenkonflikt des Bundesrates nährt sich hingegen von der Ansicht, dass dies eben auch innerhalb einer Topik der Distanz möglich sein muss. Auf den ersten Blick scheint die Forderung der Sprachkritik denn auch berechtigt, die Vorlage zuerst objektiv vorzustellen, bevor man sie ablehnen darf. Wer aber Tatsachen schildert, tut dies immer aus einer bestimmten Perspektive heraus, und auch die sachlichste, objektivste Information ist immer zielgerichtet (vgl. Besson 2003: 167). Der Bundesrat bzw. die Sprachdienste der Bundeskanzlei verfassen ihre Texte ebenfalls intentional und interessengeleitet, und damit gestalten sie das Bundesbüchlein gleichfalls selektiv und funktional. Die Vorstellung einer wertfreien Sprache ist hinfällig, weil der Gebrauch der politischen Sprache immer auch deren Inhalt normativ auflädt: »Das erste, was sich verändert, ist die Neutralität des Begriffs« (Ueding 2000: 493). Auch für Eppler (2000: 112) ist die emotionslose Sachlichkeit in der Politik »unnötig, unmöglich und im übrigen auch oft unverantwortlich«.

Der Bundesrat hingegen nimmt den Vorwurf der politischen Propaganda ernst. Er reagiert auf externe Sprachkritik, indem er sich selbst zu gewissen stilistischen Qualitätskriterien verpflichtet. So hat die Regierung etwa erklärt, das Bundesbüchlein möglichst *transparent, verhältnismässig* und *sachlich* gestalten zu wollen (vgl. Arbeitsgruppe AG KID 2001). Transparenz, Verhältnismässigkeit und Sachlichkeit sind aber Termini mit grossem Ermessensspielraum. Es scheint dementsprechend zur politischen Pragmatik zu gehören, eine präskriptive Stilistik funktional vage und offen zu formulieren, um genügend sprachlichen Freiraum zu garantieren. Es ist davon auszugehen, dass präskriptive Stilnormen wie Neutralität und Objektivität idealtypisch zu verstehen und per se nur begrenzt zu erfüllen sind. Sprache wertet, »ob uns dies nun passt oder nicht« (Eppler 2003: 16).

Als weiteres Qualitätsmerkmal hat der Bundesrat zusätzlich beschlossen, die Texte im Bundesbüchlein so in Kapitel zu unterteilen, dass klar definiert ist, wo die Vorlage sachlich vorgestellt und wo dagegen argumentiert wird. So finden sich in den Abstimmungserläuterungen Abschnitte mit Titeln wie »Was will die Initiative«, »Folgen der Initiative« deutlich getrennt vom »Standpunkt von Bundesrat und Parlament«. Wie die obige Beispielanalyse zeigt, sind distanzierende Topoi aber in allen Textteilen zu finden. Gerade der Unnötigkeitstopos und der Gewohnheitstopos scheinen jeweils im Abschnitt »Was will die Initiative« durch, während der Unbrauchbarkeitstopos oft den Teil »Folgen der Initiative« für sich beansprucht. Natürlich findet sich die Meinung des Bundesrates auch im Abschnitt »Standpunkt von Bundesrat und Parlament« wieder, sie funktioniert hier aber nur als Speerspitze der Topik der Distanz. Die Topik der Distanz steht repräsentativ für die Perspektive des Textproduzenten, und diese Perspektivität lässt sich schlicht nicht ausklammern. Der Versuch, durch eine klare Gliederung Inhalt und Bewertung transparent zu trennen, endet in undurchsichtigen, impliziten Formulierungen.

5 Rhetorik ist erwünscht

Mit der Forderung, die Inhalte politischer Sprache seien von ihrer Bewertung zu trennen, scheint die Grenzen der Sprachwissenschaft erreicht (vgl. Klages 2001: 26; Girnth 2002: 12). Nehmen wir aber einmal an, auch diese Hürde wäre genommen und die politische Sprache würde *nicht* werten, so wäre das Resultat einer absolut sachlichen, ausgewogenen Politikvermittlung eigentlich gar nicht wünschenswert. Der Bund *muss* sich im Abstimmungskampf äussern, gerade *weil* er eine eigene Meinung vertritt, welche die Bevölkerung interessiert. Politische Neutralität im Bundesbüchlein würde dessen Nutzen sogar erheblich verringern, weil es zum Prozess der demokratischen Meinungsbildung gehört, dass das Stimmvolk möglichst viele verschiedene Standpunkte kennt. Solche normativen Forderungen berufen sich oft auf eine aussersprachliche Basis. Ein Plädoyer für persuasive Regierungskommunikation kann man aber auch aus der Rhetorik selbst ableiten. Die Rhetorik lässt sich aus der Politik von Anfang an nicht wegdenken, weil sie jede erfolgreiche Kommunikationssituation mitkonstituiert. Die rhetorischen Methoden erst ermöglichen es der politischen Sprache seit der Antike, eine ästhetische, argumentative oder affektive Wirkung zu entfalten. Öffentliche Redekunst wollte immer durch sprachliche Werbung Mehrheiten für sich gewinnen.

Rhetorik als Arsenal von persuasiven Techniken scheint damit keine normativ-ethische Basis aufzuweisen. Roth (2004: 105–107) weist aber zu Recht darauf hin, dass zur Theorie der klassischen Rhetorik auch ethische Maximen gehören, die nicht nur auf aussersprachlichen Direktiven basieren. Roth (2004: 108) nennt hier z.B. die Gerichtsrede als »prototypische Kommunikationssituation der Rhetorik«. Das *genus iudicale* speist seine normativen Ansprüche aus der Dialogizität der Gerichtspraxis. Diese Praxis will die Redemöglichkeit beider Parteien gewährleisten, es soll also keine Rede ohne Gegenrede bleiben. Die Dialogizität als Ideal der rhetorischen »Leitgattung« Gerichtsrede beschränkt damit den Einfluss der einseitigen Persuasion durch die Möglichkeit der Gegenrede. Denn die verschiedenen Parteien tragen hier subjektive Aspekte der Wirklichkeit vor, die es dem Zuhörer erst erlauben, sich eine umfassende Meinung zu bilden. Erst der »rhetorisch-streitbare Dialog der verschiedenen Teilwahrheiten« (Roth 2004: 112) ermöglicht es den Rezipienten, das Gemeinwohl zu eruieren. Damit enthält die klassische Rhetoriktheorie durchaus interne Kriterien, die das Ideal demokratischer Kommunikation mit konstituieren. Darauf weist auch Eppler (2000: 36) hin, wenn er die interessengesteuerte Perspektivität als notwendiges Kennzeichen jeder politischen Rede bezeichnet: »Der Streit der Teilbilder ist nötig und auch hilfreich für alle, die sich eine Meinung bilden wollen. So arbeitet Demokratie. Sie handelt mit Teilwahrheiten.«

Diesen Handel bietet nun auch das Bundesbüchlein. In einer Demokratie ist nicht alleine die Regierung für die Meinungsbildung der Öffentlichkeit zuständig. Bereits die Broschüre des Bundes selbst trägt diesem Umstand Rechnung, indem sie ein Kapitel für die Argumente des Initiativkomitees bereitstellt. Die Initianten haben dort die Möglichkeit, mit eigenen Worten für ihr Anliegen zu werben. Man darf zudem nicht vergessen, dass die mediale Konkurrenz auch ausserhalb des Bundesbüchleins präsent ist: Neben den Bundesbehörden agieren mit den verschiedenen Parteien und den Massenmedien weitere grosse Kommunikationskanäle im Vorfeld einer Abstimmung. Schliesslich müssen wir ausser den Textproduzenten auch die Fähigkeiten der Rezipienten als wichtigen Faktor im Abstimmungskampf berücksichtigen. Das Stimmvolk verfügt über deutlich mehr Medienkompetenz als früher, und der Stimmbürger ist kein »politischer Robinson« (Trechsel 1999: 572), sondern steht in steter Interaktion mit anderen Rezipienten. Die Verarbeitung und Selektion der Information bekommt so einen hohen Stellenwert (vgl. Bayer 2007: 61), ebenso aber auch die rhetorische Kompetenz dahinter.

Alle diese Argumente sprechen dafür, dass persuasive Kommunikation durchaus eine wichtige gesellschaftliche Orientierungsfunktion erfüllen kann. Denn wenn viele persuasive Botschaften konkurrieren, erhöht sich auch die Menge an verfügbarer Information im Wettbewerb, und die Komplexität von gesellschaftlich relevanten Themen wird funktional reduziert (vgl. Bussemer 2005: 405–406). Wenn Überzeugungskraft eine notwendige Bedingung einer politischen Sprachhandlung ist, so liegt die Legitimität behördlicher Rhetorik bereits im Wesen der politischen Sprache selbst. Politische Kommunikation als »die Kunst, öffentliche Zustimmung zu erzeugen« (Girnth 2002: 3) ist nur dann glaubwürdig, wenn sie von der Bevölkerung als glaubwürdig *empfunden* wird. Die Politik des Bundes kann nur effizient vermittelt werden, wenn sie auch *gut ankommt*.

6 Fazit

Es war ein Anliegen dieses Beitrags, zu zeigen, *warum* der Bundesrat so schreibt, wie er es in den Abstimmungserläuterungen tut. Es sind institutionelle, mediale und sprachliche Zwänge, die einen rhetorischen Kompromiss fordern. Aber der Bund muss sich der Opferrolle entledigen, die ihm das kommunikative Dilemma zwischen Vermittlung und Persuasion aufzwingt. Dieser Rollenkonflikt lässt sich zwar nicht vermeiden, aber im Bundesbüchlein darf die Regierung zeigen, dass man die Probleme reflektiert hat. Bundesrätliche Rhetorik muss sich nicht verstecken. Man muss sich einfach eingestehen, dass jede politische Vermittlung implizit oder explizit immer auch wertet und politisiert. Das Bundesbüchlein darf sich im Rahmen der politischen Öffentlichkeitsarbeit also durchaus einer polarisierenden Meinungssprache bedienen, das *genus humile* muss nicht bedingungslos vorherrschen. Die Regierung muss einen eigenen Standpunkt vertreten, und wenn sich dieser nicht mit den Forderungen einer Initiative verträgt, sind auch negative Bewertungen derselben unvermeidlich. Die Topik der Distanz darf sich zeigen.

Aus diesen Überlegungen ergeben sich zwei Forderungen. Erstens sollte sich der Bundesrat nicht allzu sehr diffusen Qualitätsmaximen verpflichten, die ohnehin nie zur Zufriedenheit der Sprachkritiker erfüllt werden können. Kriterien wie Objektivität und Ausgeglichenheit widersprechen sowohl der institutionellen Perspektivität und dem sprachlichen Selektionszwang wie auch dem legitimen Auftrag, für die eigene Politik zu werben. Intentionalität sollte sich nicht in Texten verstecken müssen, sondern muss als Motor des Schreibprozesses erkennbar und wirksam bleiben. Hier bilden distanzierende Sprachhandlungen keine Ausnahme, auch wenn sich der Bundesrat dadurch zugegebenermassen auf heikles Terrain begibt. Trotzdem: Wer sich ideologisch und politisch von einer Vorlage distanziert, muss sich bewusst sein, dass sich diese Haltung in allen Formulierungen spiegeln wird. Auch scheinbar neutrale Passagen sind intentional und haben argumentative Funktionen. Die Topik der Distanz durchdringt den Text kontinuierlich und kohärent. Zum Problem wird dies erst, wenn die Regierung ihre Rhetorik versteckt, weil man den Kritikern wertfreie Abschnitte präsentieren will.

Als zweite Konsequenz muss der Bundesrat deshalb aufhören, Politikvermittlung und politische Öffentlichkeitsarbeit in den Abstimmungserläuterungen trennen zu wollen. Es macht schlicht keinen Sinn, die Meinung des Bundesrates in einen kleinen Abschnitt zu drängen, solange die anderen Abschnitte rundum ebenso klar die Topik der Distanz realisieren. Das Transparenzgebot darf nicht die Textgliederung tangieren, sondern muss den gesamten Text als persuasiv deklarieren. Der Bund politisiert in allen seinen Formulierungen, und sei es noch so implizit. Denn es sind gerade die unterschwelligen, unsichtbaren Bewertungen auf der Mikroebene, welche noch mehr Kritiker auf den Plan rufen. Nicht nur die polemischen, offenen Attacken gegen politische Gegner gefährden die Glaubwürdigkeit. Der Manipulationsverdacht speist sich ja gerade aus den diversen Verstecken, die die Topik der Distanz freigiebig mit impliziten Argumenten füllt. Und jede Kritik und jedes Persuasionsverbot drängt die Rhetorik näher zur Unsichtbarkeit. Unter der Textoberfläche richten implizite Bewertungen mehr Schaden an, als die Autoren vermeiden wollten. Das Nachsehen hat dabei das Stimmvolk, das einen als objektiv deklarierten Text zur Lektüre bekommt und ahnt, dass irgendetwas nicht stimmt. Unbehagen beim Lesen ist der Vorbote des Misstrauens gegenüber der politischen Institution, und Misstrauen ist das Ende der Glaubwürdigkeit politischer Akteure schlechthin. Deshalb darf sich die Rhetorik des Bundesrates nicht verstecken. Die Topik der Distanz ist eine kommunikative Realität, die jedes Bundesbüchlein von neuem realisiert.

Das Bundesbüchlein sollte also einen offen persuasiven Ton beibehalten dürfen, solange das Initiativkomitee und andere mediale Akteure ebenfalls ihre Rhetorik auspacken können. Man kann kaum von transparenter Politikvermittlung sprechen, wenn es politolinguistische Feinanalysen braucht, um die versteckte Topik der Distanz aus der Grammatik der Mikroebene hervorzuholen. Wenn aber distanzierende Sprachhandlungen weiterhin nur verdeckt in den Textblöcken der Abstimmungserläuterungen auftreten, werden die Leser skeptisch bleiben.

Wenn die Linguistik also einen Beitrag dazu leisten kann, diese Skepsis abzubauen, dann indem sie die grundsätzlichen Mechanismen der bundesrätlichen Argumentation aufzeigt und so die hermeneutische Kompetenz des Publikums stärkt. Die Linguistik kann und muss dem Misstrauen des Stimmvolkes durch die Vermittlung rhetorischer Fähigkeiten begegnen. Das ist ihr demokratischer Auftrag in der Diskussion rund um Objektivität und Persuasion in der politischen Sprache.

7 Literaturverzeichnis

AG KID (2001): *Das Engagement von Bundesrat und Bundesverwaltung im Vorfeld von eidgenössischen Abstimmungen. Bericht der Arbeitsgruppe erweiterte Konferenz der Informationsdienste (AG KID)*. Bern: o. V. – Internetseite: www.admin.ch/ch/d/pore/pdf/Eng_BR_d.pdf [14. 5. 2010].

Barbato, Mariano (2005): *Regieren durch Argumentieren. Macht und Legitimität politischer Sprache im Prozess der europäischen Integration*. Baden-Baden: Nomos.

Besson, Michel (2003): *Behördliche Information vor Volksabstimmungen. Verfassungsrechtliche Anforderungen an die freie Willensbildung der Stimmberechtigten in Bund und Kantonen*. Bern: Stämpfli Verlag (= Abhandlungen zum schweizerischen Recht; 671).

Bussemer, Thymian (2005): *Propaganda. Konzepte und Theorien*. Wiesbaden: Verlag für Sozialwissenschaften.

Christen, Andreas (2005): *Qualität und Funktionalität des Bundesbüchleins als Mittel zur Freien und unverfälschten Meinungsbildung im Abstimmungskampf*. Freiburg: o. V. – Unveröffentlichte Lizenziatsarbeit.

Eco, Umberto (2002): *Einführung in die Semiotik*. 9., unv. Aufl. München: Fink.

Eggs, Ekkehard (2000): Die Bedeutung der Topik für eine linguistische Argumentationstheorie. In: Schirren, Thomas; Ueding, Gert (Hgg.): *Topik und Rhetorik. Ein interdisziplinäres Symposium*. Tübingen: Niemeyer, S. 587–608.

Eppler, Erhard (1992): *Kavalleriepferde beim Hornsignal. Die Krise der Politik im Spiegel der Sprache*. Frankfurt am Main: Suhrkamp.

Eppler, Erhard (2000): *Privatisierung der politischen Moral?* Frankfurt am Main: Suhrkamp.

Girnth, Heiko (2002): *Sprache und Sprachverwendung in der Politik. Eine Einführung in die linguistische Analyse öffentlich-politischer Kommunikation*. Tübingen: Niemeyer (= Reihe Germanistische Arbeitshefte; 39).

Haltmeier, Benjamin (2008): *Das Wichtigste in Kürze? Von der Rhetorik des Bundesbüchleins*. Bern: o. V. – Unveröffentlichte Masterarbeit.

Klages, Wolfgang (2001): *Gefühle in Worte giessen. Die ungebrochene Macht der politischen Rede*. Würzburg: Deutscher Wissenschafts-Verlag.

Klein, Josef (1998): Politische Meinungssprache als Mittel von Identifikation und Distanzierung. In: Reiher, Ruth; Kramer, Undine (Hgg.): *Sprache als Mittel von Identifikation und Distanzierung*. Frankfurt am Main: Lang, S. 187–194.

Klein, Josef (2000): Komplexe topische Muster. Vom Einzeltopos zur diskurstyp-spezifischen Topos-Konfiguration. In: Schirren, Thomas; Ueding, Gert (Hgg.): *Topik und Rhetorik. Ein interdisziplinäres Symposium*. Tübingen: Niemeyer, S. 623–649.

Margreiter, Ralf (2001): Persuasion in den Abstimmungserläuterungen zur Alpen-Initiative: Das hohe Ross des Bundesrates? In: *LeGes – Gesetzgebung und Evaluation* 1 (= Mitteilungsblatt der Schweizerischen Gesellschaft für Gesetzgebung [SGG] und der Schweizerischen Evaluationsgesellschaft [SEVAL], 12. Jahrgang), S. 9–44.

Pfetsch, Barbara (2003): Regierung als Markenprodukt. Moderne Regierungskommunikation auf dem Prüfstand. In: Sarcinelli, Ulrich; Tenscher, Jens (Hgg.): *Machtdarstellung und Darstellungsmacht. Beiträge zu Theorie und Praxis moderner Politikvermittlung*. Baden-Baden: Nomos, S. 23–32.

Roth, Kersten Sven (2004): *Politische Sprachberatung als Symbiose von Linguistik und Sprachkritik. Zur Theorie und Praxis einer kooperativ-kritischen Sprachwissenschaft*. Tübingen: Niemeyer (= Reihe Germanistische Linguistik; 249).

Schweizerischer Bundesrat (2001–2009): Bundesbüchlein (= Erläuterungen des Bundesrates zu Eidgenössischen Abstimmungen). Bern, o. V. – Internetseite: http://www.admin.ch/ch/d//pore/va/vab_2_2_4_1_2001_2009.html [14. 5. 2010].

Wengeler, Martin (1999): Argumentationstopoi in Diskursen. Zur Nutzung einer rhetorischen Kategorie für die Analyse öffentlichen Sprachgebrauchs. In: *Der Deutschunterricht* 5, S. 37–45.

III. Politische Sprache in den Medien

Werner Holly

Politische Kommunikation – Perspektiven der Medienlinguistik. Am Beispiel eines Selbstdarstellungsvideos von Guido Westerwelle

1 Politische Kommunikation und Medialität

Dass die politische Kommunikation sich auf die medialen Verhältnisse einstellen kann und muss, ist nichts Neues. Es galt schon für die Flugschriften der Lutherzeit wie 400 Jahre später für die Radiobotschaften und Durchhaltefilme der Nazipropaganda oder – ganz anders – für die *fireside chats* von Roosevelt, der damit die Ära der Intimisierung öffentlicher Kommunikation einläutete. Seit es Fernsehen gibt, müssen sich Politiker mit der Frage auseinandersetzen, wie sie in diesem intimen Medium wirken, und sie müssen zu ihren rhetorischen Fähigkeiten solche der optischen Präsentation unter den Bedingungen der technischen Audiovisualität dazu erwerben. Dazu gehört nicht nur die Kontrolle ihrer jetzt in Vergrößerung zu betrachtenden Körpersprache wie überhaupt die Kontrolle ihrer sichtbaren Erscheinung; schwieriger ist noch, dass sie sich damit abfinden müssen, sich den Gepflogenheiten der Kamerainszenierung auszuliefern, die ihnen endgültig die »Schlussredaktion« für ihre Kommunikate entzieht.

Mit diesen veränderten Verhältnissen in der medialen (vor allem der politischen) Kommunikation ist auch in der Sprachwissenschaft das Bewusstsein davon gewachsen, dass man die Analyse sprachlicher Botschaften nicht auf deren Lexik und Grammatik reduzieren darf, sondern dass man zunächst und verstärkt auch die gesamte Medialität der Kommunikation einbeziehen muss, die der Sprache selbst, aber auch die der anderen Zeichensysteme, mit denen Sprache in Kombination auftaucht. So hat sich eine Teildisziplin, die Medienlinguistik, entwickelt, die sich zur Aufgabe gemacht hat, die Medialität von Sprache und die Verwendung von Sprache in Medien ins Zentrum ihres Interesses zu rücken, dabei aber das Zusammenspiel mit anderen Faktoren der Kommunikation nicht auszublenden.

Wie für die Akteure selbst, so ist mit der medialen Vielfalt und dem Ausmaß der technischen Überformung der Kommunikation auch für die Beschreibung und Analyse der Kommunikate die Komplexität der Aufgabe gewachsen: Wie die Politiker und Medienleute müssen die Wissenschaftler dazu lernen. Hier soll es um die Perspektive der Medienlinguistik auf die politische Kommunikation gehen, um eine Beschreibung politischer Texte, die »Sprache und mehr« in den Blick nimmt. Dabei werde ich zunächst kurz sieben Thesen zu Medienlinguistik und Politik vorstellen (Abschn. 2) und als Beispiel ein Selbstdarstellungsvideo eines deutschen Parteipolitikers behandeln (Abschn. 4), wobei der Analyse von Text und Bild einige Bemerkungen zum schwierigen Geschäft der Selbstdarstellung in der Politik vorausgehen sollen (Abschn. 3).

2 Sieben Thesen zu Medienlinguistik und Politik

Erstens: Politik nie ohne Sprache
Es ist unstrittig, dass zwischen Politik und Sprache ein enger Zusammenhang besteht, in der Formulierung von Dieckmann (1975: 29): »Wo Politik sprachlos wird, hört Politik auf.« Man könnte weiter gehen und bestimmte Spracherscheinungen oder Sprachverwendungen an bestimmte politische Systeme oder Haltungen knüpfen, etwa die ›Diskussion‹ an den Parlamentarismus oder den ›Befehl‹ an totalitäre Herrschaft. Umso erstaunlicher ist, dass bis in die späten 1960er Jahre die Sprachwissenschaft der politischen Sprache wenig Aufmerksamkeit geschenkt hat, sieht man einmal vom Interesse an Nazi-Sprache und Nazi-Propaganda ab.

Zweitens: Sprache und mehr
Umgekehrt kann man aber politische Kommunikation nicht auf Sprachkommunikation reduzieren. Schon in den frühen Flugschriften, später in Zeitungen waren Schrifttexte mit Abbildungen verbunden. Erst recht in den modernen elektronischen Medien kommen Sprachzeichen zusammen mit anderen Zeichen vor, im Radio mit Musik, im Fernsehen mit Bildern und Tönen, so auch in den Internetkommunikationsformen. Das ist nicht überraschend, denn schon seit der Antike lehrt die Rhetorik, nicht die Bedeutung averbaler Elemente wie der *actio,* also der Körpersprache, zu unterschätzen. So ist nur konsequent, dass seit den 1980er Jahren auch in sprachwissenschaftlichen Arbeiten vereinzelt Bildkommunikation einbezogen wird, allerdings eher am Rande.

Drittens: Sind Bilder sogar dominant?
Inzwischen scheint sich das Verhältnis in der Beachtung von Sprach- und Bildkommunikation sogar umgekehrt zu haben, zumindest in der Medien- und Politikwissenschaft. Manche gehen angesichts einer weltweiten »Visualisierung« der modernen Medien (als ob Schrift nicht visuell wäre) von der Dominanz von Bildkommunikation aus und halten Fernsehen und Internetmedien für primär visuell bzw. bildlastig. Dagegen sollte man sich vor Augen und Ohren führen, dass moderne Medien zumeist multikodal und multimodal sind, ohne Hegemonie einer Komponente. Aber die verstärkte Bildlichkeit hat sicherlich Folgen auch für die politische (Sprach-)Kommunikation.

Viertens: Besonderheiten der Mediensprache
Angesichts der technischen Überformung der Kommunikation in und mit Medien muss man mit deren jeweiliger Spezifik rechnen, also etwa damit, dass Sprache in audiovisuellen Medien anders funktioniert als in Printmedien. So ist mit dem Aufkommen der elektronischen Medien die öffentliche und damit auch die politische Kommunikation wieder stärker von Oralität geprägt, allerdings handelt es sich um eine »sekundäre Oralität« (Ong 1982), die mit primärer Oralität – etwa in präliteralen Gesellschaften – nicht gleichgesetzt werden darf.

Fünftens: Was ist mit ›Multimedialität‹ gemeint?
Als gängiges Schlagwort für die Verhältnisse in modernen Medien differenziert der Begriff ›Multimedialität‹ nicht genügend zwischen der Mischung von Kodes (z. B. Sprach- oder Bildzeichen) und Modes (z. B. auditiven oder visuellen). Schrift-Bild-Kombinationen in Printmedien sind bikodal, aber monomodal, nämlich visuell. Sprach-Bild-Kombinationen in audiovisuellen Medien sind Teile eines multikodalen Komplexes und dabei bimodal. Fernsehen operiert vor allem mit Sprechsprache, Tönen, Musik, Bewegtbildern, außerdem mit Schrift, Grafiken und Standbildern. In Bildschirmmedien insgesamt muss also der Unterschied von statischen und bewegten Bildern berücksichtigt werden, oft ist sogar die Schrift- oder Sprechsprache durchaus wichtig. Nicht selten wird die Verwendung von Tönen und Musik zu wenig beachtet.

Sechstens: Integration von Wort und Bild
Schon in Printmedien sind die verschiedenen Kodes, erst recht in audiovisuellen Bedeutungskomplexen sind Kodes und Modes integrativ, nicht nur additiv zu beschreiben. In technisch-medialer Kommunikation sind einzelne Kodes getrennt voneinander hergestellt; die Zusammenfügungen der beiden Modes geschehen ebenfalls technisch und sind gezielt manipuliert. Die Medienmacher (und professionellen Protagonisten, z. B. Spitzenpolitiker) verfügen über Faustregeln und »Werkstatterfahrung«; es handelt sich aber um ein eher intuitives, implizites Wissen. Wissenschaftliche Beschreibungen beschränken sich meist schwerpunktmäßig auf einen semiotischen Teil und behandeln den anderen nur ergänzend. Das Verhältnis zwischen beiden Zeichentypen wird selten thematisiert. Die Frage lautet also, wie der Ansatz einer integrativen Beschreibung aussehen könnte. Von Jäger (2002) stammt die Idee der »Transkriptivität«, die Bezugnahmen von Zeichen auf Zeichen anderer Symbolsysteme als Verfahren des »Anders-Lesbar-Machens« und als elementare Mittel der Bedeutungsgenese versteht.

Siebtens: Keine Ausblendungen und vorschnellen Hierarchisierungen!
Auf dem Weg zu einem solchen Beschreibungsansatz gilt es zunächst, die üblichen Fehler, d. h. die gängigen Ausblendungen und Hierarchisierungen, zu vermeiden, auch wenn sie wegen der Schwierigkeiten, das komplexe Zusammenspiel zu modellieren, naheliegen. Wie Meyer/Ontrup/Schicha (2000: 83) anmerken, ist bisher »kein schematischer Analyse-Ansatz formuliert«, der für audiovisuelle Zeichenkomplexe angewendet werden könnte. Dies wäre aber die Voraussetzung dafür, politische Kommunikation unter den Bedingungen moderner Medien angemessen zu erfassen.

Anstelle weiterer theoretischer Erörterungen werde ich nun anhand eines Beispiels praktische Schritte der Analyse vorführen, und zwar an einem kleinen Ausschnitt aus einem Selbstdarstellungsvideo, das von der Website des FDP-Politikers Guido Westerwelle stammt. Zuvor will ich aber einige Anmerkungen zur Problematik von Politikerselbstdarstellungen im Allgemeinen machen.

3 Politische Selbstdarstellung in Zeiten der technischen Audiovisualität

Dass Politiker, die in modernen Demokratien letztlich gewählt werden wollen und müssen, kommunikativ alles unternehmen, um bei ihrem Wahlpublikum in einem günstigen Licht zu erscheinen, ist eine systemimmanente Selbstverständlichkeit. Deshalb gehört die permanente Selbstdarstellung zu den elementaren Aufgaben eines jeden Politikers. Es handelt sich dabei aber nur um die zugespitzte Version eines Verhaltens, das wir alle aus unserem Alltag kennen, denn es gehört zur sozialen Ordnung, dass wir versuchen, uns möglichst günstig zu präsentieren, auch wenn dies nicht immer und überall im Vordergrund stehen kann. Je nachdem, wie unabhängig wir von der Bestätigung durch andere sind, können wir es uns auch leisten, auf diese ständige Selbstpräsentation mehr oder weniger zu verzichten. Berufliche Konkurrenzsituationen oder die Suche nach Beachtung in privaten Zusammenhängen führen allerdings in vielen Situationen zu einem verstärkten Bedarf an Selbstdarstellung, die sich dann an gesellschaftlichen Standards zu orientieren hat.

Seit Erving Goffmans mikrosoziologischen Analysen der Selbstdarstellung und der »rituellen Ordnung«, die regelt, wie wir ein balanciertes Verhältnis von Selbstdarstellung und Respekt gegenüber anderen erlangen (z.B. Goffman 1959 und 1967), hat sich eine breite Forschung zu Techniken und Strategien der Selbstdarstellung entwickelt. Den Ergebnissen dieser Forschung zufolge erreicht man die Zustimmung anderer in Form verschiedener Attributionen wie ›sympathisch‹, ›kompetent‹, ›moralisch‹, ›stark‹, ›hilfsbedürftig‹, die aber allesamt in ein negatives Bild umschlagen können, wenn das entsprechende Verhalten übertrieben wird und wir die Dosis unserer Bemühungen nicht auf die Normen unserer Kommunikationspartner abgestimmt haben. Es besteht also immer die Gefahr, dass wir statt der Zuschreibung der angestrebten positiven Eigenschaften für ›konformistisch‹, ›eingebildet‹, ›heuchlerisch‹, ›großmäulig‹ oder ›faul‹ gehalten werden, wie man Tab. 1 entnehmen kann, die neben den Strategien (linke Spalte) und den prototypischen Verhaltensweisen (rechte Spalte) angestrebte und riskierte negative Attributionen (in der Mitte) verzeichnet.

Überhaupt hat man mit der positiven Selbstdarstellung das grundsätzliche Problem, dass man nach den üblichen Konventionen übertriebene Selbstbestätigung zu unterlassen hat (»Eigenlob stinkt«), weil dieses Verhalten ansonsten gemäß der notwendigen Balance von Selbst- und Fremdachtung, die immer miteinander verknüpft sind, einer Korrektur bedürfte. Eine überproportionale Erhöhung ist nur für den anderen vorgesehen, z.B. durch Ehrungen und Komplimente, die dieser dann wiederum bescheiden herabmindern muss. Die Wertschätzung der eigenen Person muss immer relativiert werden und von entsprechenden Vorkehrungen gegen den Vorwurf der Eitelkeit begleitet werden. Hier liegt also ein systematisches Dilemma vor, das kommunikativ bearbeitet werden muss.

Natürlich würde man vermuten, dass die Selbstdarstellungsstrategien von Politikern sich vor allem auf die Zuschreibung von Kompetenz beziehen, denn sie sollen

Bezeichnung der Strategie	Angestrebte Attribution	Riskierte negative Attribution	Prototypisches Verhalten
sich beliebt machen (ingratiation)	sympathisch, liebenswert	kriecherisch, konformistisch, unterwürfig	Meinungskonformität, Lob, Schmeicheln, Gefallen tun
sich als kompetent darstellen (self-promotion)	kompetent, effektiv	eingebildet, angeberisch, betrügerisch	eigene Leistungen und Fähigkeiten herausstellen
sich als Vorbild darstellen (exemplification)	moralisch überlegen, wertvoll, vorbildlich, selbstaufopfernd	heuchlerisch, scheinheilig	Selbstverleugnung, Helfen
andere einschüchtern (intimidation)	gefährlich, stark	großmäulig, kraftlos	drohen, Ärger zeigen, Imponierverhalten
sich als hilfsbedürftig darstellen (supplication)	hilflos, glücklos, behindert	faul, fordernd, stigmatisiert	Selbstabwertung, Hilfegesuche

Tab. 1: Eine Taxonomie von Strategien der Selbstdarstellung (Tabelle nach Laux/Schütz 1996: 47; adaptiert nach Jones/Pittman 1982)

ihre politischen Aufgaben ja aufgrund besonderer sachlicher Fähigkeiten erfüllen können. Zugleich ist aber – gerade angesichts der schwer einzuschätzenden Wissens- und Kenntnisdomänen in immer komplexer werdenden Fachgebieten – der Bürger darauf angewiesen, sich auf sein intuitives Vertrauen verlassen zu können, das auf allgemeine Menschenkenntnis und sehr allgemeine positive Eigenschaften rekurriert; intuitive schnelle Urteile sind demnach eher bei den anderen Eigenschaften (sympathisch, moralisch, stark) zu finden, wo wir nach Alltagskategorien urteilen können. Es ist deshalb kein Wunder, dass sich Politiker gerade um die Zuschreibung solcher Attribute bemühen, die im allgemein Menschlichen, den Gefühlen, dem Charakter und der äußeren Erscheinung verankert scheinen. Schwäche und Hilfsbedürftigkeit hingegen scheiden im Prinzip aus, denn es passt nicht zu dem Anspruch des Führungspersonals, anderen zu helfen und selbst der Hilfe zu bedürfen; ein kleiner Schuss von Schwäche, etwas Fehlerhaftes darf allerdings dabei sein (natürlich nichts wirklich Gravierendes), andernfalls würde man mit dem Perfektionsimage nur Zweifel wecken und damit auch die Fallhöhe vergrößern, wenn einmal etwas nicht gelingt.

Da die Bürger ihre Spitzenpolitiker in der Regel nicht persönlich und spontan erleben, sondern in offiziellen Situationen, die sorgfältig geplant werden und in den meisten Fällen durch technische Medien vermittelt sind, kommt es also v. a. auf die gelungene Medieninszenierung an, die eine solche günstige Selbstdarstellung bewerkstelligen soll. Hier sind die modernen Massenmedien und inzwischen auch die Kommunikationsformen des Internets Schauplätze entsprechender propagandistischer Bemühungen. Meyer, der diese Verhältnisse als »Mediokratie« bezeichnet hat, charakterisiert die Struktur dieser Art von Öffentlichkeit als wesentlich bildgesteuert:

> Politik präsentiert sich in der Mediengesellschaft immer mehr und immer gekonnter als eine Abfolge von Bildern, kameragerechten Schein-Ereignissen, Personifikationen und Images, bei denen Gesten und Symbole, Episoden und Szenen, Umgebungen, Kulissen und Requisiten, kurz Bildbotschaften aller Art zur Kernstruktur werden, zum Teil sogar von Werbe- und Kommunikationsexperten erdacht und von den Akteuren nachgestellt, damit die maximale Medienwirksamkeit garantiert sei. (Meyer 2001: 109f.)

Lassen wir, wie oben vorgeschlagen, dahingestellt, was dominiert. Man kann jedenfalls in derlei Politspektakeln eine neue ›Theatralität‹ von Politik sehen, die mit allen kalkuliert eingesetzten Mitteln des Theaters arbeitet. Im Zentrum stehen (neben der Sprache) Aktionen des menschlichen Körpers mit Mimik, Gestik, Proxemik; aber auch Requisiten und Kulissen spielen keine geringe Rolle. Die verbalen und paraverbalen Sprachzeichen gelten nur noch als Teile einer insgesamt auf Bildlichkeit hin angelegten Inszenierung, die eine ›Ästhetisierung der Öffentlichkeit‹ betreibt, weg von Inhalten, hin zur Verpackung. Offen bleibt nämlich – so Meyer (2001: 111) –, »ob die gestellten Bilder durch politisches Handeln gedeckt sind oder nicht«. Was Politiker kommunizieren, ist dann nicht mehr primär an Wahrhaftigkeit gebunden, wichtiger sind Personalisierung und Intimisierung, Emotionalisierung und Dramatisierung, Banalisierung und Unterhaltung. Insgesamt wird so die öffentliche Kommunikation entpolitisiert, mit durchaus politischen Folgen.

Andererseits kann man auch die positiven Seiten einer solchen »symbolischen Expressivität« sehen, soweit es ihr gelingen mag, Aufmerksamkeit zu bündeln, Motive wachzurufen, Handlungen anzuregen; deshalb sei sie ein »legitimes und oft produktives Mittel der Politik«, so dass die Bilanz in der Beurteilung der theatralen Strategien ambivalent bleibe (Meyer 2001: 117). Im Folgenden will ich ein Stück solch symbolischer Expressivität auf dem Feld der politischen Kommunikation analysieren, um das Zusammenspiel verbaler und bildlicher Inszenierung durchsichtig zu machen.

4 Westerwelles »Traumtag«

Bei dem von mir analysierten Filmtextchen handelt es sich um den Ausschnitt eines Selbstdarstellungsvideos, das unter dem Titel »Mein Weg« auf der Website des FDP-Vor-

sitzenden (und heutigen Außenministers) Guido Westerwelle zu finden ist.[1] Das ganze Video ist knapp acht Minuten lang; das Stückchen, das ich betrachte, umfasst ganze 49 Sekunden. Es liegt etwa in der Mitte, als fünfter von acht Abschnitten. Die kleinen Kapitelchen sind durch schwarze Tafeln voneinander getrennt, auf denen die jeweiligen Titel in weißer Schrift von links nach rechts von einem Strich gerahmt erscheinen, unterlegt mit dem Rhythmusgeräusch eines Schlagzeugbeckens. Die Abschnitte tragen folgende Titel:
- Rheinländer
- Schulzeit
- Politiker
- Öffentlichkeit
- Traumtag
- Jürgen Möllemann
- Überzeugung
- Glück

Ich werde nun zunächst Schicht für Schicht den gesprochenen Text des Abschnitts »Traumtag« beschreiben, später zusammen mit den Bildern kombiniert. Dazu gebe ich hier eine Transkription des Sprachtexts wieder:[2]

> traumtag privat —— ausschlafen – sport – lange laufen – und dann gemeinsam n schön und lange ausgiebig frühstücken dabei vor allen dingn möglichst viele zeitungen lesen ich bin was zeitungen angeht – // süchtig – danach – und dann ein bisschen den tag auf sich zukommen lassen und – // wenns geht vielleicht noch ne schöne ausstellung sehen ich sammel ja kunst – und – freu mich immer wenn ich was neues entdecke und finde – und wenns dann ganz toll läuft – vielleicht sogar abends was – für freunde nochäh kochen und – gemeinsam bis in die nacht hinein zusammen sitzen und viel reden das ist – eigentlich ein idealer tag

4.1 Freie Infinitive und Konnektive: illokutive Struktur und Steigerung

Der Text ist sehr klar gebaut. Er setzt ein mit dem Themastichwort *traumtag privat*, das gesprochen wird, als ob es die Formulierung eines nicht sichtbaren und hörbaren Interviewers aufnimmt und nun sehr kooperativ als kleine spielerische Aufgabe behandelt wird. Die Erledigung dieser Aufgabe wird am Ende durch eine Rahmenschließung markiert: *das ist eigentlich ein idealer tag*. Damit wird auch zum Ausdruck gebracht, wie die Aufgabe verstanden worden ist, als Beschreibung eines fiktiven Tages im Privaten.

---

1 Vgl. http://www.guido-westerwelle.de/Lebensweg/304c11ip36/index.html [21. 4. 2010].
2 Der Verzicht auf Großschreibungen soll daran erinnern, dass der Text gesprochen ist. Die Doppelschrägstriche (//) markieren Einstellungswechsel, die Gedankenstriche (–) Pausen.

Nachdem in den vorangegangenen Abschnitten Herkunft, Schulzeit, Eintritt in die Politik und der Umgang mit dem weitgehenden Verzicht auf Privates abgehandelt worden sind, wird nun ein Stück Pseudo-Privatheit inszeniert. Man tut so, als gebe man einen Einblick in das Privatleben, ohne dass man tatsächlich einen realen Blick darauf werfen kann, denn es handelt sich ja um einen »idealen«, einen »optimierten« Tag, den es so vielleicht niemals geben wird, der aber zeigen soll, was Westerwelle am liebsten zu tun scheint.

Dass der Text keinen realen Tag beschreibt, wird nicht nur gesagt, es zeigt sich auch an der sprachlichen Art der thematischen Entfaltung, die hier nicht ›berichtend‹ und schon gar nicht ›narrativ‹ ist – das ergäbe selbst erlebte Geschichtchen, wie wir sie im Alltag häufig austauschen –; vielmehr ist er gebaut wie ein typischer ›Instruktionstext‹, ein Kochrezept oder eine Gebrauchsanleitung: Wie mache ich einen idealen Westerwelle-Privattag? Gängig ist in solchen Fällen die Struktur einer Reihung von sogenannten freien Infinitiven (Fries 1983; Weinrich 1993: 279ff.) oder »deontischen Infinitivkostruktionen« (Deppermann 2006, 2007: 129ff.), im Folgenden fett hervorgehoben:

> traumtag privat —— **ausschlafen** – sport – lange **laufen** – und dann gemeinsam n schön und lange ausgiebig **frühstücken** dabei vor allen dingen möglichst viele **zeitungen lesen** ich bin was zeitungen angeht – // süchtig – danach – und dann ein bisschen **den tag auf sich zukommen lassen** und – // wenns geht vielleicht noch ne schöne **ausstellung sehen** ich sammel ja kunst – und – freu mich immer wenn ich was neues entdecke und finde – und wenns dann ganz toll läuft – vielleicht sogar abends was – für freunde nochäh **kochen** und – gemeinsam bis in die nacht hinein **zusammen sitzen** und viel **reden** das ist – eigentlich ein idealer tag

Dies hat nicht nur den Vorteil einer klaren und gut verständlichen Struktur, die sich am Ablauf eines Tages vom Morgen bis in die Nacht orientieren kann, es liefert auch ein Muster, das Persönliches entindividualisiert, indem es die Verbformen ohne Personalpronomen und Personalendungen setzt: Man muss nicht das ominöse Wörtchen *ich* sagen, das sonst gehäuft vorkommen würde. So kann man die Falle einer zu starken Zentrierung auf das Ego umgehen und gleichzeitig – und hier liegt der wahre Gewinn dieses Verfahrens – Anschlussfähigkeit herstellen, denn in Wirklichkeit wird hier ein Bilderbuchbild entworfen, das zur Identifikation oder doch zumindest zur Bewunderung einlädt. Dieser Tag ist in seiner Häufung von Stereotypen der vorbildlichen Entspannung und gepflegten Muße gleichzeitig so normal und durchschnittlich, dass viele Einzelne des Zielpublikums das Rezept nachkochen könnten und damit dem prominenten Spitzenpolitiker als »Menschen wie du und ich« nahe kommen. So entsteht Sympathie (eines der angestrebten Attribute) durch Konformität.

Damit es in der Reihung nicht allzu erwartbar und langweilig wird, ist aber eine kleine Steigerung eingebaut, wie man dem Ablauf der Konnektive entnehmen kann, die jetzt hervorgehoben sind:

> traumtag privat —— ausschlafen – sport – lange laufen – **und dann** gemeinsam n schön und lange ausgiebig frühstücken **dabei** vor allen dingn möglichst viele zeitungen lesen ich bin was zeitungen angeht – // süchtig – danach – **und dann** ein bisschen den tag auf sich zukommen lassen **und** – // **wenns geht** vielleicht noch ne schöne ausstellung sehen ich sammel ja kunst – und – freu mich immer wenn ich was neues entdecke und finde – **und wenns dann ganz toll läuft** – vielleicht sogar abends was – für freunde nochäh kochen **und** – gemeinsam bis in die nacht hinein zusammen sitzen **und** viel reden das ist – eigentlich ein idealer tag

So wird die Kettenstruktur, die morgens mit Ausschlafen, Laufen, Frühstück plus Zeitungslesen und einem retardierenden Auf-sich-Zukommen-Lassen gemütlich ansetzt, zwei Mal gesteigert, indem zwei Bedingungssätze den idealen Nachmittag und den »Traum«-Abend durch sich im Tempo und Wort-Umfang steigernde Phraseologismen stufenweise aufwerten: *wenns geht – wenns dann ganz toll läuft*. Am Gipfelpunkt dieses Tages steht dann krönend ein harmonischer Dreiklang von Geselligkeits-Tätigkeiten: Kochen, Zusammensitzen, Reden.

4.2 Hochwertwörter und *ich*-Parenthesen: gehobener Lifestyle und individuelle Kompetenz

Die so entstehende Bilderbuchversion von Freizeitaktivitäten gibt gleichzeitig Gelegenheit, einige Hochwertwörter unterzubringen, die einen sich vervollkommnenden Menschen vor unserem inneren Auge entstehen lassen, der tätig und genießend Körper (Sport, Frühstücken, Kochen), Geist (Lesen, Kunst) und Seele (Kunst, Reden) entwickelt, und das nicht in ichbezogener Vereinzelung, sondern in sozialer Einbettung, zusammen mit andern:

> traumtag privat —— ausschlafen – **sport** – lange **laufen** – und dann **gemeinsam** n schön und lange ausgiebig **frühstücken** dabei vor allen dingn möglichst viele **zeitungen lesen** ich bin was zeitungen angeht – // süchtig – danach – und dann ein bisschen den tag auf sich zukommen lassen und – // wenns geht vielleicht noch ne schöne **ausstellung** sehen ich sammel ja **kunst** – und – freu mich immer wenn ich was neues entdecke und finde – und wenns dann ganz toll läuft – vielleicht sogar abends was – für **freunde** nochäh **kochen** und – **gemeinsam**

> bis in die nacht hinein **zusammen** sitzen und viel **reden** das ist – eigentlich ein idealer tag

Das »Gemeinsame« rahmt alles, wird deshalb morgens und abends explizit und beim zweiten Mal verstärkt (*gemeinsam ... zusammen sitzen*); die wesentlichen Bereiche eines erfüllten, den harten Arbeitsalltag komplementär bereichernden Freizeit-Lebens werden nicht nur begrifflich abstrakt benannt (*sport, lesen, kunst, kochen*), sondern in konkrete Situationen szenisch und damit anschaulich übersetzt, so dass sie auch den geselligen Charakter zusätzlich beglaubigen können: *gemeinsam frühstücken, zeitungen lesen, ne ausstellung sehen, für freunde kochen, gemeinsam zusammen sitzen und reden*. Dabei sind »die sozialen Welten«, die sie repräsentieren, durchaus solche eines gehobenen, urbanen, dabei aber nicht übertrieben elitären Lifestyles. Es ist die Besserverdiener-Welt des prototypischen liberalen »Zeit«-Lesers; man joggt, informiert sich, verfolgt Kunst und Kultur, man kocht aber auch selbst, natürlich nicht im Alltag, aber zur Pflege der Geselligkeit. Hier sind die wesentlichen stilistischen Elemente einer modernen gebildeten Bürgerlichkeit versammelt – fehlt eigentlich nur das Reisen, das ein Spitzen-Politiker aber nicht auf die Freizeit verlegen muss.

Syntaktisch auffällig sind vor allem zwei Passagen, die das Instruktionsmuster der freien Infinitive unterbrechen und als Parenthesen – gleichzeitig marginal und doch hervorgehoben – besonders effektiv für einen individualisierenden Kontrast genutzt werden können, ohne zu sehr in den Vordergrund zu geraten. Hier sind nun auch personalisierte Sätze möglich, in denen *ich* und *mich* gesagt wird:

> traumtag privat —— ausschlafen – sport – lange laufen – und dann gemeinsam n schön und lange ausgiebig frühstücken dabei vor allen dingn möglichst viele zeitungen lesen *ich* **bin was zeitungen angeht – // süchtig – danach** – und dann ein bisschen den tag auf sich zukommen lassen und – // wenns geht vielleicht noch ne schöne ausstellung sehen *ich* **sammel ja kunst – und – freu** *mich* **immer wenn** *ich* **was neues entdecke und finde** – und wenns dann ganz toll läuft – vielleicht sogar abends was – für freunde nochäh kochen und – gemeinsam bis in die nacht hinein zusammen sitzen und viel reden das ist – eigentlich ein idealer tag

Wenn das Hauptproblem in jeder Selbstdarstellung die Vermeidung der Überheblichkeitsfalle ist, dann ist diese syntaktische Position optimal für ein angemessenes Herabstufen von positiven Eigenbewertungen. Die Betonung dessen, dass man *möglichst viele zeitungen* liest, auch in der Freizeit, könnte angeberisch wirken. Sie wird hier deshalb in einer Art Korrektiv quasi entschuldigt, indem die Vielleserei etwas kokett als »Sucht« eingestanden wird. Der Haupteffekt besteht natürlich darin, auf diese Weise gewissermaßen nebenbei einfließen zu lassen, dass man sich immer möglichst umfassend informiert hält; so kann man auch auf dem eigentlich nicht-professionellen Feld wiederum in professioneller Hinsicht punkten, diesmal also nicht, um Sympathie attribuiert zu bekommen, aber eben – für einen Politiker vielleicht noch wichtiger – Kompetenz; sympathisch kann aber doch wirken, dass man sich zum Schein dabei einer »Schwäche«, einer »Sucht« bezichtigt. Dies erinnert ein wenig an die Standard-Antwort von Prominenten auf die Frage nach Fehlern; man nennt dann »Ungeduld«, gibt also in Wirklichkeit einen weiteren Beweis für den ständigen eigenen Drang nach Effizienz und Erfolg. Ähnlich elegant ist hier die zweite explizite Facette von Individualität untergebracht. Der ideale Programmpunkt Ausstellungsbesuch wird begründet mit einer Leidenschaft, die von der Abtönungspartikel *ja* als bekannt, also nicht neu und eigentlich nennenswert markiert ist, zugleich ist auch die umgangssprachliche Form *sammel* eine Form der heckenartigen Minderung der Aussage (ebenso wie danach die Form *freu*): *ich sammel ja kunst und freu mich* .... Hier geht es nicht wie beim Zeitunglesen um professionelle Kompetenz, sondern um Prestige durch Kennerschaft auf einem anderen, vielleicht nicht unbedingt erwartbaren Feld, das eine starke und große Persönlichkeit erst abrundet. Hier darf auch einmal Überdurchschnittlichkeit anklingen, denn der Sammler ist dem normalen Kunstkonsumenten zweifellos überlegen. Es wäre aber äußerst kontraproduktiv, so etwas selbst – gewissermaßen platt – als schmückende eigene Eigenschaft zu nennen, es kann nur nebenbei aufscheinen, z. B. eben als Erklärung für ein passendes Element eines idealen Tages.

4.3 Sprechsprachliche Rhetorik durch Attribute und Hecken: Nähe, Intensität, Begeisterung

Was wir bisher an dem Text betrachtet haben, waren die Strukturen, die funktional sind für Gliederung und die zentralen illokutiven Aufgaben: eine positive Selbstdarstellung durch den »entpersönlichten«, aber anschlussfähigen Entwurf eines idealen Tags, verbunden mit einem Maximum an sozialer Verortung in der Zielgruppe plus einem individuellen Mehrwert durch den beiläufigen Nachweis von professioneller Kompetenz und kulturellem Prestige. Dazu könnte der Text auch so lauten:

> traumtag privat —— ausschlafen – sport – laufen – und dann gemeinsam frühstücken dabei viele zeitungen lesen ich bin was zeitungen angeht – // süchtig – danach – und dann den tag auf sich zukommen lassen und – // wenns geht ne ausstellung sehen ich sammel ja kunst – und – freu mich immer wenn ich was neues entdecke und finde – und wenns dann ganz toll läuft – abends was – für freunde kochen und – gemeinsam bis in die nacht hinein zusammen sitzen und reden das ist – eigentlich ein idealer tag

Einen Gutteil seiner Authentizität und Überzeugungskraft bezieht der Text aber aus seiner typisch sprechsprachlichen Gestaltung, zu der ein profilierender Ausbau durch

Attribute und so genannte »Hecken« gehört; sie geben dem Ganzen Rhythmus mit Beschleunigung und Verlangsamung, sie tönen ab und intensivieren. So entsteht der Eindruck eines lebendigen, dynamischen Sprechers. Der Text enthält deshalb einige dieser unauffälligen, aber doch sehr wirksamen Elemente, die im Hinblick auf persönliche Präsenz erst die entscheidenden Akzente setzen:

> traumtag privat —— ausschlafen – sport – **lange** laufen – und dann gemeinsam n **schön und lange** ausgiebig frühstücken dabei **vor allen dingn möglichst** viele zeitungen lesen ich bin was zeitungen angeht – // süchtig – danach – und dann **ein bisschen** den tag auf sich zukommen lassen und – // wenns geht **vielleicht noch** ne **schöne** ausstellung sehen ich sammel ja kunst – und – freu mich immer wenn ich was neues entdecke und finde – und wenns dann ganz toll läuft – **vielleicht sogar** abends was – für freunde **nochäh** kochen und – gemeinsam **bis in die nacht hinein** zusammen sitzen und **viel** reden das ist – eigentlich ein idealer tag

Wir sehen, wie am Anfang bei Sport, Frühstück und Zeitungslektüre Dauer (*lange*) und Genuss (*schön und lange*) gesteigert werden bzw. Relevanz und Ausmaß hochgestuft werden (*vor allen dingn möglichst*), dann wird Gelassenheit durch Gradierung ausgedrückt (*ein bisschen*), der Nachmittag und Abend wird aufgewertet, indem die Programmpunkte als mögliche Extras, als weitere Steigerungen erscheinen (*vielleicht noch ne schöne, vielleicht sogar noch*) und bis zum Ende wird intensiviert (*bis in die nacht hinein, viel*). Wer so spricht, ist in der Lage, mit einfachen alltagssprachlichen Mitteln der permanenten abgestuften Qualifizierung einen lebendigen Fluss rhythmischen Sprechens zu bahnen, der auch in kleinen Dingen Begeisterung und Leidenschaft durchklingen lässt, eine positive Grundstimmung schafft, die beim Hörer Intensität vermittelt. Dazu trägt natürlich besonders die prosodische Performanz bei, auf die ich hier nicht ausführlicher eingehen kann, deren Verlauf aber gerade von den Hecken und Partikeln gesteuert wird (Einige Andeutungen folgen später im Zusammenhang mit der Körpersprache). Hört man den Sprecher Westerwelle, wie er diesen Text performativ gestaltet, kann man das Fazit ziehen: So klingt unter den Bedingungen der technischen Vermittlung des Sprechens der Versuch eines persönlichen Stils, eines Nähestils.

4.4 Bewegte Bilder 1: Einstellungen, Setting, visueller Stil

Wenn es stimmt, dass in Formen audiovisueller Kommunikation, zu denen die primäre Face-to-Face-Kommunikation ebenso gehört wie alle tonfilmischen Zeichenkomplexe, zunächst der optische Eindruck zählt, dann muss man bei der Analyse fragen, was genau im Einzelnen zu sehen ist. Zum Sichtbaren technisch hergestellter bewegter Bilder gehören alle Bildinhalte, ihr Arrangement in einzelnen Einstellungen, deren Dauer,

Rhythmisierung, Montage usw. Angesichts der »Fülle« von Bildzeichen ist die Aufgabe der Bildbeschreibung theoretisch unabschließbar; für den konkreten Zweck der Analyse eines kleinen Filmausschnitts, wie er hier vorliegt, kann man sich auf einige wesentliche Elemente beschränken, in erster Linie natürlich auf die gezeigte Person der Sprechers, der als einziger Mensch im Bild ist, seine Körpersprache und seine Aufmachung. Ebenfalls von Bedeutung ist die Umgebung, in der er zu sehen ist, das Setting und dessen Perspektivierung. Natürlich gehört zur visuellen Interpretation auch die Art der Einstellungen, wie man sie in der Filmanalyse unterscheidet.

Während der meisten Zeit des hier zu beschreibenden Ausschnitts sieht man Westerwelle in einer starren Einstellung von vorne, die Kamera ist leicht nach rechts und nach unten versetzt, die Einstellung ist halbnah, so dass man ihn in einem Sessel von der Armlehne an aufwärts sieht, die Hände kommen nur ins Bild, wenn er sie bewegt. Von den 46 Sekunden dieses Interviewausschnitts (ohne Fragen und Interviewer) sieht man ihn 40 Sekunden aus dieser Standardperspektive (I), erst nach 19 Sekunden folgt für sechs Sekunden ein Einstellungswechsel mit Bildern einer zweiten Kamera. Dann sieht man ihn von rechts im Profil in einer extrem großen Einstellung (IIa), die allerdings nicht ganz fix bleibt, sondern erst etwas näher (IIb), dann wieder etwas weiter zurück zoomt (IIc). Nach Sekunde 25 wird zur Standardeinstellung zurückgekehrt.

Einstellung I (Standard)

Einstellung IIa

Einstellung IIb

Einstellung IIc

Die Bewegungen der zweiten Kamera (11a-11c) wirken ungeschickt, als ob der Vorwärtszoom versehentlich geschehen sei und danach in die eigentlich intendierte Richtung zurück korrigiert wurde. Der Einstellungswechsel lockert auf und strukturiert. Wie er den Sprachtext begleitet und modifiziert, soll später betrachtet werden.

Westerwelle blickt in der Standardeinstellung links an der Kamera vorbei dorthin, wo sich vermutlich sein Ansprechpartner befindet, so dass man ihn meist von links sieht, also verstärkt auf seine rechte Gesichtspartie schaut. Er trägt einen dunklen Anzug mit cremefarbenem Hemd und hellblauer Krawatte, sitzt meist mit dem linken Ellbogen auf die Armlehne eines ebenfalls cremefarbenen Empirestil-Sessels gestützt und sieht insgesamt sehr gepflegt und »aufgeräumt« aus. Das Wenige, das man von seiner Umgebung sieht, lässt auf einen Raum in den Ausläufern eines großzügigen Hotelfoyers schließen; der Stil ist gediegen elegant, man erkennt im Hintergrund eine Grünpflanze und Messing- und Schmiedeeisenteile eines Geländers, die Farben sind dezent. Man befindet sich nicht in einem Büro oder in einem Sitzungsraum, den man gemeinhin mit einem politischen Arbeitskontext verbindet; aber es ist auch nicht die ganz private Atmosphäre eines Eigenheims. Westerwelle wirkt jung, dynamisch, energiegeladen, gutgelaunt und sehr präsent und locker, wenn auch immer ein bisschen ehrgeizig und musterschülerhaft. Insgesamt ist der visuelle Eindruck der eines netten Menschen in einem edlen Ambiente, das nicht nüchtern, aber dennoch ein wenig unpersönlich ist.

4.5 Bewegte Bilder 11: Ablauf, Köpersprache

Während Westerwelle die (unhörbare) Themavorgabe wiederholt, etabliert er körpersprachlich eine etwas träumerische, ganz und gar unrealistische Interaktionsmodalität: Den Körper stark nach links geneigt, blickt er mit schräggelegtem Kopf nach oben, als ob er dort den Himmel eines Traumtags suche, und lächelt versonnen, wobei er sich die Hände reibt wie jemand, der sich mit Vergnügen an die Arbeit macht.

traumtag privat

Politische Kommunikation – Perspektiven der Medienlinguistik   181

Wir wissen jetzt, dass wir bei einem angenehmen Thema sind, das verspricht, uns einen Einblick in das Privatleben des Politikers zu geben, und dass dieser Politiker ein Mensch zu sein scheint, der gerne solchen Träumen nachgeht. Dann nimmt sich Westerwelle gut eineinhalb Sekunden Zeit nachzudenken und den nun folgenden Einstieg zu konzipieren; dabei atmet er hörbar ein und beginnt mit einer nickenden Kopfbewegung, die den ersten Punkt akzentuiert:

(Pause mit Atmen) *ausschlafen*

Beim Nachdenken mit Einatmen schließt er sehr kurz die Augen, auch seine nickende Kopfbewegung wird von einem Augenblinzeln begleitet, das die Akzentuierung verstärkt. Dabei wird das Lächeln immer beibehalten. Auch nach seinem ersten Programmpunkt folgt noch einmal eine längere Pause von ca. zwei Sekunden, die mit fast unmerklichen Lippenbewegungen versehen ist, als ob er etwas sagen wollte, es aber doch nicht sagt: Er arbeitet immer noch am Konzept; dann kommt der zweite Punkt, ebenfalls von einem Nicken akzentuiert: *sport*. Danach ist er im Fluss, es wird ein ruhigerer Rhythmus entwickelt, der erst wieder mit der sehr expressiven Aussprache von *mööglichst* durchbrochen wird, wobei auch der ganze Kopf nach rechts schwingt und die exzessive Zeitungslektüre hervorhebt:

sport   *mööglichst*   *viele zeitungen lesen*

Auffällig ist, dass nun die eingeschobene Parenthese, die seine explizite Eigenprofilierung enthält, ohne jede Stockung sehr rasch angeschlossen wird: *ich bin was zeitungen angeht süchtig danach.* Auf das Stichwort *süchtig* wechselt das Bild zur zweiten Kamera und der Detailaufnahme 11a, die nach dem erwähnten Vorwärts-Rückwärtszoom in die Großaufnahme 11c mündet (s. o.). Man kann diese Montagemanipulation doppelt deuten. Einerseits intensiviert sie den Eindruck von der Person, dessen »Sucht« durch eine extreme und auch leicht verzerrende Perspektive ikonisiert wird, die jede Hautpore und Aknenarbe sichtbar macht, andererseits wirkt dieses nahe Herangehen auch authentisierend, weil sie uns den Menschen schonungslos und damit gewissermaßen wahrnehmbar ehrlich präsentiert.

Noch in der Großaufnahme sieht man, wie er beim Stichwort *zukommen lassen* den Kopf deutlich nach links neigt, was auch nach der Rückkehr zum Standardbild (nach *und*) beibehalten wird; dabei wird – ebenso wie die erste – die zweite explizite Selbstdarstellung (*ich sammel ja kunst*) ohne jede Pause nahtlos angefügt und zum einzigen Mal wird das Lächeln in einem Decrescendo für einige Zeit zurückgenommen; der Mund schließt sich nach der Passage (*wenn ich was neues entdecke und finde*) mit aufeinandergepressten Lippen, was andeutet, dass es sich bei seinem Hobby um eine seriöse Leidenschaft handelt:

… zukommen lassen …   *und finde*

Danach nimmt das Lächeln allmählich wieder zu – Zeichen zurückkehrender Entspannung – und die Körpersprache bleibt unverändert bis zur Wendung *und viel reden*, die als Schlussvorbereitung von einer deutlichen Kopfneigung nach rechts begleitet wird, bis zum wiederum rasch angefügten bilanzierenden Rahmensatz mit geradem Kopf, in dem *idealer tag* noch durch eine Kopfhebung akzentuiert wird, von einem strahlenden Lächeln gefolgt.

Politische Kommunikation – Perspektiven der Medienlinguistik

... und viel reden   *idealer tag*

Gerade das ein- und ausschaltbare Lächeln läuft Gefahr, wie eine aufgesetzte Attitüde zu wirken. Es schafft zwar eine entspannte und angenehme Atmosphäre, wie sie zu dem Stil der »feel good«-Politik gehört (Dörner 2002), den die *spin doctors* den Politikern seit einigen Jahren empfehlen. Gleichzeitig stellt permanente gute Laune eine Gefährdung des übergeordneten Kommunikationsziels Authentizität dar, wenn sie situationsunangemessen wirkt, oder sie kann die Seriosität und damit die Kompetenz eines Politikers in Frage stellen, der zwar optimistisch und gut gestimmt, aber nicht als Luftikus erscheinen darf. Gerade das hat man Guido Westerwelle seit seinem Wahlkampf im bunten »Guidomobil«, als er auch mit der Zahl 18 auf den Schuhsohlen auftrat, attribuiert. Wenn das permanente Lächeln allzu verbissen durchgehalten wird, kann geschehen, dass es als »Kampflächeln« interpretiert wird, wie die FAZ in einer Bildunterschrift am 15. März 2010 formuliert hat. Damit ist ein paradoxer Effekt eingetreten. Er beweist noch einmal, dass die massenmedial nahegelegte Verschränkung von Politik und Unterhaltung (»Politainment«), wie sie besonders, aber nicht nur zu Wahlkampfzeiten praktiziert wird, immer damit rechnen muss, als systemwidrig empfunden zu werden und dann kontraproduktiv zu wirken. Zahlreiche Beispiele, für die neben Westerwelle selbst auch Gerhard Schröders, Rudolf Scharpings oder Karl-Theodor zu Guttenbergs Fehlinszenierungen stehen könnten, belegen dies. Das Stimmungsmanagement, um das es in der politischen Kommunikation immer häufiger geht, ist wegen der Flüchtigkeit und Fragilität emotionaler Zustände ein besonders heikles Geschäft.

Zu Westerwelles demonstrativ guter Laune, die er im Teil »Rheinländer« seines Selbstdarstellungsvideos seiner rheinischen Herkunft und Prägung zuschreibt, hat ein Journalist festgehalten, wie sie gerade nicht als Zeichen von Offenheit, sondern als Panzerung empfunden werden kann:

> Es ist nicht leicht, dem Menschen Guido Westerwelle nahezukommen. ... Auf die harmlose Frage ›Wie geht's?‹ reagiert er üblicherweise mit einem schwungvollen ›Ausgezeichnet!‹. Oder mit ›Großartig!‹ Was natürlich ab und zu stimmen kann, nur nicht so oft. Darum baut sich sogleich eine Wand aus allzu guter Laune auf. (Bernd Ulrich, *DIE ZEIT,* 20.5.2009, S. 2)

5 Kurzes Fazit

Eine medienlinguistische Perspektive auf politische Kommunikation sollte sich nicht auf Verbales, also auf die Spezifika von Mündlichkeit und Schriftlichkeit in technischen Medien beschränken, sondern sollte auch auf andere Kodes und Modes und deren Verknüpfung mit Sprache eingehen: auf Töne und Musik, v. a. aber auf (bewegte) Bilder und deren Inszenierung. Es geht also nicht nur um Medialität, sondern immer auch um Intermedialität, d. h. die wechselseitige Verschränkung oder Überschreibung (»Transkription«; Jäger 2002) von Zeichen aus verschiedenen Systemen. Solche Fragen sind einzubetten in die jeweiligen Strukturen politischer Kommunikation, in Textsorten, Funktionen, Zielgruppen und Kontexte bestimmter kommunikativer Handlungen (siehe z. B. Holly 2010). Hier war beispielsweise zu beschreiben, wie sich der gesprochene Sprachtext des Parteipolitikers Westerwelle und seine sichtbare Körpersprache zusammen mit deren Inszenierung durch und für eine Kamera wechselseitig überschreiben, um einen audiovisuellen Bedeutungskomplex zum Zwecke der Selbstdarstellung hervorzubringen.

Angesichts dessen, dass Politik mit all ihren ausdifferenzierten Spezialproblemen komplexer geworden ist und es deshalb immer schwerer wird, die Inhalte und Ergebnisse von politischer Arbeit zu beurteilen, erscheint es verständlich, wenn Politiker lieber versuchen, Zustimmung in Dimensionen alltäglich einzuschätzender Eigenschaften von Kompetenz und Sympathie zu erwerben: Dies eröffnet ihnen ein weites, aber riskantes Feld der Selbstdarstellung. Ein Hauptproblem liegt darin, Authentizität und Glaubwürdigkeit zu erlangen, wenn doch gleichzeitig klar ist, dass ein alltägliches Maß an Echtheit in vielen schwierigen Situationen mit komplexen Adressierungslagen völlig unterkomplex und deshalb dysfunktional wäre. Mehr noch als im Alltag müssen Politiker immer auf die Vermeidung »schlimmstmöglicher Deutungen« (Goffman) achten, was gerade unter den modernen medialen Bedingungen hemmungsloser Intimität einer permanenten Gratwanderung gleichkommt.

Die ausgebaute audiovisuelle und dabei intime Struktur moderner elektronischer Medien (Meyrowitz 1985) hat dazu geführt, dass zur Bewältigung der anspruchsvollen kommunikativen Aufgaben die Beherrschung sprachlicher Rhetorik allein noch weniger genügt als in den Zeiten der großen politischen Reden, als es zwar auch schon auf eine ausgefeilte und stimmige *actio* ankam, wo man sich aber doch sorgfältig präparieren konnte und man nicht zugleich spontan und zwanglos wirken musste. Besonders in den intimen Kamera-Bildern wird deutlich, dass visuelles Verhalten desto schwerer zu kontrollieren ist, je detaillierter es sichtbar wird; dennoch wirkt es schneller und unmittelbarer, so dass es im Ergebnis sehr oft für den Akteur widerständig werden kann. So erscheint es geradezu mutig und ein wenig leichtfertig, dass Westerwelle sich auf seiner Website in einem solchen Video präsentiert. Ohne Zweifel ist es ein Versuch, sich der audiovisuellen Herausforderung der modernen Medien zu stellen – in der Hoffnung mehr und andere Rezipienten zu adressieren.

6 Literatur

Depperman, Arnulf (2006): Deontische Infinitivkonstruktionen: Syntax, Semantik, Pragmatik und interaktionale Verwendung. In: Günthner, Susanne; Imo, Wolfgang (Hgg.): *Konstruktionen in der Interaktion*. Berlin/New York: de Gruyter, S. 239–262.

Deppermann, Arnulf (2007): *Grammatik und Semantik aus gesprächsanalytischer Sicht*. Berlin/New York: de Gruyter.

Dieckmann, Walther (1975): *Sprache in der Politik. Einführung in die Pragmatik und Semantik der deutschen Sprache*. 2. Aufl. Heidelberg: Winter (= Sprachwissenschaftliche Studienbücher; 2. Abt.).

Dörner, Andreas (2002): Wahlkämpfe – eine rituelle Inszenierung des »demokratischen Mythos«. In: Dörner, Andreas; Vogt, Ludgera (Hgg.): *Wahl-Kämpfe. Betrachtungen über ein demokratisches Ritual*. Frankfurt am Main: Suhrkamp, S. 16–42.

Fries, Norbert (1983): *Syntaktische und semantische Studien zum frei verwendeten Infinitiv und zu verwandten Erscheinungen im Deutschen*. Tübingen: Narr.

Goffman, Erving (1959): *The Presentation of Self in Everyday Life*. New York: Doubleday Anchor.

Goffman, Erving (1967): *Interaction Ritual. Essays on the Face-to-Face-Behavior*. New York: Doubleday Anchor.

Holly, Werner (2010): Besprochene Bilder – bebildertes Sprechen. Audiovisuelle Transkriptivität in Nachrichtenfilmen und Polit-Talkshows. In: Deppermann, Arnulf; Linke, Angelika (Hgg.): *Sprache intermedial: Stimme und Schrift, Bild und Ton*. Berlin/New York: de Gruyter, S. 359–382.

Jäger, Ludwig (2002): Transkriptivität. Zur medialen Logik der kulturellen Semantik. In: Jäger, Ludwig; Stanitzek, Georg (Hgg.): *Transkribieren. Medien/Lektüre*. München: Fink, S. 19–41.

Jones, Edward; Pittman, Thane S. (1982): Toward a general theory of strategic self-presentation. In: Suls, Jerry (Hg.): *Psychological perspectives on the self*. Hillsdale: Lawrence Erlbaum, S. 231–263.

Laux, Lothar; Schütz, Astrid (1996): *»Wir, die wir gut sind.« Die Selbstdarstellung von Politikern zwischen Glorifizierung und Glaubwürdigkeit*. München: Deutscher Taschenbuch Verlag.

Meyer, Thomas (2001): *Mediokratie. Die Kolonisierung der Politik durch die Medien*. Frankfurt am Main: Suhrkamp.

Meyer, Thomas; Ontrup, Rüdiger; Schicha, Christian (2000): *Die Inszenierung des Politischen. Zur Theatralität von Mediendiskursen*. Wiesbaden: Westdeutscher Verlag.

Meyrowitz, Joshua (1985): *No Sense of Place. The Impact of Electronic Media on Social Behavior*. New York/Oxford: Oxford University Press.

Ong, Walter J. (1982): *Orality and Literacy. The Technologizing of the Word*. London: Methuen.

Weinrich, Harald (1993): *Textgrammatik der deutschen Sprache*. Mannheim/Leipzig/Wien/Zürich: Dudenverlag.

Martin Luginbühl

Die Schweizerische Volkspartei (SVP) – ein linguistischer Streifzug

Ziel dieses Beitrages ist es nicht, eine einzelne linguistische Methode vorzustellen, sondern es soll am Beispiel der derzeit stimmenstärksten Partei der Schweiz, der nationalkonservativen Schweizerischen Volkspartei (SVP), der Frage nachgegangen werden, welche linguistischen Herangehensweisen sich in diesem Zusammenhang überhaupt als gewinnbringend erweisen. Leitendes Konzept bei der folgenden Analyse wird eine ›holistische Stilistik‹ sein, welche unter ›Stil‹ nicht nur Formulatives im engeren Sinn versteht, sondern alles Gestaltbare unter dem Aspekt stilistischer Wahl betrachtet. Damit wird eine ganze Reihe anderer linguistischer Perspektiven und Methoden integriert.

1 Zum Kontext: Der Aufstieg der SVP

Bei der SVP, deren eigentlicher Aufstieg erst in den 1990er Jahren erfolgte, handelt es sich nicht um eine Neugründung, sondern um die Transformation einer ursprünglich relativ randständigen politischen Formation.[1] Die SVP entstand 1971 aus der Fusion von zwei Parteien, von denen eine (die Bauern-, Gewerbe- und Bürgerpartei BGB) seit 1959 einen Sitz in der siebenköpfigen Landesregierung, dem Bundesrat, innehatte, welcher bei der Parteienfusion an die SVP überging.[2] Bis zu Beginn der 1990er Jahre war die SVP aber nur in einigen Kantonen der Schweiz vertreten, bis 1991 hatte sie lediglich einen Wähleranteil zwischen 10 und 12 % (Furger 2007: 30).

Der von Geden (2006: 94) als »rechtspopulistische Wende« der SVP bezeichnete Wandel begann 1977 im Kanton Zürich. Damals übernahm der Chemie-Unternehmer Christoph Blocher den Vorsitz der Zürcher Kantonalpartei und brachte sie auf Oppositionskurs gegen die anderen regierenden Parteien, welche von Blocher gerne als Vertreter der von ihm so genannten »classe politique« bezeichnet werden.[3]

Im Folgenden betrieb Blocher die Gründung weiterer Kantonalparteien, welche sich dem Oppositionskurs der Zürcher SVP anschlossen. Inhaltlich positionierte sich der entsprechende Flügel der SVP als nationalkonservative und wirtschaftsliberale Kraft.

---

1 Dies trifft auf viele rechtspopulistische Parteien in Europa zu, vgl. Geden (2006: 47).
2 Die BGB fusionierte mit den »Demokraten«, die in den Kantonen Glarus und Graubünden verankert waren, vgl. den Eintrag »Geschichte« auf der SVP-Website unter http://www.svp.ch/g3.cms/s_page/78800/s_name/geschichte [16.8.2010].
3 Diese Bezeichnung griff das öffentliche Schweizer Fernsehen in der Namensgebung einer Diskussionssendung auf, in welcher während der Zeit von Parlamentssitzungen über aktuelle politische Themen berichtet wird.

Mit dieser Ausrichtung war die SVP sowohl bei kantonalen Wahlen als auch bei nationalen Volksabstimmungen erfolgreich. 1986 setzte sich die SVP gegen einen UNO-Beitritt der Schweiz ein, 1992 bekämpfte sie den Beitritt der Schweiz zum Europäischen Wirtschaftsraum (EWR), während sowohl die Landesregierung als auch die Mehrheit der anderen Regierungsparteien für den EWR-Beitritt waren. In der Volksabstimmung (mit Rekordbeteiligung) wurde der Beitritt knapp abgelehnt. Zudem etablierte sich die Zürcher SVP als stärkste Partei im Kanton Zürich (Kriesi et al. 2005: 4).

Die von der Zürcher SVP und Blocher ausgehende Neuausrichtung der Partei führte zu parteiinternen Auseinandersetzungen, in denen insbesondere der ›Zürcher Flügel‹ und der ›Berner Flügel‹, der bisher fast alle SVP-Bundesräte gestellt hatte, aneinander gerieten. In den folgenden Jahren setzte sich mehrheitlich der ›Zürcher Flügel‹ durch und bestimmte die Ausrichtung der Partei: Die SVP-Fraktion im Parlament verfolgte immer häufiger einen Oppositionskurs gegen die Landesregierung und setzte sich bei Volksabstimmungen gewöhnlich für eine andere Position als die anderen Bundesratsparteien ein.

1995 erreichte die SVP 14,9 % bei den Nationalratswahlen und trat damit insbesondere im katholischen Teil der Schweiz ihren Aufstieg an; bei den nächsten Nationalratswahlen 1999 folgte der Aufstieg in den französischsprachigen Kantonen, insgesamt erreichte die SVP 22,5 % der Stimmen und wurde so zur stimmenstärksten Partei der Schweiz (Geden 2006: 95; Kriesi et al. 2005: 5). Die SVP beanspruchte daraufhin einen zweiten Sitz in der Landesregierung, was ihr die anderen Regierungsparteien bei der turnusgemäßen Wahl der Bundesräte jedoch verweigerten, und im Jahr 2000, als der SVP-Bundesrat zurücktrat, wählte die Bundesversammlung nicht einen der offiziellen SVP-Kandidaten, sondern ein SVP-Mitglied des ›Berner Flügels‹ (Samuel Schmid), worauf die SVP mit dem Gang in die Opposition drohte (Geden 2006: 95f.).

2003 erzielte die Partei einen Stimmenanteil von 26,7 %, war in städtischen Gebieten ebenso erfolgreich wie in ländlichen, in katholischen ebenso wie in reformierten und war die mit Abstand stärkste Partei der Schweiz. Ende 2003 wurde Christoph Blocher als zweiter SVP-Bundesrat in die Landesregierung gewählt. Damit wurde die ›Zauberformel‹, welche die parteipolitische Zusammensetzung des Bundesrates seit 1959 regelte, verändert (Geden 2006: 96; Kriesi et al. 2004: 5). Bei den nächsten Wahlen schnitt die SVP mit einem Stimmenanteil von 28,9 % zum dritten Mal als stärkste Partei ab; dies war der größte Erfolg einer Partei seit der Einführung der Proporzwahl (BFS 2007: 7). Der SVP-Bundesrat Blocher wurde aber im Dezember desselben Jahres von den linken und Teilen der bürgerlichen Parteien abgewählt, stattdessen wurde mit Eveline Widmer-Schlumpf eine SVP-Politikerin gewählt, die von der SVP selbst gar nicht zur Wahl vorschlagen wurde. Die Annahme der Wahl durch Widmer-Schlumpf führte letztlich zu einer Spaltung der SVP, aus der die BDP, die Bürgerlich-Demokratische Partei, hervorging.

Als im Dezember 2008 Samuel Schmid zurücktrat, wählte das Parlament den Wunschkandidaten der SVP, Ueli Maurer, zu dessen Nachfolger in der Landesregierung. Auch 2008 und 2009 gewann die SVP in vielen kantonalen Wahlen dazu.[4]

Sieht man den Aufstieg der SVP im internationalen europäischen Kontext, so haben wir es hier nicht mit einem singulären Phänomen zu tun: Auch in vielen anderen europäischen Ländern prägen nationalkonservative Parteien die nationale Politik mit. Während sich aber in einigen Ländern der Erfolg dieser Parteien als Strohfeuer erweist, werden sie in anderen Fällen ein langfristiger Faktor, welcher die Politik der jeweiligen Länder dynamisiert und polarisiert. Zu derartigen Parteien gehört neben der SVP etwa die »Freiheitliche Partei Österreichs« (FPÖ), der »Front National« in Frankreich oder die Partei »Vlaams Belang« in Belgien. Während sich der »Front National« oder die »Vlaams Belang« auf die Rolle der Fundamentalopposition beschränken, führte der Erfolg bei der SVP und der FPÖ zu (mehr) Regierungsbeteiligung. Allerdings folgte der Regierungsbeteiligung auf nationaler Ebene bei der FPÖ ein Einbruch der Wahlerfolge, während dies bei der SVP nicht zu beobachten ist; insbesondere scheint Christoph Blocher selbst der Regierungsbeitritt nicht geschadet zu haben (Geden 2006: 11). Ähnliches gilt für den zur Zeit amtierenden SVP-Bundesrat Maurer. Beide konnten bzw. können als Bundesräte nur bedingt öffentlich SVP-Positionen vertreten, die Partei und die Fraktion aber behalten ihren meist oppositionellen Kurs weitgehend bei.

2 Der ›SVP-Stil‹

Am 30. März 2009 war in einem Kommentar der *Neuen Zürcher Zeitung* auf der Frontseite Folgendes zu lesen:

> *Die SVP und die SP als schrille Opposition*
> se. Es ist dem Konkordanzsystem eigen, dass Regierungsparteien fallweise Opposition spielen. In den vergangenen Jahren ist es freilich zur Regel geworden, dass führende Exponenten der Regierungsparteien SVP und SP den Bundesrat in einem Tonfall kritisieren, der mit kollegial getragener Regierungsverantwortung gar nichts mehr am Hut hat. So hieb am Samstag SP-Präsident Christian Levrat erneut auf die Regierung und ihre »Alibiprogramme« ein und geisselte namentlich Volkswirtschaftministerin Doris Leuthard (CVP.) als »Schönwetter-Bundesrat«. SVP-Präsident Toni Brunner griff noch einige Schubladen tiefer und beschimpfte die sechs Nicht-SVP-Bundesräte am Samstag gar als »Landesverräter«. Fehlender Gemeinsinn macht sich zudem auch im Bundesrat selber wieder breit, wie neueste Intrigen-Berichte vermuten lassen.

---

4 Vgl. http://www.bfs.admin.ch/bfs/portal/de/index/themen/17/02/blank/key/kantonale_parlemente/mandatsverteilung.html [6.7.2010].

Insbesondere seit dem Schweizer Wahlkampf 2007 ist die Rede von einem neuen Stil der politischen Kommunikation in der Schweiz immer wieder zu hören; dies vor allem im Zusammenhang mit der SVP (vgl. auch Schefer in diesem Band). Auch im zitierten Kommentar ist vom »Tonfall« die Rede, und dieser wird – hier auch im Bezug auf die Sozialdemokratische Partei der Schweiz (SP), deutlicher aber im Bezug auf die SVP – negativ bewertet (»noch einige Schubladen tiefer«, »beschimpfte«).

Es wird mir im Folgenden weniger um die Frage gehen, wie der Stil der SVP zu bewerten ist, als um die Frage, wie dieser Stil linguistisch gefasst werden kann. Dabei möchte ich mich – wie eingangs angedeutet – an eine »holistische Stilistik« anlehnen, wie sie etwa von Sandig (2006) entwickelt wurde. Versteht man Stil holistisch, bezieht sich eine stilistische Analyse nicht mehr ausschließlich auf Formulatives, wie dies in der traditionellen Stilistik lange der Fall war (vgl. dazu Sandig 2006: 1–3; Püschel 2000), sondern auf alles irgendwie Gestaltbare, auf alle Bereiche, bei denen Textproduzentinnen und -produzenten Wahlmöglichkeiten haben. Damit werden dann konsequenterweise Fragen nach Handlungsmustern, nach Themenentfaltung und Themenformulierung allgemein, aber auch nach dem ›Textsortenhaushalt‹ (vgl. Luckmann 1988) einer Kommunikationsgemeinschaft ebenso relevant wie Aspekte des Layouts oder der Multimodalität von Texten bzw. »Kommunikaten« (vgl. Dürscheid i. Dr.), also etwa Sprachtext-Bild-Beziehungen.

3 Diskursstränge und ihre inhaltliche Strukturierung

Ganz grundsätzlich fällt auf – darauf verweist Geden (2006: 134) –, dass sich insbesondere der unterdessen tonangebende ›Zürcher Flügel‹ auf Themen konzentriert, die sich dazu eignen, sich von den anderen Regierungsparteien abzugrenzen: Zentrale Forderungen beinhalten bis heute radikale Steuersenkungen, eine restriktive Einwanderungspolitik und die Ablehnung eines Schweizer Beitritts zu supranationalen Organisationen. In einem holistischen Stilverständnis ist im Hinblick auf das Thema insbesondere relevant, wie ein Thema ausformuliert und entfaltet wird, auf welche Klassifikationsschemata sich entsprechende Beiträge stützen und auf welche Identitätskonstruktionen und Wertvorstellungen eine Partei rekurriert. Hier sind die Überschneidungen zwischen holistischer Stilistik und Diskurslinguistik bzw. Soziolinguistik offensichtlich (vgl. Sandig 2006: 344–348; Warnke/Spitzmüller 2008; Auer 2007).

Als Beispiele sollen hier eine Rede von Christoph Blocher sowie ein SVP-Text zu Schullehrplänen dienen. In beiden Texten zeigt sich, dass eine ›Wir‹-Gruppe konstruiert wird, die sich aus dem Volk und nationalkonservativen Volksvertretern zusammensetzt. Diese Gruppe wird dann den ›Anderen‹ gegenübergestellt, welche sich als korrupte Eliten und von diesen begünstigte Minderheiten entpuppen.

In der so genannten ›Albisgüetli-Rede‹ von Christoph Blocher – mit dem Titel »Chumm Bueb und lueg dis Ländli aa!«[5] – ist diese Unterscheidung ›Wir – die Anderen‹ so realisiert, dass eine »wahre Elite« (Blocher 2002: 7) von einer »falsche[n] Elite« (ebd.: 9) unterschieden wird. Nachdem einige angebliche Missstände im Land angesprochen werden (insbesondere das Fehlen der »Kraft«, »die nötig ist, um zur freien, unabhängigen und neutralen Schweiz zu stehen«, und die Gefahren eines EU- und UNO-Beitritts; ebd.: 6), wird betont, dass nur diejenige Elite anerkannt werden dürfe, welche »Hingabe, Tüchtigkeit und Fähigkeit« aufweist und sich auf das Erfüllen ihrer Funktion beschränkt (ebd.: 8). Die »marode Scheinelite« (ebd.: 10) hingegen besteht aus »aufgeblasenen Bluffern und Privilegienreitern« (ebd.: 11), aus »unfähigen Managern« (ebd.: 9), die »Misswirtschaft« treiben und sich »über parteipolitische Verfilzungen« (ebd.: 10) Vorteile verschaffen, die »kein Gewerbetreibender, keine kleine Firma, kein mittleres Unternehmen« (ebd.) erhalten würde. Deshalb müsse die SVP »aufräumen mit der modernen ›Vetterliwirtschaft‹« (insbesondere im Kanton Zürich bei der Konkurrenzpartei FDP, ebd.: 13). Die »Oberen« (ebd.: 14) würden zudem durch das »Staatsfernsehen« (ebd.) zu wenig kontrolliert und deshalb müsse die SVP dafür sorgen, dass die Medienszene »entstaubt und privatisiert« (ebd.) werde. Schließlich kommt Blocher zum Schluss, dass »die oberste, wichtigste und entscheidenste Elite« im Staat die »Bürgerinnen und Bürger« bilden (ebd.: 16) – denn »in unserem Land gehören alle zur echten Elite, die – jeder nach seinem Können und seiner Fähigkeit – an ihrem Ort getreu ihren Auftrag erfüllen und am eigenen Platz zur Wohlfahrt aller beitragen« (ebd.: 17). Dazu gehören »Familienväter und -mütter, Gewerbetreibende, Landwirte, Arbeitnehmer aller Art« (ebd.).

Was in den in dieser Rede vorgenommenen Differenzierungen beobachtet werden kann, ist ein Merkmal von Populismus: »der antielitäre Rekurs auf das Volk als politische Kategorie« (Geden 2006: 17). Die SVP präsentiert sich als antielitär und somit volksnah – beziehungsweise als Partei, welche die »wahre« Elite erkennt: das Volk. Dieses – so wird nahe gelegt – wird von Bluffern, Unfähigen und Privilegierten hintergangen und ausgenutzt. Diese Positionierung kann natürlich nicht isoliert geschehen, sondern wird im Rahmen aktueller politischer Themen konstruiert – in der oben angesprochenen Rede etwa im Rahmen der Diskussion um einen EU- und UNO-Beitritt sowie der Medienpolitik. Mit dieser Abgrenzung und Wertzuschreibung werden Interessensgegensätze in der Gesellschaft als Folgen der Politik einer »falschen« Elite und als fortschreitende Auflösung herkömmlicher Verhältnisse und damit als wieder aufhebbar dargestellt. Auch dies ist ein Merkmal populistischer Politik (vgl. Geden 2006: 18). Dahinter steht letztlich ein Volksbegriff, der in einer rückwärtsgewandten Idealisierung davon ausgeht, dass sich aus der Abstammungsgemeinschaft gemeinsame, sozusagen überhistorische Interessen ergeben. Auf diese Weise wird eine als organisch gewachsen gedachte, essentialistische Kultur gegen die moderne Gesellschaft ausgespielt. Damit verbunden ist in den SVP-Texten

---

5 Übersetzung: »Komm Junge und schau dein Ländchen an«; es handelt sich dabei um den Titel eines Schweizer Volksliedes (vgl. Blocher 2002).

– und dies ist nun wieder eine Beobachtung auf der Ebene des ›klassischen‹ Stils – ein weitgehender Verzicht auf elaborierte Argumentationen und der häufige Rückgriff auf pragmatische Argumentationen, den »common sense« und den Alltagsverstand festzustellen (Geden 2006: 205).

Die antielitäre Haltung (aber auch der Verzicht auf elaborierte Argumentationen) zeigt sich auch in Texten der SVP zur Bildungsdiskussion. In einer Pressemitteilung vom 7. Mai 2009[6] ist davon die Rede, dass Lehrpläne von Praktikern zu erarbeiten seien, »nicht durch von der Erziehungsdirektorenkonferenz (EDK) angestellte, weltfremde Theoretiker und 68er-Ideologen«. Im ausführlicheren Positionspapier »Der Lehrer«[7] wird ein Text einer Fachhochschule zitiert und folgendermaßen kommentiert: »Frage: Haben Sie diesen Text auf Anhieb verstanden? Es scheint immer Leute zu geben, die sich besonders gescheit vorkommen, wenn sie mit geschwollenem Wortschatz an sich Banales vermeintlich besonders gelehrt darzulegen in der Lage sich fühlen...« (ebd.: 11). In diesem Beispiel zeigt sich ein zentrales Merkmal populistischer Argumentation (vgl. Reisigl 2002: 154): Der legitimierende Rückgriff auf Alltagserfahrung. Dies wird hier im Vorführen der erschwerten Verständlichkeit von Fachtexten für Laien realisiert. Ähnliches ist im Zusammenhang mit der Legitimierung marktliberaler Forderungen zu beobachten, etwa wenn öffentliche und private Haushalte analogisiert werden, oder im Zusammenhang mit der Ausländerpolitik, wenn Familie und Nation gleichgesetzt werden (Thimm 1999: 114; Geden 2006: 21).

Aus der Beobachtung des schwer verständlichen Fachtextes wird dann in einer Analogisierung die »Kopflastigkeit« (»Der Lehrer«: 11) der »verakademisierte[n] Lehrerausbildung« (ebd.: 10) gefolgert, welche gemäß SVP in den Händen »von im Schulalltag gescheiterten Lehrkräften«, also »Praxis-Versagern« (ebd.: 11) liegt. Die hier als Negativfolie konstruierte Gruppe besteht offenbar aus Akademikerinnen und Akademikern, die im Schuldienst gescheitert sind. Vor diesem Hintergrund wird dann »der Lehrer« (wie es im Titel heisst) konstruiert, der sich insbesondere durch »Führungsqualitäten« (ebd.: 9), sowie »Autorität und Kompetenz« (ebd.) auszeichnet und so als »Vorbild« (ebd.) wirken kann, und zwar »bis hin zu Standards bezüglich Arbeitskleidung« (ebd.: 11).

Verbunden mit der antielitären Haltung, die sich hier insbesondere als antiakademische und somit antiintellektuelle Haltung zeigt, ist ein bestimmter Wertkonservatismus. Auch dieser ist typisch für populistische Parteien. Er zeigt sich bereits in der Ablehnung supranationaler Organisationen (und damit der vermeintlichen Verlängerung des Status Quo), er zeigt sich aber eben auch in den jeweils thematisierten Problemfeldern. So heißt es über die Schule: »Es geht nicht an, dass ›Klimawandel‹ und ›Menschenrechte‹ anstelle von Geographie oder Geschichte unterrichtet werden« (Pressemitteilung vom 7.

---

6 Vgl. http://www.svp.ch/g3.cms/s_page/77890/s_name/communiques/news_newsContractor_display_type/detail/news_id/61/news_newsContractor_year/2009 [30.9.2010].

7 Vgl. http://www.svp.ch/display.cfm/id/100806/disp_type/display/filename/d2009%2E05%5FLehrerpapier.pdf [30.9.2010].

Mai 2009)⁸, im Zentrum der Oberschule sollen »Ordnungssinn, Leistungsbereitschaft, Disziplin, Durchhaltewille, Zuverlässigkeit etc.« (»Der Lehrer«: 11) stehen. Angedeutet ist hier bereits die wirtschaftsliberale Haltung, die eingenommen wird und sich auch in der Pressemitteilung vom 7. Mai 2009 zeigt: »Die Volksschule braucht eine konsequente Orientierung an einem wettbewerbs- und leistungsorientierten System.« In ein negatives Licht gerückt werden »die aus der EU importierte Portfolio-Idee« (»Der Lehrer«: 13) und der integrative Unterricht, der »abgestützt [ist] auf Gleichheitsbotschaften der Uno« (ebd.: 21); damit werden auch die beiden erwähnten Organisationen negativ bewertet. Ebenso wird darauf verwiesen, dass unter dem Teamunterricht letztlich der Steuerzahler leiden müsse (ebd.: 17). Wiederum werden so zentrale Forderungen der SVP im Rahmen laufender politischer Diskussionen aktualisiert.

Wie erwähnt, können derartige Positionen bei direkter Regierungsbeteiligung entsprechender Parteiexponenten in der Regel nicht ungebrochen fortgeführt werden. Dies ist bei der SVP aber nicht der Fall: Die Partei wie auch die entsprechende Fraktion im National- und Ständerat verfolgen weiterhin den oben umrissenen Kurs. Dies kann dann sogar soweit führen, dass ein SVP-Bundesrat nach einer Abstimmung einen Kommentar aus Sicht des (Gesamt-)Bundesrates verweigert, wenn das Abstimmungsresultat der Linie der SVP entspricht, nicht aber derjenigen des Gesamtbundesrates. So verhielt sich zumindest Christoph Blocher nach der Abstimmung zur erleichterten Einbürgerung der 2. und 3. Einwanderergeneration, die abgelehnt wurde und vorgängig von der SVP bekämpft worden war.⁹

4 ›Illegitime Praktiken‹ am Beispiel von Plakaten und Inseraten

Typisch für den Stil der SVP ist aber nicht nur die erwähnte inhaltliche Strukturierung von Diskursen, sondern auch eine spezifische Art der rhetorischen Ausgestaltung politischer Kommunikation. Diese zeichnet sich durch eine teilweise pointiert ›untheoretische‹ Vorgehensweise aus, was sich etwa in den erwähnten Analogisierungen mit Alltagserfahrungen zeigt. Sie dürften dazu beitragen, dass die Deutungsangebote offenbar vielen Wählerinnen und Wählern als evident erscheinen. Hinzu kommt, dass die SVP (wie andere populistische Parteien, vgl. Geden 2006: 50) ständig den Eindruck zu vermitteln versucht, dass sie (anders als »etablierte« Parteien) lediglich die Probleme des Volkes verbalisiere und keinerlei Gruppeninteressen verfolge, also nur das Gemeinwohl im Auge habe. Zentral in diesem Zusammenhang ist der Einsatz von »›illegitimen‹ politischen Praktiken, die eine Distanz zum Establishment signalisieren« (Geden 2006: 212). Auf derartige ›illegitime‹ Praktiken möchte ich mich im Folgenden konzentrieren,

---

8 Vgl. Anmerkung 6.
9 Vgl. dazu einen entsprechenden Beitrag der Schweizer »Tagesschau« vom 26. September 2004 (im Internet zugänglich: http://videoportal.sf.tv/video?id=891a44c1-4c47-4fa0-83a1-9a6fea45b8a9 [30.9.2010]).

wobei ich auf Plakate und Anzeigen der SVP fokussiere. Diese Fokussierung ist von daher begründet, dass einerseits Plakate und Anzeigen wegen den zahlreichen Volksabstimmungen in der Schweiz für die Schweizer Politik typisch sind (dazu Demarmels 2009), andererseits, weil sich um SVP-Plakate und -Anzeigen immer wieder heftige Diskussionen entfachen.

Eine erste Praxis, die sich ausmachen lässt, besteht in der *Inszenierung von Tabubrüchen*. So zeichnen sich zahlreiche SVP-Plakate dadurch aus, dass ›die Anderen‹ stereotypisiert und stigmatisierend dargestellt werden (Arnold 2007b). Im ersten unten wiedergegebenen Beispiel aus dem Jahr 1998 (Abb. 1) handelt es sich um die Darstellung von Sexual- und Gewaltstraftätern, welche im Bild pauschalisierend als Frauen erstechende Männer dargestellt werden. Der entsprechende Kredit für ein Behandlungsprogramm, um welchen es in der Abstimmung ging, wird mit der Bezeichnung »Luxus« als überflüssig und (vor allem auch in Kombination mit dem Bild) inadäquat bewertet. Wegen dieser stereotypisierenden Darstellung wurde das als »Messerstecher-Plakat« bekannt gewordene Plakat in der Schweizer Öffentlichkeit intensiv diskutiert.

Im folgenden Jahr sorgte wiederum ein Plakat der SVP für Schlagzeilen: Im Zusammenhang mit der »Volksinitiative gegen Asyl-Missbrauch«, welche durch die SVP zustande gekommen war, wurde ein Mensch abgebildet, der offenbar einen Asylbewerber darstellen sollte (Abb. 2). Die entsprechende Darstellung zeigt eine finstere Gestalt, die mit Sonnenbrille und schwarzen Handschuhen stereotypen Darstellungsweisen von ›Ganoven‹ folgt. Diese Gestalt dringt in die Schweiz ein – dies wird symbolisch dargestellt, indem gezeigt wird, wie sie das Schweizerkreuz von hinten zerreißt. So verursacht sie nicht nur Schaden, sondern bringt eben auch einen großen Riss in die Schweiz.

Abb. 1:
»Messerstecher-Plakat«
(1998), Quelle: Berthoud
2007: o. S.

Abb. 2:
Volksiniative »gegen
Asylmissbrauch« (1999),
Quelle: Arnold 2007f:
o. S.[10]

---

10   Primärquelle: Nigg, Heinz (Hg.) (1999): *Da und fort. Leben in zwei Welten*. Zürich: Limmat Verlag.

In derartigen Plakaten (vgl. auch Abb. 7, 8, 11 und 12) zeigt sich auch der xenophobe Charakter der SVP-Außenpolitik.

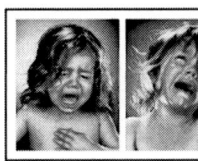

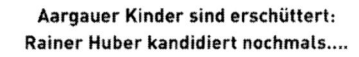

Abb. 3: Anzeige in der Aargauer Zeitung (2009)[11]

Ein Tabubruch neueren Datums kann in einer Anzeige gefunden werden, die im Zusammenhang mit den Regierungsratswahlen im Kanton Aargau publiziert wurde, und zwar von einem anonymen »Elternkomitee ›Keiner wählt Rainer‹«. Damit sollte die Wiederwahl eines CVP-Kandidaten verhindert werden. Aufgegeben wurde die Anzeige von einem FDP- und einem SVP-Politiker. Sie zeigt weinende, schmerzerfüllte Kleinkinder in Nahaufnahme. Dass der implizierte kausale Zusammenhang zwischen Sprachtext (»Aargauer Kinder sind erschüttert«) und Bildern ein fiktiver ist, ist klar – nicht zuletzt auch deshalb, weil dazu (ohne deren Zustimmung) Bilder der amerikanischen Fotografin Jill Greenberg verwendet wurden.

Tabuverletzende Plakate gibt es auch von anderen Parteien und Interessensvertretern, teilweise als direkte Reaktion auf Texte der SVP. Offensichtlich ist dies bei Plakaten, die sich interikonisch auf SVP-Plakate beziehen, wie dies beim Plakat der SP (Abb. 4) von 1999 zu beobachten ist, welches ganz direkt das Abstimmungsplakat der SVP (Abb. 2) persifliert.

Thematisiert wird hier insbesondere, dass Christoph Blocher die entsprechende SVP-Kampagne zu einem großen Teil mitfinanziert haben soll (»*Herr Blocher, die Schweiz braucht ihre milliardenschwere Hetzkampagne nicht*«). Zugleich wird der Stil der SVP indirekt thematisiert, und zwar sowohl in der Schlagzeile (»*Anstand ist nicht käuflich*«) als auch im Lauftext (»*Hetzkampagne*«). Impliziert wird, dass die SVP keinen Anstand hat und gegen Asylbewerber aufhetzt.

Neben derartigen Reaktionen, die einen direkten Bezug zu den Kampagnen der SVP aufweisen, gibt es aber auch andere Plakate, die Tabus brechen. Die SP

Abb. 4: SP-Plakat (1999), Quelle: Arnold 2007e: o. S.

---

11 Quelle: http://www.wahlkampfblog.ch/wp-content/uploads/2009/02/kinderinserat.jpg [1.10.2010].

Abb. 5:
SP-Plakat zur Atomenergie (2007)[12]

Schweiz veröffentlichte im September 2007, also sechs Jahre nach den Anschlägen vom September 2001, ein Plakat gegen Atomenergie (Abb. 5).

Mit diesem Bild wird nicht nur ein erschreckendes Unfallszenario gezeigt, sondern mit der Darstellung, die deutlich an die Bilder vom World Trade Center in New York erinnert, wird auch nahe gelegt, dass Atomkraftwerke Attentate anziehen könnten. Damit wird der Ausdruck »Atomrisiko« semantisch aufgeladen. Der Tabubruch liegt hier darin, dass Bildmuster eines Attentats für die eigene politische Strategie in einem ganz anderen thematischen Zusammenhang verwendet werden.

Auch der Schweizerische Gewerkschaftsbund lancierte 2007 eine Postkarten-Kampagne, die ein Tabu brach: Mehrere Mitglieder der Landesregierung wurden in Fotomontagen als Blinde, Einbeinige oder Rollstuhlfahrer abgebildet (Abb. 6). Unfreiwillig machten sie so Werbung für die Nein-Parole zu einer Revision der Invaliden-Versicherung. Unter der Fotomontage in Abbildung 6 ist folgender Text zu lesen:

> Lieber Herr Bundesrat Blocher,
> Stellen Sie sich vor behindert zu sein, und ein populistischer Politiker begründet die unsoziale IV-Revision damit, dass es zu viele Scheininvalide gebe.
> Wie würden Sie am 17. Juni abstimmen?

Hier wird nicht nur eine öffentliche Figur vorgeführt, gleichzeitig wird ihr auch indirekt ein Mangel an Empathie und ein rein strategisches Vorgehen vorgeworfen.

Es wäre ein lohnendes Unterfangen, die im Zusammenhang mit derartigen Plakaten geführten Aushandlungsprozesse (in Medienberichten, Leserbriefen, Blogs etc.) genauer zu untersuchen. Derartige Kampagnen werden oft als (stilistische) Reaktion auf den ›SVP-Stil‹ interpretiert. Was mit Blick auf die jüngste Vergangenheit stimmen mag,

---

12 Quelle: http://www.ignoranz.ch/forum/12_2087_0.html [1.10.2010].

ist aber wohl kaum richtig, wenn man etwa Plakate aus der ersten Hälfte des 20. Jahrhunderts mitberücksichtigt (vgl. Arnold 2007b).

Neben dem Tabubruch greift die SVP in ihren Plakaten gerne auch auf *Formen kalkulierter Ambivalenz* zurück. Ein Beispiel (Abb. 7) illustriert dies.

Aufgrund der sehr unterschiedlichen Schriftgrößen ergibt sich auf den ersten Blick die Formulierung »Kosovo-Albaner: Nein«, womit die ganze entsprechende Bevölkerungsgruppe negiert wird (vgl. auch Arnold 2007e). Erst bei Berücksichtigung des ›Kleingedruckten‹ ergibt sich der eigentliche Text: »Kontaktnetz für Kosovo-Albaner: Nein« – es handelte sich hier um die Abstimmung über einen Kredit für ein entsprechendes Kontaktnetz.[15] Es ist aufgrund der typographischen Gestaltung, die eine ›bevorzugte‹ Lesart – ein »preferred reading« (Hall 1980: 134) – nahelegt, eindeutig, dass diese verschiedenen Lesarten beabsichtigt sind.

Zu Tabubruch und kalkulierter Ambivalenz kommen solche Fälle hinzu, bei denen ganz allgemein mit *Emotionalisierung* gearbeitet wird, die also darauf angelegt sind, seelisch ergriffen und betroffen zu machen (Bruns/Marcinkowski 1997: 145). Im folgenden Beispiel (Abb. 8) wird insbesondere mit der Emotion Angst gearbeitet.

Wichtig ist hier (wie schon in anderen Beispielen) die Koordination von Sprachtext und Bild. Zunächst einmal sticht natürlich der (im Original) rote Kasten mit der Prozentangabe ins Auge (»Gewalt durch ausländische Jugendliche* + 185 %«). Durch die Anordnung des Kastens, der teilweise über der Fotografie liegt, wird

Abb. 6: Postkarte des Schweizerischen Gewerkschaftsbundes (2007)[13]

Abb. 7: Plakat der SVP Stadt Zürich (1998), Quelle: Arnold 2007e[14]

---

13 Quelle: http://www.sgb.ch/d-download/postkarten_deutsch.pdf [1.10.2010].
14 Primärquelle: Nigg, Heinz (Hg.) (1999): *Da und fort. Leben in zwei Welten*. Zürich: Limmat Verlag.
15 Aufgrund dieses Plakats wurden zehn Personen wegen Rassendiskriminierung angezeigt. Die 1. Instanz erkannte alle Angeklagten der Rassendiskriminierung für nicht schuldig: Gemäß dem Gericht wurde weder zu Hass oder Diskriminierung von Personen aufgerufen, noch seien Personen in einer gegen die Menschenwürde verstoßenden Weise herabgesetzt oder diskriminiert worden. Auch würden die Worte »Kosovo-Albaner nein« allein noch keine Herabsetzung der Menschenwürde bedeuten. Gegen drei Angeklagte – drei an der Produktion beteiligte Männer – wurde eine Berufung eingelegt. Mitte Dezember 2002 sprach auch die 2. Instanz die drei Angeschuldigten frei (vgl. http://www.edi-ekr.admin.ch/php/jdetails.php?num=2001-45 [1.10.2010]).

Abb. 8:
SVP-Inserat (2007)[16], Quelle: Menzato 2007: Bild 5

Abb. 9:
SVP-Plakat (2004), Quelle: Menzato 2007: Bild 17

Abb. 10:
Plakat gegen die Militärjustiz-Initiative (1921), Quelle: Arnold 2007a[17]: o. S.

angezeigt, woher diese Gewalt kommt – und das Bild zeigt, gegen wen sie gerichtet ist: Es liegt ein so genanntes »demand«-Bild vor (die abgebildete Person blickt den Bildbetrachter an, vgl. Kress/van Leeuwen 2006: 118) und der ausgestreckte Zeigfinger bildet einen »vector« (ebd.: 56f.), der ebenfalls auf den Bildbetrachter weist. Betroffen von der Gewalt ist somit (zumindest potenziell) der Bildbetrachter, und sie geht von Jugendlichen wie demjenigen im Bild (mit übergroßem Kapuzenpullover) aus. Bilder und Sprachtext-Bild-Kommunikate sind oft so gestaltet, dass links das Bekannte steht, rechts hingegen das Neue, die Lösung (Kress/van Leeuwen 2006: 186). Die Lösung für das be-

---

16 SVP-Inserat, erschienen am 31. Januar 2007 im *Tagblatt der Stadt Zürich* (S. 43), vgl. Arnold (2007c).
17 Primärquelle: Meylan, Jean; Maillard, Philippe; Schenk, Michèle (1979): *Bürger zu den Urnen. 75 Jahre eidgenössische Abstimmungen im Spiegel des Plakats*. Lausanne: Eiselé.

drohliche Problem, das sich links zeigt, findet sich rechts: Die Wahl der SVP, die »für sichere Schulen, Quartiere und Strassen« einsteht.

Weiterhin finden in SVP-Plakaten *biologistische Metaphern* Verwendung. Die Kampagne gegen die Mehrwertsteuer-Erhöhung im Jahr 2004 wurde mit einem Plakat geführt, auf dem rote Ratten zu sehen sind, die an einer Geldbörse und an einer Geldnote knabbern (Abb. 9). Die Schlagzeile »Das wollen die Linken« macht zusammen mit der Farbgebung der Ratten dann klar, wen diese Ratten darstellen sollen. Unterstützt wird diese Lesart dadurch, dass die in den Sprachtext eingebettete Abbildung unterhalb derselben verbal weitergeführt wird: »Unser Land ruinieren«. Und dies ist es schließlich auch, was im Bild gezeigt wird: Die (als Ratten dargestellten) Linken, wie sie das Land (finanziell) ruinieren.

Auch hier wird – wie übrigens auch beim Plakat zur Abstimmung über das Asylrecht (Abb. 2)[18] – nicht eine ganz neue Art der bildlichen Darstellung realisiert, sondern auf ein früher schon bekanntes Abbildungsmuster zurückgegriffen (vgl. Abb. 10). Auf diesem Plakat werden die Initianten der Volksinitiative als Sympathisanten der Bolschewiken dargestellt, und zwar ebenfalls in Form roter Ratten, die an den Wurzeln einer Eiche nagen, die in diesem Fall das Militär symbolisiert (Arnold 2007a). 2007 griff die SVP wiederum auf eine biologistische Metapher zurück, wobei es sich hier um einen ins Bild gesetzten Phraseologismus handelte (Abb. 11).

Abb. 11:
SVP-Inserat (2007)[18]

Abb. 12:
Variante von Abb. 11
(das ›schwarze Schaf‹ hat
ein weißes erstochen)[19]

---

18 Vgl. Arnold (2007d), wo ein Plakat der Demokratischen Partei aus dem Jahr 1979 wiedergegeben wird, welches dem Plakat in Abb. 2 sehr ähnlich ist.
19 Quelle: SVP-Klartext 7/2007; http://www.svp.ch/display.cfm/id/100576/disp_type/download/filename/svp-klartext0707.pdf [1.10.2010].

Dieses Bild wurde 2007 in verschiedenen SVP-Inseraten zur Unterstützung der Volksinitiative für die Ausschaffung krimineller Ausländer publiziert. In diesem Kontext wird das bildlich Dargestellte monosemiert: Das ›schwarze Schaf‹ ist ausländischer Herkunft und wird von den weißen Schafen – ziemlich unsanft – aus der Schweiz vertrieben. So »schafft« das Schaf »Sicherheit«.

Eine Variante dieses Bildes findet sich in einem ähnlichen Inserat; dort wird aber die biologistische Metapher mit einer Gewaltdarstellung verbunden (Abb. 12). Hier wird gezeigt, warum das ›schwarze Schaf‹ (also die ausländische Person) aus der Schweiz bugsiert wird: Es hat ein weißes Schaf erstochen. Damit wird natürlich wieder eine Verbindung zur ›Ausländerkriminalität‹ hergestellt, einem zentralen Thema der SVP-Politik.

Zu den ›illegitimen‹ Praktiken der SVP gehören schließlich auch persönliche Beleidigungen – etwa wenn, wie im eingangs zitierten Zeitungstext berichtet, die Mitglieder des Bundesrates als »Landesverräter« bezeichnet werden.

Alle diese hier in Anschluss an Geden (2006) als ›illegitime‹ Praktiken bezeichneten Stilvarianten dienen natürlich dazu, mediale Aufmerksamkeit auf sich zu ziehen. Zudem gelingt es der SVP so immer wieder, Themen für sich zu besetzen. Mit den angesprochenen stilistischen Ausgestaltungen von Parteitexten, Plakaten und Inseraten werden aber auch bestimmte Wertvorstellungen kommuniziert; die Sprachformen tragen »stilistischen Sinn« (Sandig 2006: 17). Über Tabubrüche, Ambivalenzen und Emotionalisierungen wird markiert, dass die SVP eine deutliche Sprache spricht, hart durchgreifen will und dass die Schweiz von ›Linken und Netten‹ (wie von lästigen, u. U. aber auch gefährlichen Nagern) in ihren Grundwerten bedroht wird. Zu diesem Stil gehört auch ein spezifisches para- und nonverbales Auftreten,[21] das sich durch ein pointiertes Schweizer Hochdeutsch und eine ausladende Gestik auszeichnet und sich so vom zurückhaltenderen Verhalten vieler Politikerinnen und Politiker der ›anderen‹ Parteien unterscheidet.

Mit dem Rückgriff auf die beschriebenen Praktiken wird so auch eine Abgrenzung von den ›Anderen‹, von der ›falschen Elite‹ realisiert. Die etablierten Kräfte reagieren auf diese Praktiken i. d. R. mit Abgrenzungsstrategien und Abwertung; eine Nachahmung dieses Stils (wie in Abb. 5 und 6) bleibt die Ausnahme. Gerade so aber wird die SVP als eine Partei markiert, die nicht zu den anderen, etablierten Parteien gehört – was ganz im Sinn der SVP sein dürfte.

Zu den besprochenen Praktiken kommt ein geschicktes Ereignismanagement hinzu, das von der jährlichen Albisgüetli-Tagung bis hin zum Parteimaskottchen »Zottel«, einem Geißbock, aus dem Wahljahr 2007 reicht.

Neben diskursanalytischen Fragestellungen wurden nun im Zusammenhang mit den ›illegitimen‹ Praktiken Aspekte der Rhetorik, der Argumentation und der Metapho-

---

20 Quelle: http://www.rhetorik.ch/Aktuell/07/07_16/index.html [1.10.2010].
21 Vgl. dazu etwa die Albisgüetli-Rede von Christoph Blocher aus dem Jahr 2009, einsehbar unter: http://www.svp-zuerich.ch/nt/index.php?sid=b6383f40eb71958f9a3d261bf104114d&item=./events/detail&EventID=22 [1.10.2010].

rik angesprochen. Ebenfalls als relevant hat sich die multimodale Textanalyse erwiesen, die Sprachtext- und Bildanalyse verbindet. Wie erwähnt, können alle diese Aspekte in eine holistische Stilistik integriert werden. *Stil* dient dann einer ganz bestimmten *Stilisierung,* die politstrategisch funktionalisiert ist.

5 Ausblick: Textsorten, Diachronie, Spezifik

Nur verweisen kann ich abschließend auf einige Fragehorizonte, die hier nicht besprochen werden können. So fehlt bis heute eine Antwort auf die Frage nach dem »kommunikativen Haushalt« (vgl. Luckmann 1988) der hier untersuchten Partei. Natürlich ist der Stil einzelner von der SVP generierter Texte von Interesse, ebenso spannend ist aber auch die Frage, welche Textsorten überhaupt realisiert werden – und wie intensiv die einzelnen Textsorten genutzt werden. Bereits ersichtlich wurde der ›Textsorten-Mix‹, der in Abstimmungs- und Wahlkämpfen zu beobachten ist. Gängig sind hier Plakate, Inserate und Prospekte. Lohnend wäre aber sicher auch ein Blick auf andere Textsorten, die (auch im Vergleich zu anderen Schweizer Parteien) sehr innovativ sind. Der Verweis auf Innovativität gilt nicht für die Zeitschrift *SVP-Klartext*, die *Zeitung für den Mittelstand* mit einer Auflage von 57 000 Exemplaren, wohl aber für *Blocher TV* (www.blocher-tv.ch), *svp youtube* (eingebettet in die Homepage www.svp.ch), den elektronischen Newsletter und den SMS-Dienst der SVP.

Ich habe verschiedentlich belegt, dass einige Stilelemente, die in SVP-Texten konstatiert werden können, nicht neu sind – auch wenn diese Behauptung immer wieder anzutreffen ist. Dies gilt nicht nur für die Praxis des Tabubruchs und der Emotionalisierung allgemein, sondern auch für die Verwendung konkreter Bildmetaphern und Bildmotive. Dementsprechend wäre eine genauere und breitere Analyse dieser Stilelemente sicherlich lohnend; eine Analyse, die diachron ausgerichtet ist und sich auf verschiedene politische Akteure bezieht.

Letztlich stellt sich – synchron wie auch diachron – die Frage nach der Spezifik der hier vorgefundenen Stilzüge. Ich habe im Zusammenhang mit einzelnen Aspekten bereits vermerkt, dass es sich um Phänomene handelt, die auch in Texten anderer nationalkonservativer Parteien gefunden werden können. Aufgrund des Erfolgs der entsprechenden Kampagnen stellt sich aber natürlich ebenso die Frage nach der ›Karriere‹ entsprechender Stilzüge auch bei anderen Parteien oder Interessensvertretern. Ich habe auf einige Fälle hingewiesen, ohne damit einen allgemeinen Trend hin zur Ausbreitung des ›SVP-Stils‹ behaupten zu wollen.

6 Literatur

Arnold, Judith (2007a): Bedeutungskonkurrenz im Kampf um Wörter und Symbole. In: *ars rhetorica* 11.3.2007. – Internetseite: http://www.arsrhetorica.ch/Abstimmungsplakate_Bedeutungskonkurrenz.htm [1.10.2010].

Arnold, Judith (2007b): Das Abstimmungsplakat als Textsorte. Kontext und Merkmale eidgenössischer Abstimmungsplakate. In: *ars rhetorica* 18.2.2007. – Internetseite: http://www.arsrhetorica.ch/Abstimmungsplakate-02.htm#02_RedeGegenrede [1.10.2010].

Arnold, Judith (2007c): Fotografische Abstimmungsplakate. In: *ars rhetorica* 20.3.2007. – Internetseite: http://www.arsrhetorica.ch/Abstimmungsplakate_Fotografie.htm [1.10.2010].

Arnold, Judith (2007d): Historische Plakate der Gegenwart. In: *ars rhetorica* 11.3.2007. – Internetseite: http://www.arsrhetorica.ch/Abstimmungsplakate_historisch_2.htm [1.10.2010].

Arnold, Judith (2007e): Rede und Gegenrede. In: *ars rhetorica* 11.3.2007. – Internetseite: http://www.arsrhetorica.ch/Abstimmungsplakate_RedeGegenrede.htm [1.10.2010].

Arnold, Judith (2007f): Topoi aus der Person zwischen Idealisierung, Karikierung und Stigmatisierung. In: *ars rhetorica* 13.3.2007. – Internetseite: http://www.arsrhetorica.ch/Abstimmungsplakate_ToposPerson.htm [1.10.2010].

Auer, Peter (Hg.) (2007): *Style and Social Identities. Alternative Approaches to Linguistic Heterogeneity.* Berlin/New York: de Gruyter (= Langauge, Power and Social Process; 18).

Berthoud, Jean-Michel (2007): Kontroverse um politische Kultur. In: *swissinfo.ch* 21.5.2007. – Internetseite: http://www.swissinfo.ch/ger/Kontroverse_um_politische_Kultur.html?cid=5880408 [1.10.2010].

BFS – Bundesamt für Statistik (Hg.) (2007): *Nationalratswahlen 2007. Der Wandel der Parteienlandschaft seit 1971.* Neuchâtel. – Internetseite: http://www.portal-stat.admin.ch/nrw07/docs/016-0701.pdf [1.10.2010].

Blocher, Christoph (2002): *Chumm bueb und lueg dis Ländli aa! Von wahren und falschen Eliten.* Albisgüetli-Rede 2002. Eine politische Standortbestimmung anlässlich der 14. Albisgüetli-Tagung der Schweizerischen Volkspartei des Kantons Zürich. – Internetseite: www.svp-zuerich.ch/albis2002/Albisg%FCetli_2002.doc [1.10.2010].

Bruns, Thomas; Marcinkowski, Frank (1997): *Politische Information im Fernsehen. Eine Längsschnittstudie zur Veränderung der Politikvermittlung in Nachrichten und politischen Informationssendungen.* Opladen: Leske & Budrich (= Schriftenreihe Medienforschung der Landesanstalt für Rundfunk Nordrhein-Westfalen; 22).

Demarmels, Sascha (2009): *Ja. Nein. Schweiz. Schweizer Abstimmungsplakate im 20. Jahrhundert.* Konstanz: UVK.

Dürscheid, Christa (i. Dr.): Medien in den Medien, Szenen im Bild. In: Stöckl, Hartmut; Schneider, Jan Georg (Hgg.): *Medientheorien und Multimodalität. Ein TV-Werbespot. Sieben methodische Beschreibungsansätze.* Köln: Halem.

Furger, Michael (2007): Von null auf hundert in 30 Jahren. Zürcher SVP feiert 90. Geburtstag – eigentlich ist sie jünger. In: *Neue Zürcher Zeitung* 3.9.2007, S. 30.

Geden, Oliver (2006): *Diskursstrategien im Rechtspopulismus. Freiheitliche Partei Österreichs und Schweizerische Volkspartei zwischen Opposition und Regierungsbeteiligung.* Wiesbaden: VS Verlag für Sozialwissenschaften.

Hall, Stuart (1980): Encoding/Decoding. In: Hall, Stuart; Hobson, Dorothy; Lowe, Andrew; Willis, Paul (Hgg.): *Culture, Media, Language.* London: Hutchinson, S. 128–138.

Kress, Gunther; van Leeuwen, Theo (2006): *Reading Images: The Grammar of Visual Design.* 2. Aufl. London/New York: Routledge.

Kriesi, Hanspeter et al. (2005): *Der Aufstieg der SVP. Acht Kantone im Vergleich.* Zürich: Verlag Neue Zürcher Zeitung.

Luckmann, Thomas (1988): Kommunikative Gattungen im kommunikativen »Haushalt« einer Gesellschaft. In: Smolka-Koerdt, Gisela; Spangenberg, Peter M.; Tillmann-Bartylla, Dagmar (Hgg.): *Der Ursprung von Literatur. Medien, Rollen, Kommunikationssituationen zwischen 1450 und 1650.* München: Fink, S. 279–288.

Menzato, Nico (2007): SVP-Schafe grasen für deutsche Neo-Nazis. In: *20 Minuten online* 30.8.2007. – Internetseite: http://www.20min.ch/news/schweiz/story/13766757 [4.10.2010].

Püschel, Ulrich (2000): Text und Stil. In: Brinker, Klaus; Antos, Gerd; Heinemann, Wolfgang; Sager, Sven F. (Hgg.): *Text- und Gesprächslinguistik. Ein internationales Handbuch zeitgenössischer Forschung.* Berlin/New York: de Gruyter (= Handbücher zur Sprach- und Kommunikationswissenschaft; 16), S. 473–489.

Reisigl, Martin (2002): »Dem Volk aufs Maul schauen, nach dem Mund reden und Angst und Bange machen«. Von populistischen Anrufungen, Anbiederungen und Agitationsweisen in der Sprache österreichischer PolitikerInnen. In: Eismann, Wolfgang (Hg.): *Rechtspopulismus – Österreichische Krankheit oder europäische Normalität.* Wien: Czernin, S. 149–198.

Sandig, Barbara (2006): *Textstilistik des Deutschen.* Berlin: de Gruyter.

Senti, Martin (2009): Die SVP und die SP als schrille Opposition. In: *Neue Zürcher Zeitung* 30.3.2009, S. 1.

Thimm, Katja (1999): *Die politische Kommunikation Jean-Marie Le Pens. Bedingungen einer rechtspopulistischen Öffentlichkeit.* Frankfurt am Main: Lang (= Beiträge zur Politikwissenschaft; 72).

Warnke, Ingo H.; Spitzmüller, Jürgen (2008): Methoden und Methodologie der Diskurslinguistik – Grundlagen und Verfahren einer Sprachwissenschaft jenseits textueller Grenzen. In: Warnke, Ingo H.; Spitzmüller, Jürgen (Hgg.): *Methoden der Diskurslinguistik. Sprachwissenschaftliche Zugänge zur transtextuellen Ebene.* Berlin/New York: de Gruyter (= Linguistik – Impulse & Tendenzen; 31), S. 3–54.

Tamara Schefer

Neue Tendenzen der politischen Kommunikation in der Schweiz. Am Beispiel der Sendung »Arena« vom 16. Mai 2008

1 Einleitung

Die politischen Strukturen der Schweiz zeichnen sich durch eine Stabilität aus, die sich mitunter darin äussert, dass es – abgesehen von einigen wenigen international relevanten Themen – kaum ein helvetisches Politikum gibt, das international für Schlagzeilen sorgen würde. Umso mehr war man erstaunt, als ausländische Medien von einer hitzigen Debatte rund um einen auf polarisierende Weise geführten Wahlkampf im Herbst 2007 Notiz nahmen, was in der Schweiz wiederum als Indikator für die Brisanz des Themas angesehen wurde.[1] In den folgenden Monaten wurde in politischen Auseinandersetzungen im Fernsehen, in der Presse und anderen öffentlichen Räumen nicht mehr nur über Abstimmungsvorlagen und politische Positionen diskutiert, sondern auch über die Art und Weise, wie diese Diskussionen vonstatten gehen sollen.

Freilich ist dies nicht das erste Mal, dass sich in einem Wahlkampf die einen oder anderen provoziert gefühlt haben. Die öffentliche politische Diskussion in der Schweiz ebenso wie in anderen demokratischen Staaten ist seit jeher geprägt von einem Machtkampf, in dem immer wieder neue Grenzen des Tragbaren ausgelotet werden. Was sich in den letzten Jahren aber auffällig häuft, ist, dass nicht einzelne Aussagen oder Ereignisse für Empörung sorgen, sondern dass die Frage des »guten politischen Stils« ganz grundsätzlich öffentlich thematisiert und diskutiert wird und möglicherweise sogar den Erfolg oder Misserfolg einer Partei oder einer Abstimmungsvorlage beeinflussen kann. So stellt Grünert (1983: 43) fest: »Politisches Handeln ist mit sprachlichem Handeln, ist mit Kommunikationsprozessen verbunden. Politisches Handeln geht nicht im sprachlichen Handeln auf, aber es ist grundsätzlich angewiesen auf den Austausch von Signalen.« Von daher ist es kaum verwunderlich, wenn dieser »Austausch von Signalen« mitunter im politischen Diskurs selber zum Thema wird.[2]

---

1 Spezielle Aufmerksamkeit erregte das »Schäfchen-Plakat« der Schweizerischen Volkspartei (SVP), das international diskutiert wurde, weil es als rassistisch galt. Auf dem Plakat ist zu sehen, wie ein weisses Schaf ein schwarzes Schaf mit einem Huftritt über die Landesgrenze (rot-weiss, entsprechend den Farben der Schweizer Flagge) befördert, während andere – weisse – Schafe zusehen. Daneben steht in grossen Lettern: »Sicherheit schaffen!«

2 Davon ausgenommen ist der fachwissenschaftliche Diskurs, der sich natürlich seit längerem mit oben genannten Zusammenhängen auseinandersetzt.

Natürlich ist es unerlässlich, diese öffentlichen Auseinandersetzungen im Rahmen der Medien, die sie tragen, zu sehen, woraus sich eine meiner Fragestellungen herleitet: Welche Mechanismen beeinflussen die Kommunikation in einer öffentlich stattfindenden Debatte?

Inhaltlich wurde von verschiedenen Seiten vor allem der Schweizerischen Volkspartei (SVP), bzw. einzelnen Vertretern dieser Partei, der Vorwurf gemacht, sie pflegten einen aggressiven Stil, der dem politischen Klima schade und unsachlich sei. Der inflationär gebrauchte Ausdruck »Stil« scheint hier eine nicht näher bestimmte Zusammensetzung von Sprache, Auftreten und Haltung zu meinen. Anhand einer politischen Diskussionsrunde am Fernsehen, an der zwei der im Zusammenhang mit der »Schäfchen-Affäre« am meisten gescholtenen Politiker teilnahmen, soll nun im Rahmen einer Gesprächsanalyse untersucht werden, was mit dem vage verwendeten Ausdruck »Stil« gemeint sein könnte und wie sich dieser in der Diskussion manifestiert. Lassen sich Unterschiede bezüglich des Stils bei einzelnen Politikern feststellen und verlaufen diese Unterschiede, dem allgemeinen Vorwurf entsprechend, möglicherweise entlang der Parteigrenzen? Gibt es einen »SVP-Stil« und wenn ja, wie unterscheidet er sich von dem anderer Parteien wie zum Beispiel der SP oder der FDP?

Zunächst wird ein Einblick in die Art der Berichterstattung und die Haltung der Medien gegenüber den Geschehnissen um den Wahlkampf 07 gegeben, um daran die »Stil-Frage« zu verdeutlichen. Die Fragestellung, ob und wie sich dieser kritisierte Stil in der Debatte manifestiert, soll anhand der Polit-Sendung »Arena« vom 16. Mai 2008 beantwortet werden. Die Auswahl des Gegenstandes fiel aus verschiedenen Gründen auf diese Sendung. Zuerst einmal ist das damalige grosse Medien- und Publikumsinteresse an dieser Ausgabe der »Arena« ein Indikator für die gesellschaftliche Relevanz des Wahlkampfs. Die Auswahl der eingeladenen Gäste, das Thema und der Zeitpunkt der Sendung sind signifikant für die Ereignisse der vorangegangenen Monate. Dass diese Ausgabe jener Sendung Untersuchungsgegenstand des vorliegenden Beitrags ist, kommt aber auch aus der Überzeugung heraus, dass auch »Politainment« Politik ist.

Die Ausgabe der »Arena«, um die es im Folgenden geht, ist im Internet-Archiv des Senders[3] frei zugänglich. Der Übersichtlichkeit wegen habe ich eine Abschrift[4] angefertigt, die sich als Skizze versteht und vor allem den Inhalt der Redebeiträge wiedergibt, visuelle Aspekte und Hintergrundgeräusche wurden dabei mehrheitlich ausser Acht gelassen. Vielmehr wird jeweils der Sprecher genannt und sein Votum in einem separaten Absatz wiedergegeben. Die unterschiedlichen Dialekte sowie Pausen und Betonungen sind nur annähernd notiert. Überlappungen der Voten und Unverständlichkeit derselben sind mit »...« gekennzeichnet. Unterbrechungen und parallel laufende Voten er-

---

[3] Aufzufinden unter dem Link: http://www.sendungen.sf.tv/arena/Sendungen/Arena/Archiv/Sendung-vom-16.05.2008 [13.9.2010].
[4] Diese Abschrift findet sich unter: http://www.ds.uzh.ch/lehrstuhlduerscheid/anhang_schefer.pdf [10.10.2010].

scheinen im Absatz des Hauptredners in Klammern. Auslassungen in den Zitaten sind mit [...] gekennzeichnet. Für den weiteren Kontext der jeweiligen Passagen sowie für paraverbale Aspekte verweise ich auf den oben genannten Link des Senders.

2 Politik im Spiegel der Medien

Es lässt sich wohl kaum eindeutig bestimmen, wann die »Stil-Debatte« in der Schweizer Politik neu lanciert wurde. Jedenfalls haben die Ereignisse der letzten Jahre in der Schweizer Politik, vornehmlich seit dem Wahlkampf im Herbst 2007, gewissen – sogar internationalen – medialen Wirbel geschlagen. An einigen Beispielen soll gezeigt werden, wem welches Vergehen vorgeworfen wurde und wie die Medien die politischen Debatten aufgenommen haben. Natürlich ist die hier zitierte Auswahl von Kommentaren in keiner Weise für die Masse der zum Thema erschienenen Artikel repräsentativ. Sie ist dennoch aussagekräftig in dem Sinne, dass es typische Beispiele sind.

Ohne Anspruch auf Vollständigkeit zu erheben, werden zunächst einige zentrale Punkte der »Stil«-Debatte in Erinnerung gerufen. So schreibt Anfang Oktober 2007 *Spiegel Online:*

> Ausländerfeindliche Wahlplakate, rüder Umgangston, Personenkult um den Spitzenkandidaten: Der aggressive Wahlkampf der derzeit stärksten Schweizer Partei SVP hat das Land in ein Tollhaus verwandelt. Die Truppe um Justizminister Blocher hetzt so offen gegen Ausländer, dass die Uno den Rassismus anprangert. [...] Seit Wochen nun überzieht die SVP in einer millionenschweren wie professionellen Kampagne das Land mit unzähligen Straßenplakaten, Zeitungsanzeigen und Flugblättern. Darauf werden Ausländer freimütig als schwarze Schafe dargestellt, die es rauszuwerfen gilt. Und zwar mit einem kräftigen Huftritt der weißen Schäfchen, den Schweizern. Inzwischen hat sogar die NPD in Hessen das Plakat adaptiert, um es im Landtagswahlkampf zu nutzen. (*Spiegel Online*, 2. Oktober 2007)[5]

Weiter zitiert *Spiegel Online* die britische Zeitung *The Independent,* welche auf der Titelseite die Frage aufwirft: »Switzerland. Europe's Heart of Darkness?«[6] Diese Art von Schlagzeilen über die Schweiz ist man in der Schweiz nicht gewohnt und entsprechend werden sofort die Schuldigen gesucht: Sind es die gescholtenen SVP-Politiker, die in ihrem Wahlkampf jegliche bis anhin geltenden Grenzen überschritten haben? Oder liegt

---

5 Vgl. http://www.spiegel.de/politik/ausland/0,1518,507481,00.html [13.9.2010].
6 Die Zeitung spielt auf den Roman von Joseph Conrad »The Heart of Darkness« aus dem Jahr 1899 an. Der Roman behandelt die humanistischen Grausamkeiten der Imperialisten in einem alptraumartig dargestellten anonymen Land in Afrika. Der Vergleich bringt die Befremdung der ausländischen Medien über die Schweizer Politik deutlich zum Ausdruck.

es an ihren politischen Gegnern, die Leute aus dem eigenen Volk im Ausland diffamieren? Der Vorwurf des Rassismus ist schwerwiegend, auch wenn er keine strafrechtlichen Konsequenzen nach sich zieht. Nichtsdestotrotz konnte die SVP im Herbst zunächst einen Wahlerfolg verbuchen. Erst im darauf folgenden Dezember, bei den Bundesratswahlen, geschah das trotz entsprechenden Gerüchten immer noch Überraschende: Christoph Blocher, SVP-Vertreter im Bundesrat und Aushängeschild der Partei, wurde entgegen schweizerischer Konventionen nicht im Amt bestätigt. An seiner Stelle wurde die Parteikollegin Eveline Widmer-Schlumpf gewählt, womit für die Mehrheit des Parlaments den Grundsätzen der Konkordanzdemokratie Genüge getan war. Dass diese die Wahl annahm und damit die Abwahl Blochers zementierte, löste einen partei-internen Skandal aus, der bis heute nicht endgültig verarbeitet und beigelegt ist.

Die Abwahl Blochers wurde von den Medien mehrheitlich als eine Abstrafung für die oben genannten Vergehen wider den guten Anstand gedeutet. Die Partei selber erklärte die Abwahl auf ihrer Homepage jedoch anders: »Bundesrat Blocher wurde am 12. Dezember 2007 im Rahmen eines lange vorbereiteten Geheimplans von einer Mitte-Links-Mehrheit im Parlament aus Neid und Missgunst über die Wahlerfolge der SVP abgewählt. Daraufhin ging die SVP in die Opposition.«[7] In den Wochen unmittelbar nach der Abwahl hatte die SVP wohl eher vom medialen Wirbel um Protagonist Blocher profitiert, der als scheinbares Opfer der »neidischen und missgünstigen« Mitte- und Links-Parteien viele Sympathien auf sich ziehen konnte. Dennoch gab es daraufhin partei-interne Disharmonien: Auf die Annahme der Wahl von Frau Widmer-Schlumpf reagierte die Fraktion mit sofortigem Ausschluss nicht nur der neuen Bundesrätin, sondern auch ihres Bundesrats- und Parteikollegen Samuel Schmid. Dadurch wurden beide faktisch zu einem Austritt aus der Partei gedrängt, eine Massnahme, die ihnen von der Parteileitung auch offiziell nahe gelegt worden war. Als Folge davon haben sich die Kantonssektionen der beiden Bundesräte, die Bündner und die Berner SVP, von der Mutterpartei getrennt und eine eigene Partei gegründet, die BDP (Bürgerlich-Demokratische Partei). All diese internen Prozesse wurden von der Öffentlichkeit mit grosser Aufmerksamkeit verfolgt, und man kann davon ausgehen, dass es für die Partei eine nicht ganz unproblematische Zeit war.

Der Fakten sind also wenige: Es gab einige Wahlplakate, einige Abstimmungen und eine offenbar skandalöse Bundesratswahl,[8] deren Ergebnisse vorliegen. Alle anderen Informationen sind jeweils Interpretationen eben dieser Zahlen und Fakten. *Spiegel Online* und *The Independent* vermuten Rassismus, die SVP sieht sich als Opfer eines »lange vorbereiteten Geheimplans [...] aus Neid und Missgunst«, während andere dasselbe Ereignis – die Bundesrats(nicht)wahl als demokratische Entscheidung für einen kulti-

---

7   Zitiert von der Website der SVP (http://www.svp.ch) am 8. Juni 2008.
8   Das Schweizer Fernsehen gab zu diesem Thema sogar einen Dokumentarfilm in Auftrag, erschienen in der Reihe »DOK« des Senders unter dem Titel: »Die Abwahl – Die Geheimoperation gegen Christoph Blocher«. Vgl. http://www.sendungen.sf.tv/dok/Sendungen/DOK/Archiv/Die-Abwahl-Die-Geheimoperation-gegen-Christoph-Blocher [13. 9. 2010].

vierten Umgangston in der Politik einschätzen. Alle diese Sichtweisen werden durch Internet, Zeitungen und Fernsehen verbreitet, und es lässt sich kaum nachvollziehen, wie die medial verbreitete Stimmungslage im Detail zustande kam. Eine weitere Tatsache ist jedoch, dass die Medien von der emotionalisierten Situation profitierten, was die hohe Zuschauerzahl der hier thematisierten Politsendung »Arena« beweist.

3 Das grosse Spektakel: die »Arena« vom 16. Mai 2008

Über all den Turbulenzen jener Monate blieb die Zeit nicht stehen, und wieder standen für den ersten Juni 2008 Abstimmungen ins Haus. Die SVP lancierte die »Einbürgerungs-Initiative«, die das Verfahren bei Einbürgerungen ändern wollte. Auf der Website der Partei wurde die Initiative charakterisiert:

> Die Volksinitiative »Für demokratische Einbürgerungen« bekämpft die Masseneinbürgerung und sorgt für mehr Sicherheit. Die Initiative will, dass die Schweizer Bürgerinnen und Bürger wieder frei und endgültig über Einbürgerungen entscheiden. Denn die Bevölkerung muss selber entscheiden können, wer Schweizer werden soll.[9]

Weiterhin widmete sich die SVP einem ihrer Kernthemen, der »Ausländerproblematik«. Mit Schlagwörtern wie »Masseneinbürgerung« und Hochwertkonstruktionen wie »frei entscheiden« war die Partei dabei ihrem Sprachstil treu geblieben, trotz der harschen Kritik der letzten Monate durch die internationale und nationale Presse. Dass die Vorlage allerdings so deutlich scheitern würde, war bis kurz vor der Abstimmung nicht abzusehen.[10] So war die Spannung hoch, als sich gut zwei Wochen vor der Abstimmung die Gegner und Befürworter der »Einbürgerungs-Initiative« in der Politik-Sendung »Arena« des Schweizer Fernsehens ein Stelldichein gaben. Entsprechend den Gesetzen der Fernsehwelt[11] wurden illustre Gäste geladen: SVP-Präsident Toni Brunner, der Berner FDP-Nationalrat Christian Wasserfallen, der Nationalrat Daniel Jositsch von der Zürcher SP, Alt-Bundesrat Christoph Blocher sowie Neu-Bundesrätin und ehema-

---

9 Zitiert von der Website der SVP (http://www.svp.ch) am 8. April 2010.
10 Der Internetseite des Parlaments ist das Abstimmungsergebnis für die Volksinitiative »Für demokratische Einbürgerungen« wie folgt zu entnehmen: 804 680 Ja-Stimmen (36,25 %), 1 415 189 Nein-Stimmen (63,75 %); 19 Kantone und alle Halbkantone lehnten die Vorlage ab. Vgl. http://www.parlament.ch/d/wahlen-abstimmungen/volksabstimmungen/fruehere-volksabstimmungen/abstimmungen2008/01062008/Seiten/default.aspx [13. 9. 2010].
11 Das Fernsehen ist als kommerzielles Medium auf hohe Einschaltquoten angewiesen und daher stärker auf Unterhaltung als auf reine Informationsvermittlung ausgerichtet. Dies verschafft den unterhaltsameren Gästen einen Vorteil: Sie werden häufiger eingeladen und binden die Aufmerksamkeit der Zuschauer sowohl an die Sendung als auch an sich selbst (vgl. Luginbühl 1999: 37).

lige Partei-Kollegin des Letzteren, Eveline Widmer-Schlumpf.[12] Trotz intensiver medialer Aufbereitung im Vorfeld der Fernsehdebatte fand der scheinbar erwartete offene Schlagabtausch zwischen Blocher und Widmer-Schlumpf nicht statt. Die *NZZ Online* berichtete kurz darauf unverhohlen enttäuscht:

> Der High Noon zwischen Bundesrätin Eveline Widmer-Schlumpf und ihrem sie bekämpfenden Vorgänger Christoph Blocher fand nicht statt. In der »Arena« des Schweizer Fernsehens zur Einbürgerungsinitiative, über die am 1. Juni abgestimmt wird, haben zwar beide so unterschiedlichen SVP-Mitglieder teilgenommen. Der verbale Schlagabtausch konzentrierte sich aber meist auf Blocher und SVP-Präsident Toni Brunner einerseits, die Nationalräte Christian Wasserfallen (fdp., Bern) und Daniel Jositsch (sp., Zürich) anderseits. Die Vertreterin der Landesregierung war an einem Pültchen neben dem Moderator placiert, kam zwar zeitweise munter in Fahrt, dominierte aber nicht und verzichtete einmal sogar auf das Wort zugunsten einer Beamtin aus »ihrem« Kanton Graubünden. Von verbalen Attacken verschont, wirkte sie nie erbost. (*NZZ Online*, 16. Mai 2008)[13]

Dennoch fühlte sich das Publikum offenbar gut unterhalten: Die Sendung erzielte einen Zuschauerrekord.[14] Dass diese Ausstrahlung mehr Zuschauer fesselte als die »Arena«-Sendung zum »Grounding« der Swissair vom 5. Oktober 2001 (679 000 Zuschauer) ist erstaunlich und lässt sich höchstens damit erklären, dass durch die Ereignisse der vorangegangenen Monate die Emotionen hochgeschraubt wurden. Sowohl die Medien als auch die PolitikerInnen – hauptsächlich die der SVP – zogen alle Register und inszenierten Skandale, wie sie die an politisch eher »mittlere Temperaturen« gewöhnte Schweizer Öffentlichkeit selten gesehen hat. So spricht die ansonsten meist eher nüchterne *NZZ Online* von einem »High Noon« zwischen der Bundesrätin und dem »sie bekämpfenden« Vorgänger. Diese Wortwahl verrät die hohen Erwartungen, die im Hinblick auf den Unterhaltungswert an die zwei Politiker gestellt wurden. Man hoffte, sich

---

12 Der Homepage des Senders ist allerdings zu entnehmen, dass dieses »Casting« nicht ganz freiwillig, sondern auf Druck der Partei zustande kam: »Parallel dazu hat die SVP den Wunsch ausgedrückt, mit Toni Brunner und Christoph Blocher (anstelle des ursprünglich geplanten Adrian Amstutz) an der Diskussion teilzunehmen. Die Redaktion Arena hat daher die Zusammenstellung der ›Abstimmungsarena‹ vom Freitag zur Einbürgerungsinitiative nochmals überprüft.« Vgl. http://www.sendungen.sf.tv/arena/Sendungen/Arena/Archiv/Sendung-vom-16.05.2008 [13. 9. 2010].

13 Vgl. http://www.nzz.ch/nachrichten/schweiz/arena-hickhack_um_die_einbuergerungspolitik_1.735549.html [13. 9. 2010].

14 »Die ›Abstimmungsarena‹ zur Einbürgerungsinitiative vom Freitag hat so viele ›Arena‹-Zuschauerinnen und Zuschauer vor den Fernseher gelockt wie noch nie. Im Schnitt verfolgten 810 000 Personen die Sendung mit Bundesrätin Eveline Widmer-Schlumpf und Alt-Bundesrat Christoph Blocher.« Vgl. http://www.tagesschau.sf.tv/Nachrichten/Archiv/2008/05/17/Schweiz/Arena-mit-neuem-Zuschauerrekord [13. 9. 2010].

einem Westernfilmzitat und einer eigenartigen Sportmetaphorik bedienend, auf einen »Schlagabtausch«, möglicherweise bis zum K.O. des schwächeren Kämpfers. Hätte die *NZZ Online* vor der Sendung ein Wettbüro eingerichtet, wo man auf seinen Favoriten hätte setzen können, wären die Quoten wohl zu Gunsten von Christoph Blocher ausgefallen, da er von seiner Partei (und einigen Vertretern der Medien) über Jahre hinweg als grosser Redner, Widmer-Schlumpf hingegen als die zum gegnerischen Lager übergelaufene Betrügerin dargestellt wurde. Weiter berichtet die *NZZ Online,* immer noch im Stil eines Sportreporters: »Die Vertreterin der Landesregierung war an einem Pültchen neben dem Moderator placiert, kam zwar zeitweise munter in Fahrt, dominierte aber nicht und verzichtete einmal sogar auf das Wort zugunsten einer Beamtin aus ›ihrem‹ Kanton Graubünden.« Auffällig ist die Passivkonstruktion, die impliziert, Widmer-Schlumpf habe nicht eigenständig ihren Platz eingenommen, sondern sei von jemand anderem »placiert worden«. Die herablassende Aussage, sie sei zwar zeitweise munter in Fahrt gekommen, hätte aber insgesamt nicht dominieren können, grenzt an Hohn und misst Widmer-Schlumpfs Verhalten während der Debatte an den Erwartungen der Zeitung auf einen sportlich-blutigen Kampf, die besonders von der Bundesrätin enttäuscht wurden. Diese Art von Berichterstattung drängt Frau Widmer-Schlumpf ein Verlierer-Image auf, das sich nur im Zusammenhang einer Sportveranstaltung und deren spezifischen Anforderungen an die Kandidaten, wie zum Beispiel die Dominanz über den Gegner, rechtfertigen liesse.

Hat nun also *Spiegel Online* Recht, wenn er berichtet, es herrsche ein »rüder Umgangston« und Aggressivität? Jedenfalls kann an dieser Stelle festgehalten werden, dass die behauptete kampfbetonte Stimmung in der Schweizer Politik nicht allein auf die Politik der SVP zurückzuführen ist, sondern von den Medien, wie beispielsweise auch von der *NZZ Online,* eifrig aufgenommen wird.

4 Vorläufige Bestandesaufnahme und Ausblick

Wenn man die hier zitierten Zeitungen und Internetseiten auf das verwendete Vokabular hin untersucht, stellt man fest, dass Ausdrücke wie »Personenkult«, »Tollhaus«, »Truppe«, »Darkness«, »Geheimplan«, »Neid und Missgunst«, »Schlagabtausch«, »High Noon« und »verbale Attacken« durchaus von einer sehr kampfbetonten Sprache über Politik zeugen, welche weniger logisch-argumentativ aufbauend, sondern sehr assoziativ funktioniert. Wenn die *NZZ Online* davon spricht, Widmer-Schlumpf wäre »an einem Pültchen […] placiert«, wird mit dem Diminutiv suggeriert, die Bundesrätin sei wie eine Erstklässlerin an einen kleinen Pult gesetzt worden, womit ihre Harmlosigkeit behauptet wird. Die Behauptung geht aus der Annahme hervor, dass der als aggressiv und emotional wahrgenommene Politiker Blocher gegenüber der bis anhin nüchtern aufgetretenen Bundesrätin strategisch im Vorteil sei. Ob dem tatsächlich so ist, lässt sich kaum nach objektiven Kriterien bestimmen. Was sich anhand der Sendung aber zeigen lässt, ist die Tatsache, dass Blocher und Widmer-Schlumpf tatsächlich einen sich markant unterscheidenden Gesprächsstil pflegen. In den folgenden Abschnitten stelle ich hierzu eine Gesprächsanalyse vor. Dabei steht nicht die Thematik der Abstimmungsvorlage im Zentrum, sondern vielmehr die Art und Weise, wie argumentiert und diskutiert wird und mit welchen Strategien sich die gegnerischen Seiten einen Vorteil zu verschaffen versuchen.

5 Die »Arena« vom 16. Mai 2008

Wie dem oben zitierten *NZZ Online*-Artikel zu entnehmen ist, wurde die Sendung als Zuspitzung eines seit langem schon andauernden Prozesses gesehen. Diese Interpretation gründet natürlich auf der ungewöhnlichen Situation der SVP, die sich spätestens seit den Bundesratswahlen im Dezember 2007 mit internen Konflikten beschäftigen musste. Hinzu kommt, dass die SVP-Initiative einmal mehr das Kernthema der Partei, die »Ausländerproblematik« berührte, was erfahrungsgemäss für emotionale Debatten sorgt. In den folgenden Abschnitten sollen einzelne Aspekte der Debatte im Detail untersucht werden. Es sind diese, die für die Fragestellung, wie diskutiert wird, bedeutsam sind. Natürlich muss dabei der spezifische Rahmen der Debatte, d.h. die Fernsehinszenierung, in die Überlegungen einbezogen werden.

5.1 Die Gesprächssituation

Im Unterschied zu den meisten mehr oder minder privaten und spontanen Gesprächen liegt der Debatte in der »Arena« eine straffe Organisation zu Grunde. So sind die Anzahl der Teilnehmer sowie ein Moderator bestimmt, auch die jeweils vorgegebenen Rollen (Befürworter, Gegner, Diskussionsleiter) sind festgelegt: Beispielsweise gehören Brunner und Blocher zu den Initianten der Abstimmungsvorlage, während Widmer-Schlumpf, die damals zwar ebenfalls der Partei der Initianten angehörte, aber als Bundesratsmitglied die offizielle Meinung des Rates vertreten musste, die Initiative ablehnte. Ebenso sind das Thema, die Gesprächssorte (»Diskussion«) und die zeitliche Dauer einer »Arena«-Sendung im Voraus bekannt (vgl. Luginbühl 1999: 37–39). Auch der grobe Ablauf bei Ausgaben der »Arena« zu einer Abstimmung ist vorgegeben: In der ersten Phase stellen die Hauptredner das Thema aus ihrer Perspektive vor, worauf in einer zweiten Phase reagiert und diskutiert wird. In der dritten Phase werden Stimmen aus den hinteren Reihen hinzugezogen, bevor die Diskussion wieder von den Hauptrednern geführt wird. In der Schlussphase kommen alle aus dem zentralen Gesprächskreis noch einmal zu Wort und erklären, wieso man »ja«, beziehungsweise »nein« zur jeweiligen Abstimmungsvorlage stimmen sollte. Dabei trägt die Anordnung der Studiogäste dem Namen der Sendung, »Arena«, Rechnung: Allenfalls vorhandene Konflikte werden durch frontale Gegenüberstellung von politischen Gegnern geradezu begünstigt. Die folgende Darstellung gibt dies wieder:

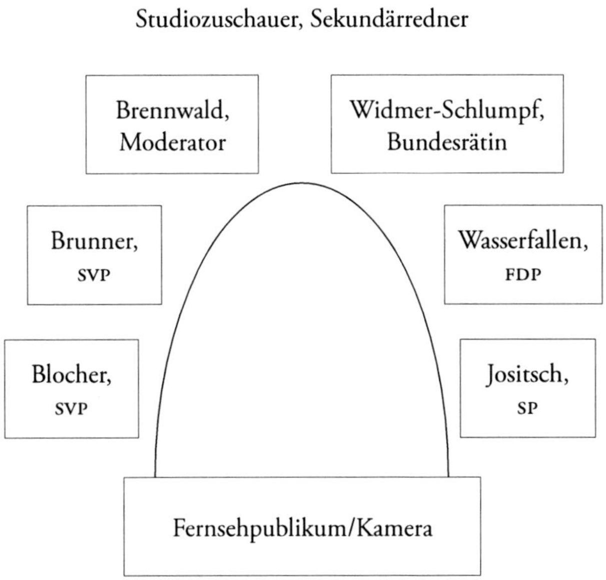

Studiozuschauer, Sekundärredner

```
     Brennwald,          Widmer-Schlumpf,
     Moderator             Bundesrätin

  Brunner,                      Wasserfallen,
   SVP                              FDP

  Blocher,                      Jositsch,
   SVP                             SP

           Fernsehpublikum/Kamera
```

Abb. 1: Anordnung der »Arena«-Studiogäste

Die Protagonisten befinden sich an kreisförmig angeordneten Stehpulten, während ›zweitrangiges‹ Personal dadurch gekennzeichnet wird, dass es in den zirkusähnlich ansteigenden Rängen dahinter sitzt. In der hier untersuchten Sendung erhält die Bundesrätin einen abgesonderten Platz, um ihre spezielle, dem Bundesrat verpflichtete Rednerposition zu verdeutlichen. Dies wurde kurz vor der Sendung vom 16. Mai 2008 vom Bundesrat selbst beschlossen und zur Voraussetzung für eine Teilnahme eines seiner Mitglieder gemacht.[15]

Aufgrund ihrer zahlreichen Ausgaben ist die Sendung ein dem Publikum wohl vertrautes Format. Somit hat die »Arena« inszenierten Charakter mit nur bedingter Spontaneität; sie soll vielmehr gewisse Erwartungen der Zuschauer erfüllen.[16] Dem Moderator fällt die Aufgabe zu, die Debatte zu strukturieren und das Gespräch besonders hinsichtlich des Themenverlaufs und der Redeverteilung zu steuern. Somit liegt eine

---

15 Vgl. http://www.sendungen.sf.tv/arena/Sendungen/Arena/Archiv/Sendung-vom-16.05.2008 [14. 9. 2010].
16 Nebst dem informativen Aspekt soll die Sendung nicht zuletzt das Publikum unterhalten (vgl. Luginbühl 1999: 37).

asymmetrische Gesprächssituation vor, in welcher der eigentlich mächtigste Teilnehmer, der Moderator, gleichzeitig der für die Zuschauer uninteressanteste sein sollte, da nicht seine politische Meinung, sondern seine möglichst subtil auszuführende Funktion als Gesprächsleiter gefragt ist. Die Teilnehmer untereinander befinden sich ebenfalls in asymmetrischen Beziehungen, sei es durch Unterschiede in Alter, Ansehen oder Amt, aber auch durch die räumliche Positionierung im Fernsehstudio. Massgebend ist des Weiteren die Tatsache, dass die Sprechenden sich jeweils nicht nur einander zuwenden, sondern implizit auch an die Fernsehzuschauer. Damit ist eine trialogische Gesprächssituation gegeben. Luginbühl schreibt hierzu:

> Eine trialogische Kommunikationssituation liegt immer dann vor, wenn ein dialogisch strukturiertes Ereignis einen doppelten AdressatInnenkreis hat, also in jeder (potentiell) öffentlich-institutionellen Kommunikation. Die Präsentation des Gesprächs vor einem Publikum lässt es zu, dass die Teilnehmenden kommunikative Ziele verfolgen können, die über die Binnenkommunikation der Sendung oder der Veranstaltung (zu der der erste AdressatInnenkreis gehört) hinausgehen und die primär die ZuschauerInnen als AdressatInnen haben. (Luginbühl 1999: 16)

Dass die Zuschauer die primär Angesprochenen sind, ist insofern logisch, weil ohne jene die Debatte im Fernsehen nicht stattfinden würde. Somit werden Informationen, die den eigentlichen Gesprächsteilnehmer bekannt sein dürften, bewusst dennoch gesagt, weil sie dem Publikum möglicherweise unbekannt sind. Demgemäss geht es dem Politiker Brunner wohl kaum ernsthaft darum, den Parteigegner Jositsch von seinem Standpunkt zu überzeugen, sondern einen möglichst grossen Teil des Fernsehpublikums. Es ist im doppelten Sinne des Wortes ein »Schaukampf«, bei dem für den Fernsehsender die Unterhaltung und für die Teilnehmenden der Diskussionsgegenstand, aber eben auch die Werbung in eigener Sache im Vordergrund stehen.

5.2 Verschiedene Phasen der Steigerung: Die schwierige Rolle des Diskussionsleiters

Im Zentrum der Diskussion steht die Abstimmungsvorlage, wie es Moderator Reto Brennwald gleich zu Beginn nach der Begrüssung der Gäste formuliert:

BRENNWALD: Am erschte Juni wird abgschtimmt über d Ibürgerigsinitiative vo dä SVP, über das redemer hüt zAbig und nume über das. Die Initiative wetti zwei Sache. Sie wett idä Verfassig verankere, dass erschtens d Gmeinde chönd frei wähle uf welem Weg dass si ibürgeret und zweitens söll dä Entscheid definitv si.[17]

Damit gibt der Moderator nicht nur das Thema bekannt, sondern sogleich die Ermahnung: »...und nume über das.« Es ist nicht eindeutig, ob sich die Ermahnung an das Fernsehpublikum richtet, um enttäuschten Erwartungen vorzubeugen (es geht hier NICHT um die Abwahl Blochers aus dem Bundesrat), oder ob es die erste Ermahnung an die Politiker ist, sich diszipliniert zu verhalten und sich an die vorgegebenen Regeln zu halten. Im Verlauf der Sendung sieht sich der Moderator jedoch veranlasst, Ermahnungen verschiedenster Abstufungen auszusprechen, da die geladenen Diskussionsteilnehmenden jegliche Grundregeln einer geordneten Diskussion missachten. Henne und Rehbock schreiben hierzu:

Mindestens in unserem Kulturkreis besteht eine stark sanktionierte und affektiv besetzte Verpflichtung, freundliches sowie zurückhaltendes Verhalten mit einem ebensolchen zu beantworten, während unfreundliche sowie zudringliche Handlungen entpflichtend wirken. (Henne/Rehbock 2001: 201)

Im Verlauf der »Arena« lässt sich beobachten, wie der von Henne und Rehbock beschriebene Mechanismus der Verpflichtung, »freundliches sowie zurückhaltendes Verhalten« zu erwidern, quasi in umgekehrtem Sinne befolgt wird. In konsequenter Missachtung bzw. strategischer Verletzung des grundlegenden kommunikativen Prinzips der Kooperation (vgl. Grice 1975) wird von den Teilnehmenden fast einvernehmlich demonstriert, dass hier nicht versucht wird, einander zu verstehen. Im Rahmen der »Arena« und ähnlicher Formate ist es durchaus üblich, einen Sprecher zu unterbrechen, auf das vorhergegangene Votum nicht einzugehen oder den Gesprächspartner der Lüge zu bezichtigen (vgl. »Es wird suggeriert vo de Initiante, si seged d Retter vom Ibürgerigsverfahre [...] das stimmt doch gar nid!«), womit man sein Gegenüber der Verletzung des Kooperationsprinzips beschuldigt.[18] Dadurch, dass in öffentlichen politischen Debatten solches toleriert wird – in privaten Gesprächen wäre es vielleicht Anlass zu Empörung – entsteht eine sich steigernde »Entpflichtung« von freundlichem und zurückhaltendem Verhalten, wie es Henne und Rehbock (2001: 201) beschreiben. Das hat nicht zu bedeuten, dass ihr theoretischer Ansatz hier nicht anwendbar ist, sondern es bedeutet, dass das

---

17 Alle in der vorliegenden Analyse erwähnten Zitate aus der »Arena«-Sendung sind der Abschrift entnommen, die im Internet zugänglich ist (vgl. Anmerkung 4).
18 Mit dem Verb »suggerieren« und der folgenden Behauptung »das stimmt nicht« bezichtigt der Redner die Initianten der Verletzung der Maxime der Qualität.

Ziel eben nicht Kommunikation im Sinne von Verständigung ist, sondern die verbale Demonstration einer (politischen) Haltung. Das erklärt auch, wieso sich der Moderator im Laufe der Sendung immer stärker bemühen muss, seine Rolle als Diskussionsleiter zu verteidigen. In der Anfangsphase der Sendung konnte Brennwald das Thema bestimmen und die nächsten RednerInnen nennen, wie es seiner vorgegebenen Rolle auch entsprechen würde. Bei fortschreitender Steigerung der Lautstärke und Sprechgeschwindigkeit, zunehmenden Unterbrechungen und anderen Anzeichen der Emotionalisierung der Debatte gerät Brennwald unter Druck und gebraucht vermehrt Wendungen wie »Nei Herr Blocher, jetzt will i schnäll… nur das mer dä Punkt chönd klar mache«. Oder er muss sogar einen Redner unterbrechen, weil zu viele Stimmen gleichzeitig zu hören sind: »Momänt: … Mini Herre, mini Herre, ich grife strikt i! Nume eine ufzmal!« und erinnert damit die Diskutierenden an eine Grundregel der mündlichen verbalen Kommunikation (»Nume eine ufzmal!«), die ihnen eigentlich geläufig sein dürfte. Zunehmend benötigt er mehrere Anläufe, um seine Autorität durchzusetzen, während die Diskutierenden zunächst ungerührt weiter aufeinander einreden:

> BRENNWALD: Guet. Ich glaube … Guet, ich, glaube, losed sie, ich mues glich … Bitte lönd sie de Herr Jositsch … usrede. Es isch scho chli komisch, ich mues mich jetzt scho chli – Herr Jositsch, bitte! – fröge, ich han doch vorher grad gseit, dass doch so d Zueschauerinne und Zueschauer gar nüt verstönd. Dörf ich sie namal bitte, düend sie doch ihres Argument fertig mache, nacher chunnt d Frau Bundesrötin dra, de Herr Blocher, de Herr Wasserfallen.

Hier gelingt es Brennwald nur mit einigem Aufwand, Struktur in die Debatte zu bringen. An einer späteren Stelle verliert er im Kampf um das Rederecht gegen Toni Brunner, dessen Votum er beenden will:

> BRENNWALD: Danke. De Punkt isch klar. (BRUNNER: Jetz chunnt no öppis anders dezue!) Nei! (BRUNNER: Da in Züri Höngg!) Wüssed si was. Mir händ nur no zwölf Minute Zit und mir münd no (BRUNNER: In Züri Hönggerberg!) öppis ganz Wichtigs (BRUNNER: isches Meitli anere Bushaltestell verschosse worde) dörf ich wenigschtens, dörf i (BRUNNER: Das isch en …) Will nur no … (BRUNNER: Nei!) sie de Satz fertig mached, ja.
> BRUNNER: Im Hönggerberg, ide Stadt Züri …

Der Moderator schafft es nicht, Brunners Votum zu beenden, obwohl er am Anfang forsch einsteigt und mit Entschlossenheit sagt, der Punkt sei klar und, da Brunner Brennwalds Vorrechte als Diskussionsleiter weiterhin ignoriert, mit einem lauten Protest: »Nei!« reagiert. Dann jedoch versucht er, Brunner, der ungerührt weiter spricht, mit einer rhetorischen Frage und dem Hinweis auf ein Regieproblem zu einem Einsehen zu bewegen: »Wüssed sie was. Mir händ nur no zwölf Minute Zit und mir müend no…«

Als sich Brunner weigert, darauf einzugehen, verlegt er sich auf höfliches Fragen oder Verhandeln: »... dörf ich wenigschtens, dörf i ... will nur no ...«. Somit gibt Brennwald von Satz zu Satz kontinuierlich Macht ab. Die Entwicklung geht vom Protestieren über Räsonieren bis hin zum eindeutigen Verlust der Vormachtstellung, wenn er Brunner sogar um Sprecherlaubnis bittet. Selbstverständlich wird ihm diese von Brunner nicht gewährt, so dass Brennwalds Einwilligung: »... sie de Satz fertig mached, ja« nur noch als pro forma erteilt wirkt.

Dass bei einer öffentlichen Fernsehdiskussion dem Moderator die Organisation zu entgleiten droht, lässt darauf schliessen, dass die Diskutierenden sich über die üblichen Grenzen ihrer Rollen hinausbewegen. Der Moderator spricht dies auch an verschiedenen Stellen direkt an mit Äusserungen, die sich auf seine Handlungen rückbeziehen: »Momänt, chlini Regieawisig wider, jetzt sind sie namal dra, dänn wet ich sehr gern idie erscht Reihe gah, wo's au Fachlüt hät, das wär's Vorgehe für die nächschte paar Minute.« Während eines Votums von Wasserfallen werfen sowohl Blocher wie auch Brunner Kommentare dazwischen und es entsteht ein kleiner Tumult, so dass sich Brennwald veranlasst sieht, seinen Pult zu verlassen und sich in die Mitte des Wortgefechts zu stellen:

> BRENNWALD: Momänt, jetzt, losed, es nützt nüt ... susch mues i dänn en Umweg mache und dafüre cho (*Verlässt seinen Platz und stellt sich zwischen die Pulte von Wasserfallen und Brunner*) Momänt, Herr Brunner (*Brunner zeigt auf Wasserfallen und spricht weiter*) Moment! (WASSERFALLEN: Und binere Kommission ...) (BRUNNER *zum Moderator*: Die dörfed doch au nöd eifach ...) ... (WASSERFALLEN: Und drum isch das Verfahre, wo mehrstufig isch, viel besser, da chammer d Spreu vom Weize trenne) Momänt! (BRUNNER, *zu Wasserfallen*: Nei, Rinecken im Kanton St.Galle... Rineck!) Herr Brunner, Momänt. (*Publikum applaudiert für Wasserfallen; Brennwald zu Brunner, der weiter gestikuliert und sprechen will*) Ich han ihne gseit, ich han ihne, ich han ihne gseit, mir düend di Widerspruch uflöse im Lauf vo dä Sändig, aber e bitzli gordned. Mir reded überd Iwanderig und überd Qualität vo dene Entscheid, später! Jetztig, wett ich gern i die erscht Reihe ...

Im Verlauf der Sendung tritt der Moderator zweimal in die Mitte der kreisförmig angeordneten Pulte der HauptrednerInnen, um durch physische Präsenz die Diskutierenden zum Schweigen zu bringen, was dann auch gelingt. Dennoch ist es eine Massnahme, wie man sie im Schweizer Fernsehen selten zu sehen bekommt. Brennwald wirkt zuweilen wie ein Lehrer, der die Kontrolle über seine streitende Klasse zu verlieren droht.

5.3 Piraterie in der Debatte

Grundsätzlich ist bei der »Arena« die Weitergabe der Rede dahingehend geregelt, dass der Diskussionsleiter jeweils die nächsten RednerInnen aufruft. Wie oben ersichtlich, wird er in seiner Funktion aber stark bedrängt und muss immer wieder darauf hinweisen, dass er Ablauf und Thematik gestalten will. Daraus lässt sich schliessen, dass die RednerInnen ihrerseits bemüht sind, die Debatte zu steuern. Wenn dies der Fall ist, übertreten sie die Regeln des Formats, das, wie eingangs erwähnt, eine klare Rollenverteilung beinhaltet. Die Gäste wissen um die Funktion des Moderators, versuchen aber offenbar, in dessen Hoheitsgebiet einzudringen und ihrerseits die Kontrolle zu übernehmen. Das stellt gewissermassen eine Form der »Gesetzesübertretung« dar, die hier, wohl aufgrund des höher zu bewertenden Unterhaltungswertes, geduldet wird. Diese mehr oder minder subtile »Piraterie« geschieht durch verschiedene Massnahmen, wie zum Beispiel Überschneidungen, Wortmeldungen (Widmer-Schlumpf zum Moderator: »Dörfed d Fraue da au emal rede…«[19]) und thematische Exkurse. Das Ziel aller dieser Massnahmen scheint, möglichst viel und möglichst lange zu Wort zu kommen.

Beim Betrachten der Sendung lässt sich die zunehmende Emotionalisierung auf verschiedenen Ebenen beobachten. So nimmt die Lautstärke, das Tempo und die Tonlage, sowie die Körpersprache – der Sprechenden ebenso wie der zum Zuhören Verurteilten – an Intensität zu, lässt wieder nach und steigert sich schliesslich zu jenen Höhepunkten, in denen sich der Moderator in die Mitte der halbkreisförmig angeordneten Pulte stellen muss, um die Voten zu unterbrechen und so die Kontrolle wieder zu übernehmen. Spätestens gegen Ende der ersten Phase der Diskussion, in der die HauptrednerInnen ihre vorbereiteten Statements abgeben, beginnen die Diskutierenden, sich mit provokativen Ausrufen ins Wort zu fallen. Brunner unterbricht Jositsch beispielsweise: »Sie wänd also jede ibürgere wo will ibürgered werde!« und zwingt ihn damit in die Defensive:

> JOSITSCH: Nei, sälbverständlich nöd. S Einzig, wo mir wänd, isch dases ime korräkte Verfahre ablauft   (BRUNNER: Aber es isch keis Mänscherächt …)   und es git eifach   (BRUNNER: … Schwizer zwerde …)   Herr Brunner! Eifach no eis   (BRUNNER: Es isch keis Mänscherächt Schwitzer zwerde)   es red ken Mänsch vomene Rächt uf Ibürgerig!

Indem Brunner zweimal insistiert, Einbürgerung sei kein Menschenrecht, fordert er Jositsch dazu heraus, auf ihn einzugehen. Dieser lässt sich dazu hinreissen, obwohl die Aussage von Brunner natürlich absurd ist: Dem Strafrechtsprofessor Jositsch, sowie wahrscheinlich auch dem Fernsehpublikum, darf man durchaus zutrauen zu wissen,

---

[19] Widmer-Schlumpf pocht auf Fairness und setzt den Moderator unter Druck, ihr das Wort zu erteilen. Dies ist weniger aggressiv als das sonst gern praktizierte Dreinreden, dient aber demselben Ziel.

dass weder die eidgenössische Verfassung noch internationale Abkommen einen Artikel über ein Menschenrecht auf Einbürgerung in der Schweiz enthalten. Der Einwand Brunners hat somit keine informative, sondern lediglich eine störende Funktion, worauf Jositsch ärgerlich reagiert. Brunners Einwurf ist insofern erfolgreich, als dass Jositschs Anfangsvotum, in dem er den Initianten den Vorwurf macht, ihre Initiative wolle den Rechtsstaat aushebeln, abgeschwächt wird, und er zum Ende, anstatt die Initianten in die Defensive zu drängen, sich selbst gegen einen Vorwurf verteidigt. Zudem gibt Brunner Blocher ein Stichwort, das jener im darauffolgenden Votum aufnehmen kann: »… D'Ibürerig dörf keis Rächt si! (JOSITSCH: Sälbverständlich! WIDMER-SCHLUMPF: Es isch au kä Recht!) … Es isch au kes Mänscherecht! …« Damit schlägt Brunner die Brücke zwischen der von Jositsch gebrachten Verteidigung des hergebrachten Einbürgerungsverfahrens als demokratisch und zweckmässig und seiner eigenen Behauptung, die Einbürgerungen führten zu Rechtsverletzungen, weil eingebürgerte Ausländer häufig kriminell würden.

An diesem Beispiel lässt sich nicht nur zeigen, wie Brunner erfolgreich Jositschs Votum sabotiert und Aufmerksamkeit erlangt, sondern auch, dass Brunner und Blocher als Parteikollegen besser aufeinander abgestimmt sind als die Gegenseite, bei der man sich zwar über »ja« oder »nein« bezüglich der Abstimmungsvorlage einig ist, darüber hinaus aber alle eine eigene Argumentation entwerfen. Somit können Blocher und Brunner als Team auftreten, das eine gemeinsame Strategie verfolgt: Sie bemühen dieselben Beispiele, dasselbe Vokabular und wirken oft gleichzeitig empört oder erheitert. Damit müssen die Gegner stets beide SVP-Politiker gleichzeitig angreifen, während sie selber dann jeweils faktisch in der Minderzahl sind.

Durch dieses Einwerfen von Stichworten während des Votums des Gegners, insbesondere, wenn sie so provokant sind wie beim Beispiel weiter oben, kann nicht nur Aufmerksamkeit erlangt, sondern gleich dem Partner ein günstiger Einstieg geboten werden. Dem Moderator bleibt in diesem Fall kaum anderes übrig, als die SVP-Redner gewähren zu lassen. Stetiges Dreinreden, laute Proteste, parallel laufende Voten und besonders provokative Aussagen[20], die wiederum laute Proteste nach sich ziehen, sind alles mehr oder minder bewusste, taktische Verhaltensweisen, den Verlauf der Sendung zu eigenen Gunsten zu beeinflussen und die Tätigkeit des Moderators zu unterlaufen, was immer wieder zu gelingen scheint.[21] Frau Widmer-Schlumpf gibt sich zurückhaltend, ist aber mindestens zweimal hörbar, wie sie den Moderator leise auffordert, ihr das Wort zu geben, aber auch als einzige einmal freiwillig das Wort weitergibt an Frau Semadeni. Die übrigen Kandidaten Wasserfallen, Jositsch, Brunner und Blocher erhalten das Wort,

---

20 Dazu gehören auch Aussagen, die den Gegner in einem schlechten Licht erscheinen lassen, wie Brunners Behauptung, die »Masseneinbürgerung« sei ein politisches Ziel der Linken, um den Ausländeranteil zu senken.
21 Als während des Votums von Leuenberger Protest ausbricht, versucht Brennwald zuerst, Leuenbergers Redezeit zu verteidigen, bevor er nachgibt: »Momänt, momänt, därf i schnäll … […] Nei, momänt, warted si schnäll, wänns sovil, ja, wänns sovil Protescht git, wetti schnäll ghöre, was Sach isch.«

nebst ihren eingeplanten Voten im ersten Teil und am Schluss, hauptsächlich durch entschlossenes und zuweilen aufsässiges Dreinreden. Brunner und Blocher nutzen zudem den oben beschriebenen strategischen Vorteil der Provokation.

5.4 Die Argumentation

Wenn es nun auf die eine oder andere Weise gelungen ist, das Wort zu ergreifen, zeigt sich erst, ob sich der Aufwand gelohnt hat und man die hart erkämpfte Aufmerksamkeit günstig nutzen kann. Bei den einzelnen Voten geht es für alle Beteiligten darum, möglichst knapp und prägnant den eigenen Standpunkt darzulegen und letztendlich das Publikum zu überzeugen. Wie schon in Kapitel 4 im Zusammenhang mit Zeitungsartikeln festgestellt, muss auch hier keineswegs zwingend eine logisch aufbauende Argumentation erfolgen, auch wenn oft stillschweigend davon ausgegangen wird. Dazu sollen an dieser Stelle einige Argumente und vor allem deren Aufbau etwas genauer betrachtet werden. Folgender Ausschnitt aus dem Protokoll ist ein Votum von Brunner, das etwa in der Mitte der Sendung erfolgt und Auskunft über ein Hauptargument der Initianten geben soll.

> BRENNWALD: ... si händ ja das Thema Masseibürgerige azoge, mer gsehts au die Händ uf de Plakat, (BRUNNER: Ja. Ja.) verschidenschter Farb, wo nachem Schwitzerpass griffed. Wänn sie iverstande sind, düemer das emal gnauer aluege, das Argument.
> BRUNNER: Ja. Also. Mir wönd, und das akzeptiert ja d Gegesite nöd, äh, dases kais Rekursrächt söll gä! Mir säged, das isch jo es Volksrächt, wies 150 Johr lang vorhär kais Problem gsi isch und da chamer au ja oder nei säge. Und jetze! Wenn das en Verwaltigsakt wird, wird das zu witere Massenibürgerige füere. Und was passiert, wenn immer meh ibürgered werden (WASSERFALLEN *klatscht zur Bekräftigung in die Hände*: ...chum sägs mal, Toni, sägs mal!) wenn meh Lüt ibürgeret werded, denn nocher werded me kriminelli und gwalttätigi Usländer Schwitzerinne und Schwitzer. (*heftige Zwischenrufe*; BRENNWALD: Guet, also, das isch, Momänt, nänei, Herr Brunner, wüssed sie, das isch e brisanti Behauptig, da mümer echli gnauer aluege ...) ... i dus ine no (BRENNWALD: Das münd sie echli gnauer begründe) Warum!
> BRENNWALD: Jetzt, ganz ruhig! Jetzt mues i namal öppis säge, mini Dame und Herre, eusi Zueschauerinne und Zueschauer, verstönd erschtens nüt, wänn sie alli mitenand reded und zweitens, chönd sie sich e kei Meinig bilde. [...] Also düend sie eifach ganz ruhig erchlere, warum ... (BRUNNER: Aso a mir lihts ja nöd, ich hans versuecht, aber da wird ja immer drigredet!) ... Genau ... Ja ... Waruuum dass sie säged es git meh Ibürgerige.

BRUNNER: Ja. Also luged sie. D Gmeinde sind verunsicheret worde, mer tut ime Extremfall nöd ufen Rechtsstritt wölle iloh. Und mer wird nochlässiger, mer tut eher ibürgere, da het de Fall Rineck schö ufzeiget, wenns immer wider retur chunnt, wird mer ja faktisch zur Ibürgerig zwunge. Und jetzt hemmer – wiso sind gwüssi Vorbehalt ume gegenüber gwüsse Bevölkerigsgruppe! Mer mus nöd lang zruck luege! [Darauf folgt eine Aufzählung von Vorfällen, bei denen Ausländer negativ aufgefallen sind, T.S.]

Der Moderator stellt hier also eine klare Aufgabe: Er bittet darum, das Hauptargument der »Masseneinbürgerung« zu erläutern. Brunner jedoch befolgt die Aufforderung zunächst nicht, sondern erwähnt das Rekursrecht, das seine Partei mit der Initiative abschaffen will. Erst danach spricht er von einem »Verwaltungsakt«, zu dem die Einbürgerung im Falle einer Ablehnung der Initiative würde, und betont, dass dieser Verwaltungsakt zu weiteren »Masseneinbürgerungen« – ein weiterhin nicht näher erklärter Begriff – führe. Dazu bedient er sich der Zeitform des Futurs, macht also eine Aussage über die Zukunft, ohne zu deklarieren, woher er sein Wissen bezieht oder weshalb diese Annahme plausibel ist.[22] Erst als der Moderator auf eine Erklärung besteht, gibt Brunner eine Begründung: Die Gemeinden würden nachlässiger im Verfahren, weil sie von den Behörden faktisch zu Einbürgerungen gezwungen würden.[23] An Brunners Votum ist besonders der mittlere Teil interessant, wo es um die befürchteten Auswirkungen häufigerer Einbürgerungen geht und ihm Wasserfallen ungeduldig ins Wort fällt: »Chum säg's mal, Toni, säg's mal!« Damit bedient sich Wasserfallen plötzlich eines neuen Registers, da er Brunner duzt. Indem er sich dabei auch noch bekräftigend in die offene Handfläche schlägt, wendet er eine Körpersprache an, die traditionellerweise eher bei der SVP[24] als bei der FDP zum Einsatz kommt. Mit dieser Annäherung an Brunner auf der verbalen wie auch auf der nonverbalen Ebene erhält seine Aufforderung eine grössere Direktheit und Dringlichkeit, so als hoffe er, Brunner würde sich selber schaden, wenn er »es« endlich sage. Dies ist in gewissem Masse auch der Fall, denn Brunner antwortet, dass dann mehr kriminelle und gewalttätige Ausländer und Ausländerinnen eingebürgert würden, eine Aussage, der die Faktenlage widerspricht und die im Folgenden mit Berufung auf die gesetzlichen Einbürgerungskriterien von verschiedensten Seiten kritisiert wird, einmal sogar von einem Parteikollegen Brunners.

---

22 Brunner verstösst mit seiner Aussage, es werde im Fall der Ablehnung der Initiative zu weiteren Masseneinbürgerungen kommen, gegen die Maxime der Qualität: Der Wahrheitsanspruch seiner Aussage kann nicht eingelöst werden.

23 Alt-Bundesrichter Giusep Nay erklärt dagegen, dass dies nicht den Tatsachen entspreche. Die Gerichte prüfen bei einem Rekurs lediglich, ob der Rechtsweg eingehalten wurde.

24 Brunner bedient sich ähnlicher Körpersprache: »Das isch es höchs Guet, Schwitzer Bürgerin oder Schwitzer Bürger zwerde, und mer mueses vor allem do inne (*klopft sich hart gegen die Brust*), do inne, muemers doch mitbringe, da inne im Herz, mer mues Schwitzer wölle werde.«

Dass der Moderator an dieser Stelle einmal mehr zur Ruhe auffordern muss, ist bezeichnend für die Provokation, die die Thesen der Initianten für ihre Gegner darstellen, was aber für die SVP nicht zwingend ein Nachteil ist. Der Zwischenruf von Wasserfallen und vor allem, dass sich Brunner, als der Moderator für Ruhe sorgen will, scheinheilig verteidigt (»Aso a mir lihts ja nöd, ich hans versuecht, aber da wird ja immer drigredet!«), trägt erheblich zum oben erwähnten, vom Publikum erwarteten Unterhaltungswert der Sendung bei.

Zu Ende des Zitats antwortet Brunner auf Voten von Widmer-Schlumpf und anderen, die besagen, dass das Rekursrecht nötig sei, um Willkür und Diskrimination zu verhindern. Seine Argumentation ist nicht, wie zu erwarten wäre, dahingehend, dass er das Argument der Gegenseite für ein Rekursrecht zu widerlegen versucht, sondern er erklärt mittels einzelner Beispiele, warum gegen gewisse Bevölkerungsgruppen Vorbehalte vorhanden seien. Damit bekennt er sich dazu, dass diese Vorbehalte in einem Einbürgerungsverfahren ein gültiges Argument gegen die Einbürgerung eines einzelnen Menschen aus einer der erwähnten Bevölkerungsgruppen (BLOCHER: »… usem Balkan und us der Türggei …«) sein soll.

Dieser Standpunkt ist provokativ, weil rechtlich heikel, wenn er in einem realen Einbürgerungsverfahren vertreten wird (was tatsächlich wiederholt der Fall war und von der zuständigen gerichtlichen Instanz als nicht zulässig erklärt wurde). Aus dem oben zitierten Beispiel wird ersichtlich, dass Brunners Argumentation auf Annahmen über zukünftige Entwicklungen, Behauptungen über die Gegenwart (es werde »massenhaft« eingebürgert) und Aufzählungen von Einzelbeispielen basiert. Auf die gleiche assoziative Weise wie in Kapitel 3 und 4 im Falle von Zeitungsartikeln beschrieben, mag dies als ein Parteicharakteristikum bei vielen auf Resonanz stossen und zum Erfolg der Partei beitragen. In der direkten Debatte allerdings gereicht die Tatsache, dass Brunners Annahmen und Behauptungen von der Gegenseite mit sachlichen Argumenten sehr leicht entkräftet werden können, wohl kaum zu seinem Vorteil.[25]

5.5 Der grosse Vorwurf

Wie einleitend bereits dargelegt, wird die SVP von manchen Seiten mit dem Vorwurf konfrontiert, sie verbreite rassistische Inhalte und Propaganda. Im weiter oben diskutierten Votum von Brunner wurde ersichtlich, dass er Verständnis für »gewisse Vorbehalte« gegenüber »gewissen Bevölkerungsgruppen« hat. Problematisch daran ist, dass er diese Vorbehalte als legitimen Grund für einen negativen Entscheid bei einem Antrag

---

25 Frau Widmer-Schlumpf erklärt zu Beginn der Debatte, dass der Begriff »Masseneinbürgerung« suggeriere, man verteile das Bürgerrecht ohne Prüfung an ganze Gruppen, und sie erklärt auch, dass dies aufgrund der heutigen Gesetzgebung nicht möglich sei.

auf das Bürgerrecht sieht, was juristisch unhaltbar ist. Sein Parteikollege Blocher erklärt diese Sichtweise, die er mit Brunner teilt, etwas ausführlicher:

> BLOCHER: Luged si. Si underschiebed ame Bürger, und das isch die Verachtig vome Bürger. Wänn die 50 ablehned, dänn isch das, wills am Schluss es »‑itsch« hät. Es hät zwei sonigi Fäll ge. Zwei! (*Zwischenrufe aus dem Publikum.* BRENNWALD: Lönd sie jetzt bitte, mini Herre! Lönd sie ihn jetzt usrede) ... und denn isch s Bundesgricht ja cho und het gseit das isch nüme zuelässig, das isch gsi in Emme, und das isch gsi in Prattele. Und, i ganz schwirige Verheltnis het imene Johr, d Bürgerschaft det gseit, jetzt nememer us dem Balkangebiet det niemer me uf. In Emme isch eine erstoche worde ufem Platz vo eim vo dene, und Ibürgerigsperson bedroht und erprässt worde, het d Gmeind emal gseit, jetzt stoppemer. Die – das Rächt mues mer, müend d Bürger ha. (MODERATOR: Ja guet, aber {*Applaus vom Publikum*} es isch eine gsi! Es isch eine gsi! Und nacher hät mer aber alli abglehnt. Das, säget iri Gegner, isch diskriminierend.) Nei, isch nöd de Beträffend gsi, mer het gseit: mir hend mit dene schlächti Erfahrige, jetzt düemer do mol chli zrugghebe. (BRENNWALD: Isch das nöd Sippehaftig.) Und jetzt chunt s zweiti... (JOSITSCH: Findet sie das in Ornig, wenn eine gäge s Gsetzt versstosst und dänn all au no id Kollektivstraf...) Wie... (BRENNWALD: Guet, also, Herr Jositsch, jetz düemer de Herr Blocher...) (JOSITSCH: Das isch ebe Willkür.) Wüssed sie, ich begriffe dass de Herr Profässer s wett anderscht ha (JOSITSCH: das hät nüt mit Profässer ztu, das hät mit Rächtsstaat ztue) aber d Bürgerinne und Bürger chönd das entscheide.

Das Votum Blochers ist wenig strukturiert, aber die grundsätzliche Botschaft dennoch verständlich: Aufgrund von schlechten Erfahrungen mit Ausländern wollen einzelne Gemeinden gewisse Nationalitäten von der Einbürgerung – zumindest zeitweise – ausschliessen, was nach Ansicht Blochers ein Recht ist, das man ihnen zugestehen müsse. Der Moderator spürt natürlich den Zündstoff, den diese Aussage enthält, und hakt nach. Dass Brennwald auf diese Weise die Vorwürfe des Gegners thematisiert und sogar selbst formuliert, ist ungewöhnlich,[26] lässt sich aber damit erklären, dass er sich die Gelegenheit nicht entgehen lassen will, diese stets wiederkehrenden Vorwürfe an einem konkreten Beispiel festzumachen. Blocher und Brunner, einmal mehr sehr gut aufeinander abgestimmt, drehen in ihrer Argumentation den Spiess um und sagen, dass es eine Missachtung des Bürgers sei, wenn ihm dieses Recht verwehrt werde und dass eine Willkür, wie sie Jositsch an dieser Stelle vorwirft, im Verwaltungsakt herrsche, nicht aber im Entscheid, fünfzig Anträge auf Einbürgerung ohne genaue Prüfung oder Begründung

---

26 Üblicherweise geht der Moderator nach einem polarisierenden Votum zur Gegenseite und fordert jemanden zur Antwort auf.

abzulehnen. Die persönliche Abneigung der Bürgerinnen und Bürger gegenüber der betreffenden Bevölkerungsgruppe sei Begründung genug. Das ist natürlich eine problematische Aussage, weil sie mit diversen Grundsätzen dieses Landes, nicht nur bezüglich Einbürgerungen, sondern auch generellen Gesetzen bezüglich Diskriminierung in Konflikt steht, wie Frau Widmer-Schlumpf in ihrem Schlussvotum noch einmal betont.

Die Verteidigung Brunners und Blochers verläuft meist dahingehend, dass man die Gegner als elitär und weltfremd charakterisiert (man beachte die Gegenüberstellung der Personenbezeichnungen »Herr Professor« und »Bürgerinnen und Bürger« im oben zitierten Votum Herrn Blochers) und sich darauf beruft, selbst die Sache beim Namen zu nennen. Beispielsweise antwortet Blocher auf ein Votum von Frau Widmer-Schlumpf: »Ich merke wie da uf de Gegesite, wenn eine d Fakte bringt. Wie sie demonstriered und eifach nöd wennd wohrha wies isch.« An einer anderen Stelle, als Antwort auf ein Votum aus der zweiten Reihe, ist eine ähnliche Argumentation ersichtlich: »Herr Lehrer, si münd nid go menscheverachtend go usteile (»LEHRER« ANDEREGGEN: Doch, das isch eso!) Nei, jo das isch – da, jo … Sie sind eine vo dene, wo zu allne, wo e anderi Meinig het und das usspricht, als menscheverachtend alueged…« Blocher versucht nicht, den Vorwurf, die Vorlage sei menschenverachtend, zu widerlegen, sondern er geht nahtlos zum Gegenangriff über, indem er behauptet, Andereggen könne keine anderen Ansichten ertragen und werde deshalb ausfällig. Damit kann sich Herr Blocher zwar in der Debatte behaupten, allerdings bleibt der grosse Vorwurf im Raum stehen.

6 Neue Tendenzen?

Die Vorwürfe der Diskriminierung, der Willkür und der Menschenverachtung an die SVP tauchen in dieser Fernsehdebatte also tatsächlich auf. Somit ist es nicht bloss etwas, was ausländische Medien hin und wieder behaupten, es wird durchaus auch in der Schweiz von Politikern selber und vor der breiten Öffentlichkeit thematisiert. Über Erfolg und Misserfolg der beschriebenen Diskussionsstrategien in der »Arena« kann in diesem Rahmen keine Aussage gemacht werden, da einem Abstimmungsergebnis selbstverständlich sehr viele Faktoren mehr zugrunde liegen als ein einzelner Fernsehauftritt. Insgesamt wurde ersichtlich, dass die Strategien der Diskutierenden variieren.[27] Widmer-Schlumpf versuchte nicht, die Debatte zu dominieren, sondern gab sich vergleichsweise zurückhaltend und betonte stets die Faktenlage. Dass sie einmal freiwillig ablehnte, als der Moderator ihr das Wort erteilen wollte (»Nei ich wür vorschla, dass sie genau jetzt no zu dem Fall de Frau Semadeni würded s Wort ge, will sie kennt de Fall genau und chönnt ine dezue Uskunft geh. Das wer sehr interessant.«), war in diesem Gesprächsklima des allgemeinen Vordrängelns so auffällig, dass es selbst die *NZZ On-*

---

27 Man kann davon ausgehen, dass die Zielsetzungen bei allen grundsätzlich die gleichen waren, nämlich ihren Standpunkt darzulegen und das Publikum zu überzeugen.

line erwähnte.[28] Die anderen Hauptredner, Blocher, Brunner, Wasserfallen und Jositsch, konnten sich parteiübergreifend auf einen Stil einigen. Dieser ist dadurch zu charakterisieren, dass über verschiedene Mittel versucht wurde, die Diskussion inhaltlich und auch im Ablauf zu steuern, wodurch der Diskussionsleiter Brennwald stark unter Druck kam (»Piraterie«). Allerdings erkennt man einen Unterschied zwischen Brunner und Blocher einerseits und Wasserfallen und Jositsch andererseits hinsichtlich der Kategorien Aggressivität und Provokation. Beides sind der SVP zugeschriebene Eigenschaften, wenn man unter Aggressivität den Gegner diskreditierende Zuschreibungen und unter Provokation den Gegner zu heftigen, emotional geprägten Reaktionen veranlassenden Aussagen versteht.

Dass Widmer-Schlumpf sich in ihrem Verhalten von den anderen Diskussionsteilnehmern abhebt, mag mit ihrer Persönlichkeit, sicherlich aber auch mit ihrer Rolle als Bundesrätin zu tun haben (asymmetrische Gesprächssituation). Die Strategie der Initianten sowie deren Gegner ist dagegen einvernehmlich diejenige der grösstmöglichen Dominanz: Man versucht, ganz im Sinne einer Sportveranstaltung, den Gegner zu schlagen, und zwar nach dem Grundsatz: Der Zweck heiligt die Mittel. Somit muss man der *NZZ Online* zugestehen, dass ihre Berichterstattung, die weiter oben in Kapitel 3 kritisiert wurde, dem Gegenstand zumindest sprachlich bis zu einem gewissen Grad angemessen ist. Aber sind das neue Tendenzen? Die hier beobachtete kampfbetonte Atmosphäre war schon immer ein Bestandteil des politischen Diskurses in der Öffentlichkeit. Ob sich dies heute anders äussert bzw. ob der verbale Kampf heute andere Spielregeln hat als früher, lässt sich in einer synchron angelegten Untersuchung nicht beantworten. Was aber einleuchtend scheint, ist, dass die häufig aufgeworfene »Stilfrage« ein Indiz dafür ist, dass sich mindestens die Haltung gegenüber der politischen Debatte geändert hat bzw. kritischer geworden ist.

Halten wir fest: Auch wenn die Frage nach dem Diskussionsstil nicht eindeutig den Parteigrenzen entlang beantwortet werden kann, gibt es in der Art der Argumentation dennoch, mit Ausnahme von Widmer-Schlumpf, einen charakteristischen SVP-Stil. Seine Kennzeichen sind hauptsächlich die im Bemühen um Anschaulichkeit häufig verwendeten Einzelbeispiele, ein betont assoziatives Vokabular (»Masseneinbürgerung«) und die ebenfalls assoziative Verwendung von Mythen und Zukunftseinschätzungen.[29] Was das Verhalten während der Debatte bezüglich Wortmeldung und Auftreten betrifft, erscheinen die Vertreter der SP und FDP allerdings durchaus vergleichbar mit denen der SVP: Wie in Kapitel 5.3 festgestellt wurde, ist die »Arena«-Debatte geprägt vom einvernehmlichen Versuch der Parteivertreter, die Macht des Moderators zu unterlaufen und die Diskussion selbst zu kontrollieren.

---

28 Vgl. Kapitel 3.
29 Die behauptete Bedrohung der Bürgerfreiheit entspricht nicht den Tatsachen und das Hochwertkonstrukt »Schweiz« wird aus einer historisch unbelegbaren Vergangenheit gebildet, wie Giusep Nay erklärt.

Der Vorwurf der Diskriminierung an die SVP ist selbstverständlich nichts Neues, da diese Partei mit einem ihrer Kernthemen, der »Ausländerproblematik«, seit vielen Jahren die gesellschaftlichen und gesetzlichen Grenzen in dieser Hinsicht auslotet. Was hingegen als neue Tendenz erscheint, ist also kaum das Verhalten einzelner Politiker oder Parteien, sondern vielmehr die Wahrnehmung desselben durch die Öffentlichkeit. Diese Auseinandersetzung mit politischen Prozessen, welche wiederum stark von den Medien beeinflusst ist, scheint in eine Richtung zu tendieren, bei der verstärkt ethische Fragen grundsätzlicher Natur aufgeworfen werden: Es geht nicht mehr nur darum, mit welchen politischen Mitteln man sein jeweiliges Ziel am ehesten erreicht, sondern neu auch darum, welche Ziele mit welchen Mitteln überhaupt verfolgt werden sollen und dürfen. So wird Blocher in der »Arena«, und grösstenteils wohl auch in den Medien, nicht widersprochen, wenn er sagt: »S Bürgerrächt, s schwizerisch, isch öppis sehr wertvolls«, aber eine Welle der Entrüstung rauscht durch den Blätterwald, wenn aus dem Wert des Schweizer Bürgerrechts gefolgert wird, dass diejenigen, die es bereits besitzen, das Bürgerrecht nach eigenem Gutdünken verteilen können oder – und vor allem – eben auch nicht.

Soweit die vorliegende Untersuchung erbracht hat, sind neue Tendenzen in der Schweizer Politik also möglicherweise in der Reflexion über Politik zu erkennen, weniger im Politisieren selbst. Dem Gesprächsstil der meisten an der »Arena«-Diskussion Beteiligten liegt eine Tendenz zur Dominanz zu Grunde, die auf fast archaische Weise dem Stärksten den grössten Erfolg zuspricht, was auch der mehrfach zitierte *NZZ Online*-Artikel belegt. Oder, wie es der Berufsschullehrer Andereggen ausdrückte: »Ja, si sind wie Schüeler wo nid zueloset!« Diese Beobachtung ist wohl zutreffend. Andererseits ist es auch nicht das Ziel einer solchen Fernsehdebatte, dass die Diskutierenden einander zu verstehen versuchen. Vielmehr geht es, dem Medium gerecht werdend, um die Demonstration einer bestimmten politischen Haltung, die weit über logische Argumentation und kühles Räsonieren hinausgeht. Das Auftreten, die Dialekte, die Körpersprache, die Emotionen: All das scheint ein sehr grosses Gewicht zu haben und, mit anderen Merkmalen unter dem Stichwort »Stil« zusammengefasst, die logisch-inhaltliche Ebene der Debatte zu überlagern. Dass die Waagschale auf der Seite der Emotionen stärker gewichtet ist als auf der Seite des Intellekts, ist sicher nicht grundsätzlich neu. Auch nicht neu ist, dass das Vorantreiben dieses Argumentationsstils durch die SVP häufig mit dem Adjektiv »populistisch« betitelt wird. Dennoch hat diese Tendenz zur vermehrt populistischen Argumentation über die vergangenen Jahre in breiten Schichten der Bevölkerung eine Dynamik auszulösen vermocht, die sich in vermehrter Auseinandersetzung mit politischem Geschehen äussert, wie man der Zuschauerzahl der hier thematisierten Sendung entnehmen kann. Ob und wie sich dieses Publikumsinteresse bei Wahlen und Abstimmungen niederschlägt, sind offene Fragen. Weiterhin wird es also interessant bleiben zu sehen, ob und wie das hierzulande betriebene »Politainment« die Schweizer Politik nachhaltig beeinflussen kann.

7 Literatur

Grice, Herbert Paul (1975): Logic and Conversation. In: Cole Peter; Morgan, Jerry L. (Hgg.): *Syntax and Semantics*. Bd. 3: *Speech Acts*. New York/San Francisco/London: Academic Press, S. 41–58.

Grünert, Horst (1983): Politische Geschichte und Sprachgeschichte. Überlegungen zum Zusammenhang von Politik und Sprachgebrauch. In: *Sprache und Literatur in Wissenschaft und Unterricht* 14, H. 52, S.43–58.

Henne, Helmut; Rehbock Helmut (2001): *Einführung in die Gesprächsanalyse*. Berlin/New York: de Gruyter.

Linke, Angelika; Nussbaumer, Markus; Portmann, Paul R. (2004): *Studienbuch Linguistik*. 5., erw. Aufl. Tübingen: Niemeyer.

Luginbühl, Martin (1999): *Gewalt im Gespräch: verbale Gewalt in politischen Fernsehdiskussionen am Beispiel der »Arena«*. Bern/Berlin/Frankfurt am Main u.a.: Lang.

Christoph Lienhard

Politolinguistische Sprachkritik.
Wissenschaftliche Disziplin oder gefährliches Spiel?

1 Einleitung

Politische Sprachkritik oder – wie man auch sagen könnte – die Kritik an der politischen Sprache gehören zu unserem gesellschaftlichen Alltag. Politische Auseinandersetzungen selbst werden oft in Form von Sprachkritik ausgetragen: Wenn etwa ein Ausdruck wie Scheininvalide (vgl. Furter in diesem Band) je nach ideologischer Orientierung mit oder ohne Anführungs- und Schlusszeichen verwendet wird, wenn die Frage nach dem politischen Stil selbst zum Thema der Politik wird, zeigt dies, dass Sprache nicht lediglich Instrument der Politik, sondern auch Objekt politischer Kommunikation ist. Eine Unterscheidung zwischen Objektebene und Metaebene – zwischen politischer Sprache selbst und dem Reden über politische Sprache – ist in der politischen Arena kaum möglich. Wenn aber ein rein objektiv-deskriptives Sprechen über die Sprache der Politik entweder nicht wünschenswert oder gar nicht möglich ist, was bedeutet dies dann für die an der politischen Kommunikation interessierte Linguistik? Stösst die Sprachwissenschaft hier nicht an ihre vermeintlichen Grenzen? Ist ein (kritisches) Reden über die Sprache der Politik, das nicht selbst zu politischer Sprache gerät, überhaupt möglich?

Vor diesem Hintergrund befasst sich dieser Beitrag mit dem Verhältnis von Sprachkritik und Sprachwissenschaft. Genauer verfolgt er die Frage: Wie viel Sprachkritik steckt in der Politolinguistik (und umgekehrt) und was folgt daraus? Eine Antwort wird zunächst auf theoretischer Ebene gesucht. Danach soll eine kurze Textanalyse unter Anwendung eines von Armin Burkhardt vorgeschlagenen politolinguistischen Methodenkatalogs beispielhaft Aufschluss darüber geben, wie viel an ›kritischen‹ Elementen eine solche Untersuchung bereits impliziert.

2 Politische Sprachkritik und Linguistik

Sprache ist für die Politik von existenzieller Bedeutung. Vom Verfassungs- oder Gesetzestext über parlamentarische Voten bis hin zu Pressekommentaren erscheint das, was wir als politisch zu bezeichnen pflegen, in Form von Sprache.[1] Von daher überrascht es

---

1 Die Problematik einer Definition des Gegenstandes der Politolinguistik behandeln u.a. Werner Holly (1990: 4–44) und Walther Dieckmann (2005: 11–30). Versuche, politische Textsorten typologisch zu klassifizieren, finden sich insbesondere bei Heiko Girnth (2002: 72–82) und Josef Klein (1991: 245–278).

nicht, dass sich die Sprachwissenschaft seit langem auch mit der Sprache der Politik befasst (vgl. Burkhardt 1996: 76). Die wissenschaftliche Reflexion politischer Sprache sieht sich dabei aber mit verschiedenen Ansprüchen konfrontiert, die teilweise kaum erfüllbar scheinen und teilweise sogar zu einer Kluft zwischen Linguistik und Sprachkritik geführt haben.[2] Versuche, eine linguistisch fundierte Kritik an der politischen Sprache zu begründen, bei denen ›wissenschaftlich‹ mit »rein deskriptiv« und damit mit »nichtnormativ« gleichgesetzt wurde, sind wiederholt an ihren eigenen Vorgaben gescheitert (vgl. Roth 2004: 16). Damit scheint das Diktum Armin Burkhardts – »Politolinguistik ist Sprachkritik« (Burkhardt 2002: 100) – kaum widerlegbar. Möglicherweise ist es aber relativierbar. Politische Sprachkritik orientiert sich an Normen, die ihren Ursprung ausserhalb der Sprache haben (vgl. Roth 2004: 53). Sie bewegt sich somit nicht allein in der Sprachwissenschaft, sondern auch in anderen Disziplinen wie der Politologie oder der Geschichtswissenschaft (vgl. Bandhauer 1990: 232). Legt man diese Normen, insoweit sie einer kritischen Untersuchung von politischer Sprache als Massstab dienen, offen, erhält die politische Sprachkritik eine begründete Basis. Gleichzeitig bedeutet dies jedoch freilich auch eine bewusste Abwendung von der Vorstellung einer Vereinbarkeit von Objektivität und Kritik. Kersten Sven Roth fordert in diesem Sinne einen konsequenten Anschluss der Politolinguistik an die Sozialwissenschaften: »Die Politolinguistik kann nur als Gesellschaftswissenschaft konzipiert werden« (Roth 2004: 38).

Armin Burkhardt (2002) hat eine methodische Systematik vorgelegt, die eine Vielzahl erprobter – lexikalisch-semantischer und pragmatischer – Instrumente zur Analyse politischer Sprache umfasst. In diesem Zusammenhang fordert er, dass »politolinguistische Sprachkritik«, wie er die Kritik an der politischen Sprache nennt, »stets sowohl linguistisch als auch moralisch begründet« sein solle (Burkhardt 2002: 110) – bei gleichzeitiger ideologischer und parteipolitischer Neutralität (vgl. Burkhardt 2002: 103). Dass dies eine gefährliche Gratwanderung bedeutet, lässt Burkhardt selbst nicht unerwähnt (vgl. Burkhardt 2002: 103). Schliesslich darf bei allen Bemühungen um Akzeptanz der Politolinguistik in der Sprachwissenschaft nicht vergessen werden, dass ihre Aufgabe, »öffentlich gleichsam den moralischen Zeigefinger in die Wunde zu legen, um kritisch auf […] unterschwellige Botschaften aufmerksam zu machen« (Burkhardt 2002: 105), nur dann begründbar ist, wenn auch transparent gemacht wird, welche Moral hinter diesem ›Zeigefinger‹ steht. Ansonsten laufen ihre Stellungnahmen tatsächlich Gefahr, im allgemeinen politischen Diskurs, der eben oft nicht zuletzt auch ein Metadiskurs über politische Sprache ist, als Meinung unter vielen unterzugehen. Dass bei näherer Untersuchung dieser Moral wiederum deren Wurzeln in bestimmten politischen Überzeugungen zum Vorschein kommen könnten, ist freilich nicht auszuschliessen.

Diese Problematik löst auch eine methodische Systematik und Terminologie keineswegs vollständig auf. Dies zum einen, weil bei deren Anwendung noch viel Raum

---

2 Die diese Divergenz letztlich begründende Kritik an der Sprachkritik illustriert und analysiert Kersten Roth (2004: 56–58) anhand eines vernichtenden Urteils eines Linguisten.

für subjektive und normative Einflüsse bleibt, und zum anderen, weil sie selbst oft auf normativen Kriterien beruhen, namentlich auf ethisch begründeten Handlungs- und Kommunikationsnormen wie beispielsweise der Forderung nach sachlicher Angemessenheit (vgl. Burkhardt 2002: 105).

3 Exemplarische Analyse eines Zeitungsartikels

Im Folgenden soll die bislang theoretisch skizzierte Problematik der Politolinguistik zwischen Analyse und Sprachkritik am Beispiel einer Textanalyse mit Hilfe des von Burkhardt zusammengestellten Instrumentariums näher beleuchtet werden. Dieses umfasst im Rahmen der lexikalisch-semantischen Analyse die Untersuchung von Schlag- und Wertwörtern (mit einer ausdifferenzierten Kategorisierung), der Metaphorik sowie von politischen Euphemismen. Hinsichtlich der pragmatischen Analyse schlägt Burkhardt eine Sprechhandlungs- und eine Präsuppositionsanalyse vor. Im Folgenden werden einige Punkte dieses Analyseprogramms an einem Text aus dem politischen Kontext der Schweiz angewandt. Nicht zuletzt aufgrund des beschränkten Rahmens in diesem Beitrag muss sich diese Beispielsanalyse vor allen Dingen auch den Vorwurf der methodisch »einseitigen Diät« (vgl. Burkhardt 1996: 83) gefallen lassen: Sie ist entgegen einer von Armin Burkhardt vertretenen Forderung von punktuell-synchronistischem Vorgehen geprägt und fragt nicht nach »historischen Entwicklungslinien, Diskurszusammenhängen und Systemzwängen« (vgl. Burkhardt 1996: 83). Aber auch darüber hinaus schöpft sie die Möglichkeiten der von Burkhardt vorgestellten umfassenden Systematik natürlich nicht aus. Dennoch versteht sie sich nicht nur als kleiner Beitrag zu einer ›schweizerischen Politolinguistik‹, sondern zielt auf die weiter oben skizzierte grundsätzliche Problematik politischer Sprachkritik.

3.1 Kontext

Der untersuchte Text ist ein Pressekommentar, der am 11. September 2006 in der *Neuen Zürcher Zeitung* (NZZ) erschienen ist. Er bezieht sich auf die Vorkommnisse rund um eine geplante Delegiertenversammlung der Schweizerischen Volkspartei (SVP), die nicht im Gemeindesaal von Bassecourt im Kanton Jura stattfinden konnte, da die Gemeindebehörde den Mietvertrag aus Sicherheits- und Kostengründen kündigte, was ein gewisses Medienecho auslöste.

Im Hintergrund spielt hierbei auch die Geschichte des Kantons Jura selbst eine wichtige Rolle: Dieser wurde erst 1979 nach langjährigen und teilweise gewaltsamen Auseinandersetzungen gegründet. Bis heute stellt die Frage, ob der jüngste Kanton der Schweiz um angrenzende Gebiete anderer Kantone erweitert werden soll, ein Politikum dar. Die Bevölkerungsmehrheit des Kantons Jura erweist sich in Abstimmungen und

Wahlen immer wieder als europafreundlich und tendenziell eher ›links‹ vom eidgenössischen Durchschnitt und positioniert sich damit regelmässig eher fern von den Positionen der rechtskonservativen SVP. Die Ankündigung von Demonstrationen gegen die Delegiertenversammlung war angesichts dieser Konstellation nicht weiter verwunderlich. Obwohl die jurassische Kantonsregierung noch nach alternativen Veranstaltungsorten suchte, fand die Delegiertenversammlung der SVP schliesslich in Grenchen im Kanton Solothurn statt. Dort sprach der damalige Parteipräsident und spätere Bundesrat Ueli Maurer von einem »politische(n) Skandal« und »stalinistischen Methoden« der Anhänger der Linken.[3] Ebenfalls kritisch – wenn auch deutlich sanfter – fiel die Reaktion auf diese Ereignisse im untersuchten NZZ-Kommentar aus.

Gefährliches Spiel im Kanton Jura

Der jüngste Kanton der Schweiz ist drauf und dran, ein Grundrecht einer liberalen Gesellschaft kleinmütig aufs Spiel zu setzen: Erstmals sollen Delegierte einer Regierungspartei in der Schweiz daran gehindert werden, sich in einer Gemeinde ihrer Wahl zu einer Versammlung zu treffen. Die SVP Schweiz soll am 30. September ihre Delegiertenversammlung trotz vertraglicher Zusage nicht im Festsaal der jurassischen Gemeinde Bassecourt durchführen dürfen. Die Behörde von Bassecourt hat kalte Füsse bekommen, weil Aktivisten der Béliers und der Anti-Globalisierungs-Bewegung Demonstrationen gegen den Anlass der grössten Regierungspartei der Schweiz angekündigt haben. Schon im Januar 2005 war es in La Chaux-de-Fonds zu einer Demonstration von 250 Jugendlichen gegen die SVP-Delegierten gekommen. Die Neuenburger Polizei schützte damals die Versammlungs- und Meinungsfreiheit, indem sie die – unbewilligte – Demonstration mit Wasserwerfern und Tränengas auflöste.

KAPITULATION IM VORAUS

Ausgerechnet eine Gemeinde des Kantons Jura, den es ohne die in einem liberalen Rechtsstaat garantierte Versammlungs- und Meinungsäusserungsfreiheit wohl heute noch nicht gäbe, kapituliert nun im Voraus vor den Drohungen einiger Linksaktivisten. Würde hier nur ein kleiner Wirt, der sich um sein Mobiliar sorgt, seinen Mantel nach dem Wind hängen, wäre das zwar feige. Gewichtet aber die demokratisch gewählte Behörde einer Gemeinde die (Polizei-)Kosten allfälliger Ausschreitungen höher als die Gewährleistung der Versammlungsfreiheit, rührt das, zu Ende gedacht, an die Wurzeln des Rechtsstaates.

Versammlungsfreiheit hat ihren Preis. Das hat übrigens selbst die Linke in der Schweiz gemerkt und Rufe nach einem Verbot des World Economic Forum in Davos aus Kostengründen intern mit dem Hinweis gedämpft, mit solchen Argumenten könnten auch 1.-Mai-Demonstrationen oder Kundgebungen von Gewerkschaften unterbunden werden. Und Versammlungsfreiheit gilt auch absolut für eine Partei wie die SVP, die zwar oft die Freiheit das Wort redet, deren Mitglieder aber in strittigen Fragen selber – wie dieser Tage etwa bei den Minaretten – als Erste nach einem Verbot rufen.

ABSEHBARE KONSEQUENZ

Noch hat der Kanton Jura Zeit, seine Gemeinde zur Räson zu bringen. Übrigens durchaus in ureigenem Interesse: Wer nämlich in seinem Kanton das verfassungsmässige Recht nicht durchsetzen kann oder will, darf nicht erwarten, dass die übrige Schweiz auf staatsrechtliche Fragen einer möglichen Ausweitung des Juras eingehen wird. **Sx.**

Abb. 1: Artikel in der NZZ vom 11. September 2006 (S. 7)

---

3 Referat von Ueli Maurer an der ausserordentlichen Delegiertenversammlung der SVP in Grenchen vom 30. September 2006 (Vgl. http://www.svp.ch/g3.cms/s_page/82040/s_name/delegiertenversammlungen detail/newsContractor_id/118/newsID/1503/newsContractor_year/2006 [21.9.2010]).

3.2 Lexikalisch-semantische Analyse

3.2.1 Schlag- und Wertwortanalyse

Burkhardts Unterscheidung verschiedener Schlagworttypen orientiert sich insbesondere an den Kriterien ›parteilich‹ oder ›überparteilich‹, ›neutral‹ oder ›wertend‹ und – im Falle einer Wertung – ›positiv‹ oder ›negativ‹.[4] Im untersuchten Artikel lassen sich nun dieser Klassifikation folgend einige Ausdrücke als Schlagwörter identifizieren.

Liberal (Liberale Gesellschaft / Liberaler Rechtsstaat)
Bereits seine Position kann ein Hinweis darauf sein, dass dem Adjektiv *liberal* im untersuchten Text eine zentrale Bedeutung zukommt: Es taucht im jeweils ersten Satz der ersten beiden Abschnitte auf und wird mit Nomina verbunden, die selbst wiederum als Schlagwörter verstanden werden können. Schnell wird deutlich, worum es in diesem Zeitungskommentar geht: Ein *Grundrecht einer liberalen Gesellschaft* wird aufs Spiel gesetzt und ist in Gefahr. *Liberale Gesellschaft* wie auch *liberaler Rechtsstaat* sind im Text eindeutig positiv konnotiert. Sie sind es, die es zu schützen gilt. Die Verwendung im vorliegenden Fall entspricht Burkhardts Charakterisierung eines ›Fahnenworts‹, welches parteilich ist und eine deutlich positive Wertung enthält.

Aktivisten/Linksaktivisten
Wie das Wort *liberal,* so taucht auch die Bezeichnung *Aktivisten* zweimal im Text auf. Bei der ersten Verwendung sind *Aktivisten der Béliers*[5] *und der Anti-Globalisierungs-Bewegung* durch ihre Ankündigung von Demonstrationen der Grund für die *kalten Füsse* der Behörde von Bassecourt. Im zweiten Abschnitt wird derselbe Vorgang in einem etwas grelleren Licht und mit deutlicherem Fokus folgendermassen dargestellt: Eine jurassische Gemeinde, welche die Existenz ihres Kantons überhaupt erst der Versammlungs- und Meinungsfreiheit verdankt, *kapituliert nun im Voraus vor den Drohungen einiger Linksaktivisten* und gefährdet damit den Rechtsstaat. Es wird somit in beiden Fällen dieselbe Gruppe von Personen bezeichnet. Die Bezeichnung *(Links-)Aktivisten* bezieht sich auf die potenziell gewalttätigen und sachbeschädigenden Verhinderer der Delegiertenversammlung und erfährt damit eine eindeutig negative Wertung. Positiv- und Negativkonnotationen sind hier deutlich verteilt: die *Aktivisten* gefährden den *liberalen Rechtsstaat.*

Mit Blick über die Grenzen des Einzeltextes hinaus können *Aktivisten* im Sprachgebrauch offenbar eher im linken Bereich des politischen Spektrums verortet werden.

---

4 Eine ausführliche Übersicht und Beschreibung verschiedener Schlagworttypen sowie deren Entwicklung im 20. Jahrhundert findet sich in Burkhardt (1998: 100–103).

5 Die Béliers (französisch für Widder) sind eine separatistische jurassische Jugendorganisation, die sich bis heute mit teilweise provokativen Aktionen politisch in Szene setzt.

Dass die Bezeichnung *Aktivist* in der ehemaligen DDR einem Ehrentitel gleichkam[6] und auch heute noch besonders in der Ausprägung als *Umwelt-Aktivist* im politischen Diskurs eine positive Wertung beinhalten kann, machen dieses Schlagwort zu einem typischen ›Fahnen-‹ *und* ›Stigmawort‹ im Sinne der von Burkhardt verwendeten Terminologie.[7] Vereinfachend gesagt: Für die (extreme) politische Linke bezeichnet das Wort *Aktivisten* Personen, welche ihre politischen Ziele durch aktives Handeln zu erreichen suchen; für die politische Rechte sind *Aktivisten* hingegen randalierende Gruppierungen von meist jungen Menschen, deren Ziele mit Politik eigentlich gar nichts mehr zu tun haben. Der Begriff *Aktivisten* ist ›ideologisch polysem‹.

Neben *liberal* und *Aktivisten* tauchen im Text weitere Schlagwörter auf, darunter das Hochwertwort *Freiheit* und die Stich- oder Themawörter *World Economic Forum* sowie *Anti-Globalisierungs-Bewegung*.

Wie die Analyse zeigt, ist weder die Bestimmung noch die nähere Beschreibung von Schlag- und Wertwörtern völlig unproblematisch. Im Hinblick auf die allgemeine Problematik politolinguistischer Analyse machen schon diese wenigen Beispiele deutlich, dass in jedem Falle eine Begründung nötig wird, weshalb (für den Untersuchenden) ein Wort eine politische Gegebenheit schlaglichtartig charakterisiert, vor dem Hintergrund welchen Sprachgebrauchs es eine bewertende semantische Komponente erhält und damit zum Schlagwort wird (vgl. Burkhardt 2002: 78) sowie welcher Art diese Bewertung schliesslich ist. Dass hierfür in der Regel das Überschreiten der Grenzen eines Einzeltexts nötig wird, wurde im Kontext des Ausdrucks *Aktivist* ebenfalls angedeutet.

3.2.2 Metaphorik

Der Titel des untersuchten Artikels liefert ein aufschlussreiches Beispiel für die äusserst wichtige Rolle von Metaphern in der politischen Sprache. Ein *Gefährliches Spiel im Kanton Jura* wird im Fettdruck gemeldet. Die beschriebenen Vorkommnisse in Bassecourt werden also metaphorisch einem *Spiel* gleichgesetzt. Dieses Bild wird mit dem ersten Satz gefestigt, indem dem Kanton Jura vorgeworfen wird, *ein Grundrecht einer liberalen Gesellschaft kleinmütig aufs Spiel zu setzen*. Die Metapher *etwas aufs Spiel setzen*[8] ist stärker konventionalisiert und stützt somit das Verständnis der Überschrift.

---

6 Wahrigs Deutsches Wörterbuch erklärt *Aktivist* folgendermassen: »polit. Tatkräftiger Mensch, zielbewusst Handelnder; (DDR) Arbeiter od. Angestellter, der für überdurchschnittl. Leistungen ausgezeichnet worden ist« (Wahrig-Burfeind 2000: 153).

7 Burkhardt beruft sich hinsichtlich der Fahnen- und Stigmawörter grundsätzlich auf Hermanns (1994), beschränkt jedoch diese Kategorien auf »idelogisch polyseme« Einheiten (vgl. Burkhardt 1998: 103).

8 Das Duden-Universalwörterbuch paraphrasiert die Wendung mit »etw. [leichtfertig] riskieren, in Gefahr bringen« (Dudenredaktion 2001: 1484). Das Deutsche Wörterbuch von Wahrig nennt »etwas wagen, etwas einsetzen, etwas einer Gefahr aussetzen« als Synonyme (Wahrig-Burfeind 2000: 1178).

Bei der Analyse von Metaphern, welche die Wahrnehmung einer politischen Realität steuern,[9] soll gemäss Burkhardt »die Frage nach dem, was ausgeblendet wird [...], die jeweils entscheidende sein« (Burkhardt 2002: 85). So gerät im Falle der vorliegenden Metapher aus dem Blickfeld, dass eine *demokratisch gewählte Behörde* nicht einfach ein *Spiel* um des Vergnügens willen spielt, wenn sie Entscheidungen zu treffen hat. Auch sind Grundrechte nicht unbedingt mit Spieleinsätzen vergleichbar, wie es der Text suggeriert. Die Verwendung dieser Metapher evoziert auf diese Weise vielmehr die Vorstellung, dass es sich beim kritisierten Entscheid um einen unüberlegten Spielzug handle, welchen der kopflose Spieler unter Angsteinfluss (*kleinmütig*) unternehme, obwohl sich ihm bei vernünftiger Betrachtung der Lage noch andere Handlungsmöglichkeiten anbieten würden. Dieselbe Tendenz weist auch die Wendung *kalte Füsse bekommen* auf: Sie vermittelt das Bild einer Entscheidung im Affekt und lenkt den Blick auf die ›menschliche‹ Seite der Gemeindebehörde, rationale Aspekte der Entscheidungsfindung werden dabei ausgeblendet.

Selbstverständlich finden sich noch andere aufschlussreiche Metaphern im Text, darunter die Bezeichnung der Mietvertragskündigung als *Kapitulation im Voraus*. Diese Metapher fügt sich in ein metaphorisches Muster ein, welches Burkhardt durch die Gleichsetzung von Innenpolitik mit Krieg oder Kampf definiert (Burkhardt 2002: 87).

Wenn nun also in diesem Sinne bei Metaphern primär die Frage nach dem jeweils Ausgeblendeten zu stellen ist, dann kommt der Politolinguistik hier nicht mehr allein eine deskriptive, sondern eine geradezu kreative Aufgabe zu: Als Teil der Analyse ist zu entscheiden, *welcher* »vernachlässigte« tote Winkel ausgeleuchtet wird. So fruchtbar diese Fokussierung auf das Nicht-Gesagte zweifellos ist, so sehr hängt diese Auswahl-Entscheidung doch massgeblich davon ab, welche Aspekte für den Untersuchenden selbst von Bedeutung sind. Dies wiederum bestimmen zweifellos die individuellen normativen Präferenzen. Zugleich ist die Fokussierung darauf, was nicht gesagt wird, für die Analyse tatsächlich äusserst hilfreich. Zu einem Nullsummenspiel wird eine Kritik wohl zwangsläufig dort, wo schlicht die Ersetzung eines sprachlichen Ausdrucks durch einen (möglicherweise ebenso kritisierbaren) Konkurrenten eingefordert wird.

3.2.3 Politische Euphemismen

Burkhardt hebt hervor, dass Euphemismen als wichtigen Elementen politischer Sprache eine Doppelfunktion zukommt: Einerseits dienen sprachliche Beschönigungen der Rechtfertigung vor der Öffentlichkeit, andererseits täuscht sich derjenige, welcher sich des Euphemismus bedient, ungewollt auch selbst. Dieses zweite Element fungiert gewissermassen als »psychologischer Schutzwall« (Burkhardt 2002: 91) gegen etwaige Selbstvorwürfe. Euphemismen als »einkalkulierte Ungenauigkeiten, deren manipulativer Sinn

---

9 Diese Vorstellung beruht auf der kognitiven Metapherntheorie, wie sie Lakoff/Johnson (1980) vertreten: Ein weitgehend metaphorisch angelegtes Konzeptsystem strukturiert unsere Wahrnehmung und letztlich auch unser Handeln (vgl. Lakoff/Johnson 1980: 3).

darin liegt, beim Adressaten unliebsame Assoziationen zu unterdrücken oder durch positive zu ersetzen« (Burkhardt 2002: 88), unterscheidet Burkhardt ihrer Form nach in lexikalische und syntaktische Euphemismen.

Ein lexikalischer und positivierender Euphemismus findet sich meines Erachtens in der Formulierung *eine Demonstration auflösen*. Diese Realisation eines routinierten Sprachgebrauchs, wonach die Polizei Demonstrationen eben *auflöst* und nicht etwa *verhindert, abbricht* oder gar *zerschlägt*, vermeidet negative Assoziationen sowohl beim Emittenten als auch beim Rezipienten der Äusserung. Die implizierte Substanzmetapher suggeriert, dass die Polizei die Demonstration auflöst, wie eine Brausetablette im Wasserglas *verschwindet; Wasserwerfer und Tränengas* bleiben ausgeblendet.

Andererseits: Kann hier wirklich sicher von einem Euphemismus gesprochen werden? Lässt sich diese Formulierung nicht ebenso gut als sachliche Beschreibung auffassen? Auch wenn die Sensibilisierung für die Frage, ob auch ein derartig gebräuchlicher sprachlicher Ausdruck, welcher im Alltag kaum als verharmlosend empfunden werden dürfte, unter Umständen eine euphemistische Tendenz aufweist, zweifellos zu den möglichen Verdiensten der Politolinguistik gehören könnte, lässt sie sich letztlich kaum endgültig beantworten. Man stösst vielmehr bei der Euphemismen-Analyse auf die selbe Problematik wie im Falle der Metaphern: Welche Instanz ausser dem Untersuchenden schreibt vor, wie etwas »eigentlich« bezeichnet werden könnte oder gar – präskriptiv formuliert – werden müsste?

3.3 Pragmatische Analyse

3.3.1 Sprechhandlungsanalyse
Burkhardt verweist in seinen Ausführungen zur Sprechhandlungsanalyse (Burkhardt 2002: 91–97) auf die Bedeutung der indirekten Sprechakte und damit verbunden auf die Theorie der konversationellen Implikaturen nach Grice (1975). Gerade in der Sprache der Politik – laut Burkhardt insbesondere in der Diplomatie – spielen Letztere eine grosse Rolle.

Unter der letzten Zwischenüberschrift des Textes – *Absehbare Konsequenz* – finden sich nicht lediglich Feststellungen oder Mitteilungen. Die scheinbare Feststellung etwa, dass *der Kanton Jura* noch *Zeit* habe, *seine Gemeinde zur Räson zu bringen,* verhüllt die eigentliche Illokution des Satzes: Grice' Maxime der Modalität wird insbesondere dadurch verletzt, dass die relevante Information im Nebensatz steckt, die AUFFORDERUNG nämlich, wonach der Kanton Jura *seine Gemeinde zur Räson* bringen *soll*. Weshalb dies im *ureigenen Interesse* de Kantons wäre, erklärt schliesslich der letzte Satz:

> Wer nämlich in seinem Kanton das verfassungsmässige Recht nicht durchsetzen kann oder will, darf nicht erwarten, dass die übrige Schweiz auf staatsrechtliche Fragen einer möglichen Ausweitung des Juras eingehen wird.

Ein Ausbleiben der geforderten Handlungen hätte also zur Folge, dass dem Jura der Anspruch auf Behandlung seiner Anliegen verwehrt würde. Durch die Semantik dieses Satzes wird hier in Verbindung mit der Überschrift des Absatzes vor einer *absehbaren Konsequenz* GEWARNT, gewissermassen wird GEDROHT.

Ein VORWURF verbirgt sich hinter der Aussage, dass die SVP *zwar oft der Freiheit das Wort redet*, ihre *Mitglieder aber in strittigen Fragen selber [...] als Erste nach einem Verbot rufen*. Bemängelt wird an einem solchen Verhalten die Inkonsequenz der politischen Haltung, wobei aber auch deutlich der Vorwurf einer unredlichen Instrumentalisierung des Wortes *Freiheit* mitschwingt. Die schärfste Form von politischer Sprachkritik findet sich wohl immer in der politischen Sprache selbst.

Wer (politische) Sprachhandlungen analysieren will, ist, wie die Beispiele verdeutlichen, gezwungen, nicht alles ›wörtlich‹ zu nehmen, Verstösse gegen Konversationsmaximen zu identifizieren und zu interpretieren. Gerade Letzteres aber erschöpft sich wiederum nicht in der Anwendung einer Theorie, sondern steuert unweigerlich etwas aus dem Hintergrund der analysierenden Person bei, das für sich genommen keineswegs als unbezweifelbarer Konsens gelten kann.

3.3.2 Präsuppositionsanalyse
Burkhardt definiert Präsuppositionen als »unausdrücklich mitbehauptete Voraussetzungen und Grundannahmen, die einer Äusserung zugrunde liegen« (Burkhardt 2002: 97).

Besonders wirkungsvoll, obgleich nicht einmal sehr subtil, erscheint mir die Präsupposition, die in dem folgenden Satz aus dem zweiten Abschnitt enthalten ist: *Würde hier nur ein kleiner Wirt, der sich um sein Mobiliar sorgt, seinen Mantel nach dem Wind hängen, wäre das zwar feige.* Durch den Vergleich des *kleinen Wirtes* mit der *demokratisch gewählten Behörde* erhält auch diese unausgesprochen das Attribut *feige*. Im nächsten Satz wird dann aber insbesondere der Unterschied zwischen *Wirt* und *Behörde* betont, was letztendlich sogar eine Steigerung der behördlichen Feigheit bedeutet. Ohne das diffamierende Wort explizit einzusetzen, erreichen die beiden Sätze den Vorwurf von Charakterschwäche an die Adresse der Gemeindebehörde.

Die Gefahr einer Scheuklappenoptik liegt bei dieser Methode in der naheliegenden Tatsache, dass der Untersuchende zweifellos eher solche Präsuppositionen entdeckt, mit denen er *nicht* einverstanden ist. Diejenigen argumentativen Voraussetzungen, welche er teilt, entgehen ihm dagegen mitunter. Die Rekonstruktionen von Argumentationen bedürfen eben – auch und gerade wenn sie zwecks Analyse logisch formalisiert werden – letztlich immer einer gewissen interpretatorischen Leistung, womit sich einmal mehr die oben wiederholt dargelegten Probleme ergeben.

3.4 Ergebnisse der Analyse

Bereits die hier angedeutete noch recht oberflächliche Analyse konnte plausibel machen: Methodische Ansätze wie die von Burkhardt zusammengestellten lassen sich nicht einfach schablonenhaft über einen Text legen, um damit eine kritische Analyse mit wissenschaftlichem Anspruch im Sinne des Deskriptivitätsideals zu leisten. Dies ergibt sich einerseits aus dem unvermeidbar politisch gefärbten Blick des Untersuchenden; ohne politisches Interesse und politischen Standpunkt betreibt man weder politische Sprachanalyse noch Sprachkritik – das gilt wohl im Prinzip auch für Linguisten und Linguistinnen. Andererseits beruhen die Schablonen selbst in gewissem Masse auf »ethisch begründete[n] Handlungs- und Kommunikationsnormen« (Burkhardt 2002: 105) und beinhalten damit letztendlich auch politolinguistische Sprachkritik. So macht etwa im Grunde nur die Tatsache, dass man tatsachenverzerrende oder verschleiernde Ausdrucksweisen für kommunikationsethisch problematisch erachtet, eine Euphemismen-Analyse sinnvoll. Mein persönlicher politischer Standpunkt hat die Analyse zweifellos in für mich selbst unabschätzbarem Masse beeinflusst.

4 Fazit

Ein methodisches Konzept wie dasjenige von Armin Burkhardt ist für eine linguistisch begründete politische Sprachkritik zweifellos ein sinnvolles und unabdingbares Instrument. Aber: Politolinguistinnen sollten nicht ausser Acht lassen, dass es alles andere als ein Garant für eine ›objektive‹ Analyse ist. Seine Anwendung muss in jedem Einzelfall transparent und begründet erfolgen.

Eine »Kritik der Kritik« – wie Wolfgang Bandhauer bereits vor zwanzig Jahren einen methodenreflexiven Mahnruf betitelte (Bandhauer 1990: 232) – kann jede und jeden treffen, der oder die sich an eine Untersuchung politischer Sprache wagt. Eine ganz grundsätzliche prophylaktische Massnahme mag sein, ›einseitige Kost‹ zu vermeiden. Wer sich ausschliesslich mit sprachlichen Äusserungen *eines* politischen Lagers befasst, wird seinen Analysen kaum sehr viel Gewicht verleihen können.[10] Dennoch wird das Ideal echter Ausgewogenheit schwer erreichbar sein, immer bleibt der Zwang zur Auswahl, bei der neben der Repräsentativität des Analyseobjekts häufig auch die Anschaulichkeit einzelner Belege eine wichtige Rolle spielt.

Im Ganzen sollten die theoretischen Überlegungen dieses Beitrags und die exemplarische Analyse die These stützen, wonach die Analyse von der Kritik letztlich nicht zu trennen ist. Dies zu behaupten, würde in gewisser Weise *Analyse* selbst als (wissenschaftlichen) Euphemismus kritisierbar machen. Wenn im Sammelband *Semantische*

---

10 Dass die in diesem Beitrag vorgestellte Untersuchung genau ein solches Ungleichgewicht herstellt, ist mir bewusst.

Kämpfe – Macht und Sprache in den Wissenschaften (Felder 2006) die gegenläufigen Bemühungen um Deutungshoheit in verschiedenen Wissensdomänen untersucht werden und dies explizit unter dem Einfluss der »politisch interessierte[n] Sprachwissenschaft« (Felder 2006: 17) geschieht, dann sollte doch gerade auch die Politolinguistik die grundsätzliche Verhandelbarkeit ihrer eigenen Begriffe akzeptieren. Die Vorstellung, die Politolinguistik »könne auf das Ethische und Normative vollständig verzichten«, ist meines Erachtens von Roth zu Recht als »Irrglaube« bezeichnet worden (Roth 2005: 338).

Freilich: Die kritische Natur der Politolinguistik als methodisch-theoretisches Problem hat dieser Beitrag weder neu entdeckt noch gelöst. Gerade im Hinblick auf eine verstärkte Untersuchung der politischen Sprache in der Schweiz, welche noch weitgehend Desiderat ist, sollte sie aber von Anbeginn an im Sinne einer ständigen Methodenreflexion im Blick sein: Die Politolinguistik spielt insofern ein gefährliches Spiel, als sie regelmässig Gefahr läuft, selbst Teil des politischen Sprachspiels zu werden. Die Ebenen überschneiden sich zwangsläufig, weswegen das Fach gut daran tut, den Blick auf mögliche Schnittstellen seiner eigenen Tätigkeiten mit der Politik zu schärfen. Mit einem solchen (*auch* selbst-)kritischen Ansatz und auf der Grundlage einer sorgfältig ausgearbeiteten Methodik jedoch vermag diese Disziplin zweifellos Wertvolles zu leisten. Und dabei ist nicht unbedingt an die fragliche Vorstellung einer bewussten, intentionalen Veränderung von Sprache (vgl. Wengeler 2002: 63–64) zu denken: Wenn Sprachkritik sich auch nicht den Vorstellungen einer rein deskriptiven Sprachwissenschaft unterordnen lässt, kann sie doch als angewandte Linguistik einer wissenschaftlich fundierten Reflexion von Ideen und Konzepten dienen, die sich in der Sprache manifestieren (Frohning et al. 2002: 6).

5 Literaturverzeichnis

Bandhauer, Wolfgang (1990): Kritik der Kritik. Anmerkungen zur politischen und ideologischen Dimension des Sprechens über die Sprache der Politik. In: Wodak, Ruth; Menz, Florian (Hgg.): *Sprache in der Politik – Politik in der Sprache. Analysen zum öffentlichen Sprachgebrauch.* Klagenfurt: Drava, S. 232–239.

Burkhardt, Armin (1996): Politolinguistik. Versuch einer Ortsbestimmung. In: Klein, Josef; Diekmannshenke, Hajo (Hgg.): *Sprachstrategien und Dialogblockaden. Linguistische und politikwissenschaftliche Studien zur politischen Kommunikation.* Berlin/New York: de Gruyter, S. 75–100.

Burkhardt, Armin (1998): Deutsche Sprachgeschichte und politische Geschichte. In: Besch, Werner; Betten, Anne; Reichmann, Oskar; Sonderegger, Stefan (Hgg.): *Sprachgeschichte. Ein Handbuch zur Geschichte der deutschen Sprache und ihrer Erforschung.* 2. Aufl. Berlin/New York: de Gruyter, S. 98–122.

Burkhardt, Armin (2002): Politische Sprache. Ansätze und Methoden ihrer Analyse und Kritik. In: Spitzmüller, Jürgen; Roth, Kersten Sven; Leweling Beate; Frohning, Dagmar (Hgg.): *Streitfall Sprache. Sprachkritik als angewandte Linguistik?* Bremen: Hempen (= Freiburger Beiträge zur Linguistik; 3), S. 75–114.

Dieckmann, Walther (2005): Deutsch: politisch – politische Sprache im Gefüge des Deutschen. In: Kilian, Jörg (Hg.): *Sprache und Politik. Deutsch im demokratischen Staat.* Mannheim/Leipzig/Wien/Zürich: Dudenverlag (= Thema Deutsch; 6), S. 11–30.

Dudenredaktion (Hgg.) (2001): *Duden. Deutsches Universalwörterbuch.* 4. Aufl. Mannheim/Leipzig/Wien/Zürich: Dudenverlag.

Felder, Ekkehard (Hg.) (2006): *Semantische Kämpfe. Macht und Sprache in den Wissenschaften.* Berlin/New York: de Gruyter.

Felder, Ekkehard (2006): Semantische Kämpfe in Wissensdomänen. Eine Einführung in Benennungs-, Bedeutungs- und Sachverhaltsverifizierungs-Konkurrenzen. In: Felder, Ekkehard (Hg.): *Semantische Kämpfe. Macht und Sprache in den Wissenschaften.* Berlin/New York: de Gruyter, S. 13–46.

Frohning, Dagmar; Leweling, Beate; Roth, Kersten Sven; Spitzmüller, Jürgen (2002): Einleitung. In: Spitzmüller, Jürgen; Roth, Kersten Sven; Leweling Beate; Frohning, Dagmar (Hgg.): *Streitfall Sprache. Sprachkritik als angewandte Linguistik?* Bremen: Hempen (= Freiburger Beiträge zur Linguistik; 3), S. 1–15.

Girnth, Heiko (2002): *Sprache und Sprachverwendung in der Politik. Eine Einführung in die linguistische Analyse öffentlich-politischer Kommunikation.* Tübingen: Niemeyer (= Reihe Germanistische Arbeitshefte; 39).

Grice, Herbert Paul (1975): Logic and Conversation. In: Cole Peter; Morgan, Jerry L. (Hgg.): *Syntax and Semantics.* Bd. 3: *Speech Acts.* New York/San Francisco/London: Academic Press, S. 41–58.

Holly, Werner (1990): *Politikersprache. Inszenierungen und Rollenkonflikte im informellen Sprachhandeln eines Bundestagsabgeordneten.* Berlin/New York: de Gruyter.

Kilian, Jörg (Hg.) (2005): *Sprache und Politik. Deutsch im demokratischen Staat.* Mannheim/Leipzig/Wien/Zürich: Dudenverlag (= Thema Deutsch; 6).

Klein, Josef (1991): Politische Textsorten. In: Brinker, Klaus (Hg.): *Aspekte der Textlinguistik.* Hildesheim/Zürich/New York: Olms (= Germanistische Linguistik; 106–107), S. 245–278.

Lakoff, George; Johnson, Mark (1980): *Metaphors We Live By.* Chicago/London: University of Chicago Press.

Roth, Kersten Sven (2004): *Politische Sprachberatung als Symbiose von Linguistik und Sprachkritik. Zu Theorie und Praxis einer kooperativ-kritischen Sprachwissenschaft.* Tübingen: Niemeyer (= Reihe Germanistische Linguistik; 249).

Roth, Kersten Sven (2005): Zur demokratischen Legitimation politolinguistischer Sprachkritik. Am Beispiel des öffentlichen Diskurses um die Hohmann-Rede. In: Kilian, Jörg (Hg.): *Sprache und Politik. Deutsch im demokratischen Staat.* Mannheim/Leipzig/Wien/Zürich: Dudenverlag (= Thema Deutsch; 6), S. 329–339.

Spitzmüller, Jürgen; Roth, Kersten Sven; Leweling Beate; Frohning, Dagmar (Hgg.) (2002): *Streitfall Sprache. Sprachkritik als angewandte Linguistik?* Bremen: Hempen (= Freiburger Beiträge zur Linguistik; 3).

Wahrig-Burfeind, Renate (Hg.) (2000): *Wahrig. Deutsches Wörterbuch.* 7. Aufl. Gütersloh/München: Bertelsmann.

Wengeler, Martin (2002): Beabsichtigter Sprachwandel und die »unsichtbare Hand«. Oder: Können »verbale Strategien« die Bedeutungsentwicklung »brisanter Wörter« beeinflussen? In: Panagl, Oswald; Stürmer, Horst (Hgg.): *Politische Konzepte und verbale Strategien. Brisante Wörter – Begriffsfelder – Sprachbilder.* Frankfurt am Main: Lang (= Sprache im Kontext; 12), S. 63–84.

IV. Diskurslinguistische Zugänge

Martin Wengeler

Perspektiven der Diskurslinguistik

1 Einleitende Bemerkungen

Wenn sich jemand in der Germanistischen Linguistik im Jahr 2010 gründlicher über »Perspektiven der Diskurslinguistik« informieren möchte, dann greift er oder sie am besten zu den Sammelbänden von Warnke (2007) und Warnke/Spitzmüller (2008a), die sehr empfehlenswerte und umfassende theoretische und methodologische Reflexionen enthalten und in ihren Einzelbeiträgen je konkrete methodische und empirische Perspektiven vorführen. Als relativ aktuelle Überblicke über die diskurslinguistische Forschung der letzten zwei Jahrzehnte stehen in diesen Bänden die Beiträge von Gardt (2007) und Hermanns (2007) zur Verfügung. Für das kommende Jahr 2011 ist zudem ein Sammelband von Busse/Teubert geplant, in dem Beiträge versammelt sind, die sich ausdrücklich an die programmatischen Überlegungen von Busse/Teubert (1994) anlehnen.
    Ich will hier nicht das in den genannten Bänden schon Geleistete wiederholen, sondern mich bemühen, eigene Akzente zu »Perspektiven der Diskurslinguistik« zu setzen. Nur soviel sei zum allgemeinen Stand der Dinge aus dem Sammelband von 2008 aufgegriffen: Für richtig halte ich die folgende Aussage:

> Sowohl Theorieverankerung als auch Terminologiepräzisierung sind für die Diskurslinguistik, nicht zuletzt in Folge von wissenschaftsinternen Rechtfertigungszwängen, in einem Maße geleistet, wie dies nur bei wenigen sprachwissenschaftlichen Gegenständen der Fall ist. (Warnke/Spitzmüller 2008b)

Auch wenn dies nicht bedeutet, dass alle diskurslinguistisch Arbeitenden sich auf das gleiche Diskurs-Verständnis oder auf eine einheitliche Methodologie geeinigt haben, so scheint es mir doch berechtigt zu sein, davon auszugehen, dass, wenn von *der* inzwischen in der Germanistischen Linguistik etablierten Diskurslinguistik gesprochen wird, vor allem auf den Diskurs-Begriff und das Forschungsprogramm rekurriert wird, das Dietrich Busse bereits 1987 mit seiner Rezeption des Foucault'schen Diskursbegriffs grundgelegt hat. Das kommt zwar in den Einleitungen der genannten Sammelbände nicht unbedingt so zum Ausdruck, bei genauer Lektüre des Programms »Historische Semantik« erkenne ich in den neueren Grundlegungen der Diskurslinguistik aber kaum Aspekte, die bei Busse (1987) nicht schon in den Blick geraten. Ohne unnötige Frontstellungen aufmachen oder vertiefen zu wollen, trifft dies allerdings nur auf die Ausrichtungen zu, die nicht unter dem Label »Kritische Diskursanalyse« firmieren.

Insofern ist es aus meiner Sicht für aktuelle diskurslinguistische Forschungen nur von untergeordneter Bedeutung, ob sie sich theoretisch und methodologisch auf Busse (1987) oder auf Warnke / Spitzmüller (2008b) berufen. Busse schlägt schon 1987 siebzehn (plus Unterpunkte) »Analyseschritte einer Diskurssemantik« vor, die er nur als heuristische Anhaltspunkte verstanden wissen will: »Die Ausarbeitung eines differenzierten methodischen Apparates für Gewinnung und Darstellung historisch-semantischer Erkenntnisse« (Busse 1987: 264) müsse je nach Sachbereich und Forschungsziel konkret bestimmt werden. Etwas konkreter bezüglich zu untersuchender Ebenen wird das von Warnke / Spitzmüller (2008b) entworfene Modell einer diskurslinguistischen Mehrebenenanalyse (DIMEAN). Es ist ein umfassendes, viele Einzelansätze integrierendes Modell, das für einzelne Studien allerdings ebenso wenig vollständig umsetzbar ist wie Busses Gesamtprogramm. Aus beiden können sich aber diskursanalytisch Forschende gezielt bedienen und ihre Analysen in einem diskurslinguistischen Forschungsprogramm verorten. Auch Spieß (2008) bietet in Anlehnung an Foucault'sche Begriffe und an Busse (1987) allgemeine Vorschläge zur diskurslinguistischen Mehrebenenanalyse, an denen sich DiskurslinguistInnen orientieren können.

2 Perspektiven in Auseinandersetzung mit einigen Kritikpunkten

Meine eigenen »Perspektiven der Diskurslinguistik« will ich im Folgenden zunächst in Form kurzer Antworten auf einschlägige Kritik aufzeigen. Sodann sollen von mir favorisierte Perspektiven im Kontext verschiedener Diskurs-Begriffe und des Macht-Begriffs sowie von Anregungen aus Nachbardisziplinen skizziert werden, bevor ich das Gemeinsame eines diskurslinguistischen Forschungsprogramms noch einmal auf die m. E. bis heute dafür wesentlichen Grundideen von Busse und Hermanns zurückführe. Abschließend werde ich aus dem dadurch eröffneten weiten Feld eine Untersuchungsperspektive herausgreifen, die mein eigenes momentanes Forschungsprojekt darstellt und auf die Schweiz erweiterbar bzw. übertragbar ist.

Wie angedeutet gehe ich davon aus, dass schon mit Dietrich Busses »Historische Semantik« von 1987 ein Forschungsparadigma theoretisch umfassend begründet worden ist, dessen Ziel es ist, eine Analyse gesellschaftlichen Wissens zu liefern, die sich dafür interessiert, *wie* »die sprachliche Konstituierung von geteiltem Wissen in Diskursen« – so der Titel des Aufsatzes – »regelhaft durch Sprache erfolgt« (Warnke 2009: 117) und *was* dieses »Wissen« beinhaltet. Das dadurch etablierte Forschungskonzept wird meiner Kenntnis nach vor allem in zweierlei Hinsicht kritisiert.

Von Siegfried Jäger als Vertreter der Kritischen Diskursanalyse ist ab und an zu lesen, dass die Historische Diskurssemantik sich scheue, »Diskurse als Träger von ›Wissen‹« (Jäger 2005: 54) zu untersuchen. Nichts anderes als die Beschäftigung mit dem diskursiv konstituierten gesellschaftlichen Wissen steht aber von Beginn an im Zentrum des diskurssemantischen Interesses.

Etwas ernster zu nehmen ist die Kritik z. B. von Wolf-Andreas Liebert (2004) und auch
– mindestens implizit – von Warnke/Spitzmüller (2008b: 16–17 und 23). Sie besagt,
dass in Busses Diskurs-Begriff bzw. in der Historischen Diskurssemantik die Akteurs-
Perspektive nicht beachtet würde. Das stimmt zwar insofern nicht, als das gesamte Konzept auf einer handlungstheoretischen Grundlage fußt, die die kommunikative und soziale Interaktion als den Ort der Produktion gesellschaftlichen Wissens ansieht. Die Kritik ist aber insofern berechtigt, als in vielen diskurslinguistischen Studien die Rolle der (individuellen oder kollektiven) Akteure nicht genauer in den Blick genommen wird und im Mittelpunkt des Interesses das gesellschaftliche Wissen steht, in das die Akteure hinein sozialisiert werden und das sozusagen aus ihnen spricht, und weniger, wie wer genau dieses Wissen perpetuiert oder verändert. Diese Perspektive stärker in den Mittelpunkt gerückt zu haben, ist ein Verdienst von Vertretern der Critical Discourse Analysis (CDA), von Wolf-Andreas Liebert und mit der Integration in das diskurslinguistische Mehrebenenanalyse-Modell nun auch von Warnke und Spitzmüller. Nichtsdestotrotz ist es nicht richtig, dass diese Perspektive in Busses Diskurs-Begriff – und darauf fußend auch in unseren Düsseldorfer Forschungsdesigns (vgl. dazu als Überblick Wengeler 2005) – ausgeklammert würde.

3 Perspektiven im Kontext verschiedener Diskurs-Begriffe und Diskursanalysen

Auch wenn die Abgrenzung zu anderen Diskurs-Begriffen schon oft geleistet worden ist, halte ich im Lichte neuerer diskurslinguistischer Überlegungen dazu eine Bemerkung im vorliegenden Zusammenhang für sinnvoll. Mit *Diskurs* ist nicht der gesprächsanalytische Diskurs-Begriff gemeint. Zwar verfolgt u. a. Kersten Sven Roth (2008) das sinnvolle Unterfangen, die Mikroebene des Gesprächs mit der Makroebene des Diskurses theoretisch und analytisch zu verknüpfen. Denn die Analyse der sprachlichen Wirklichkeitskonstitution auf der Mikroebene des Gesprächs als einem Ort, an dem Sprache und Wissen in einer engen, analysierbaren Beziehung stehen, kann und sollte zukünftig besser mit der Analyse gesellschaftlichen Wissens, die die Diskurslinguistik leistet, verbunden werden. Terminologisch bietet es sich aber an, hier weiterhin von »Gespräch« zu reden und »Diskurs« für den übergreifenden gesellschaftlichen Zusammenhang und damit die Makroebene zu reservieren.

Auch vom Habermas'schen Diskursbegriff »als ein[em] Verfahren geregelter Argumentation [...], das es erlaubt, der Wahrheit oder Richtigkeit von Aussagen auf die Spur zu kommen« (Nonhoff 2004: 65–66), wird der diskurssemantische, an Foucault angelehnte Diskurs-Begriff immer wieder abgesetzt. Wenn allerdings Warnke und Spitzmüller postulieren, die germanistische Diskurslinguistik solle den Anschluss an die internationale diskurslinguistische Forschung nicht verlieren und dabei u. a. auch die CDA im Blick haben, dann könnte dieser Diskurs-Begriff vielleicht doch wieder in den Blick geraten. Denn viele CDA-Forscher berufen sich auf die Kritische Theorie und Habermas (vgl. z. B. Wodak 2002). Mit Habermas' Diskurs-Begriff kann, indem der reale »Diskurs« am Maßstab seiner »idealen Sprechsituation« gemessen wird, die erst den rationalen Konsens über Wahrheit und Richtigkeit herzustellen erlaubt, fehlende Chancengleichheit bei der Kommunikationsbeteiligung im konkreten Diskurs kritisiert werden. Diese fehlende Chancengleichheit wird mit aufklärerischem und emanzipatorischem Anspruch als eine zu verändernde Machtbeziehung analysiert.

Während Warnke / Spitzmüller (2008b) noch eine fehlende Auseinandersetzung mit solchen Ansätzen der CDA in der germanistischen Diskurslinguistik beklagen, wird diese Auseinandersetzung inzwischen geführt. Neben meiner eigenen Antwort auf Siegfried Jägers Kritik in *Aptum* (Wengeler 2005b) arbeitet Busse (2010) in einem neueren Beitrag heraus, inwiefern eine an Foucault orientierte Machtanalyse eine grundlegendere strukturelle Machtkritik sei oder sein müsse als die, die die CDA verfolge. Das epistemologische Potential der Diskursanalyse, ihre Potenz für eine Analyse gesellschaftlichen Wissens werde verschenkt, wenn es darum ginge, »historisch benennbare Individuen oder Gruppen als die Instrumentalisierer und Beherrscher des Diskurses auszuweisen, die es dann politisch zu bekämpfen gelte« (Busse 2010: 22). Diskursanalyse im Sinne Foucaults sei vielmehr eine »Analyse des Sozialen im Grenz- oder Überschneidungsbereich von Denken, Sprache und gesellschaftlichem Wissen« und analysiere »die Macht, die sozial gewachsene Strukturen in allen Bereichen, in denen wir von solchen reden können, auf die einzelnen Individuen und die gesellschaftlichen Verhältnisse haben« (Busse 2010: 24). Es gehe um die »grundlegenden Strukturen«, »die das Denken als gesellschaftliches Denken, das Reden und Schreiben als gesellschaftlich geprägtes Reden und Schreiben, das Wissen als gesellschaftliches Wissen prägen und strukturieren«. Dabei sei »die Analyse von Dominanzverhältnissen und damit struktureller wie auch historisch identifizierbarer Macht immer inbegriffen« (Busse 2010: 25). Auch Busse versucht also, über den Machtbegriff den Einbezug der Akteure in diskurstheoretische Überlegungen zu vollziehen. Die Behauptung, der Macht-Begriff werde in der Historischen Diskurssemantik ausgespart, wird hier mit Hilfe eines sich gerade auf Foucault berufenden Macht-Verständnisses zurückgewiesen. Wie und was genau die germanistischlinguistische Diskurssemantik daher – wie von Warnke / Spitzmüller gefordert – von Anregungen der Kritischen Diskursanalyse – sei es in der deutschsprachigen oder in der englischsprachigen Variante – lernen und fruchtbar machen kann, muss m. E. erst noch theoretisch und methodologisch klarer konturiert und in konkreten Untersuchungen gezeigt werden.

4 Perspektiven durch interdisziplinäre Anregungen

Zu den Perspektiven der Diskurslinguistik gehört m. E. auch der Anschluss an und die Kooperation mit ähnlichen Forschungsinteressen in den Nachbardisziplinen, von de-

nen wir uns theoretisch wie methodologisch inspirieren lassen und deren empirische
Forschungsergebnisse unsere Analysen anregen und modifizieren können. Institutionalisiert wird dies seit drei Jahren durch ein von der DFG gefördertes »Wissenschaftliches
Netzwerk Methodologien und Methoden der Diskursanalyse«, das von einer jungen
Forschergeneration aufgebaut und intensiv vorangetrieben wird (vgl. www.diskursana
lyse.org/). Hinsichtlich institutionalisierter Vernetzung diskurslinguistischer Forschung
soll auch das »Forschungsnetzwerk Sprache und Wissen« (vgl. www.suw.uni-hd.de/)
nicht unerwähnt bleiben, das ebenfalls interdisziplinär orientiert ist und im Jahr 2009
z. B. in seinem jährlichen Kolloquium diskursanalytisch arbeitende Kollegen aus den
Nachbardisziplinen wie Reiner Keller eingeladen hat.

Ein interessanter Anknüpfungspunkt für stärker akteursbezogene Diskursanalysen
scheint z. B. die Diskurstheorie der Politikwissenschaftler Ernesto Laclau und Chantal
Mouffe zu sein. Laut Martin Nonhoff bietet ihre Diskurstheorie den Vorteil,

> dass sie im Vergleich zu Foucault dem Subjekt eine aktive Rolle zuschreiben:
> Zwar spielt auch hier die Beschäftigung mit der Frage, wie Diskurse politische
> Subjekte und ihre Identitäten produzieren, eine maßgebliche Rolle. Gleichzeitig
> aber geht es [...] immer wieder darum, wie Subjekte diskursive und im besonderen hegemoniale Formationen hervorbringen können. (Nonhoff 2004: 78)

Das ist gerade in demokratischen Gesellschaften im Ringen von mehreren hegemonialen Projekten um ihre Durchsetzung und Dominanz interessant und steht im politolinguistischen Ansatz der semantischen Kämpfe ja auch bereits im Mittelpunkt.

Besser vertraut ist mir die wissenssoziologische Diskursanalyse, wie sie vor allem
Reiner Keller seit über zehn Jahren in der Soziologie stark gemacht hat (vgl. Keller
2005). Dort wird die Rolle der Akteure, der Praktiken, der Institutionen, der Machtbeziehungen theoretisch sytematisch integriert und die Dialektik der »Kontrolle der Akteure durch den Diskurs« und der »Kontrolle von Akteuren über den Diskurs« (Keller
2001: 130) reflektiert und in der empirischen Forschung berücksichtigt. Die theoretische
Begründung seiner wissenssoziologischen Diskursanalyse ist m. E. vollständig mit unserer Art der Diskurslinguistik kompatibel. Ebenfalls anregend sind die diskursanalytischen Ansätze in der Geschichtswissenschaft (vgl. Landwehr 2008).

5 Perspektiven in Erinnerung an die »Gründertexte«: Dietrich Busses Programm einer Historischen Semantik

Bevor ich eine konkrete Forschungsperspektive der Diskurslinguistik benenne, werde
ich die anfangs behauptete gemeinsame Basis der Diskurslinguistik in ihren theore-

tischen und methodologischen Überlegungen in Erinnerung rufen, weil sie auch für künftige diskurslinguistische Perspektiven zentral bleibt.

Dietrich Busse adaptiert Foucaults Diskurs-Begriff in seiner »Historischen Semantik« 1987, um über die situativen, textuellen und Handlungszusammenhänge hinaus das »gesammelte, jeweils relevante Wissen« und »die Modalitäten der Wissensstrukturierung« (Busse 1987: 252–253), die bei der einzelnen Bedeutungskonstitution im kommunikativen Akt eine Rolle spielen, in die Analyse einzubeziehen. Mit *Diskursen* sollen also bei der Analyse der Bedeutungsentwicklung zentraler »Begriffe« Zusammenhänge erfasst werden, die sowohl die einzelne Äußerung als auch den einzelnen Text übergreifen. Es sollen gleich bleibende oder sich verändernde Wirklichkeitskonstitutionen in den einzelnen Äußerungen dadurch sichtbar werden, dass die Verknüpfungen aufgezeigt werden, »in denen kommunikativ produzierter Sinn, gesellschaftliches Handeln (einschließlich des kommunikativen) und Wissen stehen« (Busse 1987: 250).

Gesellschaftliches, soziales Wissen in Form der (vor)herrschenden sozialen Konstruktionen von Wirklichkeit in historischen Zeiten zu erforschen, ist demnach das Ziel der Diskurssemantik: »Historische Diskurssemantik […] entwirft das Szenario des kollektiven Wissens einer gegebenen Diskursgemeinschaft in einer gegebenen Epoche hinsichtlich des zum Untersuchungsgegenstand erwählten thematischen Bereiches« (Busse 1987: 267). Dieses Wissen sei nicht ohne die Analyse der konkreten sprachlichen Äußerungen von Subjekten in historisch vergangenen Zeiten zu erfassen. Die Folge von Foucaults Diskurs-Begriff sei aber, dass die Denksysteme jenseits der Analyse der konkreten Äußerungen zu finden sein müssten. Aber auch wenn Wissensstrukturen, »diskursive Formationen eine eigene Realität jenseits der sprachlichen Zeichen haben«, so ist doch »sprachliche Kommunikation der Ort der Erscheinung und damit der intersubjektiven Geltendmachung des Wissens« (Busse 1987: 267). Das aber heißt nicht nur, dass dieses Wissen durch Analyse der sprachlichen Kommunikation rekonstruierbar ist, sondern auch, dass die Subjekte mit ihren Interessen und Intentionen das Wissen, die Konstitution von Bedeutungen und Wirklichkeit jeweils auch modifizieren. Sie sind nicht vollständig vom (herrschenden) Diskurs determiniert, auch wenn sie von ihm stark geprägt sind, d. h. auch wenn *auch* »der Diskurs« aus ihnen spricht.

Entscheidend ist also einerseits die Überzeugung, dass in *jedem einzelnen* kommunikativen Akt Bedeutung und das heißt auch »Wirklichkeit« konstituiert wird. Das hat zur Folge, dass die jeweiligen Interessen und Intentionen der Individuen bzw. der gesellschaftlichen Gruppen, die ein sprachlich Handelnder vertritt, sowie die gesellschaftlichen Zusammenhänge, in die seine Äußerungen eingebunden sind, für die Analyse wichtig und zu berücksichtigen sind. Dies schließt z. B. aus, in den einzelnen Äußerungen nur *den Diskurs,* die jeweils für den Sprecher vorgegebenen Bedingungen des zu sagen Möglichen zu sehen und so *Diskurs* quasi als Subjekt des Sprechens aufzufassen. Neben solcher Beachtung gruppenspezifischer bzw. individueller Interessen und Intentionen ermöglicht Busses theoretischer Ansatz aber auch die komplementäre Beachtung ebensolcher Bedingungen sprachlicher Handlungen. Das handelnde Subjekt ist eben nicht frei in seinen Äußerungen, sondern in einen sozial- und kulturgeschichtlichen Zusammenhang »verstrickt«, der das *mit*bestimmt, was zu sagen möglich ist und was konkret gesagt wird. *Diskurs* ist ein geeigneter Begriff, um all die gesellschaftlichen, wissensmäßigen und sprachlichen Voraussetzungen, die die einzelnen sprachlichen Handlungen überindividuell beeinflussen, in den Blick zu nehmen. Und nur indem dies angenommen wird, kann eine Vielzahl von ähnlichen Äußerungen auch Hinweise auf gesellschaftlich gültige oder dominante Denkweisen oder Wissenssysteme geben.

6 Fritz Hermanns' forschungspraktische Aspekte des Diskurs-Begriffs

Die von Busse gegebene Begründung für die modifizierte Verwendung des Foucault'schen Diskursbegriffs wird auch von Fritz Hermanns als der wesentliche Grund genannt, das polyseme Wort *Diskurs* für eine sprachgeschichtliche Analyse zu benutzen, die »Begriffe«, aber auch darüber hinausgreifende sprachliche Einheiten in mentalitätsgeschichtlichem Interesse untersuchen will. Eine solche Sprachgeschichte brauche einen Terminus, »der auf den Kontext der Entstehung, des Gebrauchs sowie des Wandels der Begriffe abhebt – jenen Kontext, den wir [...] rekonstruieren müssen, wenn wir die pragmatische Funktion und die [...] Bedeutung der Begriffe klären wollen« (Hermanns 1995: 87). Dieser Kontext bestehe zunächst aus anderen Texten, aus einem Textgeflecht, das durch thematische und intertextuelle Bezüge geknüpft ist und als eine Art Zeitgespräch zu lesen sei. Darüber hinaus sage das Wort *Diskurs* aber »erwünschtermaßen [...], jedenfalls, soweit es an Foucault erinnert«, aus, dass die Texte »in je spezifischen (kulturgeschichtlichen, sozialen, ökonomischen, politischen) Zusammenhängen« (Hermanns 1995: 88) stünden, die durch den Diskurs-Begriff mit berücksichtigt würden. Hermanns' Modellierung des Begriffs etabliert insbesondere »Diskurs« als einen eigenständigen sprachwissenschaftlichen Forschungsgegenstand, der als eine Ausdehnung über den bisher die Grenze des linguistischen Forschungsinteresses markierenden »Text« hinaus zu verstehen ist. »Diskurs« wird von Hermanns bestimmt als *Textgeflecht*, als *Dialog zu einem Thema* und als *Korpus*. In diesem Sinne ist Diskurs in vielen linguistischen Untersuchungen genutzt worden, und auch für das gleich vorzustellende Projekt sind diese Aspekte zentral. Sie eröffnen die Möglichkeiten für eine linguistische Diskursanalyse, sie verweisen aber auch auf ihre Grenzen.

Diese sind schon allein durch die notwendige Textauswahl gegeben. Sie weisen diskurshistorische Forschungsergebnisse immer nur als Annäherungen an einen historischen Diskurs aus und die Ergebnisse als vorläufig gültig, solange sie nicht durch eine überzeugendere, repräsentativere Textauswahl und Methode modifiziert oder korrigiert werden. Jedenfalls zeigt bereits die Zusammenstellung des konkreten Korpus als Forschungsgrundlage für die Rekonstruktion des historischen Diskurses, dass eine sprachwissenschaftliche Diskursanalyse nur hermeneutisch sein kann und daher selbstverständlich zum in den letzten Jahren unter diesem Begriff stark gemachten Paradigma einer

»linguistischen Hermeneutik« (vgl. vor allem Hermanns 2003 und Hermanns/Holly 2007) gehört. Ihre Ergebnisse können nur so verlässlich sein, »wie die hermeneutisch erzeugte Interpretation unmittelbar evident ist. [...] Allerdings kann eine Interpretation verlässlicher, bzw. glaubwürdiger werden, wenn die Kriterien, nach denen sie erstellt wurde, offengelegt wurden« (Busse 1987: 300).

7 Forschungsperspektive Krisen-Diskurse

Im September 2008 – so inzwischen der »Wissens«-Konsens über die Ereignisse – begann mit dem Zusammenbruch der US-Investmentbank *Lehman Brothers* die so genannte *Banken-* oder *Finanzkrise,* die sich anschließend zu einer weltweiten *Wirtschaftskrise* auswuchs, die als die größte seit der Weltwirtschaftskrise von 1929 dargestellt wurde und wird. Zurzeit – im Frühjahr 2010 – wird diskutiert, ob *die Krise* noch im Gange sei, ob sie schon überwunden sei oder ob sie bruchlos in eine weitere *Wirtschaftskrise* übergehe. Ohne die Realitäten, die gebündelt als *Finanz- und Wirtschaftskrise* bezeichnet werden, kleinreden zu wollen, müssen wir zugeben, dass fast alles, was wir über diese *Krise* wissen – Ausnahmen davon sind die Auswirkungen, die die *Krise* für einzelne Menschen in sehr unterschiedlicher Form (wie Kurzarbeit, Umsatzrückgänge oder Verlust angelegten Geldes) hat –, diskursiv erzeugtes Wissen ist, »knowledge by description« (Warnke 2009: 125). Wir haben keine »objektive« Instanz, um das überprüfen zu können.

Und gerade deshalb ist es lohnend zu untersuchen, *wie* dieses Wissen, das wir in der Regel durch Medien, als Nicht-Ökonomen eher weniger durch wissenschaftliche Lektüre oder durch private Gespräche vermittelt bekommen, diskursiv erzeugt wird. Beim Nachdenken darüber fällt dem bundesdeutschen Zeitgenossen schnell auf, dass es noch nicht allzu lange her ist, dass ein solches Krisenwissen über den aktuellen Zustand der Wirtschaft und der Gesellschaft, das mit der *Krise* seit September 2008 wenig zu tun hat, schon bestanden hat. Ich erinnere mich z. B. an die Begründung des Bundespräsidenten, mit der er 2005 seine Zustimmung zu Neuwahlen gegeben hat, die in dem Satz kulminierte: »Unsere Zukunft und die unserer Kinder steht auf dem Spiel.«[1]

Diese Erinnerung an die »Krise« von 2005, aber auch an die Krisen-Szenarios von 2003 rund um die sog. *Agenda 2010* und die der 1990er Jahre um den *Wirtschaftsstandort Deutschland* hat jedenfalls den Anstoß zu der hier kurz zu skizzierenden Projektidee gegeben, mit der die Diskurslinguistik sich auch einreihen könnte in die Disziplinen, an die sich die Vizepräsidentin der Deutschen Forschungsgemeinschaft, Christine Windbichler, bezogen auf die *Finanzkrise* mit den folgenden Worten wendet: »Die Wissenschaft in ihrer ganzen Vielfalt ist gefordert.«[2] An die Linguistik hat sie dabei sicher nicht gedacht.

---

1 Vgl. http://www.bundespraesident.de/dokumente/-,2.625010/Rede/dokument.htm [9.3.2010].
2 DFG-Mitteilungsblatt *Forschung,* Heft 4/2008: 2.

Nun aber zur Skizze des Forschungsprojekts, zu einer diskurslinguistischen Perspektive, mit der die Linguistik auch ihre gesellschaftliche Relevanz belegen könnte: In den Jahren 1967/68 erlebte die bis dahin prosperierende deutsche Nachkriegswirtschaft zum ersten Mal das, was zeitgenössisch als *Wirtschaftskrise* betrachtet wurde. Seit 1973, dem Jahr, mit dem die Wirtschaftshistoriker eine neue Phase der wirtschaftlichen Entwicklung in der Bundesrepublik ansetzen, ist es dann nicht mehr zu einem Zustand gekommen, den die Volkswirtschaftler als *Vollbeschäftigung* bezeichnen. Vielmehr wird trotz zumeist mehr oder weniger starken wirtschaftlichen Wachstums seit nunmehr 37 Jahren der wirtschafts- und sozialpolitische »Zustand der Nation« immer wieder als »Krise« wahrgenommen und konstruiert. In den jeweils aktuellen öffentlichen Debatten zur »Krise« erscheinen die Probleme dabei meist als neu, einzigartig oder doch zumindest von ganz neuer Qualität. Dies auch deshalb, weil im kollektiven Wissen die Erinnerung daran immer wieder schnell verloren geht, dass auch bei der letzten Zuspitzung der »Gipfel« der Krise bereits erreicht war. So ist es z. B. möglich, dass das Krisen-Bewusstsein seit Mitte der 1990er Jahre immer wieder neu geschaffen und zeitweise verstärkt werden konnte. Auch die zuständigen Wissenschaftsdisziplinen Volkswirtschaftslehre und Soziologie tragen mit ihren Untersuchungen und Zeitdiagnosen zur Konstruktion und Wahrnehmung eines Krisenszenarios bei. Ursachen, Ausmaß und Folgen des als »Krise« konstituierten wirtschaftlichen und gesellschaftlichen Zustandes werden dabei sowohl in den Wissenschaften wie in der Öffentlichkeit kontrovers diskutiert, wobei sich bestimmte Realitätssichten und deren Rechtfertigungen durchsetzen.

Im Mittelpunkt des von der Deutschen Forschungsgemeinschaft geförderten Projektes »Sprachliche Konstruktion sozial- und wirtschafspolitischer Krisen in der Bundesrepublik Deutschland von 1973 bis heute« steht die Analyse der dominierenden diskursiv hergestellten Wissensbestände zum Phänomen »Krise«. Die Leitthese lautet, dass wirtschafts- und sozialpolitische »Krisen« zumindest auch Produkte der fachlichen und öffentlich-diskursiven Konstruktion von »Wirklichkeit« sind und dass diese Konstruktion sowie die Herstellung des »Faktums« Krise und des »Wissens« über deren Ursachen und über die zu ziehenden Konsequenzen mit diskurslinguistischen Mitteln rekonstruierbar und analysierbar sind. Dabei können im Projekt aus forschungspraktischen Gründen nicht alle der im oben erwähnten Modell einer diskurslinguistischen Mehrebenenanalyse (DIMEAN) angeführten Untersuchungsebenen berücksichtigt werden. So sollen – allerdings gerade auf transtextueller und nicht wie in DIMEAN eingeordnet auf intratextueller Ebene – insbesondere Analysen von semantischen (Metaphern-)Feldern und Schlüsselwörtern durchgeführt werden. Weitere transtextuelle Aspekte stehen mit der Untersuchung von Argumentationsmustern (Topoi) und rekurrenten Wissensrahmen (Frames, Kollektivsymbole) im Vordergrund.

Die jeweilige »Krise« wird jedenfalls im fachlichen und öffentlichen Diskurs konstruiert und dargestellt. Zu erforschen, wie diese Darstellung explizit oder implizit als Faktum, als »richtige« Darstellung der Realität legitimiert und durchgesetzt wird und auf welchen normativen Geltungsansprüchen diese Rechtfertigungen aufbauen, ist das Ziel des Forschungsprojekts. Kontroversen über die »Richtigkeit« der hergestellten »Wirklichkeit(en)«, Begründungen ihrer Faktizität und die Rolle wichtiger Akteur(e) sind dabei ebenso in den Blick zu nehmen wie Unterschiede, Gemeinsamkeiten und die gegenseitige Durchdringung der fachlichen und der öffentlichen Wirklichkeitskonstruktionen. Damit werden alle Aspekte der sprachlichen Konstituierung von geteiltem Wissen im Diskurs, die Warnke (2009) in seinem jüngsten programmatischen Beitrag herausgearbeitet hat (Konstruktion, Argumentation und Distribution), in der Untersuchung berücksichtigt.

Für ein empirisch praktikables Forschungsprojekt muss das Textkorpus bei einem Untersuchungszeitraum von 40 Jahren überschaubar gehalten werden, ohne den Anspruch auf »Repräsentativität« aufzugeben. Es gilt, zeitliche Schnitte zu setzen zu Zeitpunkten, an denen wirtschafts- und sozialpolitische Themen die Agenda des öffentlichen Diskurses bestimmt haben. Dabei sollten die untersuchten Zeitspannen jeweils etwa zwei Monate umfassen. Es ist ferner eine Zeitungsauswahl zu treffen, bei der man davon ausgehen kann, dass diese Zeitungen den öffentlichen Diskurs zwar nicht vollständig repräsentieren, aber für das erzeugte und in der jeweiligen Zeit dominante kollektive Wissen doch maßgeblich sind und ein gewisses Spektrum dieses immer auch heterogenen Wissens abbilden (vgl. zu diesem Problem grundlegend Busch 2007). Mit dieser Auswahl erhalten wir Zugang zu den im öffentlichen Diskurs wichtigsten Diskursakteuren: Den Zeitungen selbst und den in ihnen zu Wort kommenden politischen und wirtschaftlichen Individuen und Organisationen. Als zeitliche Schnitte bieten sich an:

- die erste Ölpreis-Krise 1973/74
- die Zeit der sog. zweiten Ölpreis-Krise 1979/80 bis zur sog. parteipolitischen »Wende« 1982
- die Diskussionen um *Sozialabbau* und den *Wirtschaftsstandort Deutschland* 1993/94
- die Debatte um die *Agenda 2010* im Jahr 2003
- die Finanz- und Wirtschaftskrise seit September 2008.

Um den fachlichen Diskurs der Wirtschafts- und Sozialwissenschaften untersuchen zu können, wird ein zusätzliches Korpus von Artikeln in Fachzeitschriften und von an das breitere Publikum gerichteten Publikationen einflussreicher Akteure (z. B. Sinn 2004; Hickel 2006) zusammengestellt.

Da das Projekt noch in der Planungsphase ist, haben wir empirisch bisher nur in einer kleinen Pilotstudie *Spiegel*-Artikel aus den Jahren 1982 und 2003 untersucht (vgl. Wengeler/Ziem 2010). Mit den einschlägigen *Spiegel*-Titelbildern will ich abschließend nur einen ersten Eindruck davon vermitteln, wie sehr bereits in vergangenen »Krisen« medial Ähnliches konstruiert wurde, wie wir es jetzt seit etwa September 2008 wieder erleben.

Abb. 1:
Spiegel-Titel
der Ausgabe 33/1982

Abb. 2:
Spiegel-Titel
der Ausgabe 1/2003

8 Forschungsperspektive: vergleichende Diskurslinguistik

Geplant ist als zweiter Schritt des Forschungsprojekts auch eine Erweiterung zu einer internationalen vergleichenden diskurslinguistischen Studie. Die sozialökonomisch und geschichtlich vergleichbare Entwicklung westeuropäischer Länder wie Großbritannien, Frankreich und Italien, aber auch die der deutschsprachigen Länder Österreich und Schweiz wäre in einer solchen ländervergleichenden Untersuchung die Basis für sinnvolle Vergleiche. Grundlegende Überlegungen zu einer solchen »vergleichenden Diskurslinguistik« haben wir bereits vor zehn Jahren anhand unserer Untersuchungen zum Migrationsdiskurs geleistet (vgl. Böke u. a. 2000). Die dort angestellten Reflexionen über mögliche »Objekte des Diskursvergleichs« (Böke u. a. 2000: 13), über die »Zusammenstellung von Textkorpora« (ebd.: 15) sowie über mögliche Analyseebenen (ebd.: 18) sind ohne weiteres auch auf den Vergleich von Wirtschafts(krisen)diskursen zu übertragen. Als Ziele eines solchen Diskursvergleichs haben wir seinerzeit neue Erkenntnisse zur Plurizentrizität des Deutschen und zur Mentalitätsgeschichte der deutschsprachigen Länder apostrophiert sowie die Frage nach möglichen »Diskursuniversalien« im Sinne von länderübergreifenden sprachlich-sozialen Praktiken im Kontrast zu jeweils länderspezifischen und damit für eine Sprachgemeinschaft typischen sprachlichen und epistemologischen (wissensmäßigen) Eigenheiten. Neben den Ergebnissen des Vergleichs der Migrationsdiskurse in Deutschland, Österreich und der Schweiz im genannten Beitrag sind genauere vergleichend-diskurslinguistische Untersuchungen in Böke (2002) und Niehr (2004) zu finden. Wie fruchtbar eine solche diskursvergleichende Perspektive bezüglich Wirtschafts(krisen)diskursen in der Schweiz sein kann, können die diskurslinguistisch interessierten Schweizer LeserInnen dieses Bandes sicher besser beurteilen als der Autor, der mit den Schweizer politisch-diskursiven Verhältnissen nur wenig vertraut ist, auch wenn er bei der dem vorliegenden Band zugrunde liegenden Züricher Tagung darüber viel gelernt hat.

9 Literatur

Böke, Karin (2002): Wenn ein »Strom« zur »Flut« wird. Diskurslinguistische Metaphernanalyse am Beispiel der Gastarbeiter- und Asyldiskussion in Deutschland und Österreich. In: Panagl, Oswald; Stürmer, Horst (Hgg.): *Politische Konzepte und verbale Strategien. Brisante Wörter – Begriffsfelder – Sprachbilder.* Frankfurt am Main: Lang (= Sprache im Kontext; 12), S. 265–286.

Böke, Karin et al. (2000): Vergleichende Diskurslinguistik. Überlegungen zur Analyse national heterogener Textkorpora. In: Niehr, Thomas; Böke, Karin (Hgg.): *Einwanderungsdiskurse. Vergleichende diskurslinguistische Studien.* Wiesbaden: Westdeutscher Verlag, S. 11–26.

Busch, Albert (2007): Der Diskurs: ein linguistischer Proteus und seine Erfassung – Methodologie und empirische Gütekriterien für die sprachwissenschaftliche Erfassung von Diskursen und ihrer lexikalischen Inventare. In: Warnke, Ingo H. (Hg.): *Diskurslinguistik nach Foucault. Theorie und Gegenstände.* Berlin/New York: de Gruyter (= Linguistik – Impulse & Tendenzen; 25), S. 141–163.

Busse, Dietrich (1987): *Historische Semantik. Analyse eines Programms.* Stuttgart: Klett-Cotta.

Busse, Dietrich (2010): Linguistische Diskursanalyse. Die Macht der Sprache und die soziale Konstruktion der Wirklichkeit aus der Perspektive einer linguistischen Epistemologie. Erscheint in: Keller, Reiner; Schneider, Werner; Viehoever, Willy (Hgg.): *Diskurs – Wissen – Sprache.* Wiesbaden: vs-Verlag.

Busse, Dietrich; Teubert, Wolfgang (1994): Ist Diskurs ein sprachwissenschaftliches Objekt? Zur Methodenfrage der historischen Semantik. In: Busse, Dietrich; Hermanns, Fritz; Teubert, Wolfgang (Hgg.): *Begriffsgeschichte und Diskursgeschichte. Methodenfragen und Forschungsergebnisse der historischen Semantik.* Opladen: Westdeutscher Verlag, S. 10–27.

Gardt, Andreas (2007): Diskursanalyse – Aktueller theoretischer Ort und methodische Möglichkeiten. In: Warnke, Ingo H. (Hg.): *Diskurslinguistik nach Foucault. Theorie und Gegenstände.* Berlin/New York: de Gruyter (= Linguistik – Impulse & Tendenzen; 25), S. 27–52.

Hermanns, Fritz (1995): Sprachgeschichte als Mentalitätsgeschichte. Überlegungen zu Sinn und Form und Gegenstand historischer Semantik. In: Gardt, Andreas; Mattheier, Klaus J.; Reichmann, Oskar (Hgg.): *Sprachgeschichte des Neuhochdeutschen. Gegenstände, Methoden, Theorien.* Tübingen: Niemeyer, S. 69–101.

Hermanns, Fritz (2003): Linguistische Hermeneutik. Überlegungen zur überfälligen Einrichtung eines in der Linguistik bislang fehlenden Teilfaches. In: Linke, Angelika; Ortner, Hansjürgen; Portmann, Paul R. (Hgg.): *Sprache und mehr. Ansichten einer Linguistik der sprachlichen Praxis.* Tübingen: Niemeyer (= Reihe Germanistische Linguistik; 245), S. 125–163.

Hermanns, Fritz (2007): Diskurshermeneutik. In: Warnke, Ingo H. (Hg.): *Diskurslinguistik nach Foucault. Theorie und Gegenstände.* Berlin/New York: de Gruyter (= Linguistik – Impulse & Tendenzen; 25), S. 187–210.

Hermanns, Fritz; Holly, Werner (Hgg.) (2007): *Linguistische Hermeneutik. Theorie und Praxis des Verstehens und Interpretierens.* Tübingen: Niemeyer (= Reihe Germanistische Linguistik; 272).

Hickel, Rudolf (2006): *Kassensturz. Sieben Gründe für eine andere Wirtschaftspolitik.* 2. Aufl. Reinbek bei Hamburg: rororo.

Jäger, Siegfried (2005): Diskurs als »Fluß von Wissen durch die Zeit«. Ein transdisziplinäres politisches Konzept. In: *Aptum. Zeitschrift für Sprachkritik und Sprachkultur* 1, S. 52–72.

Keller, Reiner (2001): Wissenssoziologische Diskursanalyse. In: Keller, Reiner et al. (Hgg.): *Handbuch Sozialwissenschaftliche Diskursanalyse.* Band 1: *Theorien und Methoden.* Opladen: Leske & Budrich, S. 113–143.

Keller, Reiner (2005): *Wissenssoziologische Diskursanalyse. Grundlegung eines Forschungsprogramms.* Wiesbaden: vs Verlag für Sozialwissenschaften.

Landwehr, Achim (2008): *Historische Diskursanalyse.* 3. Aufl. Frankfurt am Main: Campus.

Liebert, Wolf-Andreas (2004): Diskursdynamik in der Risikokommunikation. Eine diskurslinguistische Untersuchung der Trierer Luftschadstoff-Debatte 1974–2001. In: *Deutsche Sprache* 2, S. 137–161.

Niehr, Thomas (2004): *Der Streit um Migration in der Bundesrepublik Deutschland, der Schweiz und Österreich. Eine vergleichende diskursgeschichtliche Untersuchung.* Heidelberg: Winter.

Nonhoff, Martin (2004): Diskurs. In: Göhler, Gerhard; Iser, Matthias; Kerner, Ina (Hgg.): *Politische Theorie. 22 umkämpfte Begriffe zur Einführung.* Opladen: UTB, S. 65–82.

Roth, Kersten Sven (2008): Interpersonale Diskursrealisationen – Überlegungen zu ihrer Integration in die diskurssemantische Forschung. In: Warnke, Ingo H.; Spitzmüller, Jürgen (Hgg.): *Methoden der Diskurslinguistik. Sprachwissenschaftliche Zugänge zur transtextuellen Ebene.* Berlin/New York: de Gruyter (= Linguistik – Impulse & Tendenzen; 31), S. 323–358.

Sinn, Hans-Werner (2003): *Ist Deutschland noch zu retten?* München: Econ.

Spieß, Constanze (2008): Linguistische Diskursanalyse als Mehrebenenanalyse – Ein Vorschlag zur mehrdimensionalen Beschreibung von Diskursen aus forschungspraktischer Perspektive. In: Warnke, Ingo H.; Spitzmüller, Jürgen (Hgg.): *Methoden der Diskurslinguistik. Sprachwissenschaftliche Zugänge zur transtextuellen Ebene.* Berlin/New York: de Gruyter (= Linguistik – Impulse & Tendenzen; 31), S. 237–259.

Warnke, Ingo H. (Hg.) (2007): *Diskurslinguistik nach Foucault. Theorie und Gegenstände.* Berlin/New York: de Gruyter (= Linguistik – Impulse & Tendenzen; 25).

Warnke, Ingo H. (2009): Die sprachliche Konstituierung von geteiltem Wissen in Diskursen. In: Felder, Ekkehard; Müller, Marcus (Hgg.): *Wissen durch Sprache. Theorie, Praxis und Erkenntnisinteresse des Forschungsnetzwerks »Sprache und Wissen«.* Berlin/New York: de Gruyter (= Sprache und Wissen; 3), S. 113–140.

Warnke, Ingo H.; Spitzmüller, Jürgen (Hgg.) (2008a): *Methoden der Diskurslinguistik. Sprachwissenschaftliche Zugänge zur transtextuellen Ebene.* Berlin/New York: de Gruyter (= Linguistik – Impulse & Tendenzen; 31).

Warnke, Ingo H.; Spitzmüller, Jürgen (2008b): Methoden und Methodik der Diskuslinguistik – Grundlagen und Verfahren einer Sprachwissenschaft jenseits textueller Grenzen. In: Warnke, Ingo H.; Spitzmüller, Jürgen (Hgg.): *Methoden der Diskurslinguistik. Sprachwissenschaftliche Zugänge zur transtextuellen Ebene.* Berlin/New York: de Gruyter (= Linguistik – Impulse & Tendenzen; 31), S. 3–54.

Wengeler, Martin (Hg.) (2005a): *Sprachgeschichte als Zeitgeschichte.* Hildesheim: Olms (= Germanistische Linguistik; 180–181).

Wengeler, Martin (2005b): »Das Szenario des kollektiven Wissens einer Diskursgemeinschaft entwerfen«. Historische Diskurssemantik als »kritische Linguistik«. In: *Aptum. Zeitschrift für Sprachkritik und Sprachkultur* 1, S. 262–282.

Wengeler, Martin; Ziem, Alexander (2010): »Wirtschaftskrisen« im Wandel der Zeit. Korpusstudien zu argumentativen, metaphorischen und bildlichen Konzeptualisierungen von »Krisen« in der BRD. In: Landwehr, Achim (Hg.): *Diskursiver Wandel.* Wiesbaden: vs-Verlag (= Interdisziplinäre Diskursforschung), S. 335–354.

Wodak, Ruth (2002): Aspects of Critical Discourse Analysis. In: *Zeitschrift für Angewandte Linguistik* 36, S. 5–31.

Thomas Furter

Von Scheinasylanten, Scheininvaliden und Scheinpatrioten. Diskurslinguistische Untersuchungen zum Prozess des Begriffe-Besetzens anhand von Texten der SP und der SVP

1 Einleitung

In einem demokratischen Staat versuchen die Parteien, die sich gegenüberstehen, die in der Politik zentralen, von allen Seiten verwendeten Begriffe zu »besetzen«. Diesen sogenannten »semantischen Kampf« um einen Begriff gewinnt diejenige Partei, deren Ausdrucksweise – und damit auch deren Sichtweise – sich im öffentlichen Sprachgebrauch gegen die der anderen Partei durchsetzt. Wie es zu einem solchen Erfolg kommt, wie also der Prozess des Begriffe-Besetzens im Einzelnen verläuft, wurde in der politolinguistischen Forschung bislang nicht systematisch untersucht.

Der vorliegende Beitrag verfolgt in diesem Zusammenhang zwei Ziele: In einem ersten, theoretischen Teil wird ein heuristisches Stadien-Modell zum Begriffe-Besetzen als Prozess vorgeschlagen, in einem zweiten Teil werden Elemente dieses Modells im Rahmen einer empirischen Analyse erprobt.[1]

2 Die Metapher vom »Begriffe-Besetzen«

Der vorliegende Beitrag geht davon aus, dass eine Partei einen Begriff[2] nicht ad hoc besetzen kann, sondern dass es sich bei dieser Besetzung um einen Prozess handelt. Weiter wird die These vertreten, dass sich dieser Prozess in drei Stadien des Sprachgebrauchs gliedern lässt. Diese prozessuale Perspektive verspricht genauere Einsichten nicht zuletzt im Hinblick darauf, inwiefern Parteien für einen Erfolg im semantischen Kampf auf die Mitwirkung der Medien angewiesen sind. Im ersten berühmt gewordenen (nicht sprachwissenschaftlichen) Text zum Thema Begriffe-Besetzen wurde zunächst festgestellt, dass es offenkundig Ausdrücke gibt, die den Rezipienten unmittelbar an eine

---

1 Das Modell habe ich im Rahmen meiner Lizenziatsarbeit an der Universität Zürich entwickelt (Furter 2009). Auch die in diesem Beitrag vorgestellten empirischen Ergebnisse sind Teil einer weitaus umfangreicheren Analyse in dieser Arbeit.
2 Bei eingehender Auseinandersetzung mit der »Begriffe-Besetzen«-Literatur fällt auf, dass verschiedene Autoren hier teilweise eine unterschiedliche Terminologie verwenden, um dieselben sprachlichen Phänomene zu beschreiben. Insbesondere die unterschiedliche Verwendung der Termini »Begriff« und »Ausdruck« ist oft verwirrend. In der vorliegenden Untersuchung ist mit »Ausdruck« die Form und mit »Begriff« die Verbindung eines Ausdrucks mit einem Konzept gemeint (vgl. Busse 2005: 44).

bestimmte Partei denken lassen.³ Diese Beobachtung nämlich machte im Jahr 1973 der damalige Generalsekretär der deutschen CDU, Kurt Biedenkopf, dessen bis anhin erfolgreiche Partei bei den Bundestagswahlen in den Jahren 1969 und 1972 zwei Niederlagen in Folge erlitten hatte, zum Kern seiner politischen Analyse (vgl. Biedenkopf 1982: 191): Gemäss Biedenkopf hatte es der direkte politische Gegner, die SPD, geschafft, durch eine schleichende »Besetzung der Begriffe« eine Art Revolution der Gesellschaft durch Sprache auszulösen (vgl. Burkhardt 2003: 16).⁴

Angeregt durch Biedenkopfs Analyse begann sich auch die Sprachwissenschaft dem Thema »Begriffe-Besetzen« zu widmen (vgl. zum Überblick: Wengeler 2005). Es entstand eine Reihe von Publikationen, an die die Analyse im vorliegenden Beitrag anschliessen kann (v. a. Liedtke/Wengeler/Böke 1991). Insbesondere gilt dies für die einschlägige Differenzierung verschiedener Arten des Begriffe-Besetzens, die Josef Klein (vgl. Klein 1991: 50–67) vorgeschlagen hat, und die Überlegungen zum Verhältnis von Politik und Medien (vgl. Wengeler 2005: 190). Auch wenn die Linguistik dabei deutlich machen konnte, dass hinter der »plakativen politischen Metapher« (Klein 1991: 44) doch sehr komplexe Rahmenbedingungen vielfältiger politisch-kommunikativer Prozesse verborgen liegen, blieb ein genaues Beschreibungsmodell zur Erfassung dieser Prozesse bislang Desiderat.⁵

---

3 In diesem Beitrag ist bewusst ausschliesslich von »Rezipienten« und nicht von »Adressaten« die Rede. Alle Personen, die eine Zeitung lesen oder eine politische Fernsehsendung sehen, sind grundsätzlich Rezipienten, egal, ob sie das Medienprodukt ganz bewusst oder eher zufällig wahrnehmen (vgl. Burger 2005: 8). Demgegenüber gibt es die Gruppe der »intendierten Rezipienten«. Diese Gruppe wird vom Kommunikator (der Partei) explizit oder implizit anvisiert. Bei dieser Gruppe handelt es sich um die eigentlichen »Adressaten« (vgl. Burger 2005: 8). Bei der politischen Kommunikation, die in der vorliegenden Untersuchung analysiert wird, richtet sich eine Partei jedoch nicht primär an eine bestimmte Klientel oder Zielgruppe, sondern sie spricht alle Rezipienten an.
4 Biedenkopf beklagte, dass die Wählerschaft Begriffe wie *Solidarität, Lebensqualität* oder *Gerechtigkeit* automatisch mit dem politischen Gegner SPD verband, ohne dass diese Partei überhaupt genannt werden musste. Sein Ziel war es nun, dass seine Partei die selbe lexikalisch-semantische Strategie wie der Gegner anwendete, um so selbst zentrale politische Begriffe besetzen zu können. Dieser Moment kann als Geburtsstunde des Themas Begriffe-Besetzen betrachtet werden (vgl. Biedenkopf 1982: 195–196).
5 Dass die strategische Macht der Politik beim vermeintlichen Besetzen von Begriffen durchaus beschränkt ist, mag ein Beispiel aus dem deutschen Kontext verdeutlichen: Um das Jahr 2000 herum war es der CDU gelungen, den öffentlichen Diskurs mit der Vokabel von der *(deutschen) Leitkultur* zu beherrschen. Darauf, dass dies ursprünglich keineswegs strategisch geplant war, sondern sich aus einem eher zufälligen Gebrauch des Ausdrucks durch den CDU-Politiker Friedrich Merz ergeben hat, deutet eine Interviewstudie hin, bei der Insider ganz verschiedener Parteien dies bestätigt haben (vgl. Roth 2002: 87–88).

3 Das 3-Stadien-Modell des Begriffe-Besetzens

3.1 Übersicht über die drei Stadien des Prozesses des Begriffe-Besetzens[6]

3.1.1 Stadium 1: Initialstadium

Im ersten Stadium, dem Initialstadium, führt die Partei entweder einen Neologismus (i. e. ein im jeweiligen Diskurs bislang nicht gebrauchter Ausdruck) ein oder versucht, einen bestehenden Ausdruck mit einer neuen Bedeutung zu versehen. In beiden Fällen ist es wichtig, dass die Partei klar aufzeigt, welche Konzepte sie mit einem Ausdruck verbindet, da es ihr Ziel ist, dass der Ausdruck nach der Einführung möglichst rasch und möglichst häufig in ihrem Verständnis verwendet wird. Nur so ist es möglich, als Partei den Begriff mit der Zeit zu besetzen. Im ersten Stadium versucht die Partei daher, diesen Ausdruck möglichst breit zu streuen. Aus diesem Grund findet er sich in zahlreichen Papieren der Partei, sei es für den parteiinternen oder den parteiexternen Gebrauch. Ebenso wird er in möglichst vielen öffentlichen Reden, wie beispielsweise in politischen Veranstaltungen, bei Radio- und Fernsehauftritten und in Interviews verwendet. Dies alles geschieht mit der Absicht, der Öffentlichkeit und den Medien den zu besetzenden Ausdruck vertraut zu machen, sodass diese ihn schliesslich in ihren eigenen Sprachgebrauch übernehmen. Die Partei hat also die Aufgabe, den zu besetzenden Ausdruck ständig in ihrem Verständnis zu wiederholen, damit er sich festsetzt. Dieses ständige Wiederholen birgt aber auch die Gefahr, dass es zu einem »kommunikativen Überdruss« führen kann, indem die Wählerschaft ab einem bestimmten Zeitpunkt den Eindruck gewinnt, eine Partei »sage ja immer das Gleiche« (Wengeler 2005: 190). Jede Partei befindet sich somit in einem strategischen Dilemma: Sie muss einen Ausdruck möglichst oft wiederholen, um ihn bei den Medien und auch bei der Wählerschaft bekannt zu machen, gleichzeitig muss sie sich aber davor hüten, einen Ausdruck so oft zu verwenden, dass die Medien und auch die Wählerschaft ihn irgendwann nicht mehr wahrnehmen oder gar als störend empfinden.

Weiter muss eine Partei beachten, dass die öffentliche Kommunikation in der heutigen Zeit viele verschiedene Teilnehmer hat. So muss sie sich nicht nur gegen andere Parteien, sondern auch gegen private Institutionen – wie die kommerzielle Warenwerbung – behaupten, die ebenfalls versuchen, Begriffe wie beispielsweise *Freiheit* oder *Sicherheit* zu besetzen (vgl. Wengeler 2005: 191).

Zudem lässt sich während des Initialstadiums in einigen Fällen beobachten, dass eine Partei die Einführung eines neuen Ausdrucks in einem politischen Bereich unterstützt, indem sie eine gewisse Zeit vor der Einführung oder gleichzeitig zur Einführung ihres Ausdrucks mit Hilfe von Metaphern versucht, ein auf den Ausdruck angepasstes Bild dieses politischen Bereiches zu erzeugen. Die meisten dieser Metaphern sind nega-

---

6 Teile des hier vorgestellten heuristischen Modells verdanke ich Anregungen von Prof. Dr. Josef Klein aus einem ausführlichen Gespräch im Rahmen des Zürcher Symposiums vom 15. und 16. Mai 2009.

tiv konnotiert und werden entsprechend verwendet, um ein negatives Bild jenes politischen Bereiches zu zeichnen, in den der Ausdruck eingeführt werden soll.[7]

3.1.2 Stadium 2: Disseminationsstadium

Das erste Stadium ist dann erfolgreich abgeschlossen, wenn die Medien und die Öffentlichkeit beginnen, den von der Partei eingeführten Ausdruck selbst zu verwenden. Ab diesem Zeitpunkt beginnt Stadium 2, das Disseminationsstadium. Im Gegensatz zum Initialstadium, während dessen sich die Partei sehr aktiv verhält, nimmt sie während des Disseminationsstadiums eine eher passive Rolle ein und muss darauf hoffen, dass in erster Linie die Medien die zuvor von der Partei eingeführten Ausdrücke übernehmen. Das Ziel einer Partei während des zweiten Stadiums ist es, dass in den Medien möglichst häufig eine explizite Verbindung zwischen ihr und ihren Positionen einerseits und dem zu besetzenden Ausdruck andererseits hergestellt wird. Dabei ist entscheidend, dass die Medien den Ausdruck nicht mit einer neuen Bedeutung versehen oder ihn neu interpretieren, sondern den Ausdruck genau so verwenden, wie er von der Partei gebraucht wird.

Besonders hohe Chancen, von den Medien aufgenommen zu werden, haben jene »neuen Ausdrücke«, die Argumentationen oder Denkmuster aufnehmen, die im gesellschaftlichen Diskurs bereits vorhanden sind (vgl. Wengeler 2005: 190). Eine Partei muss also versuchen, in jenen Themenbereichen Ausdrücke mit Konzepten zu verbinden, über die in der Gesellschaft gesprochen wird, denn nur selten gelingt es einer Partei, ein ganzes Thema neu auf die Tagesordnung einer Gesellschaft zu bringen. Auf diese Weise aber kann es einer Partei gelingen, mit der Zeit einen Begriff zu besetzen. Wenn es einer Partei gelingt, die Diskussion um ein Thema, über das in der Öffentlichkeit viel gesprochen wird, zu beherrschen, vermag sie es dabei in der Regel auch, zentrale Begriffe zu besetzen (vgl. Wengeler 2005: 190). In solchen Situationen versuchen Parteien oft, polare Ausdrücke wie beispielsweise *Reformer* vs. *Blockierer* zu etablieren. Folglich kann eine Partei ihre Chancen, dass ihre zu besetzenden Begriffe von den Medien aufgenommen werden, erhöhen, wenn sie zuerst Themen und Diskurse der Politik dominiert.

3.1.3 Stadium 3: Etabliertheitsstadium

Das dritte Stadium, das Etabliertheitsstadium, beginnt dann, wenn sich der durch die Partei eingeführte Ausdruck als Teil der Allgemeinsprache etabliert hat. Der Ausdruck wird dann nicht mehr in Verbindung mit einer Partei erwähnt, sondern findet als eigenständiger Ausdruck Verwendung. Allerdings lässt sich dabei eine aus Sicht der Parteien positive und eine aus Sicht der Parteien negative Verwendungsweise unterscheiden.

---

7   Bei der Analyse dieses Aspektes des Initialstadiums ist allerdings Vorsicht geboten: Man darf Textproduzenten nicht Absichten unterstellen, die sie beim Verfassen des Textes möglicherweise nicht hatten. Daher können über das Zusammenspiel von verwendeten Metaphern und neu eingeführten Ausdrücken in der Regel nur Vermutungen angestellt werden.

Die positive Verwendungsweise: Bei der positiven Verwendungsweise lässt alleine das Lesen oder Hören eines Ausdrucks die Rezipienten unvermeidlich an die Partei denken, von der er stammt. Der Ausdruck kann in solchen Fällen ohne Nennung der Partei und ohne weitere Erklärungen verwendet werden, denn die politisch relevanten Rezipienten verstehen den Ausdruck so, wie er von der Partei gebraucht wird, das heisst sie verbinden den Ausdruck mit denselben Konzepten wie die Partei. Auf diese Weise wird die Ideologie der Partei Teil des in der Allgemeinsprache gespeicherten Diskurswissens und die Partei selbst gewissermassen zu einer Konnotation des Ausdrucks. Wenn diese Situation eintritt, so hat eine Partei ihr eigentliches Ziel erreicht, und es kann daher von einer erfolgreichen Besetzung eines Begriffs durch eine Partei gesprochen werden.[8]

Die negative Verwendungsweise: Bei der aus Sicht der Partei negativen Verwendungsweise wird ein Ausdruck hingegen zu einem so eigenständigen Teil der Allgemeinsprache, dass jeder Bezug zur Partei, von der er stammt, verloren geht. In einem solchen Fall ist ein Ausdruck zwar insofern erfolgreich, als er sich als Teil der Allgemeinsprache etabliert hat, ein Diskursvorteil für die Positionen der Partei ergibt sich daraus aber eben nicht. Die ursprünglich von der Partei bewusst initiierte Bedeutungsveränderung oder Bedeutungsprägung wird dann allgemeiner Sprachgebrauch und die Partei »verliert« den von ihr geschaffenen Ausdruck an die Allgemeinsprache. Eine Partei hat dann ihr Ziel verfehlt, denn es ist ihr nicht gelungen, ihre Ideologie in die Semantik der Allgemeinsprache einzubringen und so selbst zur Konnotation des Ausdrucks zu werden. Das Ziel der Besetzung eines Begriffs wurde folglich nicht erreicht.

Das Etabliertheitsstadium lässt sich am schwierigsten untersuchen. Schliesslich kann erst nach einigem zeitlichen Abstand zum zweiten Stadium, dem Disseminationsstadium, darüber entschieden werden, ob sich ein Ausdruck überhaupt etabliert hat und, wenn ja, in welcher Verwendungsweise.

3.2 Die drei Stadien des Prozesses des Begriffe-Besetzens im vorliegenden Beitrag

Dieser Beitrag wird am Beispiel des Themenbereichs »Soziale Sicherheit« im politischen Diskurs der Schweiz Untersuchungen zum Verlauf des Initialstadiums (Stadium 1) und des Disseminationsstadiums (Stadium 2) vornehmen. Da sich der Verlauf des dritten Stadiums im Prozess des Begriffe-Besetzens erst nach einigem zeitlichen Abstand zum zweiten Stadium untersuchen lässt, wird auf die Überprüfung des Verlaufs des dritten Stadiums verzichtet.

---

8 Die Partei hat dann genau das erreicht, was der SPD gemäss Biedenkopf mit den Begriffen *Solidarität*, *Lebensqualität* oder *Gerechtigkeit* gelungen war und was dieser für die eigene Partei leisten wollte.

Um den Verlauf des ersten und des zweiten Stadiums zu überprüfen, wird eine zweistufige, korpusgestützte linguistische Diskursanalyse durchgeführt: Im ersten Schritt werden zunächst die Positionspapiere und Pressecommuniqués der beiden wählerstärksten Bundesratsparteien der Schweiz, der Sozialdemokratischen Partei der Schweiz (SP) und der Schweizerischen Volkspartei (SVP), in der Zeit zwischen den eidgenössischen Wahlen der Jahre 2003 und 2007 analysiert. Dabei sollte untersucht werden, ob es während dieser Zeitspanne der einen oder der anderen Partei gelungen ist, die nötigen Schritte im Bereich des Initialstadiums zu unternehmen, und ob die für das Disseminationsstadium typischen Prozesse der Aufnahme und Verwendung der Ausdrücke durch die Medien eingetreten sind.

Methodisch stützt sich die Untersuchung dabei auf die Arbeiten der »Düsseldorfer Schule« zur Diskursgeschichte, insbesondere auf verschiedene Arbeiten zu den Einwanderungsdiskursen in Deutschland von Karin Böke (vgl. Böke 1996, 1997, 2000). Die systematische Beschreibung der relevanten Ausdrücke erfolgt mit Hilfe einer an Armin Burkhardt orientierten lexikalisch-semantischen Analyse (vgl. Burkhardt 2002: 78–84).

Zur Überprüfung des Disseminationsstadiums werden dann im zweiten Schritt die Online-Datenbanken der *Neuen Zürcher Zeitung* (NZZ) und des *Tages-Anzeigers* (TA) korpuslinguistisch untersucht. Dabei soll zunächst überprüft werden, ob und wie frequent sich die im ersten Schritt ermittelten Ausdrücke aus den Positionspapieren und Pressecommuniqués in diesen Datenbanken überhaupt wiederfinden, und dann, ob die betreffenden Ausdrücke in der Art und Weise verwendet wurden, wie sie von der einen oder der anderen Partei gebraucht wurden, ob sich also die Verwendungsweise und damit auch die ideologische Position einer Partei im öffentlichen Sprachgebrauch gegen die der anderen Partei durchsetzen konnte. Anschliessend wird untersucht, wie oft von den Medien eine explizite Verbindung zwischen der Partei und dem zu besetzenden Ausdruck hergestellt wurde.

4 Die beiden Parteien: SP und SVP

Die Sozialdemokratische Partei der Schweiz (SP) wurde im Jahre 1888 gegründet (vgl. Caduff 2007: 15). 1982 verfasste die SP das sechste und heute immer noch gültige Parteiprogramm, in dem sich die Partei als moderne, dem demokratischen Sozialismus verpflichtete Volkspartei definiert, deren oberstes Ziel die soziale Gerechtigkeit ist.[9] Die SP sieht sich als Vertreterin der Arbeiterinnen und Arbeiter der Schweiz. So setzt sie sich etwa dafür ein, dass die wichtigen Sozialversicherungen der Schweiz, die Alters- und Hinterlassenenversicherung (AHV), die Arbeitslosenversicherung (ALV) und die Invali-

---

9 Vgl. http://www.sp-ps.ch [9.6.2010] (im Jahr 2010 befindet sich die SP im Vorbereitungsprozess für ein neues Parteiprogramm).

denversicherung (IV), aus- und nicht weiter abgebaut werden (vgl. Caduff 2007: 15). Ebenso fordert die Partei ein flexibles Rentenalter und eine gute staatliche Sozialpolitik. Bei den eidgenössischen Wahlen 2003 erreichte die Partei mit einem Wähleranteil von 23,3% das beste Resultat seit 25 Jahren, verlor jedoch 2007 wieder 3,8%, insbesondere an die Grünen. Seit der Einführung der »Zauberformel« im Jahre 1959 ist die SP mit zwei der sieben Sitze im Bundesrat vertreten.[10]

Bei der Schweizerischen Volkspartei (SVP) handelt es sich um eine national ausgerichtete bürgerliche Partei. Die Partei wurde 1936 gesamtschweizerisch als damals protestantische Bauern-, Gewerbe- und Bürgerpartei (BGB) gegründet und im Jahre 1971 in SVP umbenannt (vgl. Caduff 2007: 15). Die SVP blieb bis in die frühen 1990er-Jahre eine verhältnismässig kleine Partei mit einem Wähleranteil von ungefähr 11%. Der Aufstieg der SVP auf nationaler Ebene begann zwischen 1986 und 1992, als die Partei gegen den Beitritt der Schweiz zur UNO und zum Europäischen Wirtschaftsraum (EWR) kämpfte (vgl. Kriesi 2005: 4). Innerhalb der vier eidgenössischen Wahlen von 1991 bis 2007 konnte die SVP ihren Wähleranteil von 11 auf 29% erhöhen, was einem bis dato in der Schweiz noch nie dagewesenen Wachstum entsprach (vgl. Ladner 2004: 186). Nach einem enormen Wahlerfolg der SVP im Jahr 2003 kam es erstmals seit 40 Jahren zu einer Veränderung der »Zauberformel«: Neu hatte die SVP zwei, die CVP hingegen nur noch einen Sitz im Bundesrat.[11]

Die Gründe für diesen frappanten Aufstieg der SVP sind zahlreich: Zum einen konnte die SVP vor allem auf Kosten des gemässigten bürgerlichen Lagers der Freisinnig-Demokratischen Partei der Schweiz (FDP) und der Christlichdemokratischen Volkspartei der Schweiz (CVP) wachsen, zum anderen konnte sie sich als national-konservative und in bestimmten Belangen gar als rechtspopulistische Partei positionieren (vgl. Kriesi 2005: 3).[12] Ebenso schaffte es die ursprünglich protestantische Bauernpartei, bei der Stadtbevölkerung signifikant zuzulegen und viele katholische Wähler hinzuzugewinnen (vgl. Kriesi 2005: 58). Die SVP entwickelte sich somit in den frühen 1990er-Jahren zu einer sogenannten »Catch-All-Partei«, der es gelang, viele unterschiedliche Wählersegmente hinter sich zu vereinen (vgl. Kriesi 2005: 58). Als letzter Grund für den Aufstieg muss der sogenannte »Blocher-Effekt« erwähnt werden. Christoph Blocher, die Führungsfigur der Zürcher SVP, hatte nachweislich einen grossen Einfluss auf den Erfolg der Partei. Studien zeigen, dass aussergewöhnlich viele Wählerinnen und Wähler, die Blo-

---

10 Die »Zauberformel« bezeichnet die Realisation des Konkordanzprinzips in der arithmetischen Berücksichtigung der Stimmanteile in der Besetzung der Regierung (i. e. des Bundesrates).
11 Die amtierende Bundesrätin Eveline Widmer-Schlumpf gehört heute zwar nicht mehr der SVP, sondern der neu gegründeten BDP an, wurde bei den Wahlen 2007 jedoch als Vertreterin der SVP gewählt.
12 Ob es sich bei der SVP tatsächlich um eine rechtspopulistische Partei handelt, ist unter Politologen umstritten. Zumindest aber greift die SVP auf populistische Stilmittel zurück, die sich bei vielen rechtspopulistischen Parteien Europas finden, so beispielsweise auf »Common-Sense-Argumente«, die »Vorliebe für radikale Lösungen«, die »Gegenüberstellung von einfachem Volk und abgehobener Elite« sowie »Emotionalisierung« und »Tabubruch« (Decker 2004: 35–36).

cher sympathisch finden, die SVP wählen oder so wie die SVP stimmen (vgl. Kriesi 2005: 58). Es erstaunt daher auch nicht, dass Christoph Blocher 2007 als Vertreter der SVP in den Bundesrat gewählt wurde (vgl. auch Luginbühl in diesem Band).

Die Partei erachtet das Prinzip der Eigenverantwortung des Einzelnen als zentral.[13] Daher lehnt die Partei jedes Ausbauvorhaben für den Sozialstaat kategorisch ab. Die SVP will die Sozialwerke zwar sichern, aber keinesfalls weiter aus-, sondern tendenziell eher abbauen (vgl. Caduff 2007: 10). Zudem erachtet die Partei den hohen Ausländeranteil bei den stark angestiegenen Invalidenrenten und bei den Ausgaben in der Sozialhilfe als grosses Problem.

5 Zweiteilige Diskursanalyse zum Diskurs über »Soziale Sicherheit«

5.1 Methodische Vorbemerkung

Den Ausgangspunkt für die lexikalisch-semantische Wortanalyse zum Diskurs über »Soziale Sicherheit« (Initialstadium) bilden die folgenden Fragen: Wie diskutieren die Parteien die verschiedenen Aspekte des Themas? Welche Ausdrücke finden in welchen Bereichen, wie häufig und bei welcher Partei Verwendung? Was unternehmen die Parteien, um einen bestimmten Ausdruck möglichst breit zu streuen?

Dabei interessieren in erster Linie jene Ausdrücke, denen innerhalb des Korpus eine Schlüsselfunktion zukommt, indem sie beispielsweise die politischen Ziele, Absichten und Programme einer Partei komprimieren und heterogene Sichtweisen und Einstellungen der Parteien aufzeigen (vgl. Böke 2000: 162). Die Positionspapiere und Pressecommuniqués der beiden Parteien wurden folglich mit der Absicht untersucht, Ausdrücke zu ermitteln, die dies leisten und zudem zumindest eines der folgenden Kriterien erfüllen:
- häufiges Vorkommen
- sprachliche Heterogenität beziehungsweise Konkurrenz zwischen den Parteien
- Wortneuschöpfung (Neologismus)

Als Korpus dienten sämtliche von SP und SVP veröffentlichten Positionspapiere und Pressecommuniqués aus der Zeit zwischen der Nationalratswahl vom Oktober 2003 und der vom Oktober 2007.

Um die bei der lexikalisch-semantischen Analyse ermittelten Ausdrücke eingehender beschreiben und etwas über ihr Vorkommen in anderen, gewissermassen »neutralen« Texten aussagen zu können, wurden in einigen Fällen ergänzend zwei Referenzkorpora konsultiert:

---

13 Vgl. www.svp.ch [7.3.2009].

1. die über die Internetplattform www.duden-suche.de zugänglichen Nachschlagewerke
2. das Korpusrecherche- und Analysesystem COSMAS II des IDS Mannheim[14]

Den Ausgangspunkt für die Medienanalyse (Disseminationsstadium) bilden die folgenden Fragen: Welche Ausdrücke, die im Rahmen der lexikalisch-semantischen Analyse des ersten Stadiums, des Initialstadiums, gefunden wurden, tauchen auch in den Artikeln der *Neuen Zürcher Zeitung* oder des *Tages-Anzeigers* wieder auf? Wie häufig kommen diese vor? Inwiefern verwendet der Verfasser oder die Verfasserin eines Artikels die Ausdrücke dabei so, wie sie von den Parteien in ihren Positionspapieren und Pressecommuniqués gebraucht werden? Wie oft wird von den Medien eine explizite Verbindung zwischen der betreffenden Partei und dem zu besetzenden Ausdruck hergestellt?

Beim untersuchten Textkorpus handelt es sich um Artikel aus der *Neuen Zürcher Zeitung* (NZZ) und des *Tages-Anzeigers* (TA) der Jahre 2003 bis 2007, in denen die im Rahmen der lexikalisch-semantischen Wortanalyse diskutierten Ausdrücke vorkommen. Beide Zeitungen sind komplett online recherchierbar. Es wurden sämtliche im jeweiligen Ressort Inland veröffentlichten Artikel einbezogen, in denen die mittels lexikalisch-semantischer Analyse gefundenen Ausdrücke verwendet wurden.

5.2 Ergebnisse der Wortanalyse (Stadium 1)

5.2.1 Positionspapiere und Pressecommuniqués der SP zum Bereich »Soziale Sicherheit«

Wie oft eine Partei einen bestimmten Ausdruck verwendet, lässt Rückschlüsse darauf zu, wie wichtig er für sie ist. Bei der SP finden sich die Ausdrücke *Rentenalter 67* und *flexibles Rentenalter* insgesamt 25-mal, was zeigt, dass es sich hierbei um zwei für die SP sehr zentrale Themen handelt. *Rentenalter 67* wird innerhalb der Texte der SP zu einem Stigmawort, indem die Partei hiermit durchgängig die aus ihrer Sicht grösste Gefahr für die Bürger bezeichnet: die Erhöhung des Rentenalters auf 67 Jahre (vgl. Tab. 1).

Der Ausdruck *flexibles Rentenalter* ist hingegen ein Fahnenwort der SP. Ein klares Ziel der Partei ist es, dass ein flexibles Rentenalter für möglichst grosse Bevölkerungsschichten eingeführt werden kann. Bei den zwei Ausdrücken *Sozialabbau* und *Leistungsabbau*, die ebenfalls oft genannt wurden, handelt es sich dagegen wiederum um Stigmawörter. Für den Bereich »Soziale Sicherheit« wird grundsätzlich ein düsteres Bild gezeichnet: In mehreren Bereichen sollen angeblich Leistungen gekürzt oder abgebaut

---

14 COSMAS II steht für die zweite Generation des Korpusrecherche- und Analysesystems »**Co**rpus **S**earch, **M**anagement and **A**nalysis System«. Mithilfe dieses Korpusrecherche- und Analysesystems kann in 65 Korpora recherchiert werden. Es werden gut 3,3 Milliarden laufende Wortformen verwaltet, was in etwa 8 Millionen Buchseiten entspricht. COSMAS II ist somit das grösste Referenzkorpus für die geschriebene deutsche Sprache.

	Ausdruck	Anzahl Nennungen
1	Rentenalter 67	13
2	flexibles Rentenalter	12
3	Sozialabbau	8
4	Leistungsabbau	7
5	Rentenklau	6

Tab. 1: Die fünf frequentesten Ausdrücke (SP)

werden. Dabei fokussiert die SP in den untersuchten Texten in erster Linie auf die negativen Auswirkungen für die Bevölkerung. Leistungen, die der Bevölkerung früher zustanden, kommen ihr angeblich nur noch vermindert oder gar nicht mehr zugute. Mit dem Ausdruck *Rentenklau*, der ebenfalls häufig Verwendung findet, wird gar impliziert, dass etwas Illegales geschieht.

5.2.2 Positionspapiere und Pressecommuniqués der SVP zum Bereich »Soziale Sicherheit«

Auf den 88 von der SVP zum Bereich »Soziale Sicherheit« verfassten Seiten findet sich 49-mal der Ausdruck *Missbrauch*. Damit wird bereits deutlich, welchen Aspekt des Themas die Partei fokussiert. Die Partei stellt die Invalidenversicherung (IV) als Einrichtung dar, deren weiteres Existieren sie durch verschiedene Gefahren bedroht sieht. Zudem wird darauf hingewiesen, dass die Leistungen der IV angeblich missbraucht werden, indem Bezüger zu Unrecht Geld bekommen. Innerhalb der Diskussion zur »sozialen Sicherheit« lassen sich bei der SVP drei Abstufungen ausmachen: Vom gesamten Oberbereich »Soziale Sicherheit« interessiert vor allem der Unterbereich *Missbrauch*. In diesem Unterbereich erfolgt eine weitere Abstufung: Das Hauptaugenmerk wird dabei auf den Missbrauch durch *Scheininvalide* respektive auf das Thema *Scheininvalidität* gerichtet. Als dritte Abstufung schliesslich wird die Nationalität der angeblichen *Scheininvaliden* eingehender beleuchtet. Mit dem Ausdruck *Balkanisierung der IV* wird von der Partei darauf hingewiesen, dass es sich bei den *Scheininvaliden* in erster Linie um Menschen aus Balkanstaaten handelt. So lässt sich also festhalten, dass die SVP, indem sie den Schwerpunkt in den Bereich *Missbrauch* und im Speziellen in die Thematik »unrechtmässiger Bezug von IV-Renten durch Ausländer« legt, einem verhältnismässig kleinen, aber in der Öffentlichkeit entsprechend emotional diskutierten Bereich sehr viel Aufmerksamkeit schenkt.

	Ausdruck	Anzahl Nennungen
1	Missbrauch	49
2	Scheininvalidität	15
3	Scheininvalide	13
4	6. IV-Revision	9
5	Balkanisierung der IV	9

Tab. 2: Die fünf frequentesten Ausdrücke (SVP)

An dieser Stelle erscheint bemerkenswert, dass eine Jury von Personen aus der Kommunikationsbranche und den Medien den Ausdruck *Scheininvalide* zum »Unwort des Jahres 2003« gewählt hat (vgl. NZZ, 17. Dezember 2003). Der Ausdruck sei, so die Jury, »ein sachlich nicht angemessener Missgriff«. In diesem Zusammenhang bezeichnet die Jury den Ausdruck als sprachliche Neuschöpfung der SVP. Ob es sich bei *Scheininvalide* tatsächlich um eine sprachliche Neuschöpfung handelt, lässt sich jedoch nicht mit letzter Sicherheit feststellen, denn die COSMAS-II-Recherche zeigt, dass der Ausdruck bereits im Jahre 1995 einmal in den *Salzburger Nachrichten* erschien. Etwas anders verhält es sich mit dem Ausdruck *Scheininvalidität*. Für ihn finden sich vor 2003 keine Belege. Es kann daher davon ausgegangen werden, dass es sich zumindest hierbei um einen von der SVP originär geschaffenen Neologismus handelt.

5.2.3 Eingehendere Betrachtung des Ausdrucks Balkanisierung der IV
Mit dem Ausdruck *Balkanisierung der IV* nimmt die SVP darauf Bezug, dass Menschen aus Balkanstaaten überproportional oft IV-Renten beziehen.[15] Unter *Balkanisierung* versteht die Partei also, dass sich der Anteil an IV-Rentnern, die ursprünglich aus einem der Balkanstaaten stammt, kontinuierlich erhöht. Das Interessante dabei ist nun, dass es den Ausdruck *Balkanisierung* bereits vor der Verwendung durch die SVP als Schlagwort mit einem ganz anderen Konzept gegeben hat. Unter *Balkanisierung* verstand man dabei die »Zerstückelung grösserer politischer und wirtschaftlicher Einheiten« (Meyers Lexikonredaktion 1995: 18). Der Ausdruck bezog sich »vor dem Ersten Weltkrieg auf die von den damaligen Grossmächten geförderte Auflösung des Osmanischen Reiches in

---

15 Der hohe Anteil von IV-Bezügern aus Balkanstaaten wurde am 11. Juni 2007 im Rahmen einer nationalrätlichen Fragestunde mit dem damaligen Bundesrat Couchepin ausführlich diskutiert. Eine Mitschrift des Gesprächs sowie weitere Informationen dazu finden sich auf der Homepage der SIFA (vgl. http://www.sifa-schweiz.ch/download/071121sifapost.pdf [15. 5. 2009]).

kleine Staaten, später auch auf die Entstehung kleinerer Staaten auf dem Territorium Österreich-Ungarns« (Meyers Lexikonredaktion 1995: 18). Tatsächlich zeigt die COSMAS-II-Recherche, dass von den 149 Belegen für *Balkanisierung* aus den Jahren 1985 bis 2005 in 148 Fällen der Ausdruck in dieser ursprünglichen Bedeutung verwendet wird. Nur einmal, und zwar am 19. Juni 1999, wurde der Ausdruck in einem Kommentar des *St. Galler Tagblatts* ähnlich wie von der SVP gebraucht. Der Redaktor nahm damals Bezug auf die Einwanderung von Menschen aus Balkanstaaten in die Schweiz. Diese Verwendung von *Balkanisierung* ist jedoch die einzige, die in etwa jener der SVP entspricht.

Die SVP macht bei ihrer Verwendung des Ausdrucks von verschiedenen wortstrategischen Operationstypen Gebrauch: Auf der einen Seite gibt die Partei dem Ausdruck eine komplett neue Bedeutung, wenn sie ihn ohne jeden Bezug auf die ältere Gebrauchsweise als Stigmawort verwendet, um auf die aus ihrer Sicht herrschenden Missstände in der IV hinzuweisen. Es ist daher durchaus angebracht, hier von einem Neologismus zu sprechen, denn die ursprüngliche Verwendungsweise des Ausdrucks scheint vor allem in der Schweiz nur eine untergeordnete Rolle zu spielen. Da diese frühere Bedeutung vielen Empfängern nicht (mehr) geläufig sein dürfte, könnte man argumentieren, dass der Ausdruck wieder »frei geworden« ist für die neue Besetzung. Somit wird der Ausdruck *Balkanisierung* in diesem Fall nicht konkurrenzierend, sondern einfach ersetzend verwendet, zumal in beiden Begriffen unterschiedliche Aspekte des Konzepts »Balkan« betont werden.

Auf der anderen Seite handelt es sich hier um ein typisches Beispiel für »parteiliches Prädizieren« nach Klein (Klein 1991: 55): Die SVP versucht, jene Aspekte am Sachverhalt hervorzuheben, die aus ihrer Perspektive als wichtig markiert werden sollen, und blendet damit andere Aspekte bewusst aus. Klein bezeichnet diesen wortstrategischen Operationstyp als »Schwungrad der Polarisierung in der politischen Auseinandersetzung« (Klein 1991: 56). Der Ausdruck *Balkanisierung der IV* ist aus Sicht der SVP daher aus zwei Gründen attraktiv: Zum einen ist er leicht verständlich. Das heisst, sowohl ein Grossteil der Wählerinnen und Wähler als auch der politische Gegner dürfte den Ausdruck so verstehen, wie ihn die Partei verstanden haben will. Zum anderen eignet sich der Ausdruck *Balkanisierung* als Stigmawort, um gezielt negative Emotionen bei der Wählerschaft zu wecken. Das überaus häufige Vorkommen im Korpus lässt vermuten, dass sich die Partei dieses grossen Potenzials des Ausdrucks bewusst ist.

5.3 Ergebnisse der Medienanalyse (Stadium 2)

5.3.1 Begriffe der SP

Die Analyse der NZZ und des TA zeigt, dass der Ausdruck *Rentenalter 67* in erster Linie mit der FDP und nicht mit der SP verbunden wird. Dies deshalb, weil der damalige Bundesrat der FDP, Pascal Couchepin, im Herbst 2003 die Idee lancierte, das Rentenalter auf 67 zu erhöhen. So werden er und seine Partei in den 19 Artikeln der NZZ, in denen der Ausdruck vorkommt, sechsmal erwähnt, was einem Prozentsatz von gut 30% entspricht. Insofern ist es Bundesrat Couchepin gelungen, eine Verbindung zwischen ihm und diesem Ausdruck zumindest in Ansätzen herzustellen. Darüber, ob dies Bundesrat Couchepins Ziel war, lässt sich zwar nur spekulieren, es ist aber eher zu bezweifeln. Schliesslich stiess dieser Vorschlag bei der Bevölkerung auf wenig Gegenliebe. In den Artikeln, in denen der Ausdruck in Verbindung mit der SP erwähnt wird, wird ausgeführt, dass die Partei die Erhöhung des Rentenalters bekämpfe. Es lässt sich somit festhalten, dass es der SP beim Ausdruck *Rentenalter 67* im Vergleich zu anderen Ausdrücken zwar nicht gelungen ist, besonders häufig explizit in Verbindung mit dem Ausdruck genannt zu werden. Wenn aber diese Verbindung hergestellt wird, geschieht dies regelmässig im Sinne der Partei.

	Ausdruck	Artikel der NZZ, in denen dieser Ausdruck vorkommt			Artikel des TA, in denen dieser Ausdruck vorkommt		
		Anzahl gesamt	Davon in Verbindung mit der SP		Anzahl gesamt	Davon in Verbindung mit der SP	
			Anzahl	%		Anzahl	%
1	Rentenalter 67	19	3	15,8	82	16	19,5
2	flexibles Rentenalter	14	5	33,3	78	29	37,2
3	Sozialabbau	69	28	40,6	124	49	39,5
4	Leistungsabbau	106	39	36,8	172	71	41,3
5	Rentenklau	15	6	40,0	35	10	28,6

Tab. 3: Vorkommen der fünf frequentesten SP-Ausdrücke in der Presse

Beim Ausdruck *flexibles Rentenalter* finden sich höhere Werte. In 33,3% der Artikel in der NZZ und in 37,2% der Artikel im TA, in denen der Ausdruck vorkommt, wurde die SP als Partei erwähnt, die sich für ein *flexibles Rentenalter* einsetzt. Allerdings wurden auch in diesen Artikeln häufiger die FDP und Pascal Couchepin, der Vorsteher des Departements des Innern, der damit für alle Sozialversicherungen zuständig ist, erwähnt. Auch bei diesem Ausdruck erreicht die SP somit einen eher niedrigen Wert.

Der Ausdruck *Sozialabbau* wird durchschnittlich in etwa 40% der Artikel beider Zeitungen, in denen er vorkommt, mit der SP in Verbindung gebracht und so verwendet, wie ihn die Partei gebraucht, indem in ihnen gesagt wird, dass es ein Ziel der SP sei, den weiteren *Sozialabbau* in der Schweiz zu verhindern. Zudem wird deutlich, dass die Journalistinnen und Journalisten unter dem Ausdruck mehr oder weniger dasselbe wie die SP verstehen. Insofern handelt es sich bei *Sozialabbau* um einen für die Partei zumindest teilweise erfolgreichen Ausdruck.

Leistungsabbau, der zweite Ausdruck, der eine Form von *Abbau* thematisiert, erreicht praktisch den gleich hohen Wert wie *Sozialabbau*. Er wird durchschnittlich ebenfalls in beinahe 40 % der Artikel, in denen er vorkommt, mit der SP in Verbindung gebracht. Wobei hierzu zu sagen ist, dass der TA den Ausdruck etwas häufiger zusammen mit der SP erwähnt als die NZZ. Auch bei *Leistungsabbau* ist es der SP somit gelungen, in bedeutendem Masse explizit in Verbindung mit dem Ausdruck gebracht zu werden.

Der Ausdruck *Rentenklau* taucht um einiges seltener als *Sozialabbau* oder *Leistungsabbau* auf und wurde in der NZZ zudem häufiger als im TA in Verbindung mit der SP erwähnt. In etwa 40 % der Artikel der beiden Zeitungen, in denen der Ausdruck vorkommt, wird erläutert, dass die SP gemäss eigenen Aussagen alle Formen des *Rentenklaus* bekämpfen wolle. Dabei wird der Ausdruck so verwendet, wie ihn die Partei in ihren Papieren gebraucht. Es kann also gesagt werden, dass die SP es erreicht hat, dass regelmässig eine explizite Verbindung zwischen ihr und dem Ausdruck hergestellt wurde. Interessanterweise wird der Ausdruck *Rentenklau* in einem Artikel der NZZ (2. März 2004) als sprachliche Neuschöpfung aus dem Jahre 2002 bezeichnet. Damals, so der Verfasser des Artikels, habe der Ausdruck die sprachliche Debatte geprägt. Die COSMAS-II-Recherche zeigt nun aber, dass der Ausdruck *Rentenklau* bereits 1991 in den *Salzburger Nachrichten* verwendet wurde. In den Jahren von 1991 bis 2001 finden sich zudem weitere 101 Belege für die Verwendung des Ausdrucks. Diese 101 Belege stammen jedoch ausschliesslich aus deutschen und österreichischen Zeitungen.[16] Somit kann festgehalten werden, dass der Ausdruck *Rentenklau* von den schweizerischen Parteien und damit auch von den schweizerischen Medien vor dem Jahre 2002 zwar sehr selten gebraucht wurde, dass es aber falsch ist, ihn als sprachliche Neuschöpfung aus dem Jahre 2002 zu bezeichnen. Im Hinblick auf den Erfolg des Ausdrucks aufschlussreich ist jedoch die Tatsache, dass der Ausdruck *Rentenklau* im Jahr 2003 von einer Jury zu einem den aktuellen deutschschweizerischen Diskurs prägenden Wort gewählt wurde (vgl. NZZ, 17. März 2003).

5.3.2 Begriffe der SVP

Bei der Analyse der NZZ und des TA wird zunächst ersichtlich, dass der Ausdruck *Missbrauch* in sehr vielen Artikeln vorkommt. Der Grund dafür ist jedoch, dass es sich hierbei um einen sehr allgemeinen Ausdruck handelt, der bei Weitem nicht nur in der Politik Verwendung findet. Bei den 82 Artikeln in der NZZ, in denen der Ausdruck in Verbindung mit der SVP vorkommt, handelt es sich in rund 50 Fällen um eine Verwen-

---

16 Einmal wurde der Ausdruck auch in der NZZ bereits früher schon verwendet, am 30. Dezember 1995 nämlich. Auch in diesem Beleg fand der Ausdruck jedoch im Rahmen eines Berichtes über die österreichischen Wahlen Verwendung.

dung des Ausdrucks im Sinne der SVP, also um *Missbräuche* der Sozialversicherungen wie Sozial*missbrauch* oder Sozialhilfe*missbrauch*. Bei den restlichen 30 Artikeln handelt es sich entweder um andere Bereiche der »Sozialen Sicherheit«, in denen die SVP ebenfalls von *Missbrauch* spricht, oder um Artikel, in denen gar der SVP selbst *Missbrauch* vorgeworfen wird. So wird in einigen Artikeln der Partei unterstellt, sie *missbrauche* ernsthafte Themen der Sozialversicherungen für Wahlkampfzwecke. Somit wird der Ausdruck *Missbrauch*, wie ihn die SVP in ihren Positionspapieren und Pressecommuniqués gebrauchte, nur in 50 von 270 Artikeln in Verbindung mit der SVP genannt, was einer Quote von knapp 19 % entspricht. Ein ähnliches Bild zeigt sich bei den Artikeln des TA: In den 1 426 Artikeln, in denen der Ausdruck *Missbrauch* genannt wird, wird 280-mal die SVP erwähnt. In diesen 280 Artikeln findet sich gut 100-mal eine Verwendung des Ausdrucks im Sinne der SVP. Dies entspricht einer Quote von gut 7 %. Der SVP ist es also nur in ganz wenigen Fällen gelungen, explizit in Verbindung mit dem Ausdruck genannt zu werden, wobei betont werden muss, dass es sich hier um einen so allgemein gebräuchlichen Ausdruck handelt, dass es wohl unmöglich ist, ihn als Partei vollständig zu besetzen.

	Ausdruck	Artikel der NZZ, in denen dieser Ausdruck vorkommt			Artikel des TA, in denen dieser Ausdruck vorkommt		
		Anzahl gesamt	Davon in Verbindung mit der SVP		Anzahl gesamt	Davon in Verbindung mit der SVP	
			Anzahl	%		Anzahl	%
1	Missbrauch	270	82	30,4	1 426	280	19,6
2	Scheininvalidität	8	8	100,0	9	6	66,6
3	Scheininvalide	19	12	63,2	77	39	50,6
4	6. IV-Revision	89	31	34,8	12	10	83,3
5	Balkanisierung der IV	5	5	100,0	1	1	100,0

Tab. 4: Vorkommen der fünf frequentesten SVP-Ausdrücke in der Presse

Beim Ausdruck *Scheininvalidität* sieht die Sachlage dagegen anders aus. *Scheininvalidität* wurde in der NZZ zwar nur in acht Artikeln verwendet, jedoch ausnahmslos immer in der von der SVP gebrauchten Art und Weise. Im TA, wo der Ausdruck in neun Artikeln Verwendung fand, wurde er in 66,6 % der Fälle in Verbindung mit der SVP verwendet. Anscheinend ist es der SVP also gelungen, eine relativ enge Verbindung zwischen ihr und dem Ausdruck herzustellen. In den restlichen drei Artikeln, in denen der Ausdruck gebraucht wird, wird die SVP zwar nicht explizit erwähnt, es werden aber unter anderem Ärzte und Psychologen dazu befragt, inwiefern es angebracht sei, diesen Ausdruck zu verwenden. Da davon ausgegangen werden kann, dass es sich bei *Scheininvalidität* um einen von der SVP geschaffenen Neologismus handelt, lässt sich festhalten, dass *Scheininvalidität* aus Sicht der SVP einer der erfolgreichsten Ausdrücke überhaupt ist. Dies nicht nur deshalb, weil die SVP sehr oft in Verbindung mit *Scheininvalidität* genannt wird, sondern auch deshalb, weil sich eben auch »neutrale« Fachleute zum Ausdruck äussern müssen und damit gezwungen sind, ihn in bestimmten Situationen selbst zu verwenden.

Scheininvalide, der Ausdruck, der eng mit *Scheininvalidität* verbunden ist, wurde in 19 Artikeln der NZZ verwendet und davon in zwölf Artikeln mit der SVP in Verbindung gebracht, was einer Quote von 63,2 % entspricht. Im TA fand *Scheininvalide* in 77 Artikeln Verwendung, in 39 davon in Verbindung mit der SVP, was einer Quote von 50,6 % entspricht.

Das Interessante an diesem Ausdruck ist, dass er in den restlichen Artikeln, in denen die SVP wiederum nicht explizit genannt wird, so verwendet wird, wie ihn die SVP gebraucht. In zahlreichen Fällen empören sich die Verfasserinnen und Verfasser zwar über den Ausdruck, ironischerweise sind sie aber gerade deshalb, weil sie sich zum Ausdruck *Scheininvalide* äussern wollen, gezwungen, ihn auch selbst zu verwenden. Es handelt sich also auch bei *Scheininvalide* um einen Ausdruck, der oft explizit in Verbindung mit der Partei genannt wird.

Den Ausdruck *6. IV-Revision* findet man in 89 Artikeln der NZZ, in 31 davon und damit in 34,8 % der Artikel wird er in Verbindung mit der SVP genannt. Im TA wird der Ausdruck in zwölf Artikeln gebraucht, in zehn davon im Zusammenhang mit der SVP, was einer Quote von 83,3 % entspricht. In beiden Zeitungen wird der Ausdruck so verwendet, wie ihn die Partei in ihren Papieren gebraucht. Die Quote im TA ist damit sehr hoch. Hierzu muss jedoch gesagt werden, dass die 5. Revision der Invalidenversicherung am 17. Juni 2007 vom Volk angenommen wurde und die SVP just einen Tag später die Forderung nach einer *6. Revision* der Invalidenversicherung aufstellte. Mit dieser Forderung stand sie damals alleine da. Dies dürfte der Hauptgrund sein, weshalb die SVP so stark mit dem Ausdruck *6. IV-Revision* in Verbindung gebracht wird. Der Ausdruck wurde somit spätestens ab dem 18. Juni 2007 zum Fahnenwort der SVP und erst mit einiger Verzögerung zum Stigmawort der politischen Gegner.

Den Ausdruck *Balkanisierung der IV* findet man in der NZZ in fünf Artikeln, in jedem davon in Verbindung mit der SVP. Im TA taucht der Ausdruck nur einmal auf, dann aber ebenfalls explizit in Verbindung mit der SVP. Da der Ausdruck damit zwar selten, in jedem Fall aber in der Verwendungsweise der SVP belegt ist, erreicht die SVP mit *Bal-*

kanisierung der IV hier eine Erfolgsquote von 100%. Es handelt sich hierbei folglich um den aus Sicht der SVP erfolgreichsten Ausdruck.[17]

6 Fazit

Der Überblick über die in der empirischen Untersuchung gewonnenen Ergebnisse zum Besetzen von Begriffen durch zwei antipodische Parteien im Diskurs um die »Soziale Sicherheit« zeigt, dass insbesondere der SVP – mit der *Balkanisierung der IV* und dem Begriffspaar *Scheinvalide/Scheininvalidität* – einige Erfolge auf der Ebene des Initial- und des Disseminationsstadiums gelungen sind. Versucht man, die entstandene enge Verknüpfung zwischen Partei und Ausdrücken mithilfe der weiter oben erwähnten Bedingungen für das Gelingen einer Begriffsbesetzung zu erklären, so dürften hierbei zwei Aspekte eine Rolle gespielt haben: Einerseits hat die SVP mit den Ausdrücken ein Thema angesprochen, über das in der Gesellschaft bereits gesprochen wurde, und dabei Denkmuster aufgegriffen, die im gesellschaftlichen Diskurs bereits vorhanden waren. Andererseits scheint es ihr dadurch, dass sie eben diese Denkmuster aufgriff, gelungen zu sein, die Diskussion zunächst zu beherrschen und zu steuern und dabei ihre Ausdrücke in die Diskussion einzubringen, sodass eine enge Verknüpfung zwischen Partei und Ausdrücken in der Gebrauchsweise der eigenen Ideologie hergestellt werden konnte.

Bei *Scheininvalidität* und *Scheininvalide* dürfte sich noch eine weitere Rahmenbedingung positiv ausgewirkt haben: die der Wiederholung. Während *Balkanisierung der IV* in den Positionspapieren und Pressecommuniqués der Parteien nur neunmal und in den untersuchten Zeitungen gar nur in insgesamt sechs Artikeln genannt wurde, gebrauchte die SVP die Ausdrücke *Scheininvalidität* und *Scheininvalide* in ihren Positionspapieren und Pressecommuniqués insgesamt 28-mal, und sie fanden sich in den untersuchten Zeitungen insgesamt 113-mal. Ein letzter Beleg dafür, dass die SVP mit dem Ausdruck *Scheininvalide* die Diskussion des Bereiches »Soziale Sicherheit« entscheidend beeinflussen konnte, ist schliesslich die Tatsache, dass der Ausdruck dreimal in den Papieren des politischen Gegners, der SP, auftaucht und thematisiert wird. Anscheinend wurde *Scheininvalide* innerhalb der Diskussion also so zentral, dass auch das politische Gegenüber darauf Bezug nehmen und ihn somit selbst verwenden musste.

Vor dem Hintergrund des hier vorgeschlagenen heuristischen Modells kann also gesagt werden, dass die SVP auf einem guten Weg ist, die Begriffe *Balkanisierung der IV, Scheininvalidität* und *Scheininvalide* zu »besetzen«. Die Partei hat die nötigen Schritte des ersten Stadiums der Besetzung eines Begriffs unternommen, und die für das Disseminationsstadium typischen Prozesse der Aufnahme und Verwendung der Ausdrücke durch die Medien sind eingetreten. Ob die Ausdrücke freilich das Etabliertheitsstadium

---

17 Erwähnenswert scheint noch, dass der Ausdruck *Balkanisierung* in der NZZ noch in einem und im TA noch in sieben weiteren Artikeln in seiner ursprünglichen geopolitischen Bedeutung auftaucht.

erreichen und damit Teil der Allgemeinsprache werden, muss an dieser Stelle offen bleiben. Für eine entsprechende Untersuchung wäre zunächst einmal ein geeignetes Instrument zu entwickeln, mit dessen Hilfe man tatsächlich zuverlässige Ergebnisse zur Etablierung eines Ausdrucks in der Allgemeinsprache gewinnen kann.

7 Korpus

7.1 Texte der SP

Positionspapiere
September 2007: »Gesundheitspolitik Herbstsession – Positionen SP-Fraktion«.

Medienmitteilungen
Sämtliche Pressecommuniqués der SP zum Bereich »Soziale Sicherheit« vom 6. November 2003 bis am 3. Oktober 2007.

7.2 Texte der SVP

Positionspapiere
- Juni 2007: »6. IV-Revision anpacken statt Zwangsabgaben erhöhen«.
- April 2007: »Wenn Rot/Grün gewinnt, geht die Schweiz kaputt«, S. 40–43.
- Oktober 2004: »Sanierung vor Finanzierung: Schluss mit der Scheininvalidität«.

Medienmitteilungen
Sämtliche Pressecommuniqués der SVP zum Bereich »Soziale Sicherheit« vom 6. November 2003 bis am 18. Juni 2007.

7.3 Pressetexte (NZZ und TA)

- NZZ-Online: http://www.genios.de/intranet/nzz/b_ssuche/nzz.ein [27.8.2010].
- TA-Online: http://www.lexisnexis.com/de/business/search/homesubmitForm.do [27.8.2010].

7.4 Referenzkorpora

- Internetplattform des Dudenverlags: http://www.duden-suche.de [27.8.2010].
- Korpusrecherche- und Analysesystem COSMAS II: http://www.ids-mannheim.de/cosmas2/uebersicht.html [27.8.2010].

8 Literatur

Biedenkopf, Kurt H. (1982): Politik und Sprache. In: Heringer, Hans Jürgen (Hg.): *Holzfeuer im hölzernen Ofen. Aufsätze zur politischen Sprachkritik.* Tübingen: Narr, S. 189–197.

Böke, Karin (1996): Politische Leitvokabeln in der Adenauer-Ära. Zu Theorie und Methodik. In: Böke, Karin; Liedtke, Frank; Wengeler Martin (Hgg.): *Politische Leitvokabeln in der Adenauer-Ära.* Berlin: de Gruyter (= Sprache, Politik, Öffentlichkeit; 8), S. 19–50.

Böke, Karin (1997): Die »Invasion« aus den »Armenhäusern Europas«. Metaphern im Einwanderungsdiskurs. In: Jung, Matthias; Wengeler, Martin; Böke, Karin (Hgg.): *Die Sprache des Migrationsdiskurses. Das Reden über »Ausländer« in Medien, Politik und Alltag.* Opladen: Westdeutscher Verlag, S. 164–193.

Böke, Karin (2000): »Gastarbeiter« – auf deutsch und österreichisch. Methodik und Empirie eines diskurslinguistischen Vergleichs. In: Niehr, Thomas; Böke, Karin (Hgg.): *Einwanderungsdiskurse. Vergleichende diskurslinguistische Studien.* Wiesbaden: Westdeutscher Verlag, S. 158–194.

Burkhardt, Armin (2002): Politische Sprache. Ansätze und Methoden ihrer Analyse und Kritik. In: Spitzmüller, Jürgen; Roth, Kersten Sven; Leweling Beate; Frohning, Dagmar (Hgg.): *Streitfall Sprache. Sprachkritik als angewandte Linguistik?* Bremen: Hempen (= Freiburger Beiträge zur Linguistik; 3), S. 75–114.

Burkhardt, Armin (2003): Vom Schlagwort über die Tropen zum Sprechakt. Begriffe und Methoden der Analyse politischer Sprache und ihres geschichtlichen Wandels. In: *Der Deutschunterricht* 2, S. 10–24.

Busse, Dietrich (2005): Architekturen des Wissens. Zum Verhältnis von Semantik und Epistemologie. In: Müller, Ernst (Hg.): *Begriffsgeschichte im Umbruch?* Hamburg: Meiner (= Archiv für Begriffsgeschichte; Sonderheft 2004), S. 43–57.

Caduff, Claudio; Fuchs, Jakob (2007): *Staat, Volkswirtschaft, Recht. Grundwissen: Wirtschaft und Gesellschaft mit Ökologie.* 4., vollständig überarb. und erw. Aufl. 2008/2009. Rothenburg: Fuchs.

Furter, Thomas (2009). *Von Scheinasylanten, Scheininvaliden und Scheinpatrioten – Diskurslinguistische Untersuchungen zum Prozess des Begriffe-Besetzens anhand von Texten der SP und der SVP.* Zürich: o. V. – Unveröffentlichte Lizenziatsarbeit.

Klein, Josef (1991): Kann man »Begriffe besetzen«? Zur linguistischen Differenzierung einer plakativen politischen Metapher. In: Liedke, Frank; Wengeler, Martin; Böke, Karin (Hgg.): *Begriffe besetzen. Strategien des Sprachgebrauchs in der Politik.* Opladen: Westdeutscher Verlag, S. 44–69.

Kriesi, Hanspeter (2005): *Der Aufstieg der SVP. Acht Kantone im Vergleich.* Zürich: Verlag Neue Zürcher Zeitung.

Ladner, Andreas (2004): *Stabilität und Wandel von Parteien und Parteiensystemen. Eine vergleichende Analyse von Konfliktlinien, Parteien und Parteiensystemen in den Schweizer Kantonen.* Wiesbaden: VS Verlag für Sozialwissenschaften.

Liedke, Frank; Wengeler, Martin; Böke, Karin (Hgg.) (1991): *Begriffe besetzen. Strategien des Sprachgebrauchs in der Politik.* Opladen: Westdeutscher Verlag.

Meyers Lexikonredaktion (Hg.) (1995): *Meyers grosses Taschenlexikon in 24 Bänden.* 5., überarb. Aufl. Mannheim/Zürich: BI-Taschenbuchverlag.

Roth, Kersten Sven (2002): »Man nimmt Sprache nur immer dann wahr, wenn man Probleme hat...«. Thesen zum Sprachbewusstsein von Politikern. In: *Zeitschrift für germanistische Linguistik* 30.1, S. 73–99.

Wengeler, Martin (2005): »Streit um Worte« und »Begriffe besetzen« als Indizien demokratischer Streitkultur. In: Killian, Jörg (Hg.): *Sprache und Politik. Deutsch im demokratischen Staat.* Mannheim/Leipzig/Wien/Zürich: Dudenverlag (=Thema Deutsch; 6), S. 177–194.

V. Politischer Sprachgebrauch in historischer Perspektive

David Eugster

»Shop-Ville«.
Ein Franglizismus zwischen Urbanität und Landesverrat

1 Einleitung: Der Name eines Einkaufszentrums als Politikum

Zu Beginn der 1960er-Jahre wurde unter dem Zürcher Bahnhofplatz eine Fussgängerunterführung geplant, um den Verkehr auf dem Bahnhofplatz zu entlasten. Um die Attraktivität für die von der Oberfläche verbannten Fussgänger zu steigern, entschieden sich die Zürcher Stadtplaner[1] für eine grosszügige Ausstattung der Anlage mit Läden und Snackbars. Im Herbst 1970 öffnete die Passage als eines der ersten Einkaufszentren der Schweiz und die Medien feierten sie als repräsentatives Prestigeobjekt der Stadt Zürich. Im Frühling 1970 wurde in einem öffentlichen Wettbewerb nach einem Namen für die Passage gesucht. Aus 20 000 Einsendungen aus der Region Zürich wählte eine Jury, die hauptsächlich aus Ladenbesitzern und Werbern bestand, den englisch-französischen Namen »Shop-Ville« aus. Bereits einen Tag nach dieser Entscheidung wurde in den Zeitungen in und um Zürich erster Protest gegen die Namenswahl laut. Im Juli 1970 wies auch der Stadtrat den gewählten Namen als *unschweizerische Kreation* zurück (Protokoll des Stadtrates Zürichs [im folgenden kurz SR genannt] Nr. 1312, 30.4.1970). So blieb »Shop-Ville« zwar weiterhin der Name der Unterführung, der öffentliche Grund, genau genommen der Verbund der Gehwege im Untergrund erhielt jedoch einen wesentlich neutraleren Namen, er wurde offiziell »Bahnhofpassage« genannt. Das Interesse dieses Aufsatzes besteht darin, die Haltungen der verschiedenen Diskursgruppen zum Namen »Shop-Ville« aufzuzeigen und zu verdeutlichen, wie dieser Konflikt auf die politische Ebene gelangte.

2 Das Gebäude als Kollektivsymbol

2.1 Das Gebäude als Objekt diverser Spezialdiskurse

Um die Äusserungen in der Diskussion rund um die Bezeichnung »Shop-Ville« zu kontextualisieren, möchte ich ein diskursanalytisches Verfahren wählen. Dazu dient mir ein umfangreiches Korpus von öffentlichen Äusserungen zum Bauprojekt der Bahnhofpas-

---

1 Ich werde dort, wo ich in den Quellen auch weiblichen Stimmen begegnet bin, was selten der Fall war, dies berücksichtigen. Wo ich das Maskulinum verwende, ist es deshalb nicht im generischen Sinne zu verstehen.

sage aus der Zeit von 1958, dem Beginn der Planungsphase, bis zur Eröffnung 1970. Es enthält alle Stadtratsprotokolle der Zeitspanne 1950 bis 1971, welche die Bahnhofsunterführung zum Gegenstand haben, sowie Abstimmungsunterlagen, die Berichterstattung der *Neuen Zürcher Zeitung* (kurz: NZZ) und des *Tages-Anzeigers* (kurz: TA) während der Bauzeit. Die Stadtratsprotokolle sind im Stadtarchiv Zürich gebunden zugänglich. Die Presseerzeugnisse zum Bahnhofplatz wurden im Stadtarchiv gesammelt (Stadtarchiv Zürich V. G. c 705), wurden von mir jedoch in einer Mikrofilmdurchsicht der Zeitungsbestände noch ergänzt. Für die hier hauptsächlich besprochene Eröffnungsphase habe ich zudem das Zeitungskorpus ausgeweitet und auch lokale Zeitungen aus der Region Zürich (AZ, *Neue Zürcher Nachrichten* [kurz: NZN], *Die Tat, Züri Leu* [kurz: ZL]) und die nationale Boulevardzeitung *Blick* mit einbezogen.

Wichtige Einsichten gaben mir jedoch auch auf Umwegen beschaffte, oft fragmentarisch erhaltene Quellenbestände. So lieferten mir zwei nicht regulär verschlagwortete Archiv-Schachteln der Liegenschaftenverwaltung der Stadt Zürich, äusserst wertvolle Ergänzungen zu Planungsunterlagen des Tiefbauamtes und des Amtes für Städtebaus. Ein Nostalgie-Sammel-Ordner von Gabriele Marinello, dem ersten, mittlerweile verstorbenen Präsidenten der Shop-Ville-Mietervereinigung, enthielt die Sitzungsprotokolle der Werbekommission der privaten Mietervereinigung, die ab 1967 existierte.[2]

Diese Äusserungen der lokalen Akteure sollen im Folgenden jedoch nicht als *ein* »Diskurs um die Zürcher Bahnhofspassage« aufgefasst werden. Ich möchte den Begriff des Diskurses trotz der thematischen Ausrichtung des Korpus nicht so verwenden. Vielmehr handelt es sich bei den Daten des Korpus um die Äusserungen lokaler Akteure, die alle vor dem Hintergrund ihrer eigenen *Spezialdiskurse* (Link 1984) sprechen und schreiben: als Fachleute der Stadtplanung, der Politik, als Kaufleute und als Marketingstrategen. So definierte Spezialdiskurse beschäftigen sich nicht nur mit tagespolitischen Themen, sondern vielmehr mit ganz unterschiedlich strukturierten Wissenskomplexen rund um die globale Frage: Wie baut man eine Stadt? Sie können einerseits als unverortete Wissens- beziehungsweise Textnetze analysiert werden, oder aber, wie im Fall des vorliegenden Beitrags, eingebettet in institutionelle, lokale und personelle Kontexte (vgl. Blommaert 2005: 34). Auch Michel Foucault skizziert in »Die Ordnung des Diskurses« (Foucault 2001) den Diskurs-Begriff mit einem Fokus auf seine institutionelle Prägung durch spezifische Gruppen, die über gewisse Objekte des Sprechens eine Deutungshoheit haben. Dabei steht nicht die thematische Organisation von Aussagen im Mittelpunkt, sondern die spezifischen Gruppierungen, welche gültige Aussagen

---

2 Hier möchte ich mich ausdrücklich für die Einsicht in die privaten Quellen der Marinello AG, aber auch für das Fotoalbum von Frau Grob sowie für das Entgegenkommen von Frau Marty in der Liegenschaftenverwaltung bedanken.

zu gewissen Bereichen produzieren können,³ sogenannte »Diskursgesellschaften« (vgl. Spitzmüller / Warnke 2008: 34). Sie produzieren und rezipieren Spezialdiskurse textuell, vertreten diese jedoch auch institutionell und folgen ausserdem einer spezifisch geregelten Praxis, wie sie ihre Aussagen hervorbringen. Der Spezialdiskurs kann als wandelbares Archiv von strategisch verwendbaren Wissenselementen, Aussagegrenzen und -anreizen, aber auch pragmatischen Formen – d. h. Sprechakt- bzw. Kommunikationsformen – angesehen werden, die von institutionell und lokal verorteten Diskursgesellschaften (bzw. angesichts der Grösse eher: Diskursgruppen) strategisch verwendet werden.

2.2 Das Gebäude als umstrittenes Kollektivsymbol

Die Bahnhofspassage in Zürich war als Unterführung einerseits eine verkehrstechnische Massnahme und hatte andererseits eine ökonomische Funktion als Einkaufszentrum zu erfüllen.⁴ Als modern ausgestatteter städtischen Infrastruktur kam ihr jedoch darüber hinaus auch eine repräsentative und symbolische Funktion zu. Hier setzte auch der politische Streit um den Namen an. Die Diskussion um die Ausgestaltung des Gebäudes war zwar hauptsächlich von den lokalen Angehörigen des städteplanerischen Spezialdiskurses geprägt, die Planer traten mit ihrer Arbeit jedoch bereits in der Ausarbeitungsphase – und definitiv im Bauprozess selbst – an die Öffentlichkeit heran. Im Pressediskurs, der als spezialdiskursübergreifende Arena des Sprechens fungiert, als *Interdiskurs* (Link 1984), stellten sich die sichtbaren Ergebnisse der spezialdiskursiven Arbeit (Pläne, Abstimmungsvorlagen, Pressecommuniqués) der öffentlichen Kritik. Einerseits ganz regulär als städtisches Projekt in der Planungsphase, während derer in Zürich zweimal direktdemokratisch über die Annahme der Planungen durch die Bürger abgestimmt wurde. Zusätzlich aber entzündete sich 1970 die erwähnte Diskussion um die repräsentative Funktion der Passage, in deren Zuge, initiiert in den Leserbriefspalten der lokalen Presse, der Name »Shop-Ville« auch im Stadtrat zu einem politischen Streitthema wurde. Eben durch seine repräsentative Funktion wurde aus der Bahnhofunterführung als einem Projekt städteplanerischer und kommerzieller Spezialdiskursgruppen eine *res publica* der *polis,* der Streit um die Benennung der Bahnhofpassage selbst somit im engsten Sinne politisch.

---

3 Dem Diskurskonzept von Foucault liegt ein enunziatorisches Aussagekonzept zugrunde, wie Johannes Angermüller analytisch gewinnbringend ausgeführt hat: Diskurse sind in Aussagen (Enoncés) formiert. Eine Aussage ist eine »Diskurs(f)akt« gewordene individuelle Äusserung, die zwar nicht wiederholt werden kann, die aber das Hervorbringen neuer ähnlicher Aussagen in individuellen, kontextuell verortbaren Äusserungssituationen (énonciations) normativ stützt (vgl. Angermüller 2008: 59-61).

4 Letzteres ist sie durchaus auch zur Stützung der verkehrstechnischen Massnahme: So sollte die »Attraktivität« der Anlage Fussgänger zusätzlich zu Verboten davon abhalten, den Bahnhofplatz oberirdisch zu überqueren.

Zunächst gilt es folglich nachzuzeichnen, wie das geplante Bauvorhaben zu einem öffentlichen Repräsentationssymbol werden konnte. Gebäude können insofern als Symbole bezeichnet werden, als sie einerseits von den historischen Akteuren, wie ich später noch zeigen werde, mitunter explizit als solche bezeichnet werden, zugleich aber auch im Sprechen über sie mit Inhalten assoziiert bzw. kollokiert werden, die andeuten, worin die Bedeutung eines solchen symbolisch aufgeladenen Gebäudes für die Akteure liegen könnte. Dabei deckt sich in diversen Spezialdiskursen oftmals die Bedeutung, nicht aber die Bewertung der Symbole. So kann ein Wolkenkratzer durchaus mehr oder weniger unbestritten gemeinhin als Symbol für »grossstädtische Urbanität« betrachtet werden. Ob man diese Urbanität jedoch für wünschenswert hält, ist das Objekt politischer Aushandlung. Mit diesem Symbolkonzept lehne ich mich an den Begriff des Kollektivsymbols von Link an, der z. B. herausgearbeitet hat, dass der Heissluftballon in verschiedenen Spezialdiskursen als Metapher für gesellschaftlichen Fortschritt benutzt wurde (Link 1982). Ich gehe jedoch davon aus, dass nicht erst die versprachlichte Metapher als ein solches Kollektivsymbol gelten kann, sondern bereits ein Gebäude selbst (vgl. Gerhard/Warnke 2007).[5]

3 Der Bahnhofplatz als repräsentativer Raum

3.1 Metropolenträume im Zürcher Amt für Städtebau

Ab der zweiten Hälfte der 1960er-Jahre war die Zürcher Stadtplanung geprägt von einem Fortschrittsstreben, das sich zum Ziel nahm, in Zürich eine Innenstadt zu schaffen, welche dem steigenden Einfluss des Finanzplatzes auf den internationalen Märkten angemessen schien (Blanc 1993: 126). Dieser Enthusiasmus schlug sich in etlichen Ausbau-Projekten nieder, von denen letztlich kaum eines verwirklicht wurde. Die gross angelegten behördlichen Planungen fokussierten hauptsächlich auf den Bahnhofbereich. Hier sollte im sogenannten *Sihlraum*, einem Stück unbebauten Uferraums am Fluss Sihl, der unter dem Bahnhof durchfliesst, ein neues Stadtviertel entstehen. Dieses wurde von einigen geradezu überschwänglich als *das zukünftige Manhattan Zürichs* bezeichnet (Allemann 1969: 7). War der Vergleich mit den USA noch in den 1950er-Jahren verpönt (Weidmann 1999: 99), bezogen sich ab Mitte der 1960er-Jahre alle Planungsexperten unverhohlen auf das Vorbild amerikanischer Städte: Expressstrassen sollten einen schnellen Durchgang durch die Innenstadt ermöglichen (Kammann 1990: 65), eine Untergrundbahn war ebenfalls in Planung. An der U-Bahn lässt sich deutlich zeigen, dass

---

5 Dabei soll der Begriff des Kollektivsymbols auch nicht in die Irre leiten: Letztlich waren an der öffentlichkeitswirksamen Symbolisierung dieses Ortes, wie sie hier zur Sprache kommen soll, nur wenige beteiligt: Es handelt sich dabei um Angehörige exklusiver, interessengelenkter Diskursgesellschaften aus Stadtplanern, Werbern, Politikern, Kaufleuten, Journalisten und Journalistinnen und einigen wenigen ausgewählten Lesern und Leserinnen, die durch Leserbriefe und Wettbewerbsbeiträge zur Sprache kamen.

sie nicht nur eine verkehrstechnische Funktion haben sollte, sondern auch eine symbolische. So äusserte sich der damalige Stadtrat der Freisinnigen, Ernst Bieri, explizit:

> Ich glaube, dass die U-Bahn so oder so kommen wird, auch wenn sie rein wirtschaftlich nicht hieb- und stichfest begründet werden kann. Die U-Bahn wird langsam zu einem Statussymbol. Was eine richtige Grossstadt sein will, hält sich eine U-Bahn! (*Vorwärts,* 12.1.1967)

Die Verbindung von leistungsfähigen Verkehrsanlagen und moderner Architektur sollte Zürichs Status als reiche und bald hoffentlich auch grosse Metropole baulich verdeutlichen. Das neue Stadtviertel sollte nicht einfach nur eine funktionale Erweiterung der Stadt, sondern eine »Stadtkrone« sein (Welz 1996: 146), ein Symbol für die Arriviertheit der Stadt Zürich in der Liga der »global cities« (vgl. Hitz 1995; Sassen 1994).

3.2 Der Bahnhofplatz in repräsentativer Tradition

Auch der Bahnhofplatz war in diese Modernisierungsplanungen und den architektursymbolischen Umbau Zürichs zur Weltstadt mit einbezogen. Der Umbau des Bahnhofplatzes sollte 1960 eine schlichte Unterführung mit einem Kiosk umfassen. Im Rahmen der enthusiastischen Stadtplanung der folgenden Jahre sollte unter dem Bahnhofplatz jedoch bald weit mehr entstehen: Aus der Unterführung war planerisch eine zukünftige U-Bahnstation für eine U-Bahn geworden, die, wie man plante, 1979 fertig gestellt sein würde. Zugleich wurde aus der bescheidenen Unterführung auch, und dies weitaus konkreter, eine für damalige Verhältnisse sehr luxuriöse Einkaufspassage, die sich an Vorbildern in Städten wie Wien oder Barcelona orientierte. Die Bahnhofplatzunterführung sollte als Durchgang vom Bahnhof in die Stadt eine Begrüssungsfunktion übernehmen: Wer in der Stadt ankam, sollte zuerst die Einkaufspassage unter dem Bahnhofplatz sehen. Diese Empfangsfunktion steht in einer historischen Traditionslinie mit der Aufgabe der Bahnhofstrassen und Bahnhöfe als städtische Prestigeobjekte (Satjukow 2002: 25; Steiner 1989: 67). Im 19. Jahrhundert hatte in vielen Städten der Bahnhof die Stadttore funktional ersetzt, so auch in Zürich: Mit seiner prunkvollen historistischen Architektur erfüllte der Bahnhof in Zürich ab 1847 jene Rolle, welche bis in die 1830er Jahre die nun abgebrochenen Stadttore übernommen hatten (Schivelbusch 1979: 155): Ein Prunktor wies den Gang in die Bahnhofstrasse, wo vornehmlich luxuriöse Geschäfte die Reisenden empfingen und auch heute noch empfangen. Ab 1970 führte nun an dieser Stelle der Weg nicht mehr über einen Zebrastreifen direkt zur Bahnhofstrasse, sondern mit einer Rolltreppe ins Untergeschoss, in die Bahnhofpassage.

1968 setzten die städtischen Behörden Ladenmieter ein und übergaben ihnen gleichzeitig bereits gewisse Aufgaben zur Selbstverwaltung. Auf Grund der repräsentativen Rolle des Standorts suchte die Stadtverwaltung für die Passage nur ausgewählte,

Abb. 1:
Das Zürcher Bahnhoftor 1908 (links) und eine fotografische Parallelisierung des Bahnhoftors und der Rolltreppe zu »Shop-Ville« 1970 (rechts) im *Zürcher Tagblatt* vom 1. Oktober 1970

erfolgreiche, *dynamische* Geschäfte mit Zürcher Besitzern aus, die keine *konservativen Geschäftspraktiken* verfolgten (SR Nr. 799, 24. 12. 1968). Als institutionelle Neuheit organisierte die Stadtverwaltung die Mieter in einer Mietervereinigung, eine Organisationsform, die man aus ländlichen Einkaufszentren kannte. Diese Vereinigung war nun für den Auftritt der Passage gegenüber der Öffentlichkeit verantwortlich. Musste während der ersten Planungsphase jeder Schritt demokratisch abgesichert werden, trat nun mit der Mietervereinigung ein neuer, kommerziell orientierter Akteursverbund auf, der das Bild der Bahnhofpassage eigenen Marketing-Interessen folgend zu bestimmen versuchte.

4 Die Namenssuche

4.1 Ein werbewirksamer Wettbewerb als scheindemokratische Inszenierung

Im Frühling 1970 initiierte die Werbekommission der Mietervereinigung im Vorfeld der Eröffnung der Bahnhofpassage einen Wettbewerb. Die dafür ausgewählte Plattform war der *Züri Leu*, ein Gratis-Anzeiger, der wöchentlich erschien und seinen redaktionellen Teil regelmässig für PR-Aktionen zur Verfügung stellte. Am 12. März lancierte der *Züri Leu* diesen Wettbewerb, mit dem für die Bahnhofsunterführung ein eigener Name gesucht werden sollte (ZL 12. 3. 1970). Am Wettbewerb nahmen 20 000 Leser teil, insgesamt wurden 5 000 verschiedene Namen eingereicht. Entschieden wurde jedoch nicht per Mehrheitsentscheid oder Zufallslos, sondern durch eine Jury, in der je ein Vorstandsmitglied der beteiligen Geschäfte und ein Werbefachmann sassen.

Bemerkenswert ist nun, wie dieser Entscheid performativ inszeniert und dargestellt wurde. Obschon stets offen gelegt wurde, dass die Jury das letzte Wort haben würde, wurde der Namen letztlich wie ein Los gezogen. Aus einer Kiste, in welcher sich nur der bereits erwählte Name befand, wurde dieser Name gezogen, als ob es eine Zufallswahl gewesen wäre (ZL 8. 4. 1970). Bei der *Glücksfee* handelte es sich um Sigmund Widmer, den Stadtratspräsidenten von Zürich. Dadurch erhielt die Wahl eine doppelte demokratische Scheinlegitimation: Einerseits durch die Form des Losziehens und zudem dadurch, dass der höchste gewählte Zürcher die Entscheidung der Jury verkündete. Dieser Versuch, die demokratische Öffentlichkeit zur Urheberin des Namens zu stilisieren und so den Namen und seine repräsentative Funktion an dieser entscheidenden Stelle Zürichs zu legitimieren, misslang jedoch.

4.2 Zur Kontinuität der Geistigen Landsverteidigung

Was verbanden die ökonomisch interessierten Akteure der Mietervereinigung mit dem Namen »Shop-Ville«? Im *Züri-Leu,* ihrer werbenden Stimme, wurde hervorgehoben, dass der *erklärende Name* dem *praktischen Sinn des Zürchers* entspreche, da er auf *Internationalität und direkte Assoziationen* bedacht sei. Einerseits meinte man damit die rein praktische Ausrichtung auf ausländische Kundschaft, zugleich aber ist die Verwendung von fremdsprachigen Ausdrücken natürlich nicht allein eine praktische Angelegenheit von Übersetzungen: So sind Anglizismen nach Matthias Jungs Analysen zu den Verhältnissen in Deutschland »mit einem politischen Gefühlsakzent« belegt, sie werden eher mit »internationalistisch orientierten Progressiven« assoziiert als mit einer nationalen Konservativen (Jung 1995: 253). Das war im Zürich der 1970er-Jahre offenkundig nicht anders: Bei einer Kommentierung der eingereichten Vorschläge im *Züri Leu* werden die englischen Wortteile dezidiert in die Opposition *Fremdländisches* gegen *Urzürcherisches* gestellt:

> Sässe Herr James Schwarzenbach vor dem Postkarten-Gebirge Ihrer Einsendungen, müsste ihn schätzungsweise die nackte Verzweiflung überkommen. Denn in riesiger Zahl sind Lösungen eingetroffen, welche fremdländische Begriffe wie »Mini«, »Maxi«, »City«, »Shop«, »Center« usw. für Zürichs erste »Untergrund-Ladenstrasse« propagieren. Indes meldet sich auch urzürcherisches Sprachgefühl zu Wort. Es findet seinen Niederschlag in Vorschlägen wie »Buuch«, »Chärne«, »Chuchichäschtli«, »unedure« oder »Wunderchnäuel«. (ZL 2. 4. 1970)

Zum einen wird hier das Englische dem Schweizerdeutschen entgegengesetzt. Zugleich aber figuriert James Schwarzenbach als Personifikation des xenophoben Affekts, dessen

Ansichten die genannten Ausdrücke diametral entgegenstanden. Schwarzenbach war die prominente Figur der rechtsextremen Partei »Nationale Aktion«, die zur gleichen Zeit eine Volksinitiative gegen die so genannte *Überfremdung* initiiert hat. Die Zürcher Diskussion um den Namen »Shop-Ville« lief parallel zur schweizweiten Debatte um diese Initiative, über die am 7. Juni 1970 abgestimmt wurde. Die Initiative wollte den Ausländeranteil der Schweizer Bevölkerung in jedem Kanton auf 10% verringern, um damit die vermeintliche *Überfremdung* der Schweiz zu beschränken. James Schwarzenbach stand dabei in gewisser Weise als Chiffre für einen breit verankerten Konsens: Die Historikerin Isabel Drews betont, dass Schwarzenbachs *Überfremdungs*-Kritik letztlich auf einer allgemein verständlichen Ebene argumentierte, die auf Grundideologeme der *Geistigen Landesverteidigung* zurückgreifen konnte. Schwarzenbachs »Denkschablonen« vom Eigenen und Fremden seien, so Drews, im kollektiven Bewusstsein vieler Schweizerinnen und Schweizer um 1970 »selbstverständlich« akzeptiert gewesen (Drews 2005: 184–186). Dennoch wurde die Initiative am 7. Juni 1970 mit 54% abgelehnt.[6]

Im ideologischen Konstrukt der *Geistigen Landesverteidigung* formulierte sich die Angst, dass eine Bedrohung der *geistig-seelischen Grundlagen des Schweizertums* immer auch eine Bedrohung des Staates darstelle. Ihre erste Ausformulierung fanden die Grundängste der *Geistigen Landesverteidigung* vor und während des Zweiten Weltkrieges. Nach der Machtübernahme der Nationalsozialisten in Deutschland 1933 verlangten diverse Schweizer Parlamentarier, Intellektuelle und Medienschaffende Massnahmen zur *Stärkung der kulturellen Grundwerte der Schweiz* (Drews 2005: 184–186). Aus der Absage an den völkischen Nationalismus Deutschlands wurde jedoch bald selbst ein propagandistischer Feldzug zur Bestärkung der »Imagination« (vgl. Anderson 1983) der Schweizerischen Nation. Eine konstitutive Rolle spielte hier die Vorstellung einer »nationalen Schicksalsgemeinschaft« in Verteidigung gegen äussere und innere Bedrohungen durch das »Fremde«. Dieser Abwehrgedanke nahm nach dem Krieg als »enger geistiger und politischer Isolationismus« überhand, der bis in die 1970er-Jahre auf breite Zustimmung traf und die politische Landschaft der Schweiz bis heute prägt (vgl. Jorio 2008). So beschrieb eine Studie des Bundesamts für Industrie, Gewerbe und Arbeit noch 1964 die *fremden Einflüsse* als Bedrohung für die *nationale Eigenart*, welche die wichtigste *Grundlage unserer staatlichen Eigenständigkeit* sei. Diese Eigenart sei *tief im Gefühlsmässigen verankert und umfasse einige typische Merkmale, die weit in die Vergangenheit zurückreichen* (BIGA 1964: 55). Damit wurde die Schweizerische Identität als eine seit langer Vergangenheit historisch *gewachsene* Mentalität naturalisiert.

Für die Konstitution des *echten* Schweizerischen hatte auch die Opposition von Dialekt und Fremdsprache schon früh eine Rolle gespielt (Haas 1992: 587). Der »Widerstand gegen den Dialektschwund« zählte zu jenen Gegenmassnahmen, durch die man sich seit den 1930er-Jahren »sprachlich von Deutschland abzusetzen versuchte« (Ammon 1995: 236). An der Landesausstellung 1939, der grossen Manifestation des Schwei-

---

6 Vgl. http://www.admin.ch/ch/d/pore/va/19700607/det220.html [3.3.2010].

zerischen Abwehrgeistes vor der drohenden Mobilmachung, konnte man unter anderem auch Dialekt-Sprechplatten hören, welche, so der Begleittext, die Zuhörer *in den Bann unserer urwüchsigen, schlichten Ausdrucksform* und damit in den Bann echt schweizerischen Denkens leiten sollten (Bucher 2008). Sprache wurde hier also zum »unmittelbaren Spiegel des Volkscharakters« stilisiert (Weber 1984: 90).

4.3 Die Kritik am »fremden Hauch« des Namens in Leserbriefen und der Presse

Die ersten kritischen Äusserungen in den Zeitungen, die den Namen »Shop-Ville« in der Opposition »schweizerisch«/»fremd« verorteten, fanden sich zunächst in kleineren Lokal-Zeitungen. *Die Tat*, welche konsumentenschützerischen Kreisen nahe stand, reagierte am 17. April noch gelassen mit dem Hinweis, jene Zürcher, welche den Namen »Shop Ville« als *allzu unzürcherisch* empfänden, würden zweifellos bald einen *volkstümlicheren Namen* erfinden (*Die Tat*, 17. 4. 1970). In den *Neuen Zürcher Nachrichten* bezeichnete man die Namenswahl hingegen empört als *Schock für alle währschaften Zürcher*, man war sich jedoch ebenfalls sicher, dass der *Spott des Volksmundes* bald einen *träfen Namen* finden werde (NZN, 17. 4. 1970). Illustriert wurde der Artikel mit dem Bild eines Löwens, der, als Inbegriff der semiotischen Subversion, ein Graffito an die Bahnhofsmauer kritzelt: *Schockville.* Das Zürcher Wappentier verkörperte hier den *träfen, währschaften Spott des Volkmundes,* der sich gegen den *unzürcherischen* Namen wendet. Das schweizerdeutsche »träf« bedeutet etwas ähnliches wie das hochdeutsche »trefflich«, enthält jedoch noch die Bedeutungskomponente »derb«, »tüchtig«. Das Wort »währschaft« wiederum bezeichnet etwas, das durch sein Echt- und Traditionell-Sein Gewähr für eine dauerhafte, qualitätvolle Lösung bietet (vgl. Stalder 1995, 152 und 302). Mit diesen Begriffen greifen die Kritiker des Namens auf die folkloristische Vorstellung einer Verbindung des dialektalen Volksmundes und seiner urwüchsi-

Abb. 2: Karrikatur in den *Neuen Zürcher Nachrichten* vom 17. April 1970

gen, ungekünstelten Rohheit zurück, die sich seit dem 19. Jahrhundert entwickelte (Haas 1992, 600).[7]

Auch in jenen Tageszeitungen, welche im redaktionellen Teil keine Kritik am Namen geübt hatten, kritisierten Leserbriefschreiber und -schreiberinnen den Namen vehement. Es vermischten sich dabei drei Argumentationlinien: Eine Lesergruppe kritisierte den Begriff auf einer rein sprachlichen Ebene als *Bastardmischung,* die sie *phonetisch* als *englisch-französisches Sprachmonstrum* wahrnahmen (TA 22. 4. 1970). Die zweite Form der Kritik war mehr der Bescheidenheit verpflichtet und weniger der Kritik an der sprachlichen *Überfremdung.* Leserbriefschreiber G. G. z. B. sah in dem Namen nicht nur ein weiteres Zeichen der *Verluderung unserer Sprache,* sondern sogar den *Gipfel der Verblödung,* welche die Zürcher und Zürcherinnen insbesondere vor ihren *englischen und amerikanischen Gästen* lächerlich mache. Auch A. K. fand, die Bezeichnung stemple *uns* zu *kleinen gernegrossen Zürchern* ab; wenn man sich schon *verleugnen* wolle, dann solle man dies doch gleich auf *chinesisch* tun. Dann könne man sich nicht nur mit *der Fremdsprache,* sondern auch gleich *mit fremden Schriftzeichen brüsten. How fashionable!* (TA, 22. 4. 1970).[8] A. K. empfand dieses Englischsprechen nicht nur als ein sich *Brüsten,* also als Imponiergehabe, sondern auch als Ausdruck eines *Anpassungswillens.* Denn in der *zukünftigen Bahnhofspassage* befände man sich ja *trotz allem in Zürich,* wo man deutsch spreche. Dieses »trotz allem« lässt sich als Verweis auf das zukunftsweisende Areal um den Bahnhof und die moderne Einrichtung der Passage verstehen: Trotz aller Fortschrittlichkeit und grossstädtischer Urbanität würde man auch in Zürich noch Deutsch sprechen, was die Mietervereinigung mit der Benennung zu »verleugnen« versuchte. Damit lässt sich der Bogen schlagen zur dritten Form der Kritik am Namen, die als reine »Überfremdungskritik« zu bezeichnen ist. Hier wurde der Name als Teil einer *linguistic landscape* verstanden, in der sich machtpolitische Verschiebungen sprachlich manifestieren. Die Benennung des öffentlichen Verkehrsweges wurde als Versuch interpretiert, durch »symbolic marker« Präsenz und Macht im öffentlichen Raum zu demonstrieren (Ben-Rafael u. a. 2003: 9). So sah ein selbst ernannter *Durchschnitts-Schweizer* in der Namensgebung den Ausdruck einer politischen Entmachtung der lokalen Bevölkerung. Der Name habe auch keinerlei demokratische Legitimation: *Der saudumme Ausdruck* habe es nicht verdient, von der *Zürcher Bevölkerung* anerkannt zu werden, da sie dieser *blöden Bezeichnung* sicher nicht *die Stimme* gegeben hätte. Dass der Name dennoch verwendet wurde, zeigte für Rudolf W., dass *die Schweiz eine Kolonie der USA* geworden sei (TA, 22. 4. 1970). Ein anderer Leserbriefschreiber sprach von Englisch als der *fünften*

---

7 Die Opposition Schweizerdeutsch/Hochdeutsch als Identitätskonstituente im Verlauf der ganzen Debatte um den Namen ist hier nur z. T. zugunsten der Opposition Deutsch/Englisch aufgehoben, man spricht hier von einem »umgangssprachlichen« Namen, der erfunden werden wird.

8 In dieser Argumentation ist wiederum ein Topos des Mundartschutzes aufgenommen, der in den fremdländischen Anleihen die überhebliche »Prahlsucht« Halbgebildeter sieht, die der Ehrlichkeit schweizerischer Begriffe entgegensteht (Haas 1992: 593). Zugleich gehört der Vorwurf des »Prahlerischen« zu den klassischen Zuschreibungen gegenüber Anglizismen (Linke 2006: 46).

Landessprache, das heisst, zu den bisher in die Confoederatio integrierten vier Sprachen wäre eine weitere hinzu gekommen. Auch hier wurde erneut mit dem Bild der Übernahme durch das Englische gespielt (TA, 22.4.1970). Die Leserbriefschreiberin Pauline F. beklagte sich darüber, dass man sich erst *an der ewigen ›Grüblete‹,* d.h. dem Bauvorgang am Bahnhofplatz, habe ärgern müssen, und dann bekomme *das Werk noch einen fremden Namen. Ja klar, wir sind nun einmal international und wer weiss, in ein paar Generationen ist auch in Zürich alles chinesisch angeschrieben.* Frau F. bemängelte, dass sie zwar als Bewohnerin der Stadt von den Unannehmlichkeiten des Bauvorgangs betroffen gewesen war, aber dann doch nicht durch ihre Sprache im Gebäude repräsentiert werde. Der Name »Shop-Ville« stand für ein *internationales* Zürich, dem sie sich aber offenbar nicht mehr als zugehörig empfinden konnte (ZL, 7.5.1970). Am deutlichsten äusserte Leserbriefschreiber L.S. sein oder ihr Unbehagen:

> Warum muss in unserer schönen Stadt alles einen ausländischen Hauch annehmen? Warum nicht ein wenig unsere schweizerische Eigenart bewahren? Wir wollen doch Schweizer sein, oder? (TA, 22.4.1970)

Die erste Form der Kritik bewegte sich durchaus im Rahmen eines »sprachpflegerischen Standardrepertoires« von Leserzuschriften (Schrodt 1997, 304). Die meisten Äusserungen zum Namen waren jedoch deutlich mit der lokalen Situation verwoben und äusserten durchweg ein Unbehagen darüber, dass ein repräsentativer Platz, der sie als Zürcher oder gar als Schweizer repräsentieren sollte, mit einem fremdsprachigen Namen benannt wurde. Charakterisiert wurde dies von den einen als anmassende Peinlichkeit, von den anderen hingegen als Machtverlust: Man hatte keine Entscheidungsmacht darüber, wie ein Platz wie der Bahnhofplatz genannt wurde. Darüber entschieden stattdessen Akteure, die in den Augen der LeserbriefschreiberInnen das ›Eigene‹ verleugneten: ›Kolonisierte‹, denen »Sprachilloyalität« (vgl. Spitzmüller 2005: 339) vorgeworfen und deren Benennungshandeln als Verrat des spezialdiskursiv orientierten Personals an der Zürcherischen oder Schweizerischen Bevölkerung kritisiert wurde.

4.4 Die behördliche Zurückweisung des Namens

Die *Überfremdungs*-Kritik am Namen gelangte nur wenig später auf die politische Ebene. Am 22. April 1970 wurde der Gemeinderat aktiv. Da die *Öffentlichkeit über die englisch-französische Bezeichnung empört* sei, forderte ein Gemeinderat,[9] dass für die Bahnhofunterführung *ein für unsere Verhältnisse zutreffenderer Name* gefunden werden

---

9 Der betreffende Gemeinderat, Ernst Lüthi, gehörte dem »Landesring der Unabhängigen« an, der Partei des schweizerischen Landesrings und des Gründers Gottlieb Duttweiler, die sich, mit einer durchaus liberalen Grundhaltung, für die Rechte der Konsumenten einsetzte (Meuwly 2010).

solle (SR Nr. 74 vom 22.4.1970). Der Stadtrat, dessen Präsident den Namen noch einen Monat zuvor aus der Kiste gezaubert hatte, reagierte ausgesprochen schnell. Eine Woche später schrieb der Rat der von ihm eingesetzten Mietervereinigung einen Brief. Darin teilte er ihr mit, dass er auf Grund des breiten *Widerstands* der *Öffentlichkeit* gegen die *unschweizerische Kreation* zum Schluss gekommen sei, dass der Name *aus sprachlichen Gründen keine gute Wahl* gewesen sei (SR Nr. 1312, 30.4.1970). Im Juni 1970 entschied sich der Polizeivorstand für den deutsch-französischen (!) Namen »Bahnhofpassage« als offizielle Strassenbezeichnung. Die Mietervereinigung aber behielt ihren Namen für den Ladenkomplex bei, der Name »Shop-Ville« hat sich bis heute gehalten. Konkret bedeutet das, dass der offizielle Name »Bahnhofpassage« nur auf dem Stadtplan erscheint und als Postadresse fungiert. Über den Eingängen zu den Rolltreppen und an allen Geschäften prangt trotz des amtlichen Beschlusses bis heute der Name »Shop-Ville«.

5 Symbiosen zwischen Behörden und privaten Akteuren

Der Stadtrat hatte zwar als demokratisch legitimiertes Gremium der Öffentlichkeit genüge getan und den Namen des städtischen Gebäudes als *privat* markiert, darin aber erschöpfte sich die Distanzierung der städtischen Institutionen und Funktionäre vom *unschweizerischen* Namen bereits. Am Eröffnungstag im Oktober 1970 war die Zurückweisung des Namens durch die städtischen Behörden schon kaum mehr erkennbar. Im

Abb. 3:
Schriftzug auf Geschäftsportalen und Werbematerial

städtischen Anzeiger wurde mit dem offiziellen Signet der Mietervereinigung für die Eröffnung geworben, auf dem Titelblatt war die offizielle Benennung durch die Stadt eher eine grafische Randerscheinung neben der privaten. Letztlich also standen die Stadtbehörden zur Dominanz des *Unschweizerischen* bzw. *Internationalen* im neuen, öffentlichen Raum, die sie noch zwei Monate zuvor offiziell zurückgewiesen hatten. Noch deutlicher zeigte sich dies am Aufmarsch der Polizeimarschkapelle, die ein grosses Plakat mit sich trug, auf dem der offizielle Name gar nicht mehr erschien: *Shop-Ville*. Wir

»Shop-Ville«. Ein Franglizismus zwischen Urbanität und Landesverrat 291

gehen zur Eröffnung. Damit trug sogar jene städtische Institution, die für die offizielle Namensgebung zuständig war, dem privaten Namen die Flagge.

Abb. 4:
Die Marschkapelle der Zürcher Stadtpolizei an der Eröffnungsfeier von Shop-Ville am 1. Oktober 1970

An der Eröffnungsfeier am 1. Oktober 1970 benutzten sämtliche amtlichen Vertreter beide Namen in ihren Eröffnungsreden. Obwohl die Stadtbehörden durchweg zum englisch-französischen Namen standen, inszenierte sich die Mietervereinigung an der Eröffnungsfeier als oppositionelle Minderheit: Jedem Besucher der Eröffnungsfeier, Stadträten wie Ladenbesitzern wurde ein Anstecker angeheftet, auf denen stand: *I like Shop-Ville*. Mit der medialen Wahl der *Protestknöpfe* (Protokoll Mietervereinigung 16.9.1970, in: Ordner Marinello) eignete sich die Mietervereinigung bewusst ein Protestmittel aus dem sich in popkultureller Transformation befindlichen Fundus der 68er-Revolte an. Zusätzlich insistierte sie auf dem kritisierten englischen Element des Namens, indem sie sich auf Englisch zum englischen Namen bekannte.

Sowohl Stadtbehörden als auch die Betreiber des Einkaufszentrums schienen davon auszugehen, dass der Name »Shop-Ville« für die Bürger als Kunden mehr Attraktivität ausstrahle als die nüchterne deutsch-französische Bezeichnung »Bahnhofpassage« – trotz aller Empörung oder gerade deswegen. In der Bezugnahme auf die internationalen Proteste von 1968 im Scheinprotest gegen die Kritik am Namen zeigte sich eine Entwicklung, die der Historiker Thomas Frank auch für die USA der 1960er-Jahre beschrieben hat: die Nutzung der »Hipness« von Protestinsignien für kommerzielle Werbung (Frank 1997: 7). Gerade dadurch, dass sich ausgerechnet die Mietervereinigung als Angehörige des (international agierenden) Anti-Establishment inszenierte, passte sich der Name »Shop-Ville« um so besser ins semiotische Wunschkonzept des international orientierten Planungsumfelds um die zukünftige »global city« Zürich ein. Diese fruchtbare Ambivalenz von Anglizismen um 1970 zeigte sich auch in der ansonsten eher nüchtern technizistisch gehaltenen Festbroschüre, in welcher der Chef des Tiefbauamtes die Bahnhofpassage in Anführungszeichen als *Underground* bezeichnet (Tiefbauamt 1970: 1). Das englische Wort »Underground« brachte als vager, oszillierender Begriff die symbolische Funktion der Bahnhofpassage auf den Punkt: Einerseits verwies das englische Wort »Underground«, und diese Interpretation ist hier sicherlich am naheliegendsten, auf die *London Underground* und damit auf die kommende U-Bahn. Gleichzeitig liess es auch den Begriff des »Undergrounds« anklingen, der die zunehmend vermarktete internationale Subkultur der späten 1960er-Jahre meinte.[10]

Die Bezeichnung »Shop-Ville« war gerade auf Grund ihrer in der Öffentlichkeit kritisierten Implikationen für die privaten Betreiber des unterirdischen Einkaufszentrums attraktiv und repräsentierte trefflich die Planungsumgebung, in der die so bezeichnete Passage stand. Der Streit um die Benennung, den ich hier geschildert habe, drehte sich auch nicht so sehr um den Inhalt und die Konnotationen der Bezeichnung; bezüglich ihrer »kollektiven semantischen Projektion« auf das Englische (Linke 2006: 39) waren sich die Konfliktparteien einig. Das international Progressive des Englischen (Jung 1995: 235) wurde nur unter jeweils positiven oder negativen Vorzeichen bewertet. Worin die Kritiker eine Bedrohung der Schweizer Eigenheiten und ein Zeichen von Prahlerei sahen, lag für die Planer und Kaufleute Zürichs letztlich genau der utopische Gehalt: Die *ultramoderne Ladenstadt* unter dem Bahnhofplatz (*Blick*, 2.10.1970) sollte genau wie der Franglizismus »Shop-Ville« auf ein Zürich verweisen, dessen Hauptqualität nicht mehr in einer autochthonen, distinkten Eigenart liege, sondern gerade darin, dass es anderen »global cities« glich. Damit fügte sich der Name »Shop-Ville« ein in die imaginierte »Stadtkrone« aus Wolkenkratzern, Expressstrassen und einem U-Bahnnetz.

Im Konflikt um die Benennung zeigte sich also eine Diskrepanz der Visionen von Zürich zwischen den tragenden Spezialdiskursgruppen – den städtebaulichen Behörden wie den kommerziellen Kräften – einerseits und den Äusserungen der Bevölkerung andererseits. Der unterschiedliche Bewertungsakzent in Bezug auf den »fremdländischen Namen« »Shop-Ville« zwischen diesen beiden Diskursgruppen ist keine Frage des Wissens. Vielmehr könnte der Begriff der »Mentalität« hier jene emotionalen, politisch verwend- und missbrauchbaren Elemente benennen, wobei nicht von *einer* urwüchsigen schweizerischen Mentalität ausgegangen werden sollte, sondern von einem Konflikt zwischen den »Partikularmentalitäten« einzelner spezieller Diskursgesellschaften und jener Gruppe, die vom Stadtrat als *Öffentlichkeit* bezeichnet wurde (vgl. Scharloth 2005: 48 und 120). Im Konflikt um die Benennung der Bahnhofpassage zeigte sich in dieser Perspektive womöglich ein erstes Aufbrechen der Kluft zwischen Planern und Bevölkerung. Die Bahnhofpassage als Anlage wie auch ihre noch immer gültige Bezeichnung

---

10 Eine Bedeutung, die in den Zürcher Strassen z. B. durch »Underground-Press«-Organe, die öffentlich ausgeschrien wurden, durchaus bekannt war (vgl. Jourdain 2008: 195).

als »Shop-Ville« ist heute ein diskursgeschichtliches Relikt der Fortschrittsmentalität der kommerziellen Verbände und städtischen Institutionen Zürichs in den späten 1960er-Jahren. Nach 1970 wurde der grösste Teil der zukunftsweisenden Bauprojekte, zu denen »Shop-Ville« gehört hatte, an der Urne verhindert. Die Expressbahnen wurden nie gebaut, die Wolkenkratzer verblieben zweidimensional auf den Plänen und 1973 wurde auch die U-Bahn als letztes hochurbanes *Statussymbol* in einer Abstimmung abgelehnt. Wenngleich es also als lockendes Monument für die Zukunft Zürichs als »global city« erfolglos blieb, als Einkaufszentrum erfreute und erfreut sich »Shop-Ville« durchaus grosser Beliebtheit. Auch die erhofften Verballhornungen des französisch-englischen Namens durch den »Volksmund« blieben aus: Bis heute geht man in Zürich zum Einkaufen unter dem Bahnhofplatz »ins Shop-Ville«.

6 Bibliografie

Allemann, Richard (1969): Provinzstadt oder europäische Metropole? Was will die City Vereinigung? Vortrag, gehalten vor der Zürcher Studiengesellschaft für Bau- und Verkehrsfragen. In: *Publikationen der City-Vereinigung Zürich* 1, S. 1–18.

Ammon, Ulrich (1995): *Die deutsche Sprache in Deutschland, Österreich und der Schweiz. Das Problem der nationalen Varietät.* Berlin/New York: de Gruyter.

Anderson, Benedict (1983): *Imagined Communities: Reflections on the Origin and Spread of Nationalism.* London: Verso.

Angermüller, Johannes (2007): Diskurs als Aussage und Äußerung – die enunziative Dimension in den Diskurstheorien Michel Foucaults und Jacques Lacans. In: Warnke, Ingo H. (Hg.): *Diskurslinguistik nach Foucault. Theorie und Gegenstände.* Berlin/New York: de Gruyter (= Linguistik – Impulse & Tendenzen; 25), S. 53–80.

Ben-Raffael, Eleizer (2006): Linguistic Landscapes as Symbolic Construction of the Public Space. In: *International Journal of Multilingualism* 3, S. 7–30.

BIGA (1964): *Das Problem der ausländischen Arbeitskräfte: Bericht der Studienkommission für das Problem der ausländischen Arbeitskräfte.* Bern: EDMZ.

Blanc, Jean-Daniel (1993): *Die Stadt – Ein Verkehrshindernis? Leitbilder städtischer Verkehrsplanung und Verkehrspolitik in Zürich 1945–1975.* Zürich: Chronos.

Bucher, Gina (2010): Urchiger Sprachschatz. In: *Neue Zürcher Zeitung* 6.1.2010.

Drews, Isabel (2005): *»Schweizer erwache!« Der Rechtspopulist James Schwarzenbach (1967–1978).* Frauenfeld: Huber (= Studien zur Zeitgeschichte; 7).

Foucault, Michel (2001): *Die Ordnung des Diskurses.* Frankfurt am Main: Fischer.

Frank, Thomas (1997): *The conquest of cool. Business culture, Counterculture, and the Rise of Hip Consumerism.* Chicago: The University of Chicago Press.

Gerhard, Ulrike; Warnke, Ingo H. (2007): Stadt und Text. Interdisziplinäre Analyse symbolischer Strukturen einer nordamerikanischen Vorstadt. In: *Geografische Rundschau* 7, S. 36–42.

Haas, Walter (1992): Reine Mundart. In: Burger, Hermann; Haas, Alois; von Matt, Peter (Hgg.): *Verborum amor. Studien zur Geschichte und Kunst der deutschen Sprache. Festschrift für Peter Sonderegger.* Berlin/New York: de Gruyter, S. 578–610.

Hitz, Hansruedi; Schmid, Christian; Wolff, Richard (Hgg.) (1995): *Capitales Fatales. Urbanisierung und Politik in den Finanzmetropolen Frankfurt und Zürich.* Zürich: Rotpunktverlag.

Hitz, Hansruedi; Schmid, Christian; Wolff, Richard (1995): Boom, Konflikt und Krise – Zürichs Entwicklung zur Weltmetropole. In: Hitz, Hansruedi; Schmid, Christian; Wolff, Richard (Hgg.): *Capitales Fatales. Urbanisierung und Politik in den Finanzmetropolen Frankfurt und Zürich.* Zürich: Rotpunktverlag, S. 208–284.

Jorio, Marco (2010): Geistige Landesverteidigung. In: *Historisches Lexikon der Schweiz (HLS).* – Internetseite: http://www.hls-dhs-dss.ch/textes/d/D17426.php [11.1.2010].

Jourdain, Celine (2008): »Was spielerisch war, habe ich immer gut gefunden.« Ein Gespräch mit Urban Gwerder. In: Linke, Angelika; Scharloth, Joachim (Hgg.): *Der Zürcher Sommer 1968. Zwischen Krawall, Utopie und Bürgersinn.* Zürich: Verlag Neue Zürcher Zeitung, S. 187–196.

Jung, Matthias (1995): Amerikanismen, ausländische Wörter, Deutsch in der Welt. Sprachdiskussionen als Bewältigung der Vergangenheit und Gegenwart. In: Stötzel, Georg; Wengeler, Martin et al. (Hgg.): *Kontroverse Begriffe. Geschichte des öffentlichen Sprachgebrauchs in der Bundesrepublik Deutschland.* Berlin/New York: de Gruyter (= Sprache, Politik, Öffentlichkeit; 4), S. 245–284.

Kammann, George (1990): *Mit Autobahnen die Städte retten? Städtebauliche Ideen der Expressstrassen-Planung in der Schweiz 1954–1965.* Zürich: Chronos.

Link, Jürgen (1982): Kollektivsymbolik und Mediendiskurse. In: *KultuRRevolution* 1, S. 6–21.

Link, Jürgen (1984): Über ein Modell synchroner Systeme von Kollektivsymbolen sowie seine Rolle bei der Diskurs-Konstitution. In: Link, Jürgen; Wülfing, Wulf (Hgg.): *Bewegung und Stillstand in Metaphern und Mythen.* München: Klett-Cotta (= Sprache und Geschichte; 9), S. 63–92.

Meuwly, Olivier (2010): Landesring der Unabhängigen (LdU). In: *Historisches Lexikon der Schweiz (HLS).* – Internetseite: http://www.hls-dhs-dss.ch/textes/d/D17394.php [11.1.2010].

Sassen, Saskia (1995): Global City – Hierarchie, Massstab, Zentrum. In: Hitz, Hansruedi; Schmid, Christian; Wolff, Richard (Hgg.): *Capitales Fatales. Urbanisierung und Politik in den Finanzmetropolen Frankfurt und Zürich.* Zürich: Rotpunktverlag, S. 45–60.

Satjukow, Silke (2002): *Bahnhofstrassen. Geschichte und Bedeutung.* Köln: Böhlau.

Scharloth, Joachim (2005): *Sprachnormen und Mentalitäten: Sprachbewusstseinsgeschichte in Deutschland im Zeitraum von 1766–1785.* Berlin/New York: de Gruyter (= Reihe Germanistische Linguistik; 255).

Schivelbusch, Wolfgang (1979): *Geschichte der Eisenbahnreise. Zur Industrialisierung von Raum und Zeit im 19. Jahrhundert.* Wien: Hanser.

Schrodt, Richard (1997): »Sprache ist etwas Lebendiges, doch falsche Ausdrücke haben damit nichts zu tun« – oder: »Wenn man nur wüßte, wann die ›Sprachpolizei‹ wieder kommt!« Bemerkungen zu sprachkritischen Leser- und Hörerbriefen. In: Brandt, Gisela (Hg.): *Historische Soziolinguistik des Deutschen III.* Stuttgart: Heinz (= Stuttgarter Arbeiten zur Germanistik; 351), S. 299–314.

Spitzmüller, Jürgen (2005): *Metasprachdiskurse. Einstellungen zu Anglizismen und ihre wissenschaftliche Rezeption.* Berlin/New York: de Gruyter (= Linguistik – Impulse & Tendenzen; 11).

Spitzmüller, Jürgen; Warnke, Ingo H. (2008): Methoden und Methodologie der Diskurslinguistik – Grundlagen und Verfahren einer Sprachwissenschaft jenseits textueller Grenzen. In: Spitzmüller, Jürgen; Warnke, Ingo H. (Hgg.): *Methoden der Diskurslinguistik. Sprachwissenschaftliche Zugänge zur transtextuellen Ebene.* Berlin/New York: de Gruyter (= Linguistik – Impulse & Tendenzen; 31), S. 3–54.

Stalder, Franz Joseph (1994): *Schweizer Idiotikon.* Hg. von Niklaus Bigler. Frankfurt am Main: Sauerländer.

Steiner, Myrtha (1989): *Die Zürcher Bahnhofstrasse. Geschichte und Bedeutung.* Zürich: o.V. – Unveröffentlichte Lizenziatsarbeit.

Tiefbauamt Zürich (1970): *Bahnhofpassage.* Zürich: o.V.

Weber, Erich Daniel (1985): *Sprach- und Mundartpflege in der deutschsprachigen Schweiz. Sprachnorm und Sprachdidaktik im zweisprachformigen Staat.* Frauenfeld: Huber (= Studia linguistica Alemannica; 9).

Weidmann, Ruedi (1999): *Hochhaus und Hochkonjunktur. Planung und Bau der ersten Hochhäuser in Zürich 1946–1952.* Zürich: o.V. – Unveröffentlichte Lizenziatsarbeit.

Welz, Gisela (1990): *Inszenierungen kultureller Vielfalt.* Frankfurt am Main: Campus.

Monika Schnoz

Die Wandzeitung als Medium politischer Diskussion.
Am Beispiel des Zürcher ›Sechstagerennens‹ 1968

1 Theoretischer Rahmen

Am Prozess der Herstellung von Politik sind Akteure beteiligt, die politisch handeln und kommunizieren, um bestimmte Ziele zu erreichen und Interessen durchzusetzen. Dabei verfügen die Akteure über verschiedene Ressourcen, um auf die politischen Entscheidungen Einfluss zu nehmen (vgl. Jarren/Donges 2002: 137). Die Mehrzahl politolinguistischer Untersuchungen beschäftigt sich mit dem öffentlichen Gebrauch politischer Sprache durch Politiker, politische Institutionen und Medien. Immer mehr Arbeiten setzen sich aber auch mit dem Alltagsdiskurs von Bürgern zu politischen Themen auseinander (vgl. Klein 1998: 168). Die Bürger sind eine wichtige Akteursgruppe im politischen Prozess, da sie an der Herstellung kollektiv verbindlicher Entscheidungen mitwirken und so ein wichtiger Teil des intermediären Systems sind (vgl. Jarren/Donges 2002: 137–141). Den Schweizer Stimmbürgern kommt in der halbdirekten Demokratie im Vergleich zu anderen politischen Systemen eine besondere Rolle zu, da sie durch die ausgedehnten Volksrechte die Möglichkeit haben, aktiv in die Politik einzugreifen und – zumindest im Abstimmungsprozess – die letztlich entscheidenden Akteure sind (vgl. Ramò/Schnoz 2008: 26). »Sie können an den Nationalratswahlen und an den Abstimmungen des Bundes teilnehmen sowie Volksinitiativen und Referenden in Bundesangelegenheiten ergreifen und unterzeichnen« (Art. 136 Abs. 2 BV).

Die vorliegende Untersuchung setzt sich mit der politischen Kommunikation von Bürgern im Zusammenhang mit einem bestimmten kommunikativen Ereignis aus dem Jahr 1968 in Zürich auseinander. Die historische Konstellation ist aus der Forschungsperspektive vielversprechend: Bürger kommunizieren im Rahmen einer Veranstaltung der 68er-Bewegung, die von einer Gruppierung mit dem Namen ›Arbeitsgemeinschaft Zürcher Manifest‹ organisiert wurde, unter anderem mit Hilfe eines schriftlichen Mediums. Die Zusammensetzung der Akteure bei der besagten Veranstaltung ist dabei vor allen Dingen auch deshalb interessant, weil an diesem Diskurs nicht nur stimmberechtigte Bürger, sondern auch nicht-stimmberechtigte, nämlich Jugendliche und Frauen, beteiligt sind.

Gemäss Jarren/Donges (2002) kann man sowohl die Arbeitsgemeinschaft ›Zürcher Manifest‹ als auch die 68er-Bewegung als Ganze den kollektiven Akteuren der Interessensartikulation zuordnen:

Zu den Akteuren der Interessensartikulation und -aggregation gehören Verbände und Vereine und alle Akteure der Neuen Sozialen Bewegung sowie sonstige soziale Organisationen, die partiell – zum Teil sogar nur bereichsspezifisch und punktuell – politische Anliegen, verfolgen. Sie greifen Themen auf oder versuchen Themen für politisch relevant zu erklären […]. (Jarren/Donges 2002: 147)

Als soziale Bewegung definiert Rucht »ein auf gewisse Dauer gestelltes und durch kollektive Identität abgestütztes Handlungssystem mobilisierter Netzwerke von Gruppen und Organisationen, welche sozialen Wandel mittels öffentlicher Proteste herbeiführen, verhindern oder rückgängig machen will« (Rucht 1994: 338).

Wie jede soziale Bewegung war auch die 68er-Bewegung in der Schweiz bestrebt, Öffentlichkeit für ihre gesellschaftlichen Anliegen herzustellen (vgl. Lachenmeier 2008: 61). Dies kann unter anderem durch aufmerksamkeitserregende öffentliche Protestaktionen, durch die Präsenz in der Berichterstattung der Medien oder aber auch durch die Kreation von eigener medialer Kommunikation erreicht werden. In diesem Zusammenhang steht das Medium, dem der vorliegende Beitrag gilt: die Wandzeitung. Lachenmeier (2008: 61) bezeichnet Wandzeitungen als »alternative Kommunikationsforen«.

2 Historischer Hintergrund

Nach Jarren/Donges sind die Akteure sozialer Bewegungen nicht auf die »unmittelbare Beeinflussung von politischen Prozessen oder Entscheidungen im engeren Sinne aus, wohl aber versuchen sie auf die Vorstellung von Gesellschaft und Politik insgesamt hinzuweisen« (Jarren/Donges 2002: 158). Diese Behauptung trifft jedoch auf die 68er-Bewegung in Zürich nicht vollständig zu, da es hier, wie im Folgenden gezeigt wird, primär durchaus um ganz konkrete Forderungen ging.

2.1 Der ›heisse Sommer‹ 1968 in Zürich

1968 formierte sich in Zürich eine soziale Bewegung, »in der so unterschiedliche Akteure wie Schüler und Studierende, Lehrlinge, Rocker und Hippies, aber auch eine grosse Zahl angesehener Stadtbürger gemeinsam den Wunsch nach sozialen und politischen Veränderungen artikulierten« (Linke/Scharloth 2008: 8). Dennoch ist heute vielen unbekannt, dass es auch in der Schweiz ein ›68‹ gab. Erst in jüngster Zeit weckt eine Reihe von Publikationen über die Bewegung das Bewusstsein und Interesse der Bevölkerung für die Ereignisse dieses Jahres (vgl. u. a. Linke/Scharloth 2008; Hebeisen/Joris/Zimmermann 2008). Trotzdem wird das ›Schweizer 68‹ ganz anders empfunden als das »68« in anderen Ländern. Zwar ist der so genannte ›Globus-Krawall‹ ins kollektive Gedächtnis der Schweiz eingegangen und steht heute als Chiffre für die Protestereignisse in der Schweiz (vgl. Linke/Scharloth 2008: 7). In anderen betroffenen Ländern aber kommt 1968 ein anderer Stellenwert zu. Das Jahr wird zur Legende, zum populären Mythos stilisiert. 1968 steht für die Rebellion gegen das bürgerliche Establishment, für Revolte gegen Krieg, Unterdrückung und Fremdbestimmung und für den Aufbruch in eine bessere Zeit:

> Erstrebt wurde eine Veränderung von Lenkungs- und Entscheidungsstrukturen in politischen, wirtschaftlichen, sozialen und kulturellen Institutionen durch den Abbau von Herrschaft und Hierarchien, durch Selbstbestimmung und Selbstverwaltung. (Gilcher-Holtey 2003: 113)

Während die Welt aber allem Anschein nach gerade in diesem Jahr besonders in Bewegung war – Kurlansky (2005) bezeichnet 1968 als »the year that rocked the world« – und überall für bessere Zustände oder zumindest für eine bessere Gesellschaft demonstriert und gegen den ›alten Muff‹ protestiert wurde, hatten Jugendliche in Zürich schon seit Jahren vergeblich ein autonom verwaltetes Jugendhaus gefordert. Nachdem die Forderungen der Zürcher Jugend jahrelang ungehört blieben, eskalierte im Sommer 1968 die Situation: Es kam zu Aufständen und Krawallen, der öffentliche Kampf für die Forderungen der Jugendlichen begann.

2.2 Das geforderte Jugendhaus

»Wenn nicht alles täuscht, ist nun auch bei uns eine Art ›Kulturrevolution‹ ausgebrochen [...]« schreibt die *Neue Zürcher Zeitung* am 19. Juni 1968 im Zusammenhang mit ersten, noch friedlichen Demonstrationen von Jugendlichen für die Errichtung eines autonomen Jugendzentrums. »Diese Ereignisse zeugen zuerst einmal von einer echten Politisierung der Jugend, die persönlichen Anteil am politischen und öffentlichen Geschehen nimmt.«[1]

Die Forderungen für ein autonomes Jugendhaus bestanden bereits seit 1949. Der Stadt gelang es jedoch nie, diese Forderungen zufriedenstellend zu erfüllen. Ende Mai 1968 wurde im Zürcher Gemeinderat eine Motion eingereicht, die bezwecken sollte, dass die Jugendlichen das so genannte ›Globus-Provisorium‹ – ein zu dieser Zeit leer stehendes Laden-Lokal – bis zu dessen Neuüberbauung nutzen dürfen. Zudem stellten die Jugendlichen dem Stadtrat ein Ultimatum. Am 22. Juni 1968 fand ein Gespräch zwischen dem Stadtrat und Vertretern verschiedener Jugendgruppierungen, die sich für ein Jugendhaus einsetzten, statt. Der Stadtrat erklärte, dass das ›Globus-Provisorium‹ aus verschiedenen Gründen nicht zur Verfügung gestellt werden könne, sicherte den Ju-

---

1 Stadler, Hanspeter (1968): Die Steine des Anstosses. Überlegungen zu den Demonstrationen und Diskussionen des vergangenen Wochenendes. In: *Neue Zürcher Zeitung* 104, 19.7.1968.

gendlichen aber Unterstützung für den Neubau eines bereits bestehenden Jugendhauses auf dem Drahtschmidli-Areal und, da die Jugendlichen damit nicht einverstanden waren, die Weiterverfolgung von weiteren Möglichkeiten zu. Am 26. Juni beteiligten sich ca. 200 Teilnehmer an einer Kundgebung vor dem ›Globus-Provisorium‹, um nochmals auf die Forderung für ein autonomes Jugendhaus aufmerksam zu machen. Am nächsten Tag wies der Stadtrat das gestellte Ultimatum zurück. In der Folge eskalierte die Situation und es kam in der Nacht vom 29. zum 30. Juni 1968 zu gewalttätigen Auseinandersetzungen zwischen den Jugendlichen und der Polizei: »[…] die Polizei griff zum Wassereinsatz, die Jugendlichen zu Steinen […]« (Stutz 2008: 44). Die schweren Ausschreitungen des ›Globus-Krawalls‹ führten zu Verletzten und unzähligen Verhaftungen. Der Polizei wurden grobe Misshandlungen vorgeworfen. Eine am 20. September 1968 veröffentlichte Dokumentation mit knapp 100 Seiten Zeugenaussagen zum ›Globus-Krawall‹ bestätigte diese Anschuldigungen und schockierte die Öffentlichkeit: »Ein düsteres Bild der Zürcher Ordnungshüter«[2] titelte der *Tages-Anzeiger*. Als Massnahme gegen weitere Krawalle verhängte der Stadtrat ein Verbot gegen jede »Ansammlung demonstrativen Charakters ohne ausdrückliche Bewilligung des Stadtrates«[3].

2.3 Das Zürcher Manifest

Die Zürcher Bewegung prägten neben den Jugendlichen und dem Stadtrat noch verschiedene weitere Akteursgruppen. Besondere Bedeutung kam den Studenten und Vertretern der Alternativ- und Gegenkultur zu. Ebenfalls eine wichtige Funktion übernahm die ›Arbeitsgemeinschaft Zürcher Manifest‹. Im Anschluss an den ›Globus-Krawall‹ ging diese Gruppe anerkannter Persönlichkeiten aus Kultur und Politik mit Forderungen an die Öffentlichkeit, am 3. Juli 1968 gaben sie das so genannte ›Zürcher Manifest‹ heraus. Dieser ›Aufruf zur Besinnung‹, wie das Manifest betitelt wurde, forderte unter anderem die Wiederaufnahme des öffentlichen Dialogs und die Wiederherstellung des verfassungsmässigen Demonstrationsrechts sowie die Bereitstellung eines zentral gelegenen, autonom verwalteten Diskussionsforums. Die Mitglieder der Gruppe – darunter der Schriftsteller Max Frisch, der Maler Gottfried Honegger-Lavater sowie weitere anerkannte Persönlichkeiten der Zürcher Gesellschaft wie Journalisten, Professoren, Politiker und Ärzte – führten die aktuellen Geschehnisse in Zürich auf einen kulturellen Konflikt zurück, dem sie entgegenwirken wollten. Die Arbeitsgruppe kritisierte die Institutionen, deren Unbeweglichkeit sie als Ursache der Krise sahen. Die Gruppe der zunächst 21 Erstunterzeichner des Manifests bildete eben jene ›Arbeitsgemeinschaft Zürcher Manifest‹ (ZM). Die Arbeitsgemeinschaft wuchs zu einer einflussstarken poli-

---

2 UPI (1968): Zürcher Manifest veröffentlicht Zeugenaussagen. Ein düsteres Bild der Zürcher Ordnungshüter. In: *Tages-Anzeiger* 223, 21.9.1968.
3 Stadtrat der Stadt Zürich (1968): Verbot. In: *Tagblatt der Stadt Zürich* 153, 2.7.1968.

tischen Kraft heran, die sich für die Anliegen der Zürcher Jugend engagierte. Das ZM unterschied sich stark von anderen Gruppierungen der Zürcher 68er-Bewegung: Ihre Mitglieder waren durchweg erwachsene, ressourcenstarke und angesehene Persönlichkeiten aus dem öffentlichen Leben. Die Distribution des Manifests über die Massenmedien, nämlich als bezahltes Inserat einerseits und – ganz im Stil der Jugendlichen und Studierenden – in Form von Flugblättern andererseits, verdeutlicht die besondere Rolle dieser Gruppierung.

2.4 Das ›Sechstagerennen‹

Im Herbst 1968 organisierte das ZM in Zürich eine mehrtägige Diskussionsveranstaltung: Im Ausstellungsgebäude ›Centre le Corbusier‹ fand vom 4. bis 9. September die Marathondiskussion »Sechs Tage Zürcher Manifest« statt, die in Anspielung auf den Zürcher Radrenn-Klassiker, der ebenfalls sechs Tage dauert, auch das ›Sechstagerennen‹ genannt wurde. Die Veranstaltung hatte den Anspruch, ein Forum für alle zu sein, die das Bedürfnis hatten, sich über Politisches auszutauschen, damit *das Gespräch, als Alternative zur Mundtotmachung unliebsamer Revoluzzer, als Überwindung einer kalt-kriegerischen Versteifung, das Gespräch als Einleitung wahrhaft demokratischer schöpferischer Prozesse* stattfinden konnte, wie auf einem Flugblatt verkündet wurde.

Das ›Centre le Corbusier‹ wurde für sechs Tage zu jenem autonomen Jugendzentrum, das so lange vergeblich gefordert worden war. Es wurden verschiedene Plenumsdiskussionen organisiert, daneben kam es aber auch zu vielen spontanen Diskussionen, zum Teil in kleinen Gruppen. Die einzelnen Abende waren grob geplant und in lockere Themengerüste eingebunden. Von den Organisatoren formulierte Diskussionsthemen waren zum Beispiel *»Leben wir in einer Scheindemokratie?«*, *»Erziehung zur Anpassung oder zur Mündigkeit?«* oder *»Funktion eines öffentlichen politischen Forums«*. Alle Teilnehmenden schienen von einem für diese Zeit nicht ganz untypischen »Diskussionsfieber« (vgl. Verheyen 2008: 209) gepackt zu sein. Die aufgegriffenen Themen reichten von Erziehungsmethoden und Sexualität über Demokratie und Militär bis hin zur Stadtplanung oder zu den Preisen des öffentlichen Verkehrs. Die Geschehnisse des Sommers waren ebenfalls ein zentrales Thema. Aktivitäten wie Gedichtlesungen oder Aufführungen von Strassentheater und Filmen bildeten ein buntes Rahmenprogramm.

Die Besucher hatten zudem eben die Möglichkeit, ihre Meinungen oder Ideen auf Wandzeitungen zu verschriftlichen. Auf Flugblättern, die den Anlass ankündigten und für diesen warben, wurde die Produktion von Wandzeitungen explizit erwähnt. Die Besucher nutzten die Wandzeitungen, um zu fragen, zu antworten, zu argumentieren, zu kritisieren oder zu ironisieren. Es entstand eine breite Dokumentation von Meinungen, Gedankenblitzen, Fragen, Parolen und grafischen Illustrationen, die einen Einblick in die Interessenslage unterschiedlichster Personen gab. Die Wände des ›Centre le Corbusier‹ boten bald kaum noch leere Stellen: Sie waren dicht mit Wandzeitungen bedeckt.

Obwohl der Anlass als Erfolg bewertet werden konnte, da er sehr gut besucht war und die Medien intensiv darüber berichteten, brachte er doch keine neuen Erkenntnisse oder Lösungen. Zürich blieb bis auf weiteres ohne Jugendhaus und die Jugend musste sich noch lange gedulden. Im Oktober 1970 wurde im so genannten ›Lindenhofbunker‹, eine Anlage in der Nähe des Hauptbahnhofs, ein Jugendzentrum eröffnet. Der Versuch der autonomen Verwaltung durch die Jugendlichen scheiterte jedoch und nach nicht einmal einem Jahr wurde das Experiment nach neuen Krawallen beendet. Knapp zehn Jahre später erschütterte schliesslich noch einmal ein Krawall, in dessen Brennpunkt wieder ein Jugendzentrum stand, die Stadt: der so genannte ›Opernhaus-Krawall‹.

3 Die Wandzeitungen des ›Sechstagerennens‹

3.1 Methodisches Vorgehen der Analyse

Während der Veranstaltung ›Sechs Tage Zürcher Manifest‹ wurden mehrere Hundert Wandzeitungen hergestellt. Am 11. September 1968 übergaben die Organisatoren der Veranstaltung die Wandzeitungen in einem offiziellen Akt dem Schweizer Sozialarchiv in Zürich (vgl. Flaschberger 2003: 17). Zudem wurde eine rein textliche Abschrift der Wandzeitungen angefertigt. Man kann hier also durchaus von einem metakommunikativen Bewusstsein und einem selbstreflektierten sprachlichen Handeln sprechen. Diesen Umständen ist es zu verdanken, dass heute ein einmaliges Korpus von Dokumenten der 68er-Bewegung in Zürich insgesamt erhalten ist. Die über 300 Wandzeitungen bilden im Folgenden das Korpus für eine qualitative Inhaltsanalyse nach verschiedenen linguistischen Kriterien. Gemäss Scharloth (2008: 223) war die 68er-Bewegung »zunächst und vor allem eine Revolte mit der Sprache«. Diese Sprache, aber auch textexterne Kriterien wie Textfunktion und Kommunikationssituation der Wandzeitungen, werden untersucht und interpretiert, um die Frage zu klären, weshalb die Wandzeitungen ein so geeignetes Medium im Rahmen der Diskussionsveranstaltung waren und über welche besonderen Eigenschaften sie verfügen.

3.2 Die Wandzeitung als Medium

Das Medium Wandzeitung weist Ähnlichkeiten mit verschiedenen anderen Medien auf. Zu nennen sind hier insbesondere das Flugblatt, die Wandtafel, das Plakat, der Spuckie und, wie sich zeigen wird, der Brief. Die folgende, aus dem dezidiert sozialistischen Kontext stammende Definition zeigt insbesondere die Nähe von Wandzeitung und Plakat:

Plakat und Wandzeitung sind visuelle Kommunikationsmittel und dienen in unserer Gesellschaft der sozialistischen Bewusstseinsbildung. Sie vermitteln dem Betrachter Informationen, suchen in ihm Überzeugungen zu erwecken und zu festigen, sollen ihn für eine dem Sozialismus gemässe individuelle und kollektive Lebensweise gewinnen und ihn zu einer parteilichen Auseinandersetzung mit dem Imperialismus und zu dessen Verurteilung führen. Sie wollen sein Interesse für die verschiedensten ideellen oder materiellen Angebote erregen. Plakat und Wandzeitung erfüllen ihren Auftrag mit den ihrer ganz besonderen Ausdrucksform und Wirkungsweise entsprechenden Gestaltungsmethoden.« (Biegholdt 1976: 9)

Wenn also Plakate und Wandzeitungen zwei zumindest funktional sehr ähnliche Medien sind, ist es wichtig, Plakat und Wandzeitung von einander abzugrenzen, aber auch ihre Gemeinsamkeiten aufzuzeigen. Die wichtigste Unterscheidung ist, dass Plakate gedruckt und Wandzeitungen von Hand beschriftet werden. Das heisst, dass Wandzeitungen unmittelbar hergestellt und rezipiert werden können. Die Wandzeitung hat mit dem politischen Plakat gemein, dass es ein öffentlicher Anschlagbogen ist, welcher eine breite Öffentlichkeit erreichen soll. Das politische Plakat erfüllt, wie übrigens auch das Reklameplakat, eine bestimmte Werbeabsicht, hat »eine auf Gemeinschaft, Gesellschaft und Staat hinzielende geistige, meinungs- und gesinnungsbildende Werbewirkung zu erfüllen, um das Handeln der Menschen zu beeinflussen« (Medebach 1969: 1).

Gemäss beiden zitierten Autoren haben also das publizistische Plakat und die Wandzeitung die Absicht, Rezipienten in ihren Gedanken und Handlungen zu beeinflussen, wobei sie dem Anspruch nach nicht einfach manipuliert, sondern aktiviert werden sollen. Im Sinne des ›Zürcher Manifests‹ heisst dies: Die Leute sollen mitdenken und mitreden.

Die Rezeption von Plakaten, welche zum Teil nur sehr flüchtig ist, erfolgt nicht unbedingt aktiv. Es braucht keinen bewussten Rezeptionsentscheid wie bei anderen Printmedien wie z. B. Tageszeitungen. Deshalb wurde das Plakat als Propagandamittel geschätzt und häufig eingesetzt, weil es die ganze Bevölkerung erfassen kann (vgl. Kämpfer 1985: 35). Die Rezeption von Wandzeitungen folgt einem sehr ähnlichen Schema. Wandzeitungen werden im öffentlichen Raum für alle sichtbar aufgehängt. Ihr Text ist in den meisten Fällen kurz und somit schnell zu lesen. Interessant bei der Veranstaltung ›Sechstagerennen‹ ist, dass eine so heterogene Gruppe von Akteuren dieses von der Kulturrevolution geprägte Medium überhaupt so begeistert verwendete. Das Anbringen von Wandzeitungen im öffentlichen Raum wird schliesslich als Störaktion, als Erregung öffentlichen Ärgernisses betrachtet, angebrachte Wandzeitungen müssen demnach wieder entfernt und entsorgt werden. Die Wandzeitungen des ›Sechstagerennes‹ knüpfen sicher implizit an ein solches Verhalten an, allerdings wurde die Produktion von Wandzeitungen von den Veranstaltern als Aktion angeboten und die angefertigten Exemplare wurden nur in den Räumen des Veranstaltungsortes aufgehängt. Trotz dieser »Legalisierung« verloren die Wandzeitungen aber anscheinend nicht ihren Protestcharakter und ihre subversive Attitüde.

Wandzeitungen sind eine von Hand geschriebene Nachricht von einem Produzenten an einen Rezipienten. Sie weisen somit auch Gemeinsamkeit mit einer persönlichen Nachricht, einer Notiz oder einem Brief auf. Jedoch kann zwar von einem Produzenten, nicht aber von einem Adressaten der Texte gesprochen werden, weil die Gesamtheit der Leser für den Produzenten nicht überschaubar ist. Briefe, Nachrichten und Notizen zeichnen sich dadurch aus, dass sie privat sind. Wandzeitungen jedoch stellen wie Plakate Öffentlichkeit her. Man kann somit sagen, dass bei der Wandzeitung persönliche Meinungen, Ideen und Gedanken öffentlich gemacht werden. Es entsteht dabei eine Verschränkung von Öffentlichkeit und Privatheit ähnlich wie beim ›offenen Brief‹. Die Wandzeitung kann somit als Hybrid von Brief – welcher Privatheit herstellt – und Plakat – welches Öffentlichkeit herstellt – betrachtet werden.

3.3 Sprache, Medien und Textsorten der 68er

Die 68er-Bewegung brachte eine Vielzahl von Veränderungen mit sich, welche verschiedene Bereiche des Lebens betrafen. Zu diesen gehörte die Sprache, weswegen sich die Linguistik seit längerem mit den sprachlichen Besonderheiten und Neuerungen der 68er auseinandersetzt.

Mattheier (2001) hält in seinem Aufsatz »Protestsprache und Politjargon« fest, dass in Deutschland bis Mitte der 60er-Jahre in politischen Diskussionen die Standardsprache verwendet wurde. Dies schränkte bestimmte soziale Gruppen stark ein, der öffentliche Kreis bestand aus besser Gebildeten. Erst im Zuge der 68er-Bewegung beteiligten sich am öffentlich-politischen Diskurs vermehrt auch Studierende und Jugendliche, was zur Folge hatte, dass die in der Öffentlichkeit gebrauchte Sprache mehr umgangssprachliche Elemente aufwies als früher. Mattheier (2001) nennt drei verschiedene Sprachvarietäten, welche von den 68er benützt wurden. Die erste Varietät ist der ›Politjargon‹. Dieser entstand aus den sprachkritischen Überlegungen Marcuses, welcher eine Sprachneuerung als Grundlage für eine Gesellschaftsneuerung sah (Mattheier 2001: 86ff.). Moser (1984) bezeichnet den ›Politjargon‹ als ›Apo-Sprache‹. Er verweist darauf, dass einige der Ausdrücke in die heutige Standardsprache eingegangen sind (Moser 1984: 1696). Die zweite Varietät ist die ›Spontisprache‹. Hier werden sprachstilistische Regeln durchbrochen und durch diesen Normbruch sprachliche Unordnung erreicht. Im Vordergrund stehen Forderungen nach neuer Subjektivität, nach Spontaneität und Emotionalität. Weiter zeichnet sich diese Varietät durch Unbestimmtheit aus. Relativierungsmittel wie »irgendwie«, »oder so«, »ich finde« werden sehr häufig verwendet (Mattheier 2001: 89). Die dritte Varietät wird als ›dirty speech‹ bezeichnet. Hier steht die Schockfunktion im Vordergrund, die Sprache wird sexualisiert und fäkalisiert. Dadurch sollte Protest gegen die starren Normen der Gesellschaft zum Ausdruck gebracht werden (vgl. Mattheier 2001: 87).

Weiter konnte Mattheier feststellen, dass sich neue Textsorten und Kommunikationsmedien herausbildeten, welche das öffentliche und politische Sprechen und Schreiben veränderten – Münz-Koenen (2000: 83) spricht sogar von einem Umbruch der Kommunikationsverhältnisse. Hierzu gehört das Aufkommen von Flugblättern, Vollversammlungen, Teach-ins – und Wandzeitungen (vgl. Mattheier 2001: 84–85).

4 Analyse und Interpretation

4.1 Grafische Ebene

Wandzeitungen sind handschriftlich gestaltet. Alle Wandzeitungen des ›Zürcher Manifests‹ wurden mit Filzstift, Bleistift oder Kugelschreiber geschrieben. Damit unterscheidet sich die Wandzeitung wie bereits erwähnt von Plakaten und Postern, welche gedruckt werden. Viele Wandzeitungen enthalten auch Grafiken, in einzelnen Fällen bestehen sie sogar nur aus Grafiken. Am häufigsten handelt es sich dabei um Karikaturen von Personen oder um Symbole (z. B. Schweizerkreuz, Peacezeichen, Blumen).

Die Typografie der Wandzeitungen ist sehr heterogen. Man findet sowohl Blockschrift als auch Schulschrift. Einige Wandzeitungen sind nur in Majuskeln, andere nur in Kleinbuchstaben geschrieben. Der Text ist häufig vielfarbig oder es sind einzelne Wörter durch Farbe grafisch hervorgehoben. Weitere Mittel der Schriftauszeichnung, zur Markierung bestimmter Wörter also, sind das Unterstreichen, das Umkreisen, das Umrahmen, das Sperren sowie die Veränderung der Schriftgrösse und -stärke. Man kann auf der grafischen Ebene kein uniformes Gestaltungsprinzip ausmachen. Jede Wandzeitung ist individuell, nach eigenem Geschmack gestaltet. Viele Wandzeitungen sind sich aber in der grafischen Umsetzung ähnlich, was sich aus der Beschränkung der Möglichkeiten, die Papier und Stift bieten, ergibt.

An den Schriften ist erkennbar, dass viele verschiedene Veranstaltungsteilnehmer Wandzeitungen geschrieben haben. Es handelte sich also nicht um einen kleinen Kreis von Produzenten, die Urheber einer Vielzahl von Wandzeitungen gewesen wären. Interessant ist das Phänomen, dass zum Teil mehrere Handschriften auf einer Wandzeitung zu finden sind. Häufig nehmen die Beiträge dabei konkret Bezug aufeinander, so dass man von einer dialogähnlichen Kommunikation sprechen kann.

Zu finden sind sowohl ›Schönschriften‹, also Schriften, die sehr regelmässig und gut leserlich sind und darauf schliessen lassen, dass sich der Produzent entsprechend Mühe gab, aber auch solche, die beinahe ›hingeschmiert‹ wirken oder schlicht von Personen stammen, die nicht schön schreiben können oder vielleicht auch – gewissermassen als Ausdrucksform des Protests – bewusst nicht mehr mitmachen wollten beim ›Schönschreiben‹.

> IN UNSERER
> "GLEICHGESCHALTETEN"
> GESELLSCHAFT
> WERDEN
> REVOLUTIONÄRE IDEEN
> KONSUMIERT
> WIE
> BIER + WURST

Abb. 1:
Wandzeitung mit Ausdrücken aus dem sozialistischen Ideologievokabular

Die Wandzeitung in Abbildung 1 ist im doppelten Format gestaltet. Zu diesem Zweck wurden, wie es sich im Korpus häufig findet, zwei Papierbögen mit Klebstreifen aneinander fixiert. Der Schriftzug ist mit schwarzem Filz geschrieben, die Wörter wurden jedoch mit rotem, grünem und gelbem Stift nachgefahren. Die Zeilen weisen unterschiedliche Schriftgrössen auf. Alle Wörter sind in Majuskeln geschrieben. Das Wort *konsumiert* ist kursiv gestellt. Zwischen den unterstrichenen Wörtern *Bier* und *Wurst* steht ein zum Schweizerkreuz entfremdetes arithmetisches Pluszeichen für das Wort *und* (vgl. Abb. 1).

Abbildung 2 ist ein Beispiel für eine Wandzeitung, die von mehreren Händen geschrieben wurde. Die Hauptaussage und mit grösster Wahrscheinlichkeit originale Beschriftung der Wandzeitung war: *Wir wollen ein katholisches Jugendzentrum!* Dies wurde mit blauem Filzstift geschrieben. Das Wort *katholisches* ist grafisch hervorgehoben, und zwar durch das Simulieren einer dicken Schrift, also Schreibung mit fetten, aber unausgefüllten Buchstaben. Oben rechts in der Ecke steht ein nicht entzifferbarer Ausdruck, der mit *mit dem* beginnt. Die Worte wurden mit einem schwarzen Filz geschrieben, mit anderer Handschrift, also von einem zweiten Autor. Oberhalb des Wortes *katholisches* hat ein Dritter in verblasstem Schwarz *ohne Pille nie* hingeschrieben. Unter dem Wort *katholisches* steht mit wiederum anderer Handschrift in schwarzer Farbe und auf

Schweizerdeutsch *schäm di!* Unterhalb des Wortes *Jugendzentrum* steht *mit dem Papst nein*, geschrieben von einem vierten Verfasser mit einem hellblauen Stift.

4.2 Wortschatz

Die Wandzeitungen des ›Zürcher Manifests‹ weisen auffällig viele Ausdrücke aus dem sozialistischen Ideologievokabular auf, die aus heutiger Sicht als für diese Zeit typische Schlagwörter bezeichnet werden können. Aufgeführt einige eklektisch zusammengetragene Beispiele, die sich im Korpus finden:

> *Mensch, Moral, Gesellschaft, Revolution, Konsum, Atombomben, Ideen, Love, War, Staat, humaner Fortschritt, Politik, Autonomie, Autorität, Meinung, sozial, Freiheit, Eigentum, Kommunismus, Sozialismus, Föderation, Masse, Behörden, Agitation, Manipulation, Rebellion, Friede, Repressivität, Gewalt, Entwicklung, Marxismus*, usw.

Die Wandzeitung in Abbildung 1 weist gleich mehrere solche Ausdrücke auf: *gleichgeschaltete Gesellschaft, konsumiert* und *revolutionäre Ideen.*

Auf der Wandzeitung in Abbildung 3 findet sich der Ausdruck *Autoritäre Erziehung*. Dieser wird vorgeworfen, dass sie *den Menschen pervers unselbständig und zum Sklaven im Denken und Handeln macht*. Der Satz wurde zwar mit einem Punkt beendet, es wurden aber keine Kommas gesetzt. Die Wandzeitung wurde von einer einzigen Person verfasst, die dafür roten Filz für die Wörter und schwarzen Stift zum Unterstreichen

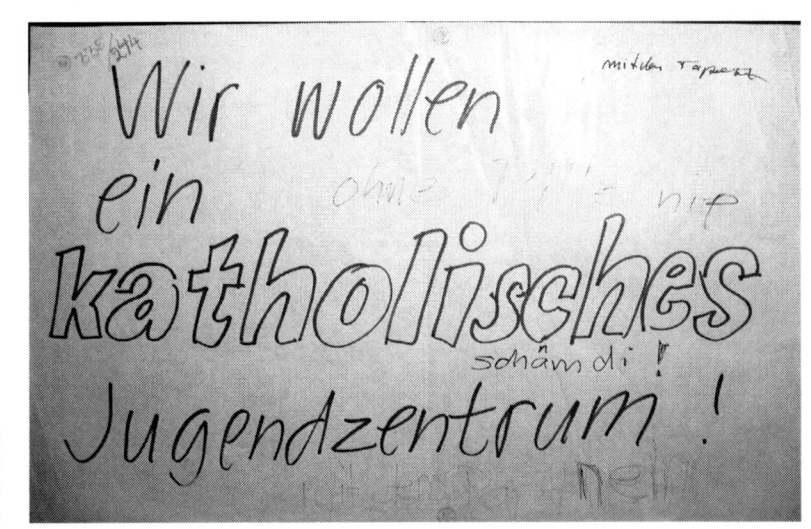

Abb. 2:
Wandzeitung mit
mehreren
AutorInnen

benutzt hat. Das Wort *Sklaven* wurde durch Umrandung grafisch hervorgehoben. Die Schriftgrösse variiert. Das Wort *pervers* in der Mitte der Wandzeitung ist besonders gross geschrieben. Dadurch und durch die zentrierte Position fällt es besonders auf. Zwischen den Wörtern *Denken* und *Handeln* steht ein Buchhalterpluszeichen.

Allgemein lässt sich sagen, dass sich der typische Wortschatz der untersuchten Wandzeitungen natürlich auf die spezifischen Themen zurückführen lässt, die beim ›Sechstagerennen‹ zur Diskussion standen. Die verwendeten Ausdrücke sagen damit viel über die Veranstaltung selbst aus, indem sie beispielsweise nicht alltagssprachig sind und eine gewisse Bildung der Produzenten vermuten lassen. Einige Wandzeitungen sind ganz oder zum Teil auf Französisch, Italienisch und Englisch verfasst. Diese fremdsprachigen Wandzeitungen bilden aber eher die Ausnahme. Dafür wird verhältnismässig häufig Schweizerdeutsch verwendet (wie zum Beispiel das *schäm di!* im Falle der Wandzeitung aus Abbildung 2). Dies ist insofern bemerkenswert, da Schweizerdeutsch primär die Varietät des Mündlichen und nicht die Schriftsprache ist.

Die einzelnen Wandzeitungen unterscheiden sich stark bezüglich des Stilniveaus. Während sich einige Schreiber einer elaborierten Ausdrucksweise bedienten, verwendeten andere eine dezidiert einfache, bisweilen auch obszöne Sprache im Sinne der ›dirty speech‹. Vereinzelt finden sich auch Ausdrücke aus dem so genannten ›Politjargon‹. Es wurden jedoch nie exzessiv komplexe Sätze oder schwer verständliche Fachwörter verwendet, was insbesondere dem Sprechstil der studentischen Aktivisten in Deutschland

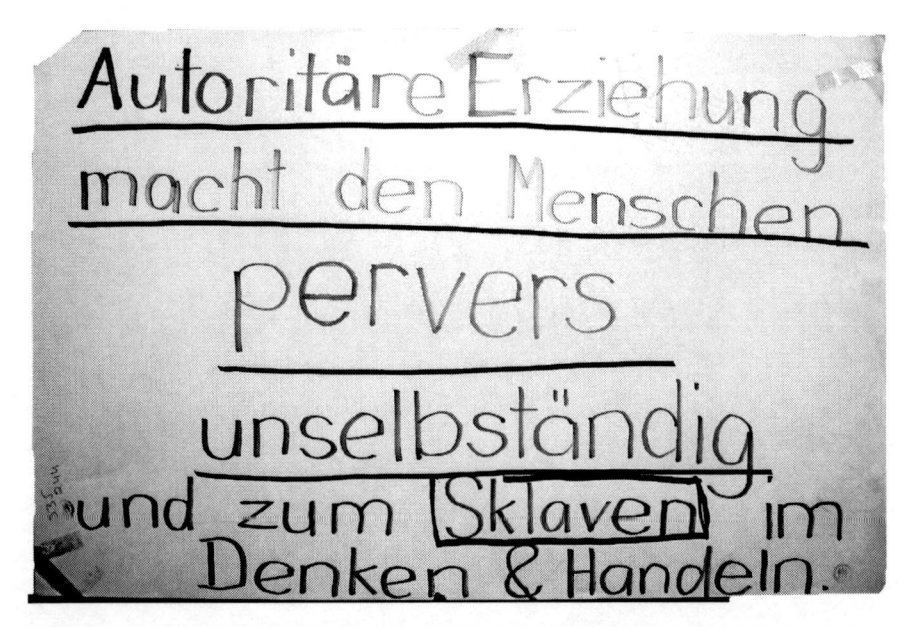

Abb. 3: Auf dieser Wandzeitung ist *pervers* durch Wortposition und Schriftgrösse besonders hervorgehoben

vorgeworfen und von Lhotta (1989: 72) als »Soziologenchinesisch« bezeichnet wurde.

Bei der Wandzeitung in Abbildung 4 handelt es sich wiederum um das Produkt mehrerer Autoren. Der erste Text wurde mit schwarzem Stift in Majuskeln geschrieben. Interessanterweise wurde der Buchstabe *i* aber konsequent klein geschrieben. Die Ausdrücke *mit Spielen, Schreiben, Rechnen, Sprachen, gelernt werden* sind einfach unterstrichen, das Wort *Sklavinnen* dreimal. Der Text weist einen Rechtschreibfehler auf: das Wort *dass* wurde nur mit einem s geschrieben. Weiter ist beim Wort *bestohenen* unklar, ob ein Buchstabe fehlt. Beim Wort *Sklavinnen* ist unter dem Buchstaben *l* ein Verschreiber erkennbar, der durch das Dickermachen des *l* zu vertuschen versucht wurde. Darüber, ob diese Fehler aufgrund von Flüchtigkeit oder schlechten Orthografiekenntnissen entstanden sind, lassen sich nur Vermutungen anstellen. Satzzeichen wurden nicht verwendet. Das Wort

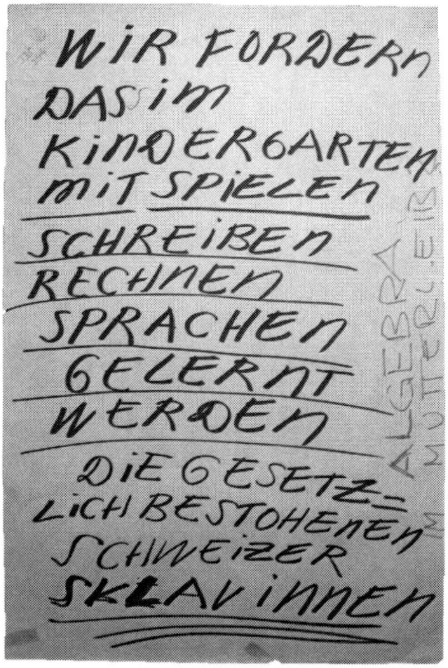

Abb. 4: Wandzeitung mit Verschreiber und Rechtschreibfehler

das wurde auf jeden Fall von einer anderen Person um das fehlende *s* ergänzt. Von einer dritten Person wurde mit grünem Stift die Frage *Algebra im Mutterleib?* hingeschrieben, welche sich eindeutig auf die Aussage des schwarz geschriebenen Textes bezieht.

Die Wandzeitung in Abbildung 5 wurde von einer einzelnen Person verfasst. Die Wörter *Eigentum* und *soziale* sind rot geschrieben, die Wörter *ist, eine, Funktion, Pantja Sila* sind schwarz geschrieben. Alle Wörter stehen in Majuskeln. Die Wörter sind nicht alle gleich gross: *Soziale* ist am grössten geschrieben, und das *S* ist – im Sinne eines Kapitälchens – nochmals grösser als der Rest des Wortes. Mit den Wörtern *Eigentum* und *soziale Funktion* weist auch diese Wandzeitung Elemente des sozialistischen Wortschatzes auf. Interessant ist auch der Ausdruck *Pantja Sila*. Pancasila (ausgesprochen Pantja Sila) ist ein Teil des sittlichen Kodex des Buddhismus und wird auch die ›fünf Gebote‹ genannt. Ob dieser Ausdruck damals allgemein bekannt war, ist schwer zu beurteilen. Im ersten Moment erscheint der Ausdruck wie eine Unterschrift, weil er unten links platziert und kleiner geschrieben ist als der restliche Text.

> EIGENTUM IST EINE SOZIALE FUNKTION
> PANTJA SILA

Abb. 5:
Der aus dem Buddhismus stammende Begriff *Pantja Sila* wirkt hier im ersten Moment wie eine Unterschrift

4.3 Satzbaumuster

Die Satzbaumuster des grössten Teils der Wandzeitungen sind eher einfach. Meistens besteht der Text auf den Wandzeitungen aus einem einzigen, einfachen Satz, in den meisten Fällen einem Frage- oder Ausrufesatz. Bisweilen setzt sich der Text aber auch aus mehreren Sätzen oder Parataxen zusammen. Einige Wandzeitungen weisen sogar vergleichsweise lange Texte auf. Im Ganzen fällt der Textumfang also je nach Wandzeitung sehr unterschiedlich aus und bringt entsprechend unterschiedlich komplexe Satzbaumuster mit sich. Dennoch gibt es auch Wandzeitungen, die ganz spezielle Satzbaumuster aufweisen, wie zum Beispiel die Wandzeitung in Abbildung 6. Der Text dieser Wandzeitung wurde von einer Person mit rotem Filz geschrieben. Zuoberst steht das Wort *Banal*, dann ein Fragezeichen in Klammern und ein Doppelpunkt. Die Ankündigung *Banal* wird also in Frage gestellt. Darauf folgt die Frage *Was ist Freiheit?*, welche im unteren Teil der Wandzeitung mit etwas kleinerer Schrift noch weiter ausgeführt wird: *Die alten Phrasen Freiheit wovon, wozu, zu was; hat der Sozialismus die Freiheit gepachtet, gibt es eine sozialistische Intoleranz, die »Repressivität« gegen die Repression bedeutet? Ist Agitation Manipulation? Agitation wozu? Will mir Agitation meine Freiheit nehmen?* Es scheint, als ob jemand seine Gedanken aufgeschrieben hat, ohne gross Energie auf Formulierung und Satzbau zu verwenden.

4.4 Mediale Bedingungen und Funktionen

In den 1960er-Jahren wurden in den Medien die ersten Bilder von Wandzeitungen übertragen und zwar im Zusammenhang mit der chinesischen Kulturrevolution, bei der diesem Medium eine wichtige Bedeutung zukam. Maos Schrift *Meine erste Wandzei-*

> **Banal (?):**
> **Was ist Freiheit?**
>
> Die alten Phrasen Freiheit wovon, wozu, zu was, hat der Sozialismus die Freiheit gepachtet, gibt es eine sozialistische Intoleranz, die „Repressivität" gegen die Repressiven bedeutet? Ist Agitation Manipulation? Agitation wozu? Will mir Agitation meine Freiheit nehmen?

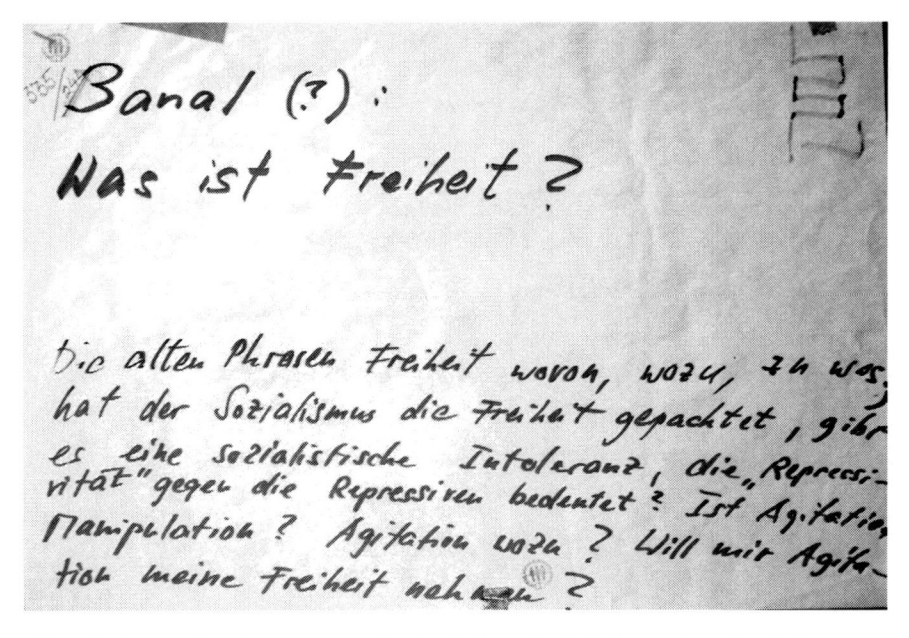

Abb. 6: Satzbau und Formulierungen waren für den Verfasser oder die Verfasserin dieser Wandzeitung offenbar sekundär

tung. Das Hauptquartier bombardieren! erschien 1966. Sie markierte den Anfang der weltweiten Popularität von Wandzeitungen im Kontext von Protestbewegungen. Dabei scheint gerade die Bezeichnung ›Wandzeitung‹ nicht unbedingt die glücklichste zu sein. So weist das Medium, wie dargestellt, deutlich mehr Gemeinsamkeiten mit einem Plakat als mit einer Zeitung auf, man würde es deswegen treffender als ›handgeschriebenes Plakat‹ bezeichnen.

Schliesslich war ein zentraler Punkt für den Erfolg der Wandzeitung als Medium des Protests, dass es als frei von Zwängen und Fremdbestimmung betrachtet wurde, da es keine Regeln oder Normen gibt, wie eine Wandzeitung zu gestalten ist, und diese insbesondere kein institutionalisiertes Medium ist. So konnte die Wandzeitung zum Ausdruck der Individualität eines jeden Autors werden.

Ein anderer Vorteil der Wandzeitung ist, dass sie ohne weitere Hilfsmittel gut wahrnehmbar und rezipierbar ist. Das Papier selbst ist grossformatig, die Schrift selbst in der Regel auch. Wie beim Werbeplakat sind die Sätze meist sehr kurz und einfach. Auch die Herstellung von Wandzeitungen ist sehr einfach: Das Material ist sehr billig, der Text schnell geschrieben und das Produkt somit aktuell und ohne zeitliche Verzögerung publizierbar. Die Veranstaltungs-Teilnehmer hatten also die Möglichkeit, nicht nur im Gespräch ihre Meinung kundzutun, sondern sie auch schriftlich festzuhalten, und wie sich später herausstellte, sogar für die Nachfahren zu archivieren.

Das Herstellen der Wandzeitungen selbst ist mehr als nur Textverfassen, es ist eine soziale Aktivität. Mit der Wandzeitung liessen sich je nach Intention ganz verschiedene kommunikative Akte vollziehen: Man konnte etwas fragen, etwas sagen, etwas fordern

Abb. 7:
Beispiel für eine Wandzeitung in der der Adressat explizit genannt wird

usw. Dabei ist die Wandzeitung in der Regel ein Schrifttext, der von einem Sender aus an die weitgehend anonyme Menge gerichtet ist. Es gibt aber auch Wandzeitungen, die sich an einzelne Personen richten, in denen der Adressat also explizit genannt wird, wie zum Beispiel die Wandzeitung in Abbildung 7. Obwohl dort der Produzent *Hannes* (in diesem Fall sogar genannt) eine Nachricht für *Daniel* formuliert und diesen direkt anspricht, richtet sich seine Botschaft freilich trotzdem auch an alle übrigen Teilnehmer des Manifests. Hannes kritisiert Daniel, indem er schreibt: *Du machst zu wenig Kompromisse.* Allein dadurch, dass diese Kritik in Form der Wandzeitung öffentlich geäussert wird, bekommt sie eine allgemeine Relevanz.

Die Wandzeitung in Abbildung 8 kann nur vor dem Hintergrund eines Zitats des damaligen Zürcher Stadtpräsidenten Sigmund Widmer verstanden werden. Er rief nach der ersten Krawallnacht im Radio »zu Ruhe und Ordnung« auf. *Anton* baut dieses Zitat in ein literarisches Zitat von Goethe ein (*Wanderers Nachtlied*). Anton scheint also selbst literarisch bewandert zu sein und seine Rezipienten offenbar ähnlich einzuschätzen. Eine zweite Handschrift ergänzt die Information, dass es um *1 Uhr auf dem Dach* eine *Vorlesung* gibt. Dieser Textteil informiert also einerseits, kann aber ebenso als Appell verstanden werden, an der Vorlesung teilzunehmen.

Die Kommunikationssituation war wie dargelegt durch die Veranstaltung des ›Zürcher Manifests‹ gegeben, in deren Zentrum die unterschiedlichen Diskussionsveranstaltungen standen. Die Wandzeitungen unterstützten diese, indem Meinungen nochmals aufgeschrieben wurden oder diejenigen Teilnehmer, die nicht zu Wort gekommen waren, ihre Gedanken auf diesem Weg doch äussern konnten. Dadurch wiederum konnten neue Diskussionen entstehen oder alte wieder angeheizt werden. Ziel der Veranstaltung war schliesslich die Revolution durch Worte, das Gespräch, die Diskussion. Der diesbezügliche mediale Vorzug der Wandzeitung im Unterschied zum Flugblatt ist, dass man nur ein Exemplar anfertigen muss und dennoch einen grossen Rezipientenkreis erreichen kann. Ein Nachteil ist jedoch, dass man sich sehr knapp fassen muss und nicht wie auf einem Flugblatt Platz für ausführliche Erörterungen hat.

Im Falle der Wandzeitungen beim ›Zürcher Manifest‹ kommt eine andere mediale Eigenart der Wandzeitung in besonderem Masse zum Tragen: Sie wurde hier nicht nur als Medium der einfachen Interaktion im Sinne indirekter (sie geht über ein Medium), einseitiger, und öffentlicher Kommunikation zwischen einem Sender und seinem dispersen Publikum genutzt, wie es für massenmediale Kommunikation charakteristisch ist (vgl. Bonfadelli 2001: 33). Beim ›Zürcher Manifest‹ hatte das Publikum vielmehr, wie in den exemplarischen Analysen gezeigt, die Möglichkeit des Feedbacks. Damit handelt es sich dort nicht nur um einen asymmetrischen Informationsaustausch, sondern eben durchaus auch um einen zweiseitigen Informationsaustausch, also Kommunikation im Sinne echter mehrdirektionaler Interaktion. Dabei war, wie zum Beispiel die Wandzeitungen in Abbildung 2 und 4 zeigen, das originäre Medium identisch mit dem Medium des Feedbacks: Dieses wurde auf die Wandzeitung selbst geschrieben und der Rezipient so zum Produzenten. Dies bedeutet nicht nur eine Interaktion zwischen den Verfassern der Wandzeitungen, sondern auch eine solche zwischen dem Feedback-Geber und dem Publikum. Das Feedback geht schliesslich nicht nur an den ersten Produzenten, sondern richtet sich auch an das Publikum und stellt somit wieder Öffentlichkeit her. Auf der anderen Seite ergibt sich die Möglichkeit eines rein mündlichen Feedbacks, sofern dem Rezipienten der Produzent bekannt ist, wie das zum Beispiel bei den Wandzeitungen in Abbildung 7 und 8 anzunehmen ist. Und schliesslich ist auch eine Interaktion zwischen den einzelnen Rezipienten in Bezug auf die Wandzeitungen denkbar. Zusammen genommen ermöglicht das Medium

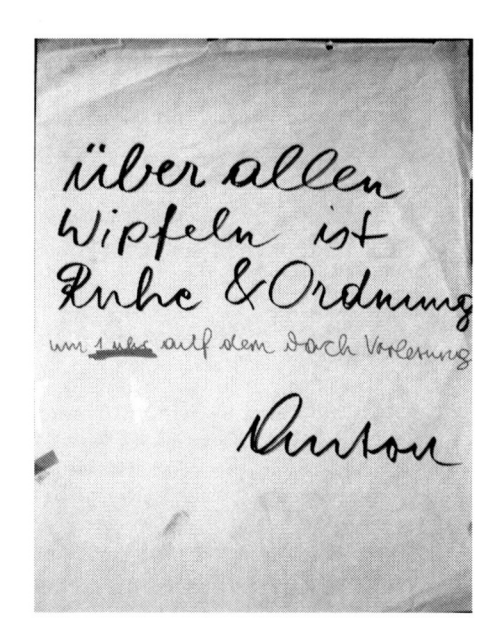

Abb. 8: Wandzeitung, die ein Zitat des Zürcher Stadtpräsidenten mit einem von Goethe verbindet

Wandzeitung also mit einfachen Mitteln sowohl Interaktion (oder Dialog) zwischen Produzenten als auch zwischen Rezipienten sowie natürlich primär zwischen den Produzenten und Rezipienten.

5 Fazit

Die Wandzeitungen unterstützten wesentlich die Hauptfunktion der Veranstaltung. Sie öffneten einen kommunikativen Raum und konnten so als alternative Plattform das Ziel der Veranstaltung fördern: miteinander zu reden, Ideen auszutauschen, Lösungen für gesellschaftliche Probleme zu finden und so die Welt mit Worten zu verändern. Sie boten Gelegenheit zur freien Meinungsäusserung ohne Zensur, was im Sommer 1968 in Zürich nicht mehr selbstverständlich war.

Der vorliegende Beitrag gibt einen ersten Einblick in die Bedeutung und die Bedingungen des Mediums Wandzeitung im Zusammenhang mit Protestbewegungen. Für weiterführende Untersuchungen bietet das untersuchte Korpus sicher noch viel Potenzial. So liesse sich etwa danach fragen, wie sich die Kommunikation auf den Wandzeitungen des ›Sechstagerennens‹ von anderen Formen politischer Kommunikation dieser Zeit unterscheidet und welche Parallelen oder Unterschiede es zu Medien anderer Bewegungen gibt. Ein weiterer vielversprechender Ansatz wäre es, zu untersuchen, ob und, wenn ja, wie öffentliche Diskussion, wie sie am ›Sechstagerennen‹ stattgefunden hat, politische Entscheidungen, Strukturen oder Prozesse beeinflussen kann.

Abschliessend sei angemerkt, dass sich die Produzenten fast aller Wandzeitungen aus dem Korpus an die sprachlichen Normen und Regeln der Grammatik gehalten haben. Es wurden korrekte Sätze geschrieben, es gab keine Ausbruchsversuche aus der Struktur der Sprache selbst, wie man es vielleicht vermuten könnte. Obwohl das Motto: *Revolution durch Gespräch* lautete, wurden wesentliche Ebenen der Sprache, welche ja Teil des kritisierten gesellschaftlichen Systems war, nicht in Frage gestellt.

6 Literatur

Biegholdt, Charlotte u. a. (1976): *Plakat und Wandzeitung. Bildkünstlerische Agitation in der Schule.* 3., überarb. Aufl. Berlin: Verlag Volk und Wissen (= Schriften zur Kunsterziehung; 24).

Bonfadelli, Heinz (2001): Was ist (Massen-)Kommunikation? Grundbegriffe und Modelle. In: Jarren, Otfried; Bonfadelli, Heinz (Hgg.): *Einführung in die Publizistikwissenschaft.* Bern/Suttgart/Wien: Haupt, S. 17–45.

Flaschberger, Sabine (2003): *Sechs Tage Zürcher Manifest.* Zürich: o. V. – Unveröffentlichte Seminararbeit.

Gilcher-Holtey, Ingrid (2003): *Die 68er Bewegung. Deutschland Westeuropa USA.* München: Beck.

Hebeisen, Erika; Joris, Elisabeth; Zimmermann, Angela (2008): *»Zürich 68«. Kollektive Aufbrüche ins Ungewisse.* Baden: Verlag »hier + jetzt«.

Jarren, Otfried; Donges, Patrick (2002): *Politische Kommunikation in der Mediengesellschaft. Eine Einführung.* Band 1: *Verständnis, Rahmen und Strukturen.* Wiesbaden: Westdeutscher Verlag.

Kämpfer, Frank (1985): *Der rote Keil. Das politische Plakat. Theorie und Geschichte.* Berlin: Gebr. Mann.
Klein, Josef (1998): Politische Kommunikation – Sprachwissenschaftliche Perspektiven. In: Jarren, Otfried; Sarcinelli, Ulrich; Saxer, Ulrich (Hgg.): *Politische Kommunikation in der demokratischen Gesellschaft. Ein Handbuch mit Lexikonteil.* Opladen/Wiesbaden: Westdeutscher Verlag, S. 168–210.
Kurlansky, Marc (2005): *1968. Das Jahr, das die Welt veränderte.* Köln: Kiepenheuer & Witsch.
Lachenmeier, Dominik (2008): Die Achtundsechziger-Bewegung zwischen etablierter und alternativer Öffentlichkeit. In: Klimke, Martin; Scharloth, Joachim (Hgg.): *1968. Handbuch zur Kultur- und Mediengeschichte der Studentenbewegung.* Bonn: Lizenzausgabe für die Bundeszentrale für politische Bildung, S. 61–72.
Lhotta, Roland (1989): Sind wir »gelinkt« worden? Zum Eindringen von 68er Vokabular in die Gemein- und Bildungssprache. In: *Sprache und Literatur in Wissenschaft und Unterricht* 64, S. 3–15.
Linke, Angelika; Scharloth, Joachim (Hgg.) (2008): *Der Zürcher Sommer 1968. Zwischen Krawall, Utopie und Bürgersinn.* Zürich: Verlag Neue Zürcher Zeitung.
Mattheier, Klaus J. (2001): Protestsprache und Politjargon. Über die problematische Identität einer »Sprache der Achtundsechziger«. In: Ott, Ulrich; Luckscheiter, Roman (Hgg.): *Belles lettres/Graffiti. Soziale Phantasien und Ausdrucksformen der Achtundsechziger.* Göttingen: Wallstein, S. 79–90.
Medebach, Friedrich (1969): Das publizistische Plakat. In: Dovifat, Emil (Hg.): *Handbuch der Publizistik.* Bd. 3: *Praktische Publizistik.* 2. Teil. Berlin/New York: de Gruyter, S. 1–38.
Moser, Hugo (1984): Die Entwicklung der deutschen Sprache seit 1945. In: Besch, Werner; Reichmann, Oskar; Sonderegger, Stefan (Hgg.): *Sprachgeschichte. Ein Handbuch zur Geschichte der deutschen Sprache und ihrer Erforschung.* 2. Teilbd. Berlin/New York: de Gruyter, S. 1678–1707.
Münz-Koenen, Inge (2000): Bilderflut und Lesewut: Die imaginären Welten der Achtundsechziger. In: Rosenberg, Rainer; Münz-Koenen, Inge; Boden, Petra (Hgg.): *Der Geist der Unruhe. 1968 im Vergleich. Wissenschaft, Literatur, Medien.* Berlin: Akademie Verlag, S. 83–96.
Ramò, Mario; Schnoz, Monika (2008): *Medien – politische Informiertheit – Stimmbeteiligung. Empirische Untersuchung von Wirkungszusammenhängen im Rahmen von Abstimmungen in der Schweiz.* Saarbrücken: VDM Verlag Dr. Müller.
Rucht, Dieter (1994): Öffentlichkeit als Mobilisierungsfaktor für soziale Bewegungen. In: Neidhardt, Friedhelm (Hg.): *Öffentlichkeit, öffentliche Meinung, soziale Bewegungen.* Opladen: Westdeutscher Verlag (= Kölner Zeitschrift für Soziologie und Sozialpsychologie; Sonderheft 34), S. 337–358.
Scharloth, Joachim (2008): Die Sprache der Revolte. Linke Wörter und avantgardistische Kommunikationsstile. In: Klimke, Martin; Scharloth, Joachim (Hgg.): *1968. Handbuch zur Kultur- und Mediengeschichte der Studentenbewegung.* Bonn: Lizenzausgabe für die Bundeszentrale für politische Bildung, S. 223–234.
Schweizerische Eidgenossenschaft (1999): *Bundesverfassung der Schweizerischen Eidgenossenschaft vom 18. April 1999.* Bern.
Stutz, Ursula (2008): Der Zürcher Sommer 1968: Die Chronologie der Ereignisse. In: Linke, Angelika; Scharloth, Joachim (Hgg.): *Der Zürcher Sommer 1968. Zwischen Krawall, Utopie und Bürgersinn.* Zürich: Verlag Neue Zürcher Zeitung, S. 39–56.
Verheyen, Nina (2008): Diskussionsfieber: Diskutieren als kommunikative Praxis in der westdeutschen Studentenbewegung. In: Klimke, Martin; Scharloth, Joachim (Hgg.): *1968. Handbuch zur Kultur- und Mediengeschichte der Studentenbewegung.* Bonn: Lizenzausgabe für die Bundeszentrale für politische Bildung, S. 209–221.

Markus Nussbaumer

Belastete Wörter oder »Es geht nur um das Feeling, um das Fingerspitzengefühl«

Die Zeitschrift *LeGes – Gesetzgebung & Evaluation*[1] hat eine *Redaktion*, bestehend aus 15 Personen. Darunter ist eine Person, die die Funktion der *Schriftleitung* inne hat und die den Titel *Schriftleiterin* trägt. Die sehr renommierte *Aktuelle juristische Praxis* (AJP) kennt diesen Titel auch, genauso gut wie die *Zeitschrift für Gesetzgebung* oder *myops. Berichte aus der Welt des Rechts*.

Ob die Benennungen *Schriftleiterin* und *Schriftleitung* eine Eigenheit juristischer Fachblätter ist, vermag ich nicht zu sagen. Ich fand die Wörter jedenfalls schon immer etwas seltsam, hatte den Verdacht, das sei eigentlich eine etwas veraltete Bezeichnung, machte mir aber nicht weiter Gedanken darüber. Die Schriftleiterin von *LeGes* bestätigte mir, dass sie gelegentlich erklären muss, was dieser Titel eigentlich bedeutet. Ein Blick in den »Duden« (Dudenredaktion 1999) zeigt, dass *Schriftleitung/Schriftleiterin* »veraltende« Synonyme für *Redaktion/Redaktorin* (in Deutschland und Österreich: *Redakteurin*) sind. Was die Benennung bei *LeGes* betrifft, geht meine Vermutung dahin: Man hat den Titel *Schriftleiterin* deshalb gewählt, damit man die Person und ihre spezielle Funktion abheben kann von den 14 übrigen Mitgliedern der Redaktion.

So weit so gut – und so langweilig. Wäre da nicht neulich jemand auf mich zugekommen und hätte mir gesagt: »Mich hat die Bezeichnung *Schriftleiterin* schon immer irritiert. Mir kam das Wort immer etwas deutschtümelnd vor; ich hatte den Verdacht einer ›braunen‹ Vergangenheit dieses Wortes. Und jetzt habe ich die Bestätigung für meinen Verdacht zufällig gefunden.« – Und dann verwies mich die Person auf den Wikipedia-Eintrag zum Schriftleitergesetz vom 4. Oktober 1933,[2] mit dem die Nationalsozialisten nach ihrer Machtergreifung in Deutschland die gesamte Presse gleichschalteten, indem sie in den einzelnen privaten Medienhäusern quasi-staatliche *Schriftleiter* einsetzten, die »arisch« sein mussten und in einem mehrmonatigen Lehrgang so weit geschult wurden, dass sie für »politisch zuverlässig« galten. Die Schriftleiter unterstanden den Richtlinien und Weisungen der Reichspressekammer, einer Abteilung des Propagandaministeriums von Joseph Goebbels, und nahmen dem Verleger einer Zeitung faktisch die inhaltliche Verantwortung für sein Blatt weg. Das Schriftleitergesetz von 1933 führte zur Entlassung von etwa 1 300 Journalistinnen und Journalisten und zum Ende einiger namhafter liberaler Zeitungen in Deutschland.

---

1 *LeGes* wird herausgegeben von der Schweizerischen Bundeskanzlei, vgl. http://www.leges.ch [27. 9. 2010]. Dieser Beitrag erschien – in leicht anderer Fassung – erstmals in *LeGes* 2/2010, S. 257–263.
2 Vgl. http://de.wikipedia.org/wiki/Schriftleitergesetz [27. 9. 2010].

Und wo ist nun das Problem – wenn es überhaupt ein Problem gibt? Man kann es so sagen: Wer das nationalsozialistische Schriftleitergesetz und die nationalsozialistische Institution des Schriftleiters kennt, der kann mit den Wörtern *Schriftleitung/Schriftleiterin* nicht so unbefangen umgehen wie jemand, der davon nichts weiss. Für Letzteren sind *Schriftleitung/Schriftleiterin* und *Redaktion/Redaktorin* (*Redakteurin*) weitgehend Synonyme. Für Ersteren sind sie es nicht: Während *Redaktion/Redaktorin* (*Redakteurin*) für ihn neutrale Bezeichnungen sind, sind *Schriftleitung/Schriftleiterin* historisch belastete Wörter, die an einem bestimmten Punkt der Geschichte etwas entscheidend anderes bezeichneten und die dies als Bedeutungsaspekt weiter mit sich tragen in die Gegenwart hinein.

Verallgemeinert man das »Problem«, so kann man sagen: Wörter sind nie einfach neutrale Etiketten für die Dinge in der Welt. Vielmehr tragen Wörter die Geschichte ihrer Verwendung mit sich. Ja – das, was man gemeinhin die Bedeutung eines Wortes nennt, ist eigentlich nichts anderes als die mehr oder minder lange und mehr oder minder wechselvolle Geschichte seiner Verwendung. Im öffentlichen Sprachgebrauch – und auch in der Rechtsetzung – können wir immer wieder Bezeichnungskämpfe beobachten: Wie soll man das ›Ding‹ nennen? Solche Bezeichnungskämpfe werden aus der Tatsache heraus alimentiert, dass es eben nicht einfach darum geht, einer Sache die neutrale Etikette A oder die neutrale Etikette B anzuhängen, sondern darum, die Sache mithilfe der Benennung auch ein Stück weit zu definieren, zu formen, ihr eine Färbung zu geben. Diese Definitionsmacht ziehen die Wörter aus der Geschichte ihrer Verwendung. Das Problem dabei ist, dass nicht alle Sprachbenutzerinnen und -benutzer gleich viel wissen über die Geschichte der Wörter oder dass nicht alle gleich sensibel sind für ihre Geschichte.

Man konnte das unlängst in der Schweizer Politik wieder beobachten, als es (interessanterweise fast gleichzeitig) darum ging, das *Landesmuseum* (die Museumsgruppe, nicht das Museum in Zürich) in *Nationalmuseum* und die *Landesbibliothek* in *Nationalbibliothek* umzutaufen. Dieser Akt der Umbenennung ging eigentlich erstaunlich leise über die Bühne, aber doch nicht ganz geräuschlos: Die Umbenennung von *Landesbibliothek* in *Nationalbibliothek* war ein reiner Verwaltungsakt, in der Zuständigkeit des Eidgenössischen Departements des Innern, und wurde auf rechtlicher Ebene von der Bundeskanzlei gestützt auf Artikel 16 Absatz 3 der Publikationsverordnung (SR 170.512.1) so vollzogen, dass diese mit einer sogenannten formlosen Anpassung den Namen des entsprechenden Bundesgesetzes vom 18. Dezember 1992 in *Bundesgesetz über die Schweizerische Nationalbibliothek* (SR 432.21) änderte. Immerhin hat dies aber die Anfrage 07.1115[3] von Nationalrat Kurt Fluri vom 17. Dezember 2007 ausgelöst. Nationalrat Fluri fragte: »Sieht der Bundesrat tatsächlich keinen historisch und staatspolitisch begründeten Unterschied zwischen diesen Bezeichnungen?« Und er fragte weiter: »Ist die im Titel eines Gesetzes und im Sprachgebrauch verankerte Bezeichnung einer Ins-

---

3 Vgl. http://www.parlament.ch/d/suche/seiten/geschaefte.aspx?gesch_id=20071115 [27.9.2010].

titution wirklich lediglich eine ›Organisationsbestimmung‹?« Fluri fragt also: Sind Namen wirklich blosse Etiketten, sodass die Verwaltung über sie frei befinden kann? Oder sind es Mittel inhaltlicher Definition der bezeichneten Sache? Der Bundesrat antwortete folgendermassen:

> Dem Bundesrat sind die historischen und staatspolitischen Implikationen der beiden deutschsprachigen Namen bewusst. Zur zurückhaltenden Verwendung des Begriffs ›national‹ bei der ursprünglichen Namensgebung mögen bei der Bibliotheksgründung Ende des 19. Jahrhunderts die Nachwehen des Kulturkampfs und die Sorge um die Bewahrung der regionalen Identität die Gründe gewesen sein. Heute versteht sich die Schweiz als Willensnation ebenso als Nation wie sprachlich oder kulturell definierte Nationen. Bezeichnungen wie ›Nationalbank‹ und ›Nationalfonds‹ haben sich etabliert. Für die Schweiz ist der Begriff ›national‹ somit mindestens ebenso geeignet wie ›Landes‹, weil sie ein gut integriertes, viersprachiges Land ist. Zudem wird zum Ausdruck gebracht, dass es sich bei der Nationalbibliothek um eine Institution handelt, die vor allem vom Bund bezahlt wird. Der Bundesrat hält es deshalb für gerechtfertigt, die Bezeichnung der nationalen Bibliothek so zu wählen, dass ihre Bestimmung auch im deutschen Namen eindeutig erkennbar wird.

Der Bundesrat negiert also die unterschiedliche Geschichte dieser Wörter nicht, aber er lässt – im vorliegenden Fall – ihre Geschichte als massgebliches Kriterium für ihre heutige Verwendung nicht gelten (die eine Lesart) oder er nimmt das vor hundert Jahren abgelehnte Wort ganz bewusst auf und deutet mit der neuen Benennung die Institution um (die zweite Lesart).

Der zweite Fall – die Umbenennung von *Landesmuseum* in *Nationalmuseum* – hat immerhin den Gesetzgeber beschäftigt, aber auch nur deshalb, weil sie im Zuge einer Totalrevision des Bundesgesetzes vom 27. Juni 1890 über die Errichtung eines Schweizerischen Landesmuseums stattfand; es wurde das neue Bundesgesetz vom 12. Juni 2009 über die Museen und Sammlungen des Bundes (SR 432.30) geschaffen. In beiden Räten gab es zur Umbenennung immerhin mehrere fragende bis kritische Stimmen. Einige gingen auf das Benennungsproblem nur ganz nebenbei ein, wie etwa Peter Bieri im Ständerat, als er gewissermassen à propos bemerkte: »… kann nun das Nationalmuseum – um den in unserer deutschen Sprache etwas euphorischen Namen zu nennen, der uns Deutschschweizern übrigens nicht besonders gefällt, …« (AB 2008 S 148)[4]. Eingehender widmete sich Ständerat Hansruedi Stadler der Namensfrage:

> Ich komme zur letzten Bemerkung; diese betrifft den Namen Schweizerisches Nationalmuseum – ich wiederhole es nochmals: Schweizerisches Nationalmu-

---

4 Vgl. http://www.parlament.ch/ab/frameset/d/s/4802/265907/d_s_4802_265907_265908.htm [27.9.2010].

seum. Meine Bemerkung betrifft ganz klar nur den deutschen Text. Ich akzeptiere, dass wir diesen Begriff in der französischen und in der italienischen Sprache heute schon haben. Aber ich finde, dass es im deutschen Sprachgebrauch eben eine besondere Sensibilität gibt. Die öffentlichen Diskussionen der letzten Wochen – gerade auch in diesem Haus – haben auch gezeigt, dass es zu bestimmten Fragen der Geschichte im deutschen Sprachraum eine grössere Sensibilität gibt. Die Begründung der Verwaltung und auch des Bundesrates für diese Umbenennung überzeugt mich heute noch nicht. Als Präsident der deutschsprachigen Redaktionskommission sage ich einmal: Es gibt keinen Zwang für diese Gleichschaltung. Es wurde etwa gesagt, man hätte im Ausland bei Kontakten mit anderen Museen immer Erklärungsbedarf, wenn man als Vertreter des ›Landesmuseums‹ erscheine. Mein Gott, welch ein Problem. Dann nehme man doch die Visitenkarte in französischer Sprache. Es wird dann argumentiert, dass es ja nur der Gruppenname sei; der Name ›Landesmuseum Zürich‹ bleibe ja. Aber dies ist für mich auch noch kein Grund. Alle schönen Argumente werden heute vielleicht wiederholt, aber darum geht es gar nicht. Es geht nur um das Feeling, um das Fingerspitzengefühl; vielleicht ging das inzwischen verloren. Als Krönung führt man dann immer alle möglichen Beispiele an, wo das ›national‹ gebräuchlich ist, so von Nationalbank über den Nationalpark bis zur Nationalmannschaft. Aber jede Institution hat ihre eigene Geschichte, so auch das Landesmuseum. Auch ich habe noch ein Beispiel, wo ›national‹ im Namen verwendet wird: PNOS heisst anscheinend ›Partei national orientierter Schweizer‹. Ich hoffe, dass sich der Nationalrat dieser Namensgebung nochmals annehmen wird. (AB 2008 S 149)

»Jede Institution hat ihre eigene Geschichte«, die auch eine Geschichte ihres Namens ist. Da hat Ständerat Stadler sicher recht. Wenn die Schweiz auch den *Nationalrat,* die *Nationalbank,* die *Nationalmannschaft,* den *Nationalfonds* hat und einstmals *Nationalstrassen* (heute Autobahnen) und eine *Nationalliga* (heute Super League) hatte, so hat sie vermutlich nicht ganz zufällig eine *Landesregierung, Landesgrenzen,* ein *Landesrecht,* hatte einmal einen *Landessender,* einen *Landesstreik, Landesverräter,* hatte hin und wieder *Landesausstellungen* (1939 die *Landi*), hat gemäss Bundesverfassung vier *Landessprachen* (sie hiessen in der BV einmal *Nationalsprachen*), hat *Landesinteressen* usw. Sie hatte einmal eine *Landesbibliothek,* die ursprünglich *Nationalbibliothek* heissen sollte und dann ganz bewusst *Landesbibliothek* genannt wurde (vgl. Centralkommission für schweizerische Landeskunde 1893). Und sie hatte einmal ein *Landesmuseum,* dessen Errichtung (durch das Bundesgesetz vom 27. Juni 1890 über die Errichtung eines Schweizerischen Landesmuseums; BS 11 690) und dessen Platzierung in Zürich eine der heftigsten innenpolitischen Auseinandersetzungen des ausgehenden 19. Jahrhunderts vorausging, in deren Verlauf man mehrheitlich um das *Nationalmuseum* stritt, bevor man umschwenkte auf den Namen *Landesmuseum.*

Eine Gegenposition zu Ständerat Stadler nahm in der Ständeratsdebatte sein Amtskollege Eugen David ein:

> Ich möchte noch ein Wort zum Namen ›Schweizerisches Nationalmuseum‹ sagen [...]. Ich selber muss ehrlicherweise sagen, dass ich mit diesem Namen eigentlich kein Problem habe, im Gegenteil: Ich finde, dass er durchaus auch Selbstbewusstsein und Eigenständigkeit ausstrahlt. Wir dürfen und sollen ein ›Nationalmuseum‹ haben. Der Begriff umschliesst für mich, auch im Sprachverständnis, insbesondere alle drei Landesteile. Wir haben ja auch einen ›Nationalrat‹. Zum Wort ›national‹ dürfen und müssen wir in der deutschen Sprache stehen. Ich möchte auch sagen: Ich wehre mich dagegen, dass politische Gruppen auf der rechte Seite alle nationalen Symbole beanspruchen und für sich pachten. (AB 2008 S 151)

Für die einen ist das Wort *national* historisch belastet, und entsprechend vorsichtig bis ablehnend gehen sie mit diesem Wort um. Die andern wissen sehr wohl um die Geschichte dieses Wortes, um seine historische »Belastung«, aber sie lassen sich das Wort deshalb nicht verbieten, sondern wollen es gewissermassen positiv umgedeutet für die heutige Zeit verwenden; sie weigern sich – mit einem gewissen Recht –, Wörter nur deshalb nicht zu verwenden, weil diese in der Vergangenheit zu schlechten Zwecken verwendet wurden. Ein klassischer Bezeichnungskampf.

Und da sind sicher auch noch diejenigen, die die Belastung gar nicht kennen – wie soll man denn, zumal als junger Mensch, immer die ganze Geschichte eines Wortes präsent haben? »Sonderbehandlung für die Deutschen« betitelte die *NZZ am Sonntag* im Juni 2004 einen Artikel über die Mediation zur Verteilung des Fluglärms rund um den Flughafen Zürich-Kloten. Ich bin damals zusammengezuckt, als ich das las. *Sonderbehandlung* war ein Tarnwort der Nationalsozialisten für Mord. Wie kann eine Zeitung von Weltformat ein solches Wort und erst noch gemünzt auf die Deutschen verwenden. Tut sie das unwissentlich, gedankenlos, oder tut sie es vielleicht wissentlich und gezielt? Und wenn ja: wozu?

Ständerat Stadler spricht in seinem oben zitierten Votum von *Gleichschaltung:* »Als Präsident der deutschsprachigen Redaktionskommission sage ich einmal: Es gibt keinen Zwang für diese Gleichschaltung.« Er meint damit die Anpassung des deutschen Namens an die längst etablierten Namen im Französischen, Italienischen und Rätoromanischen. *Gleichschaltung* ist ein Wort aus der Elektrotechnik, das die Nationalsozialisten 1933 für ihr »Gesetz zur Gleichschaltung der Länder mit dem Reich« verwendeten (Schmitz-Berning 2000, 277ff.) und das seither als Inbegriff für totalitäre Politik verwendet wird. Ein Wort mit Geschichte, ein schwer belastetes Wort, zweifellos. Wusste Ständerat Stadler darum, als er dieses Wort in seinem Votum verwendete? Wenn ja: Was wollte er damit zum Ausdruck bringen?

Es gibt im Deutschen nationalsozialistisch belastete Wörter in grosser Zahl. Viele empfindet man, wenn man sich damit nicht besonders beschäftigt hat, kaum mehr als solche, man hat ihre Geschichte vergessen. So etwa diejenige von *gesamtdeutsch* oder *gigantisch* (einem Lieblingswort Hitlers in seinen Reden). Präsenter ist das vielleicht beim *gesunden Volksempfinden* oder bei *entartet* oder bei der *Überfremdung*. Man kann seine Geschichtskenntnisse auffrischen in Büchern wie Schmitz-Berning (2000) oder neuerdings auf der Website der Stiftung gegen Rassismus und Antisemitismus (GRA) unter www.gra.ch, auf der ein Glossar belasteter Wörter abgefragt werden kann. Man findet dort eine Fülle interessanter historischer Fakten zu einzelnen Wörtern. Momentan (Juni 2010) gibt es noch keinen Eintrag zu *national*. Aber es finden sich Einträge zum Beispiel zu *Sonderbehandlung* oder zu *Überfremdung* und zu vielen mehr. Im Deutschen scheint es, wegen des Nationalsozialismus und des nachfolgenden totalitären Regimes in der DDR, besonders viele belastete Wörter zu geben. Doch wäre es ein grosser Irrtum zu meinen, das Phänomen gebe es nur für das Deutsche. Es gibt dies in jeder Sprache, nur gibt es vielleicht, um mit Ständerat Stadler zu sprechen, »im deutschen Sprachraum eine grössere Sensibilität« für diese Fragen.

Wer Texte für den öffentlichen Gebrauch verfasst, tut gut daran, sich über die Geschichte der zu verwendenden Wörter immer wieder klar zu werden. Das gilt auch und besonders für Gesetzestexte, für Botschaften (begründende und erläuternde Texte, die eine Gesetzesvorlage der Regierung an das Parlament begleiten) und für Berichte, weil sie den öffentlichen Sprachgebrauch stark prägen und weil sie in den Bezeichnungskämpfen nicht unbedingt eine neutrale, aber sicherlich eine besonders reflektierte Position einnehmen sollten. Auf die Frage, ob man ein bestimmtes Wort verwenden soll oder nicht, gibt es keine einfache Antwort; man findet sie nicht in Wörterbüchern und auch nicht in dem erwähnten Glossar belasteter Wörter. Zum Glück, möchte man sagen! Man findet dort aber interessante Hinweise auf die Geschichte des Gebrauchs dieser Wörter und Antworten auf die Frage, warum gewisse Personen bei gewissen Wörtern gewisse Probleme haben. Das heisst nicht, dass man diese Wörter partout nicht verwenden darf. Es heisst nicht, dass man heute Institutionen in der Schweiz nicht *national* nennen darf. Man sollte aber wissen, was man sprachlich tut, wenn man alte Institutionen mit dem Wortteil *Landes-* in *National-* umbenennt. Man darf sich nicht wegen jeder schlimmen Verwendung eines Wortes das Wort wegnehmen lassen – das führte, ob all des Schlimmen in der Welt, schnell einmal dazu, dass man verstummt. Aber es kann auch nicht schaden, wenn man um die oftmals schlimme historische Verwendung der Wörter weiss. Es kann nicht schaden, nein – es steht sogar gut an, wenn ein nationales (!) Parlament, der Gesetzgeber, über solches »Feeling«, solche »Fingerspitzengefühle« debattiert. Es wäre ein Armutszeugnis, wenn ein Land (!) zwei seiner herausragenden kulturellen Institutionen, die vor hundert Jahren bewusst nicht mit dem Element *National-*, sondern mit dem Element *Landes-* benannt wurden, still und heimlich, sang- und klanglos umbenennen würde.

Epilog: »Züri-Fäscht« 2010. Hunderttausende vergnügen sich an diesem schwülheissen Juliabend rund um das untere Zürcher Seebecken. Urplötzlich brechen militärgrüne Riesenhelikopter im Tiefflug über die Dächer herein. »Geil!«, finden das die einen. Und die andern haben sofort ein Bild im Kopf: Vietnam, Napalm, Apocalypse Now ..., und das Bild will so gar nicht zum Fest passen und die gute Laune ist gründlich verdorben.

Wer hat Recht? Wer hat das Recht zu behaupten, seine Assoziation eines Bildes, seine Deutung eines Wortes sei die richtige? Wer bestimmt, was die Wörter bedeuten und was die Bilder besagen? Oder noch allgemeiner: Wie gehen wir mit Geschichte um: vergessen oder erinnern?

Literatur

Centralkommission für schweizerische Landeskunde (1893): *Enquête betreffend die Gründung einer schweizerischen Nationalbibliothek*. Veranstaltet im Auftrag des eidgn. Departements des Innern von der Centralkommission für schweizerische Landeskunde. Bern.

Dudenredaktion (Hgg.) (1999): *Duden. Das grosse Wörterbuch der deutschen Sprache in 10 Bänden*. 3. Aufl. Mannheim/Leipzig/Wien/Zürich: Dudenverlag.

Schmitz-Berning, Cornelia (2000): *Vokabular des Nationalsozialismus*. Berlin/New York: de Gruyter.

Register

1968 7, 283–284, 291, 295–300, 312

A
Adressat 15, 22–24, 27, 42, 47, 51, 57, 60, 68–69, 71, 73, 77, 135–136, 236, 258, 302, 310
Analyse
- qualitative 79–80, 82
- quantitative 34, 43, 46, 48, 79, 80, 96

Argumentation 1, 18–22, 28, 30, 34, 40, 47, 55, 59, 72, 91, 104, 109, 114, 117, 136, 147–154, 156–159, 161, 163, 192, 200, 212, 216, 219–220, 222–226, 245, 252, 263, 268, 288, 299, 318

B
Bedeutungskonkurrenz 24–25
Begriffe-Besetzen 10, 77, 257–259, 261, 273
Blocher, Christoph 7, 9, 66, 68, 76, 131, 136, 138–142, 144, 187–191, 193, 195–196, 200–201, 207–213, 216–217, 219–220, 222–226, 263–264
Bundesbüchlein 9, 19, 29–30, 147–152, 155, 158–163
Bundesrat 7, 9, 20–21, 30, 36, 50, 65–66, 68, 74, 76, 82, 88, 131, 137–140, 142–145, 147–157, 159, 161–162, 187–189, 193, 196, 208–211, 213, 215, 225, 232, 263–264, 267–269, 316–317
Bundesversammlung 9, 36, 41–43, 45, 52, 54, 58, 60, 128, 131, 137, 140, 143–144, 188
Bürger 9, 22–23, 25, 27, 73, 106–107, 109, 118, 150, 161, 171, 191, 209, 221, 223–224, 265, 281, 291, 295

C
Christlich Demokratische Union (CDU) 16–18, 26, 53–54, 56, 65, 67, 258
Christlichdemokratische Volkspartei (CVP) 53, 55–56, 131, 139, 141, 143, 145, 195, 263

D
Demokratie
- deliberative 114–116, 118, 129
- direkte 2, 4–5, 34, 68
- parlamentarische 2, 9, 37–38, 102, 104, 109

Deutscher Bundestag 37, 41–42, 46, 51–52, 54, 57, 60, 66, 75, 107, 108

Dialekt 7, 206, 226, 286–287
Dialog 74, 82, 105–106, 108–110, 160, 214, 249, 298, 312
Discourse Quality Index (DQI) 114–117, 128–129
Diskurs 1, 6, 9–10, 17, 21, 34, 38, 40, 50, 52, 81, 103, 105, 107, 109, 113–118, 128–129, 135, 151, 205, 225, 230, 234, 243–252, 258–261, 264, 270, 273, 280–281, 295, 302
Diskurslinguistik 6, 190, 243–250, 253, 262, 264
Diskurslinguistische Mehrebenenanalyse 244–245, 251
Disseminationsstadium 260–262, 265, 273

E
Etabliertheitsstadium 260–261, 273
Euphemismus 231, 235–236, 238
Europäische Union (EU) 7, 45, 63, 65, 67, 70, 72–76, 94–95, 153–154, 187, 191, 193
Exekutive > Regierung

F
Fahnenwort 17, 24, 76, 136, 139–142, 265, 272
Fernsehen 22, 25–27, 131, 140, 167–169, 187, 201, 205–206, 208–209, 214, 217
Foucault, Michel 243–247, 249, 280–281
Frame 15, 18, 28, 251

G
Gemeinde 7, 9, 35–36, 82, 233, 236

H
Habermas, Jürgen 40, 103, 114–118, 245–246
Hochwertwort 66, 69, 76, 138–140, 142, 158, 175, 234

I
Ideologie 19, 63, 65–66, 101–102, 105, 125, 136, 162, 234, 261–262, 273
Inhaltsanalyse 34, 43, 45–46, 48, 300
Initialstadium 259–260, 264
Inszenierung 26, 106, 128, 167, 170–172, 174, 176–177, 182, 184, 194, 284–285
Internet 24, 28, 43, 64, 118, 121–122, 172, 193, 206, 209, 215

K

Kohärenz 18, 22, 60, 95, 158, 162
Kollokation 93, 95
Kommunikationsmaxime 22–23, 76, 160, 215, 221, 236
Komparatistik 4–7, 43, 253
Konflikt 2–3, 5, 33–34, 39, 43–44, 53, 57, 60, 69, 113, 115, 128, 212, 224, 279, 292, 298
Konkordanz 5, 35–36, 38, 65, 76, 137–139, 141, 143–145
Konnotation 66, 233, 261, 292
Konsens 3, 5, 35–37, 70, 76, 79, 89, 95–96, 113–114, 137, 140, 237, 246, 250, 286
Korpusanalyse 79, 80–81, 84, 89, 96, 249, 252, 264–265, 268, 279–280, 300, 304–305, 312

L

Lexik 1, 5, 16, 19, 22, 40, 48, 63, 66, 167, 192, 230–231, 236, 258, 262, 264–265, 305–306

M

Macht 40, 63, 124, 135, 217, 225, 239, 244, 246, 258, 288
Massenmedien 1, 6, 8–9, 34, 36, 38–39, 44, 60, 96, 107, 123, 135, 161, 167–169, 171–172, 184, 205–211, 224, 226, 250, 257–260, 262, 265, 267, 270, 273, 279, 295–296, 299–302, 308, 312
Medialität 167, 184
Mehrsprachigkeit 8, 38
Mentalität 5–6, 286, 292
Merz, Hans-Rudolf 9, 79–84, 86–96, 122–123, 126, 258
Metapher 3, 66–67, 70, 72, 199–200, 234–236, 251, 257–260, 282
Mundart > Dialekt

N

Nationalrat 39, 121–126, 128, 209–210, 316, 318–319
Neue Zürcher Zeitung (NZZ) IX, 7, 39, 79, 123, 210–212, 224–226, 231–232, 262, 265, 267–273, 280, 297, 319
Neutralität 3, 65, 159–160, 230
N-Gramm 81, 84

O

Öffentlichkeit IX, 6, 9–10, 15, 22, 29, 35–36, 39, 79, 105–107, 109, 113, 128, 133–134, 137–138, 140, 150, 152, 161, 172–173, 189, 194, 205–206, 208, 210, 214, 224–226, 230, 235, 251, 259–260, 266, 281, 284–285, 289–290, 292, 296, 298, 301–302, 310–311

P

Parlament 4–5, 9, 20, 35, 37, 39, 42, 44, 52, 54, 57, 60, 69, 82, 102–104, 106–109, 113–114, 117–119, 121, 123–128, 131, 139, 141, 144–146, 149, 152, 154–155, 157, 159, 188–189, 208–209, 229, 320
Parlamentsdebatte 1, 7–8, 33, 39, 43–44, 46, 52, 60, 93, 103–104, 107–108, 110, 113–119, 122–125, 128–129, 205–207, 211–216, 218, 222, 224–226, 251–252, 270, 286, 288
Partei 5, 9–10, 21, 25, 34–39, 42, 47, 50–51, 54–55, 57, 65–66, 109, 125, 131, 134–135, 138, 140, 146, 160–161, 187–193, 195, 199–201, 205–212, 221–222, 226, 257–273, 286, 289, 318
Partizipation 114, 116–119, 124, 127–128
Personalisierung 6, 172, 176
Politainment 183, 206, 226
Pragmatik 19, 63, 101–104, 132–133, 142, 159, 192, 231, 249, 281
Protestbewegung 7, 309, 312

R

Rede 1, 9, 26, 46, 48, 64–70, 73, 75, 79–81, 83–84, 86–92, 94–96, 104, 106, 108–109, 116, 118–123, 126, 131–132, 134–138, 140–144, 147, 160, 175, 184, 190–192, 200, 211, 215–216, 218–219, 229, 246, 250, 258–259, 320
Regierung 35–37, 64, 70–72, 74–77, 83, 150–151
Regierungskommunikation 63, 69, 71, 76, 147–148, 155, 158, 160
Rhetorik 2, 8, 15, 19, 22, 25, 79, 95–96, 148, 158–162, 168, 177, 184, 200
Rollenkonflikt 111, 147–148, 159, 161
Rütlischwur 1, 65

S

Schlagwort 15–16, 18, 21, 81–82, 169, 234, 267
Schweizerische Volkspartei (SVP) 7, 9–10, 27, 53, 55–56, 66, 68, 76, 131, 139–141, 143, 187–201, 205–213, 215, 219, 221–222, 224–226, 231–232, 257, 262–264, 266–268, 270–273
Semantik 10, 19, 63, 196, 233–234, 237, 243–244, 247–248, 258, 261, 264
Semantik, historische 243–248

Sozialdemokratische Partei der Schweiz (SP) 10, 189–190, 195–196, 206, 209, 213, 225, 257, 262–266, 268–270, 273
Sozialdemokratische Partei Deutschlands (SPD) 17, 26, 53, 56, 65, 67, 72, 258, 261
Sprache, demokratische 102, 105
Sprachgebrauchsmuster 79–81, 84, 96
Sprachhandeln 47, 63, 69, 74, 76–77, 103–106, 109
Sprachhandlung > Sprechakt
Sprachkritik 9, 25, 129, 147, 159, 229–231, 237–239, 302
Sprachspiel 105, 107, 133
Sprechakt 5, 41, 101–103, 105–109, 116, 148, 149, 150, 158, 161–162, 236–237, 281
Steinbrück, Peer 1–2, 9, 33, 79–81, 83, 86–96, 123
Stil 5, 37, 39–40, 42, 47–48, 54, 60, 88, 96, 104, 113, 147, 178, 180, 183, 187, 189–190, 193, 195–196, 200–201, 206–207, 211, 225–226, 229, 299
SVP > Schweizerische Volkspartei (SVP)
Symbol 251, 279, 281–282
Syntax 84, 155, 176, 236, 308–309
System, politisches 34, 37–38, 101–102, 104

T

Tages-Anzeiger (TA) 262, 265, 268–274, 280, 288–289, 298

Textsorte 5, 9, 64, 66, 81, 103, 105–106, 133–136, 138, 142, 150, 184, 201–202, 229, 302–303
Topik 18–19, 147–149, 151–155, 157–159, 162, 251, 288

V

Vagheit 23, 69, 76, 138, 142
Verfassung 8, 29–30, 135, 219
Volksabstimmung 4, 9, 19–20, 28, 30, 34–35, 37, 39, 73–74, 137–138, 144, 147, 150, 152, 154, 161, 188, 193–194, 197, 199, 208–209, 212, 226, 231, 293, 295
Volksinitiative 27, 65, 147–148, 155–156, 158, 194, 199–200, 209, 286, 295

W

Wahlkampf 183, 190, 205–207
Wahlrede 131–132, 134, 136, 138, 142
Wandzeitung 10, 295–296, 299–312
Willensnation 3, 35–36, 317
Wissen, gesellschaftliches 244–246
Wortschatz > Lexik

Z

Zauberformel 1, 131, 188, 263